山东师范大学中国语言文学山东省高水平学科·
优势特色学科建设经费资助

郑玄注《易》表说

魏代富 著

图书在版编目(CIP)数据

郑玄注《易》表说/魏代富著. —北京：中国社会科学出版社，2022.6
ISBN 978-7-5227-0016-8

Ⅰ.①郑… Ⅱ.①魏… Ⅲ.①《周易》—研究 Ⅳ.①B221.5

中国版本图书馆 CIP 数据核字（2022）第 054862 号

出 版 人	赵剑英
责任编辑	史慕鸿　王小溪
责任校对	师敏革
责任印制	戴　宽

出　　版	中国社会科学出版社
社　　址	北京鼓楼西大街甲 158 号
邮　　编	100720
网　　址	http://www.csspw.cn
发 行 部	010-84083685
门 市 部	010-84029450
经　　销	新华书店及其他书店
印　　刷	北京君升印刷有限公司
装　　订	廊坊市广阳区广增装订厂
版　　次	2022 年 6 月第 1 版
印　　次	2022 年 6 月第 1 次印刷
开　　本	710×1000　1/16
印　　张	21.5
插　　页	2
字　　数	343 千字
定　　价	128.00 元

凡购买中国社会科学出版社图书，如有质量问题请与本社营销中心联系调换
电话：010-84083683
版权所有　侵权必究

目 录

自 序		（1）
第一表	阴阳爻意象表	（1）
第二表	阴阳爻得中表	（8）
第三表	六爻应表	（10）
第四表	六爻承乘表	（14）
第五表	六爻得正失正表	（18）
第六表	六爻三才表	（22）
第七表	六爻六位表	（25）
第八表	六爻六子表	（30）
第九表	六爻十二辰表	（36）
第十表	八卦意象表	（42）
第十一表	八卦五行五色表	（58）
第十二表	八卦八方表	（60）
第十三表	八卦十二月十二辰表	（63）
第十四表	八卦十二辰二十八宿表	（68）
第十五表	六十四卦互卦表	（79）
第十六表	六十四卦十二月二十四气表	（88）
第十七表	十二消息卦十二月十二辰表	（93）
第十八表	四正卦四岳表	（97）
第十九表	五行生克表	（100）
第二十表	五行五色表	（103）
第二十一表	五行十二辰表	（105）

第二十二表　十二辰三十六禽表	(107)
综　论	(112)
附　录	(121)
一　周易郑注	(121)
注无所附	(122)
正误	(122)
易赞易论	(124)
叙录	(125)
上经乾传第一	(143)
上经泰传第二	(151)
上经噬嗑传第三	(158)
下经咸传第四	(166)
下经夬传第五	(174)
下经丰传第六	(184)
系辞上第七	(190)
系辞下第八	(195)
文言第九	(200)
说卦第十	(203)
序卦第十一	(206)
杂卦第十二	(208)
二　易纬郑注	(209)
易纬乾凿度	(209)
卷上	(209)
卷下	(218)
补遗	(233)
易纬稽览图	(234)
卷上	(234)
卷下	(251)
补遗	(268)
易纬辨终备	(269)
补遗	(271)

目　录

易纬通卦验 …………………………………………（271）
　　卷上 ………………………………………………（271）
　　卷下 ………………………………………………（281）
　　补遗 ………………………………………………（300）
易纬乾元序制记 ……………………………………（303）
易纬是类谋 …………………………………………（310）
　　补遗 ………………………………………………（327）
易纬坤灵图 …………………………………………（328）
　　补遗 ………………………………………………（329）

参考文献 …………………………………………（331）

后　记 ……………………………………………（333）

自　序

　　依照笔者的治学规划，是先子及经的，在 2019 年 4 月完成《庄子校注评汇考》后，本打算进一步去做《吕氏春秋》的汇纂考证工作。材料搜集得差不多了，尚未动笔。有一次去拜见博士后合作导师郑杰文先生，郑先生说正在组织人做谶纬的辑佚、考说工作，本来已经找好了人，但由于有些老师事务繁杂，没有精力专心去做，所以问我能否接手一部分。我想《吕览》的考说、释读反正未开始做，于是便应承了下来。我相继做了《尚书纬》《尚书中候》《孝经纬》《论语谶》四部书的考说之后，又去做《易纬》的考说。前面几部谶纬书的编纂、考说相对容易一些，七十多万字，未逾三月即完成。但到了《易纬》，就颇为头疼了，因为《易纬》中涉及比较多的《易》学知识，若不系统学习很难捋清。但我缺少专门学习《易》学知识的时间，一开始步履维艰，几欲辍笔者三。有些内容实在搞不懂，只好去翻一些讲解《易》学和《易纬》的书，然看完之后仍是汶汶昏昏，在脑中难以组织一个系统的框架。后来索性将今人之书一并抛弃，自己埋头去探索究竟讲些什么。系统地研究了一遍之后，才发现今人的很多书，之所以看了不太明白，很大程度上在于著者也不能完全明白。现存的《易纬》之书，颠倒错乱，讹谬甚多，是不可能有人完全搞明白的，所以很多解《易纬》的书，要么只能挑自己明白的去说，不明白的置之不论；要么将本来就蹇涩难懂的话用更加蹇涩难懂的语言表述出来，使他人也搞不清解者究竟是否明白。《易纬》之书不但今人难以完全明白，就是古人恐怕也没有透彻领悟，比如里面求寒温之效，有的内容就只用十二辟卦，有的内容则以杂卦与十二辟卦相结合。又比如求十干灾厄之法，起初我把所有相关内容集中在一起，欲寻出共同的原理，结果无论如何也不能捏成一根绳；后来才发现，此中包含了汉人、刘宋人、唐人三种解法，每种解法是不一样的，这说明古人即已难明其法，今人若没有更详尽的地下材料出土，恐是永远不可能彻底理解的。

  有些东西是不可能明白的，有些东西则是可以大体理清楚的。今存的《易纬》是郑玄所注，所以在考说《易纬》的过程中，我就一直在思考一个问题：郑玄注《易》和郑玄注《易纬》是否用了同一套理论？能否将两书结合以此推断出郑玄注《易》的原则是什么。之所以思考这些，主要有以下三个方面的原因。一是我个人的习惯问题，我的治学理念就是校注、考释、研究相结合。如果单纯地作版本比较，最后的成果不过是一篇版本流传的文章；如果不作详细的考证，就不能参透文本并发现里面的问题；如果不作研究，那么前两个步骤只是为他人做嫁衣，所以三者是缺一不可的。二是郑玄在两汉经学中占据重要的地位，现传的两汉经学很难离开郑玄去单独研究。《易》学也是这种情况，郑玄于晚年注《易》[①]，其学已大成，在荟萃诸家之说基础上，结合三《礼》、《诗经》、历史、天文等相关知识来阐释《周易》，可以说是两汉《易》学的集大成之人。既然经学在我计划之内，早晚是要涉猎的，不如趁着现在对材料比较熟，先将郑玄注《易》的问题解决一下，以免将来研究《易》学，还要重新熟悉材料，徒然浪费时间。而且现在研究了郑玄《易》学，将来研究郑玄注《礼》、注《诗》等相关问题也能更加轻车熟路。三是我在读了一些解读郑玄注《易》的相关书籍后产生的想法。两晋以后，郑玄、王弼两家《易》学独盛，但唐注五经用王弼学，郑玄《易》注渐渐亡佚。南宋王应麟首辑《周易郑康成注》一卷，嗣后清昌汉学，惠栋、丁杰、袁钧、孔广林、张惠言、黄奭等对郑注《周易》并有辑录。曹元弼有《周易郑氏笺释》，始对其进行系统研究；今人研究者，则有胡自逢、林忠军等。[②] 我读了这些研究郑玄注《周易》的书，虽然对我理解《周易》大有裨益，但总感觉读完之后对郑玄注《易》的情况仍不能全面掌握；甚至有些相对简单的内容，经

[①] 《唐会要》卷七七载郑玄《自序》："遭党锢之事逃难，注《礼》。党锢事解，注《古文尚书》《毛诗》《论语》。为袁谭所逼，来至元城，乃注《周易》。"

[②] 胡自逢：《周易郑氏学》，台北：文史哲出版社1990年版；林忠军：《周易郑氏学阐微》，上海古籍出版社2019年版；郑玄撰，林忠军导读：《周易郑注导读》，华龄出版社2019年版。

自　序

过论述之后反而更加令人疑惑。郑玄注《易》是遵循一定理路的，这些理路是相对简单的；比较麻烦的是，理路太多，在用来解《易》的时候要学会"系连"。因此我想如果能将这些理路系统化地展现出来，不仅对理解现存的《周易》郑注有很大帮助，甚至可以借这些理路，去推论亡佚的郑玄解《易》之内容。鉴于以上三个原因，我在《易纬》完成之后，就开始了这本《郑玄注〈易〉表说》的写作工作。

我写这本书，纯粹是为了研究郑玄。于我个人而言，我不仅对郑玄注《易》那一套不相信，而且对历来注《易》的都不相信，连《易》本身也没相信过。依我的观点，无论是龟卜还是蓍，最早基本上都是以观"形"为主，但"形"是千变万化的，人们需要对相近之形进行类比、概括，慢慢地将无数种"形"凝练成有数的"象"，再通过对有数的"象"的注解、阐释，最终创作出《易》。而后人解《易》的过程，即是将"象"推衍到"形"当中。但以有限推无限，其方法也必然是无限的。后来说《易》者根据卦辞、爻辞进行归类，将出现得多的"象"归纳为本卦之象。但因为无法全部解释诸卦象，复又造出互卦、综卦、错卦等，将五行、十二律、二十八宿等纳入，再用比象的方法，将相近的象进行比附，最终构建了一个《易》学系统。因为纳入的内容不同，比附的方法不同，导致诸家解《易》之说也千差万别，纷纭不定。郑玄注《易》也是这种情况，将太多的内容杂糅到解《易》之中，有些联系颇为迂曲牵强，这大概就是其唐以后渐渐亡佚的原因。

2020 年 6 月 29 日
书于山东师范大学古代文学教研室

第一表　阴阳爻意象表

爻	画	象	
阳爻	—	君[1]	刚
阴爻	--	臣[2]	柔[3]

【注】

[1]《周易郑注·上经噬嗑传第三·复䷗》① 卦辞："复。"注："复，反也，还也。阴气侵阳，阳失其位，至此始还，反起于初，故谓之复。阳，君象。君失国而还反，道德更兴也。"《周易郑注·下经咸传第四·睽䷥》卦辞："睽，小事吉。"注："二五相应，君阴臣阳，君而应臣，故'小事吉'。"《周易郑注·下经咸传第四·益䷩》卦辞："益。"注："阴阳之义，阳称为君，阴称为臣。今震一阳二阴，臣多于君矣。"《周易郑注·下经夬传第五·萃䷬》卦辞："萃，亨。"注："坤为顺，兑为说。臣下以顺道承事其君，说德居上待之，上下相应，有事而和通，故曰'萃，亨'也。"

[2]《周易郑注·下经咸传第四·睽䷥》卦辞："睽，小事吉。"注："二五相应，君阴臣阳，君而应臣，故'小事吉'。"《周易郑注·下经咸传第四·益䷩》卦辞："益。"注："阴阳之义，阳称为君，阴称为臣。今震一阳二阴，臣多于君矣。"《周易郑注·下经夬传第五·萃䷬》卦辞："萃，亨。"注："坤为顺，兑为说。臣下以顺道承事其君，说德居上待之，上下相应，有事而和通，故曰'萃，亨'也。"

[3]《周易郑注·下经夬传第五·鼎䷱》初六："鼎颠趾，利出否，得妾以其子，无咎。"注："初阴爻而柔。"

---

① 原文无卦画，今为便于览见，皆附于卦后。下文涉及卦画皆用此法。

【说】

阴阳二爻的产生和殷商数字卦有密切关系,李学勤认为陕西张家坡出土的有字甲骨:"这种纪数的辞和殷代卜辞显然不同,而使我们想到《周易》的'九''六'。"① 但尚未展开论述。1978 年,在吉林长春召开的中国古文字研究会上,张政烺作了《古代筮法与文王演周易》的发言,第一次将其确认为商周数字卦。后来,张政烺又相继写了《试释周初青铜器铭文中的易卦》《殷墟甲骨文中所见的一种筮卦》《易辨》三篇文章,对其进行了深入讨论。随着数字卦的不断发现,相关的研究也逐渐增多,李零《中国方术考》《中国方术续考》二书对相关数字卦进行了汇辑,② 今依其书,作表如下。

时代	出处	数字卦
商	《殷墟文字外编》448 卜骨	六六六
	《甲骨文合集》29074 卜骨	六七七六
	河南安阳四磨盘出土卜骨	七八七六七六 八六六五八七 七五七六六六
	《小屯南地甲骨》4352 卜骨	十六五 八七六五
	河南安阳小屯南出土卜甲	六七一六七九 六七八九六八 八八六七六六
	《商周金文录遗》253《父戊鼎》	六六六
	《续殷文存》上七《鼎》	八八六八
	《中日欧美澳纽所见所拓所摹金文汇编》1125《父乙盉》	七六七六七六
	河南安阳殷墟出土铜爵	五五五
	河南安阳出土簋	七七八六六七 六六七六六八 六六七六七五
	山东平阴朱家桥出土罐	一八八六一一

---

① 李学勤:《谈安阳小屯以外出土的有字甲骨》,《文物参考资料》1956 年第 11 期。
② 李零:《中国方术考》(修订本),东方出版社 2000 年版,第 260—271 页;《中国方术续考》,东方出版社 2001 年版,第 310 页。

第一表　阴阳爻意象表

续表

时代	出处	数字卦
商	《邺中片羽》上47陶爵范	五七六八七七
商	河南安阳苗圃北出土磨石	六六七六六八 七六六六六七 七六八七六六七 六六五七六八 八一一一六六 八一一一一六
周	陕西长安张家坡出土卜骨	六八一一五一 五一一六八一 六六八一一六 一六六六六一 一一六一一一
周	陕西岐山凤雏甲组出土卜骨	八七八七七八五 七六六七六六 七六六七一八 六六七 六六六七七六□ 七六六六七七 六六七 七六六
周	陕西扶风齐家村出土卜骨	一六一六六八 六八八一八六 九一一一六五 六八一一一八 八八六六六六 一六六八五五 六八一一一一
周	陕西岐山凤雏村出土卜甲	六六十
周	《博古图》2.17《中方鼎》	七八六六六六 八七六六六六
周	《西清古鉴》15.32《召仲卣》	七五六六六一
周	《三代吉金文存》3.18.4《史疛父鼎》	七五八
周	《三代吉金文存》6.39.5《董伯簋》	八五一
周	《三代吉金文存》6.46.3《效父簋》	五八六
周	《三代吉金文存》12.45.1《召卣》	六一八六一一
周	Jessica Rawson 文载鼎	八五一
周	Jessica Rawson 文载盘	八一六

续表

时代	出处	数字卦
周	陕西岐山凤雏村出土甗	六六一六六一
	周原博物馆藏罍	一一一一八一
	周原博物馆藏瓮	一一一一八一
	周原博物馆藏残器圈足	六六六 一一八 一六六
	陕西淳化石桥镇出土罐	一一六八八一 一八八一一一 八一一八一六 六八五六一八 一八一六一 一一六一八五 一一六一一一 一一一六八八 一六一一一一 六一一五一一
	《历代钟鼎彝器款识法贴》192玉器	六七七一一一
	陕西长安张家坡出土骨镞	五一一 一六一
	陕西长安西周遗址出土陶纺轮	六六五六六八
战国	江陵天星观占卜竹简	一一一一一六 六六一六一六 一一一六七六 八一一一六六 一六一六六一 九一一一一一 一六六六六六 六六六六六六
	《包山楚简》	六六一六六六 六一一六一一 一六六八一一 六六六八一一 一六六一一六 一五五八六六 六一一六六一 一六一一六一 一六六八六一 一一六六六 六六一一一八 八一六一一一

上表中出现了一、五、六、七、八、九、十共七个数字，其中一、五、七、九即阳爻，六、八、十即阴爻，二、三、四之所以不用，是因为古代竖写，容易混乱，所以弃之不用。根据上表，我们可以得出如下结论。

第一，十出现在商、周数字占中，后来被抛弃不用，概和古人以九为极数有关。

第二，早期一、五、六、七、八、九出现频率很高，后来五、七、九出现频率降低，一、六、八出现频率增多。

后来在演变过程中，慢慢地，一、六、八的形式固定下来，王家台秦简《易占》只用一、六、八三个数字，即是证明。但六、八在字形上非常相近，如《包山楚简》2259简"六"书作"介"，241简"八"书作"八"，睡虎地秦简《编年纪》"六"书作"六"，《效》"八"书作"八"，下部字形非常接近，容易错乱，而八在字形上较六为简，所以六又被剔除出去，仅用一、八来表示阳爻、阴爻。上博简《周易》、清华简《筮法》、双谷堆汉简《周易》、马王堆帛书《周易》均只用一、八，即是明证。阳爻即是由数字"一"演变而来，阴爻即是由数字"八"演变而来。

阴阳二爻的产生时间虽然较晚，但其意象的产生却较早。君、臣的意象，《九章·惜诵》："阴阳易位，时不当兮。"王逸注："阴，臣也。阳，君也。"《太平御览》卷三引《尸子》："日五色，至阳之精，象君德也。五色照耀，君乘土而王。"刚柔的意象，《说卦》："观变于阴阳而立卦，发挥于刚柔而生爻。"又曰："《易》六画而成卦，分阴分阳，迭用柔刚。"用刚柔以说《易》，可见和《说卦》密切相关。

郑玄之后以君臣说《易》者，《京房易传·乾》卦明确提出："阳为君，阴为臣。"但考察京房解《易》，仍以六爻应六位法，没有直接用君臣说阴阳爻的（见《六爻六位表》）。以刚柔说《易》者，马王堆帛书《衷》曰："《乾》，六刚能方，汤武之德也。……《坤》，六柔相从顺，文之至也。……《坤》之至德，柔而反于方。《乾》之至德，刚而能让。"[1]《乾☰》六爻皆阳，阳为刚，所以说"六刚能方"

---

[1] 裘锡圭主编：《长沙马王堆汉墓帛书集成》（叁），中华书局2014年版，第99页。

"刚而能让"。《坤☷》六爻皆阴,阴为柔,所以说"六柔相从顺""柔而反于方"。

郑玄之后,以君臣说《易》者,《讼䷅》卦辞:"窒惕,中吉。"虞翻曰:"《遁》将成《否》,则子弑父,臣弑君。三来之二,得中;弑不得行,故'中吉'也。"①此处兼用父子、君臣两意象,《讼䷅》六三下降、九二上升就变成《遁䷠》,《遁䷠》九三变阴爻即成为《否䷋》,阴为子、臣,阳为父、君,所以有"子弑父,臣弑君"之象。但是《讼䷅》六三下降居二爻成《遁䷠》,二爻为下卦之中,居中且得位,所以"弑不得行"。又《剥䷖》卦辞:"不利有攸往。"虞翻曰:"以柔变刚,小人道长;子弑其父,臣弑其君,故'不利有攸往'也。"消息卦中,《剥䷖》上爻为阳爻,将变为阴爻而成《坤䷁》,阴为子、臣,阳为父、君,所以说"子弑其父,臣弑其君"。以刚柔说《易》者,《坤䷁》六五:"黄裳,元吉。"干宝曰:"阴登于五,柔居尊位,若成昭之主、周霍之臣也。"五爻为阴爻,阴爻为柔,而五于六位为天子,所以说"柔居尊位"。《屯䷂·彖》曰:"屯,刚柔始交而难生。"李鼎祚曰:"初六升二,九二降初,是刚柔始交也。"初爻为阳爻,是从二爻降下;二爻为阴爻,是从初爻升上,所以说"刚柔始交"。

阴阳二爻实际上还有更多的意象,马王堆帛书《要》曰:"故《易》有天道焉,而不可以日月、星辰尽称也,故为之以阴阳;有地道焉,不可以水、火、金、土、木尽称也,故律之以柔刚;有人道焉,不可以父子、君臣、夫妇、先后尽称也,故要之以下上。"② 其中提到"阴阳""柔刚""君臣",而人道中的"父子""夫妇""先后"也并可分属阴阳二爻。《京房易传·乾》卦于"阳为君,阴为臣"下接着说:"阳为民,阴为事。"《泰䷊》卦辞:"内阳而外阴,内健而外顺,内君子而外小人。"崔觐曰:"阳为君子,在内,健于行事。阴为小人,在外,顺以听命。"以乾三阳爻皆为君子,坤三阴爻皆为小人。《说卦》:"艮为山。"宋衷曰:"二阴在下,一阳在上。阴为土,阳为木,

---

① 后不作特别说明者,其引《九家易》、荀爽、虞翻、王肃、干宝、侯果、何妥等说皆出自李鼎祚《周易集解》,引王弼、孔颖达说出自《周易注疏》。
② 裘锡圭主编:《长沙马王堆汉墓帛书集成》(叁),中华书局2014年版,第119页。

土积于下，木生其上，山之象也。"艮☶二阴爻在下，一阳爻在上，阴为土，阳为木，树木长在土上，而山上的树木也长在土上，所以说"艮为山"。阴阳二爻意象所含的范围很广，郑玄注《易》可能不止君臣、柔刚两种。但因为没有其他内容可以参证，今仅概括为两种。

第二表　阴阳爻得中表

上爻	
五爻	中[1]
四爻	
三爻	
二爻	中[2]
初爻	

【注】

[1]《周易郑注·上经乾传第一·坤☷》六二："直方大。"注："此爻得中气，而在地上。"《周易郑注·上经噬嗑传第三·颐☲》卦辞："观颐。"注："二、五离爻，皆得中。"

[2]《周易郑注·上经噬嗑传第三·颐☲》卦辞："观颐。"注："二、五离爻，皆得中。"

【说】

在儒家思想中，"中"是一个非常重要的概念，《礼记》有《中庸》一篇，提出"致中和"的理念："喜怒哀乐之未发，谓之中；发而皆中节，谓之和；中也者，天下之大本也；和也者，天下之达道也。致中和，天地位焉，万物育焉。"又引孔子曰："君子中庸，小人反中庸，君子之中庸也，君子而时中；小人之中庸也，小人而无忌惮也。"《论语·雍也》中孔子也说："中庸之为德也，其至矣乎？民鲜久矣。""中庸"就是"中"。

《周易》的卦辞也很重视"中"，如《讼》卦辞"中吉"、《师》九二"在师中，吉无咎"、《夬》九五"中行，无咎"，皆表明《周易》卦辞、爻辞的作者在创作时已充分认识到"中"的作用。六爻分上下卦，二爻于下卦为中，五爻于上卦为中，故后世解卦者非常重视此二爻的作用。《彖》《象》中即已大量出现，如《晋䷢》六二："受兹介福于其王母。"《象》曰："受兹介福，以中正也。"所以受大福，是六二处于下卦之中且得正的缘故。《困䷮》卦辞："贞大人吉，无咎。"《彖》曰："贞大人吉，以刚中也。"九五为天子，故曰"大人"；九五阳爻，故曰"刚"；九五处于上卦之中，故曰"中"。《鼎䷱》卦辞："元吉，亨。"《彖》曰："柔进而上行，得中而应乎刚，是以元亨。"六五阴爻为柔，本当处四爻为正，但是进而上行居于五，得处上爻之中，而应九二之刚，是以虽不处其位，而以谦卑顺刚，故"元亨"也。

京房也以"中"说《易》，如《京房易传·师䷆》曰："变离入阴，伤于正道，复本归坎，阳在其中矣。处下卦之中，为阴之主，利于行师。"言下卦坎中爻为阳，主五阴。《家人䷤》曰："阴阳得位，居中履正。"二爻阴爻得位，五爻阳爻得位，故曰"阴阳得位"。分居下卦和上卦之中，故曰"居中"。初爻阳爻得正，四爻阴爻得正，二爻履初爻，五爻履四爻，故曰"履正"。

郑玄之后以"中"说卦者非常普遍，如《需䷄》九五："需于酒食，贞吉。"荀爽曰："五有刚德，处中居正。"九五阳爻，故有刚德。处于上爻之中而得正，故曰"处中居正"。《坎䷜》九五："坎不盈，祗既平，无咎。"虞翻曰："得位正中，故'无咎'。"言九五得位而处于上卦之中，所以"无咎"。

第三表　六爻应表

初爻[1]		四爻[2]
二爻[3]	应	五爻[4]
三爻[5]		上爻

【注】

[1]《周易郑注·下经丰传第六·丰䷶》初九："遇其妃主，虽旬无咎。"注："初修礼，上朝四，四以匹敌恩厚待之，虽留十日，不为咎。"《周易乾凿度》卷下："《复》，表日角。"注："初应在六四。"

[2]《周易郑注·上经噬嗑传第三·贲䷕》六四："贲如皤如。"注："六四，巽爻也，有应于初九。"《周易郑注·上经噬嗑传第三·复䷗》六四："中行独复。"注："爻处五阴之中，度中而行，四独应初。"

[3]《周易郑注·上经乾传第一·乾䷀》九二："利见大人。"注："九二利见九五之大人。"《周易郑注·上经乾传第一·讼䷅》九二："不克讼，归而逋，其邑人三百户，无眚。"注："苟自藏隐，不敢与五相敌，则无眚灾。"按：言九二居二阴之中，不敢应于五。《周易郑注·下经咸传第四·遁䷠》卦辞："遁，亨，小利贞。"注："二五得位而有应。"《周易郑注·下经夬传第五·萃䷬》卦辞："利见大人。"注："二本离爻也，离为木，居正应五，故'利见大人'矣。"《周易乾凿度》卷上："大君者，与上行异也。"注："《临》之九二，有中和美异之行。应于五位，故百姓欲其与上为大君也。"《周易乾凿度》卷下："《临》，表龙颜。"注："名《临》者，二爻而互体震，震为龙，应在六五。"

[4]《周易郑注·下经咸传第四·恒䷟》六五："恒其德，贞，妇

人吉，夫子凶。"注："应在九二。"《周易郑注·下经咸传第四·睽☲》卦辞："睽，小事吉。"注："二五相应，君阴臣阳，君而应臣，故'小事吉'。"

[5]《周易乾凿度》卷下："《泰》，表载干。"注："名《泰》者，三爻也而体艮，艮为山，山为石体，又似拒难之器，云应在上六，于人体俱须。"

【说】

关于六爻相应的理论来源，和天地的形成密切相关。《周易乾凿度》卷上："物有始、有壮、有究，故三画而成乾。乾坤相并俱生，物有阴阳，因而重之，故六画而成卦。三画已下为地，四画已上为天，物感以动，类相应也。易气从下生。动于地之下，则应于天之下；动于地之中，则应于天之中；动于地之上，则应于天之上。初以四，二以五，三以上，此之谓应。""物有始、有壮、有究"者，《乾凿度》卷上又说："有太易，有太初，有太始，有太素也。太易者，未见气也；太初者，气之始也；太始者，形之始也；太素者，质之始也。气、形、质具而未离，故曰浑沦。浑沦者，言万物相浑成，而未相离。视之不见，听之不闻，循之不得，故曰易也。"认为太易包含三个部分：太初、太始、太素。这三个部分总名曰"太易"。《乾凿度》接着说："易变而为一，一变而为七，七变而为九。九者，气变之究也，乃复变而为一。"郑玄注："一主北方，气渐生之始，此则太初气之所生也。七主南方，阳气壮盛之始也，万物皆形见焉，此则太始气之所生也。西方阳气所终，究之始也，此则太素气之所生也。此一则元气形见而未分者。夫阳气内动，周流终始，然后化生一之形气也。"将数字一、七、九与太易三部分相对：一对应太初，七对应太始，九对应太素。这是太易的三分法。《乾凿度》又曰："一者，形变之始，清轻者上为天，浊重者下为地。"一虽然只对应着太初，但太初源于太易，而太始、太素又是从太初中演化出来，所以太易（太初、太始、太素）本身又包含清浊二气，清浊二气是形成天地的基础。这是太易的二分法。"物有始、有壮、有究"从三分法演化出来，始即一，壮即七，究即九，根据三分法演化出乾☰。但太易本身又包含清浊二气，乾应清气，在清气上升化为乾之时，浊气也下降化为坤☷，二者是骈生的关系。乾物有始、有壮、有究，坤物也有始、有壮、有究（对应数二、八、六），乾为阳，坤为阴，物以类相应，所以乾之始应于坤之始，乾之壮应于坤之壮，乾之究应于坤之究。乾在上，坤在下，所以初爻应四爻、二爻应五爻、三爻应上爻的理论模式就构建起来。而六十二卦又皆从《乾》《坤》生出，此对应理论也就可以运用到六十四卦之中。其生成情况如下图。

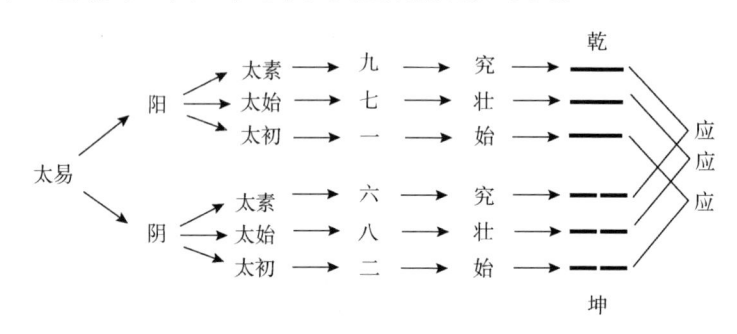

```
                  太素 → 九 → 究        乾
              阳→ 太始 → 七 → 壮    ═══
              ↗   太初 → 一 → 始    ═══
        太易                        ═══   应
              ↘   太素 → 六 → 究    ═ ═   应
              阴→ 太始 → 八 → 壮    ═ ═   应
                  太初 → 二 → 始    ═ ═
                                      坤
```

京房已经用"应"来说卦，《京氏易传·遁☶》："六二得应，与君位遇。"六二为阴爻处于阴位，九五为阳爻处于阳位，二爻皆得位，故曰"六二得应"。九五为天子，故曰六二"与君位遇"。又《观☴》："诸侯临世，反应元士。"诸侯为四爻，元士为初爻，言四爻与初爻应。又《剥☶》："天子治世，反应大夫。"天子为五爻，大夫为二爻，言五爻与二爻应。又《大有☲》："三公临世，应上九为宗庙。"三公为三爻，宗庙为上爻，言三爻与上爻应。

郑玄之后，用"应"说卦的现象也一直存在。如《乾☰》九四："或跃在渊，无咎。"干宝曰："四，以初为应。渊，谓初九甲子，龙之所由升也。"渊取象于初九，因为渊在下，而初九也在下。龙是从渊中飞升，初九应九四，所以九四爻辞为"或跃在渊"。又如《豫☳》上六："冥豫，成有渝，无咎。"虞翻曰："应在三。坤为冥。渝，变也。三失位，无应，多凶。变乃得正，体艮成。故'成有渝，无咎'。"六三爻应在上六。《豫》下为坤，坤的意象是冥。六三在三爻，三爻得位则为阳爻，此为阴爻，故曰"失位"。阴阳当相应，而六三、上六皆阴爻，故曰"无应"。"渝"是变化的意思，如果六三爻变化为九三，那么即得位，而下卦变为艮卦；而且九三与上六阴阳相应，得位且相应，故"无咎"。又如《蛊☷》九三："干父之蛊，小有悔。"王弼曰："以刚干事，而无其应，故'有悔'也。"九三为阳爻，于象为刚。九三应上九，上九也是阳爻，阴阳不相应，故曰"无其应"。刚有做事固执己见的意思。做事固执己见，而没有相应的"柔"以调和，最后的结果必然是"有悔"。

有时候不直接说"应"，但也属于"应"的范畴。如《大有☰》初九："无交害。"虞翻曰："害谓四，四离火，为恶人，故'无交害'。"初九应九四，九四属上卦离，离有火象，火害人，故有恶人之义。初九、九四皆阳爻，阴阳不相应，所以说"无交害"。又六五："厥孚交如。"虞翻曰："孚，信也。发而孚二，故'交如'。"六五应九二，六五、九二皆失位，但如果六五与九二交换则皆得位，故六五信动而下，九二顺动而上，曰"交如"。虞翻在这里，即将"交"解释成"应"的意思。又如《未济☲》六三《象》："'未济征凶'，位不当也。"干宝曰："以六居三，不当其位，犹周公以臣而君，故流言作矣。"六三应上九，六三居阳位而为阴爻，上九居阴位而为阳爻，皆是失位，所以说"不当其位"。六三阴爻为臣，但占据着九三阳爻为君的位子，就像周公是大臣而摄政一样，所以背地里流言四起。言"六居三"，也没有用"应"。这种不言"应"而是"应"的情况比较好判定，根据所处爻而看有没有相对应的数字即可，解初爻而里面出现了"四"字，解二爻而里面出现了"五"字，基本上可以看作"应"。

第四表　六爻承乘表

| ↑承↑承[1]↑承↑承[2]↑承[3] | 上爻
五爻
四爻
三爻
二爻
初爻 | 乘[4]↓乘↓乘↓乘↓乘↓ |

【注】

[1]《周易郑注·上经噬嗑传第三·坎☵》六四："尊酒簋。"注："六四上承九五。"

[2]《周易郑注·下经咸传第四·明夷☷》六二："睇于左股。"注："此谓六二有明德，欲承九三，故云'睇于左股'。"

[3]《周易郑注·下经夬传第五·姤☰》卦辞："姤。"注："姤，遇也。一阴承五阳，一女当五男，苟相遇耳，非礼之正，故谓之姤。"

[4]《周易郑注·上经噬嗑传第三·坎☵》上六："系用徽纆，置于丛棘，三岁不得，凶。"注："上六乘阳。"

【说】

《六爻应表》"应"是相隔的关系，即不相邻爻之间的关系，此处的"承""乘"是相邻爻之间的关系。物既然有始、有壮、有究，从三爻叠加到六爻，也代表了事物发展的过程。故严格来讲，"承""乘"

第四表　六爻承乘表

的产生要早于"应"。《京氏易传》卷下："故吉凶之气，顺六爻上下，次之八九六七之数，内外承乘之象。"已经提出六爻上下有承乘之象。王弼《明卦适变通爻》："承乘者，逆顺之象也。"又曰："辩逆顺者，存乎承乘。"六爻的顺序是自下至上，故下爻对上爻来说为"承"，符合事物发展顺序，为"顺之象"；上爻对下爻来说为"乘"，不符合事物发展顺序，为"逆之象"。

　　在《易传》中已经用"承""乘"来解卦，如《蛊䷑》初六《象》曰："'干父之蛊'，意承考也。"考谓父考，初六阴爻为子，九二阳爻为父，故曰"承考"。又六五《象》曰："干父用誉，承以德也。"上九为刚而有得，故六五以阴柔承之。《归妹䷵》初九《象》曰："'跛而履'，吉相承也。"虞翻曰："恒动初承二，故'吉相承也'。"认为"承"即是言初九承九二。又《屯䷂》六二《象》曰："六二之难，乘刚也。"六二为阴爻，刚指阳爻初九。又《噬嗑䷔》六二《象》曰："噬肤灭鼻，乘刚也。"亦谓六二乘初九。《夬䷪·彖》曰："'扬于王庭'，柔乘五刚也。"柔谓上六，五刚谓初九至九五。就以上例证来看，《彖》《象》说"承""乘"既包含上下两爻之间的关系，也包含一爻与相邻数爻之间的关系。郑玄注《易》两种关系兼存，其第二类即上注《姤䷫》卦："姤，遇也。一阴承五阳，一女当五男，苟相遇耳，非礼之正，故谓之姤。"《姤》卦初爻为阴，二、三、四、五、上爻皆为阳，故曰"一阴承五阳"。就六爻关系而论，即使是第二种，《彖》解《夬》的上爻和下五爻、郑注《姤》的初爻和上五爻至少还是相邻的。继续发展，不相邻之间的爻也可以用"承""乘"来解释，《屯䷂》六四："乘马班如。"虞翻曰："乘，三也。谓三已变坎为马，故曰'乘马'。马在险中，故'班如'也。或说乘初，初为建侯，安得乘之也。"虞翻的解释是六四乘六三，然其引"或说"，则是六四乘初九，盖二、三、四爻皆是阴爻，"乘"是相犯的意思，只有初九为阳爻，所以认为是乘初九。虞翻认为初爻是建侯，无法乘之，认为这种说法是错误的，但并不是反对四爻可以"乘"初爻的观点。虞翻自己也遵循"承""乘"不必为相邻之爻的法则，如《坎䷜》六三："来之坎坎，险且枕。"虞翻曰："枕，止也。艮为止。三失位乘二，则险。承五隔四，故'险且枕'。"六三为互卦艮之下爻，艮为止。六三居阳位而为阴爻，

· 15 ·

故失位，失位而侵犯九二，当有险。三爻、四爻、五爻为艮，六三承五而隔着四爻，故"险且枕"。此处以三爻承五爻说之。又如《蒙☷》卦辞："再三渎，渎则不告，渎蒙也。"荀爽曰："再三，谓三与四也。皆乘阳，不敬，故曰'渎'。"三爻、四爻为阴爻，皆乘二爻阳爻，则四爻也可以乘二爻。但严格意义上来说，这两种情况仍可算是相邻之爻。第一种承五隔四，是指三爻阴爻，本当承五爻阳爻，但隔了四爻阴爻。第二种可视作二爻同乘。

除了"应""承""乘"三种方法，六爻之间的相互关系还有众多说法，郑玄注《易》用到的还有以下两种。

第一，干。《周易郑注·上经噬嗑传第三·贲☷》六四："白马翰如。"注："白马翰如，谓九三位在辰，得巽气，为白马。翰，犹干也。见六四适初未定，欲干而有之。"《周易集解》引诸家说法未见用"干"者，孔颖达疏《周易》有此用法，如《系辞下》："《易》曰：'困于石，据于蒺藜。'"孔疏："《困☷》之六三，履非其地，欲上干于四。四自应初，不纳于己，是困于九四之石也。三又乘二，二是刚阳，非己所乘，是下向据于九二之蒺藜也。""干"和"乘"相对，则和"承"的用法相同。与"承"比较而言，"承"一般是阴承阳，是顺承的关系；"干"则是阳爻在阳爻或阴爻下，是相干犯的关系。

第二，据。《周易郑注·下经夬传第五·困☷》九二："困于酒食。"注："二据初。"相比于"干"的使用，"据"则较为多见，如《需☷》九二《象》曰："虽小有言，以吉终也。"荀爽曰："二与四同功，而三据之，故'小有言'。"言二爻和四爻同功，然三爻据九二而隔之。但"据"似乎不专就上爻对下爻而言，下爻对上爻亦可称"据"，如《师☷·象》曰："能以众正，可以王矣。"荀爽曰："谓二有中和之德，而据群阴，上居五位，可以王也。"二爻处下卦之中，故有"中和之德"。此卦只有一阳爻，其余皆为阴爻，故曰"据群阴"。则二爻据初爻、三爻、四爻、五爻、上爻。所以"据"应该是"据有"的关系，上下皆可称之。

郑玄之外，论述六爻相互关系的词语还有"比""之""顺"等，此不详赘。

以上是六爻之间的相互关系，郑玄注《易》，还需要就六爻之间的整体关系进行观照。如《周易郑注·上经噬嗑传第三·剥䷖·彖》："剥，剥也，柔变刚也。"注："阴气侵阳，上至于五，万物霣落，故谓之剥也。"《剥》卦五阴居下，一阳在上，五阴侵一阳，万物为阴气所侵则零落，所以称之为"剥"。"剥"就是剥落的关系。又如《周易郑注·上经噬嗑传第三·复䷗》六四："中行独复。"注："爻处五阴之中，度中而行。"二爻至于上爻共五爻，六四处于五爻的中间，故曰"度中而行"。《周易郑注·下经夬传第五·夬䷪》卦辞："夬。"注："阳气浸长至于五，五，尊位也，而阴先之，是犹圣人积德说天下，以渐消去小人，至于受命为天子，故谓之决。"初爻至于五爻为阳爻，自下至上，故曰"阳气浸长"。五于六位为天子，乃尊位。上爻为阴爻居于五阳之上。整体卦象就像圣人积累德行（阳气浸长）以悦乐天下，渐渐使小人感化变为君子，最后终于即天子之位。以上三种情形，皆是就六爻（或五爻）的整体状况进行说明。

第五表　六爻得正失正表

爻	得正	失正
上爻	－－	－－
五爻	——[1]	－－
四爻	－－[2]	——[3]
三爻	——[4]	——[5]
二爻	－－[6]	－－[7]
初爻	——	——[8]

【注】

[1]《周易郑注·下经咸传第四·遁☷》卦辞："遁，亨，小利贞。"注："二五得位而有应。"《周易郑注·下经咸传第四·家人☲》六二："无攸遂，在中馈。"注："五，阳爻也，得正于外。"

[2]《周易郑注·下经丰传第六·中孚☱》卦辞："中孚，豚鱼吉。"注："四辰在丑，丑为鳖蟹，鳖蟹，鱼之微者。爻得正，故变而从大，名言鱼耳。"

[3]《周易郑注·下经咸传第四·恒☳》九三："不恒其德，或承之羞。"注："得正。"

[4]《周易郑注·下经咸传第四·遁☷》卦辞："遁，亨，小利贞。"注："二五得位而有应。"《周易郑注·下经咸传第四·家人☲》六二："无攸遂，在中馈。"注："二为阴爻，得正于内。"

[5]《周易郑注·上经噬嗑传第三·离☲》九四："突如其来如。"注："震为长子，爻失正。"

[6]《周易郑注·下经丰传第六·中孚☱》卦辞："中孚，豚鱼

吉。"注："三辰在亥，亥为豕。爻失正，故变而从小，名言豚耳。"

[7]《周易乾凿度》卷上："阴阳不正，皆为失位。"注："九二，阳不正。"

[8]《周易乾凿度》卷上："阴阳不正，皆为失位。"注："初六，阴不正。"

【说】

从初爻至六爻为数字一、二、三、四、五、六，根据《周易》的划分原则，数字十以内的奇数一、三、五、七、九为天数，偶数二、四、六、八、十为地数，天数为阳数，地数为阴数。《系辞下》："天数五，地数五。"虞翻曰："天数五谓一、三、五、七、九，地数五谓二、四、六、八、十也。"又曰："天一地二，天三地四，天五地六，天七地八，天九地十。"以之配六爻，凡阴爻处于阴数之位为得正，处于阳数之位为失正；凡阳爻处于阳数之位为得正，处于阴数之位为失正。一、三、五是阳数，故初爻、三爻、五爻为阳爻则得正，为阴爻则失正；二、四、六是阴数，故二爻、四爻、上爻为阴爻则得正，为阳爻则失正。

就诸家以得正、失正解卦来看，得正则吉，失正则凶。但这个理论应该产生的较晚，就爻辞来看，并没有用此理论。比如《大有䷍》九四："匪其彭，无咎。"四爻当为阴爻为得正，此为阳爻失正，结果却是"无咎"。六五："厥孚交如，威如，吉。"五爻当为阳爻为得正，此为阴爻失正，结果却是"吉"。《观䷓》九五："观我生，君子无咎。"上九："观其生，君子无咎。"爻辞和占辞基本相同，结果都是好的，但上九却是失正的。据此理论，六十四卦之中六爻皆得正的为《既济䷾》，当为大吉之兆，但卦辞却是"亨，小利贞，初吉终乱"，刚开始是吉祥的，最终却大乱；六爻皆失正的为《未济䷿》，但卦辞却是"亨，小狐汔济，濡其尾，无攸利"，虽"无攸利"结果却是"亨"，无大碍的。

得正、失正的理论渊源或许和《说卦》有一定关系，《说卦》曰："《易》六画而成卦，分阴分阳，迭用柔刚。"虞翻曰："迭，递也。分阴为柔以象夜，分阳为刚以象昼。刚柔者，昼夜之象。昼夜更用，故迭用刚柔矣。"将阴阳、柔刚以昼夜说之。韩康伯曰："六位，爻所处之位也，二、四为阴，三、五为阳，故曰'分阴分阳'。六爻升降，或柔或刚，故曰'迭用柔刚'也。"以数字说阴阳（二、四兼六，三、五兼一），应该合理一些。前面已经论及，六爻中上卦为天，下卦为地，天为阳，地为阴，这是一种阴阳分卦的理论。但六爻形成之后，分别与数字相配，又构成了另外一种阴阳分卦的理论。"分阴分阳"是指按照数字奇偶理论重新对六爻的阴阳属性进行判定，将一、三、五视作阳，二、四、六视作阴。"迭用柔刚"则是划分完成之后，阳爻为刚，阴爻为柔，分别相隔一爻，故曰"迭用"。《易纬乾凿度》卷上："阳三阴四，位之正也。"郑玄注："三者，东方之数，东方日所出也。又圆者，径一而周三。四者，乃西方之数，西方日所入也。又方者，径一而匝四也。"虽然只是说三、四，但说"位之正"，已经和得正、失正有一定联系。

《彖》《象》中即已经用得正、失正来解说卦爻辞，《小过䷽·象》曰："刚失位而不中，是以不可大事也。"虞翻曰："谓四也。"言四爻阳爻而处阴位，且不居上卦之中。《艮䷳》初六《象》曰："艮其趾，未失正也。"虞翻曰："动而得正，故未失正也。"初六阴爻居阳位，本为失正，但能动而应之，变为阳爻，故曰"未失正"。《屯䷂》初九《象》曰："虽盘桓，志行正也。"《临䷒》初九《象》曰："咸临贞吉，志行正也。"两卦初爻皆为阳爻而居阳位，故皆曰"志行正"。上引《乾凿度》正文及郑玄注文，皆本于《京氏易传》卷下，故京房即已经用得正、失正来说卦，如《革䷰》曰："九五、六二为履正位。"九五阳爻居阳位，六二阴爻居阴位，故曰"履正位"。《家人䷤》曰："阴阳得位，居中履正。"六二阴爻居阴位，处下卦之中，九五阳爻居阳位，处上卦之中，故曰"居中履正"。

郑玄之后用得正、失正说卦者，得正例如《坤䷁》卦辞："利牝马之贞。"虞翻曰："坤为牝，震为马，初动得正，故利牝马之贞矣。"初六阴爻居阴位，动而欲上，故曰"初动得正"。《谦䷎》六二："鸣谦贞吉。"姚信曰："得正处中，故贞吉。"言六二阴爻居阴位，又居下卦之中，故曰"得正处中"。失正例如《升䷭》初六《象》曰："允升大吉，上合志也。"《九家易》曰："谓初失正，乃与二阳允然合志，俱升五位，上合志也。"初六阴爻居阳位，故曰"失正"。但是能以志合于其上二阳爻，最终升到五爻之位。《巽☴》上九《象》曰："丧其资斧，正乎凶也。"虞翻曰："上应于三，三动失正，故曰'正乎凶也'。"上爻应在三爻，三爻为阳爻而处阳位，是为得正，动则变为阴爻而失正，故曰"三动失正"。

得正、失正有时还称作得位、失位，如《京氏易传·屯☳》："阴阳得位，君臣相应。"言六二阴爻处阴位，二爻为大夫而称臣，九五阳爻处阳位，五爻为天子而称君。《渐☶》："六二阴柔，得位应至尊。"六二阴爻处阴位，得位应于九五。《中孚☴》六三："得敌，或鼓或罢，或泣或歌。"荀爽曰："四得位有位，故鼓而歌。三失位无实，故罢而泣之也。"三爻阴爻处于阳位，故失位；四爻阴爻处于阴位，故得位。得位则吉，故鼓而歌之；失位则凶，故罢而泣之。

第六表　六爻三才表

爻	三才
上爻	天道
五爻	天道[1]
四爻	人道
三爻	人道[2]
二爻	地道[3]
初爻	地道

【注】

[1]《周易郑注·上经乾传第一·乾䷀》九五："飞龙在天。"注："五于三才为天道，天者清明无形，而龙在焉。飞之象也。"

[2]《周易郑注·上经乾传第一·乾䷀》九三："君子终日乾乾。"注："三于三才为人道，有乾德而在人道，君子之象。"

[3]《周易郑注·上经乾传第一·乾䷀》九二："见龙在田。"注："二于三才为地道，地上即田，故称田也。"《周易郑注·上经乾传第一·蒙䷃》卦辞："蒙，亨。"注："阳自动其中，德于地道之上，万物应之，而萌芽生。"按：此以《蒙》九二说之，《蒙》下坎，"阳"谓二爻。德于地道之上，谓处地道二爻之上爻。

【说】

三才的理念当产生很早，《尚书·舜典》："典朕三礼。"伪孔传："三礼，天、地、人之礼。"《甘誓》："怠弃三正。"伪孔传："怠惰弃废天、地、人之正道。"《立政》："作三事。"伪孔传："为天、地、人

第六表　六爻三才表

之三事。"虽然均没有明确提出三才，但已经具备了三才的雏形。《六韬·虎韬》："武王问太公曰：'凡用兵为天陈、地陈、人陈奈何？'"已经将三才理论运用到战争当中。而三才理论体系的构建，就目前所见资料来看，和《周易》密切相关，《系辞下》："《易》之为书也，广大悉备。有天道焉，有人道焉，有地道焉，兼三材而两之，故六。六者，非它也，三材之道也。"认为《易》包含天道、人道、地道，而人们的行为处事，需要做到"上顺天道，下中地理，中适人心"①（马王堆帛书《缪和》）。三才包含的内容，《说卦》曰："昔者圣人之作《易》也，将以顺性命之理，是以立天之道曰阴与阳，立地之道曰柔与刚，立人之道曰仁与义。兼三才而两之，故《易》六画而成卦。"《周易乾凿度》卷上也说："孔子曰：易有六位三才，天、地、人道之分际也。三才之道，天、地、人也。天有阴阳，地有柔刚，人有仁义，法此三者，故生六位。"将阴阳与天道相配，柔刚与地道相配，仁义与人道相配。为什么要如此相配？马王堆帛书《要》："故《易》有天道焉，而不可以日月、星辰尽称也，故为之以阴阳；有地道焉，不可以水、火、金、土、木尽称也，故律之以柔刚；有人道焉，不可以父子、君臣、夫妇、先后尽称也，故要之以下上。"② 天道、地道、人道包含的内容很广，这些内容需要进行简略的概括，所以分别选取抽象性的概念来代替。另外，关于人道，《要》篇作"下上"，崇尚尊卑之序；《说卦》作"仁义"，强调人伦纲常，二者不同。以天道阴阳相对、地道刚柔相对来看，下上相对，可能"下上说"产生的时间要早，而《说卦》的产生时代要晚于《要》篇，也可以作为《说卦》产生于秦以后的证据。

　　三卦与六爻的相配，则按照天在上、地在下、人在中的原则，将六爻等分，以上爻、五爻为天道，四爻、三爻为人道，二爻、初爻为地道。用三才来解《易》，马王堆帛书《衷》："是故《乾》□□□九，其义高尚□□义沾下，就地之道也。"③ 此处关键处有缺文，但根据《乾》六爻皆阳，言"沾下"而"就地之道"来看，也是言地道在下，

---

① 裘锡圭主编：《长沙马王堆汉墓帛书集成》（叁），中华书局2014年版，第129页。
② 裘锡圭主编：《长沙马王堆汉墓帛书集成》（叁），中华书局2014年版，第119页。
③ 裘锡圭主编：《长沙马王堆汉墓帛书集成》（叁），中华书局2014年版，第88页。

但不能确定和六爻三才是否有关。《谦䷎·彖》曰："天道下济而光明，地道卑而上行。天道亏盈而益谦，地道变盈而流谦，鬼神害盈而福谦，人道恶盈而好谦。"此处于三才外增加鬼神，而且言及天道、地道、人道只是为了说明谦逊的道理，和六爻三才说无关。《乾·文言》曰："九四：重刚而不中，上不在天，下不在田，中不在人。"侯果曰："案下《系》：'易有天道，有地道，有人道，兼三才而两之。'谓两爻为一才也。初兼二，地也。三兼四，人也。五兼六，天也。四是兼才，非正，故言'不在人'也。"用六爻三才说来阐释"上不在天，下不在田，中不在人"，但这种说法恐非。《乾》九二："见龙在田。"九三："君子终日乾乾。"九五："飞龙在天。""上不在天"是对九五言，"下不在田"是对九二言，"中不在人"是对九三言（君子即人），只是暗契于六爻三才，但显然不属于六爻三才。《京氏易传》中亦未见以六爻三才说以解卦者，所以这种说法可能产生较晚。

郑玄之后用六爻三才说卦者，《乾》九二："见龙在田，利见大人。"干宝曰："二为地上，田在地之表，而有人功者也。"初爻、二爻为地道，二爻为地道之上爻，故曰"二为地上"。九五："飞龙在天，利见大人。"干宝曰："五在天位，故曰'飞龙'。"五爻为天道，故曰"五在天位"。《乾·文言》曰："见龙在田，天下文明。"李鼎祚曰："阳气上达于地，故曰'见龙在田'。"初爻、二爻为地，"见龙在田"为九二之辞，故曰"阳气上达于地"。《需䷄·彖》曰："位乎天位，以正中也。"李鼎祚曰："九四升五，位乎天位，以正中也。"九四本在人位，但升于五爻，则为位乎天位。但用三才说卦的非常少见，干宝、李鼎祚解《易》也只在《乾》《需》二卦中出现。荀爽、虞翻等说《易》也涉及天道、地道，但皆以乾为天道、坤为地道，而不用三才说。

第七表　六爻六位表

爻	位
六爻	宗庙
五爻	天子[1]
四爻	诸侯[2]
三爻	公卿[3]
二爻	大夫[4]
初爻	士

【注】

[1]《周易郑注·上经泰传第二·观䷓》卦辞："观，盥而不荐。"注："九五，天子之爻。"《周易郑注·下经咸传第四·益䷩》卦辞："益。"注："而四体巽之不应初，是天子损其所有以下诸侯也。"

[2]《周易郑注·下经咸传第四·益䷩》卦辞："益。"注："而四体巽之不应初，是天子损其所有以下诸侯也。"《周易郑注·下经夬传第五·困䷮》九二："朱绂方来。"注："爻四为诸侯，有明德受命当王者。"

[3]《周易郑注·下经丰传第六·旅䷷》初六："旅琐琐。"注："三为聘客，初与二，其介也。"按：聘客谓卿，《公羊传·宣公十八年》："反命乎介。"何休注："礼：卿出聘，以大夫为上介，以士为众介。"

[4]《周易郑注·下经夬传第五·困䷮》九二："困于酒食。"注："二据初，辰在未，未为土，此二为大夫有地之象。"《周易乾凿度》卷上："文王方困，而有九二大人之行，将锡之朱绂也，其位在二，故以大夫言之。"注："文王虽纣三公，而为小人所困，且进不得伸其职事也，故遂同于大夫。二为大夫也。"

【说】

古代天子之下的划分，有不同的方式。《礼记·王制》中有以爵分者，如："王者之制禄，爵公、侯、伯、子、男，凡五等。"有以官分者，如："天子：三公、九卿、二十七大夫、八十一元士。"有以祭祀之礼分者，如《王制》："天子七庙，三昭三穆，与太祖之庙而七。诸侯五庙，二昭二穆，与太祖之庙而五。大夫三庙，一昭一穆，与太祖之庙而三。士一庙。庶人祭于寝。"通过与六爻六位相比，六位的形成和宗庙祭祀之礼有一定关系。根据尊卑的不同，先分为五等：士、大夫、公卿、诸侯、天子。这就产生第一个问题：为什么不用六等分法，于士下加庶民？此应该和古人物极必反的认识有关，物极必反，六爻已经至于物之极，就事物的发展状态来说，是已经衰败之征。天子是极盛大吉之位，如果按照六等分法，则天子将处于六爻，处于将"反"的境况，显然是不可以的。那么为什么加上宗庙而不加别的？因为从士至天子，皆有宗庙，所以于天子上加宗庙以冠之。《王制》说"庶人祭于寝"，《荀子·礼论》亦曰："持手而食者，不得立宗庙。"杨倞注："持其手而食，谓农工食力也。"庶民是不立宗庙的，这又能反证不用庶民的合理性。

以六位配六爻，可能和《周易》中经文涉及各色人物有一定关系，马王堆帛书《昭力》有这样一段文字：

> 昭力问曰："《易》有卿大夫之义乎？"子曰："《师》之'左次'与'闲舆之卫'与'羝豕之牙'，三者，大夫之所以治其国而安其君也。"
>
> 昭力曰："可得闻乎？"子曰："昔之善为大夫者，必敬其百姓之顺德，忠信以先之，修其兵甲而卫之，长贤而劝之，不乘胜名以教其人，不羞卑隃以安社稷。其将稽诛也，咄言以为人次；其将报□也，更一以为人次；其将取利，必先其义以为人次。《易》曰：'师左次，无咎。'师也者，人之聚也。次也者，君之位也。见事而能佐其主，何咎之有？"
>
> 问"闲舆"之义。子曰："上政卫国以德，次政卫国以力，下政卫国以兵。卫国以德者，必和其君臣之节，不以耳之所闻败目之

所见，故权臣不作。同父子之欲，以固其亲；赏百姓之劝，以禁违教；察人所疾，不作苛心。是故大国属力焉，而小国归德焉。城郭弗修，五兵弗砥，而天下皆服焉。《易》曰：'闲舆之卫，利有攸往。'若舆且可以闲然卫之，况以德乎？何不吉之又有？"

又问："'豶豕之牙'，何谓也？"子曰："古之伎强者也，伎强以待难也。上政卫兵而弗用，次政用兵而弗先也，下政锐兵而后威。几兵而弗用者，调爱其百姓而敬其士臣，强争其时而让其成利。文人为令，武夫用图。修兵不懈，卒伍必固，权谋不让，怨弗先倡。是故其士骄而不□，其人调而不野。大国礼之，小国事之，危国献焉，力国助焉，远国依焉，近国固焉。上政垂衣裳以来远人，次政橐弓矢以服天下。《易》曰：'豶豕之牙，吉。'夫豕之牙，成而不用者也，又笑而后见。言国修兵不战而威之谓也。此大夫之用也，卿大夫之事也。"

昭力问曰："《易》有国君之义乎？"子曰："《师》之'王三锡命'与《比》之'王三驱'与《泰》之'自邑告命'者，三者，国君之义也。"

昭力曰："可得闻乎？"子曰："昔之君国者，君亲赐其大夫，大夫亲赐其百官，此之谓参诏。君之自大而亡国者，其臣厉以聚谋。君臣不相知，则远人无劝矣。乱之所生于忘者也。是故君以爱人为德，则大夫恭惠，将军禁战；君以武为德，则大夫薄人，将军□抵；君以资财为德，则大夫贱人，而将军走利。是故失国之罪必在君之不知大夫也。《易》曰：'王三锡命，无咎。'为人君而能亟锡其命，夫国何失之又有？"

又问曰："《比》之'王三驱'，何谓也？"子曰："昔者明君□人以宽，教之以义，坊之以刑，杀当罪而人服。君乃服小节以先人，曰义。为上且犹有不能，人为下何无过之有？夫失之前将戒诸后，此之谓教而戒之。《易》曰《比》之'王三驱，失前禽，邑人不戒，吉'。若为人君驱省，其人逊戒在前，何不吉之又有？"

又问曰："《泰》之'自邑告命'，何谓也？"子曰："昔之贤君也，明以察乎人之欲恶，《诗》《书》以成其虑，外内亲贤以为纪纲。夫人弗告则弗识，弗将不达，弗遂不成。《易》曰《泰》之

'自邑告命,吉',自君告人之谓也。"

昭力问先生曰:"君、卿大夫之事既已闻之矣,《易》又有乎?"子曰:"士数言数百,犹有所广用之,况于《易》乎?比卦六十有二,终六合之内,四勿之卦,何不有焉?《旅》之'资斧',商夫之义也;《无妄》之卦,邑途之义也;'不耕而获',农夫之义也;'良月几望',处女之义也。"①

上引文有"卿大夫之义""国君之义""士数言数百",已经涉及初爻、二爻、三爻、五爻,最后说"商夫之义""邑途之义""农夫之义""处女之义",虽与六位不同,却说明当时已经对卦爻辞含有各阶级人物之事有了广泛重视。该文未提到诸侯,但《易》屡言"建侯",《晋》称"康侯",则亦是包含诸侯之事。笔者怀疑,六爻六位法或许即是在此类解《易》学说基础上概括而成的。

《周易乾凿度》卷上:"六位之设,皆由下上,故易始于一,分于二,通于三,□于四,盛于五,终于上。初为元士,二为大夫,三为三公,四为诸侯,五为天子,上为宗庙。凡此六者,阴阳所以进退,君臣所以升降,万人所以为象则也。"这是目前所见最早对此进行理论阐释的内容。但考察《京氏易传》,已经用六位说阐释六爻,如《乾》"九三三公为应",《姤》"九四诸侯",等等,贯穿六十四卦之中,说明在京房之时,这一理论已经相当完备,而且成为解《易》的重要方法。

郑玄之后者,六爻六位法一直非常盛行,《乾·文言》曰:"九四曰:'或跃在渊,无咎。'何谓也?子曰:'上下无常,非为邪也。'"荀爽曰:"乾者,君卦。四者,臣位也,故欲上跃。居五下者,当下居坤初,得阳正位,故曰'上下无常,非为邪也'。"九四为诸侯,诸侯于天子为臣,故曰"臣位"。《乾·文言》曰:"九三曰:'君子终日乾乾,夕惕若,厉,无咎。'何谓也?子曰:'君子进德修业。'"宋衷曰:"业,事也。三为三公,君子处公位,所以'进德修业'也。"三爻为三公之位,君子未必是三公,但处于三公之位,说明君子努力修德,使自己的事业得到提升。《晋·象》曰:"是以康侯用锡马蕃庶,

---

① 裘锡圭主编:《长沙马王堆汉墓帛书集成》(叁),中华书局2014年版,第148—152页。

昼日三接也。"侯果曰："四为诸侯，五为天子，坤为众，坎为马。天子至明于上，公侯谦顺于下，美其治物有功。故蕃锡车马，一昼三觐也。"以四爻为康侯，接者为天子。《鼎䷱》九四："鼎折足，覆公𫗧。"李鼎祚曰："𫗧者，雉膏之属。公者，四为诸侯，上公之位，故曰'公𫗧'。"九四是诸侯之位，诸侯为天子上公，所以称"公𫗧"。

《乾凿度》卷下还有一种排列方式，其文曰："迹爻所生，岁三百六十五日四分日之一，以卦用事，一卦六爻，爻一日。凡六日，初用事，一日天王、诸侯也，二日大夫也，三日卿，四日三公也，五日辟，六日宗庙。""迹"是追查、观察，"爻"是变异。是说观察变异之事的产生，一年有三百六十五日四分之一日。六十卦用事（不计《坎》《离》《震》《兑》四正卦），一卦主六日八十分之七，一爻约主一日。六日之内产生变异之事作用到六位之中，第一日变异之事应在天王、诸侯，第二日变异之事应在大夫，第三日变异之事应在九卿，第四日变异之事应在三公，第五日变异之事应在辟，第六日变异之事应在宗庙。因为两者说的事情不同，所以所应不同，但根据其内容，恐也是在六爻六位说基础上产生，二者当有一定的关联。

第八表　六爻六子表

阳爻	子卦	阴爻	子卦
上九	艮[1]	上六	兑[2]
九五	坎[3]	六五	离[4]
九四	震[5]	六四	巽[6]
九三	艮[7]	六三	兑[8]
九二	坎[9]	六二	离[10]
初九	震[11]	初六	巽[12]

【注】

[1]《周易郑注·上经泰传第二·蛊》上九："不事王侯，高尚其事。"注："上九艮爻。"《易纬通卦验》卷下："黄阴云出，南黑北黄。"注："白露于《离》直上九，上九艮爻也。"

[2]《易纬通卦验》卷下："老人多疫病疟。"注："上六得兑之气。"

[3]《周易郑注·下经夬传第五·萃》卦辞："王假有庙。"注："五本坎爻，坎为隐伏。"《周易郑注·下经丰传第六·中孚》卦辞："中孚，豚鱼吉。"注："二、五皆坎爻。"《易纬通卦验》卷下："阴云出，而黑。"注："小雪于《兑》直九五，九五坎爻，得坎气。"《易纬通卦验》卷下："人多病耳、腹痛。"注："九五坎爻。"

[4]《周易郑注·上经泰传第二·大有》卦辞："大有，元亨。"注："六五体离，处乾之上，犹大臣有圣明之德，代君为政，处其位、有其事而理之也。"《周易郑注·上经噬嗑传第三·颐》卦辞："观颐。"注："二、五离爻。"《周易郑注·系辞下第八》："重门击柝，以待暴客，盖取诸《豫》。"注："五离爻。"《周易乾凿度》卷下：

"《临》，表龙颜。"注："名《临》者，二爻而互体震，震为龙，应在六五，六五离爻也。"《周易乾凿度》卷下："《剥》，表重童、明历元。"注："名《剥》者，五也。五离爻。"《易纬通卦验》卷下："上阳云出七星，赤而饶饶。"注："六五离爻，故赤也。"

[5]《周易郑注·上经噬嗑传第三·离》九四："突如其来如。"注："震为长子。"《周易郑注·下经夬传第五·萃》卦辞："王假有庙。"注："四本震爻，震为长子。"《周易郑注·系辞下第八》："重门击柝，以待暴客，盖取诸《豫》。"注："九四体震。"

[6]《周易郑注·上经噬嗑传第三·贲》六四："贲如皤如。"注："六四，巽爻也。"《周易郑注·上经噬嗑传第三·大畜》六四："童牛之牿。"注："巽为木。"《周易郑注·下经咸传第四·益》卦辞："益。"注："而四体巽之不应初，是天子损其所有以下诸侯也。"《周易郑注·系辞下第八》："艮又为手，巽爻也，应在四，皆木也。"《易纬通卦验》卷下："青阳云出房，如积水。"注："立春于《坎》直六四，六四巽爻。"

[7]《周易郑注·上经噬嗑传第三·离》九三："不击缶而歌。"注："艮爻也。"《周易郑注·下经夬传第五·井》九二："井谷射鲋。"注："九三，艮爻也。"《周易郑注·下经丰传第六·丰》九三："折其右肱。"注："九三，艮爻。"《周易乾凿度》卷下："《泰》，表载干。"注："名《泰》者，三爻也而体艮。"《易纬坤灵图》："帝必有洪水之灾。"注："九三与艮同体。"

[8]《周易郑注·下经丰传第六·中孚》卦辞："中孚，豚鱼吉。"注："三体兑。"《易纬通卦验》卷下："当至不至，水物杂稻等不为。"注："六三，兑爻也。"《易纬通卦验》卷下："当至不至，外兵作。"注："《离》九三互体兑。"《易纬通卦验》卷下："太阴云出，上如羊，下如磻石。"注："霜降于《兑》直六三，六三兑爻。"

[9]《周易郑注·下经夬传第五·井》九二："井谷射鲋。"注："九二，坎爻也。"《周易郑注·下经丰传第六·中孚》卦辞："中孚，豚鱼吉。"注："二、五皆坎爻。"《易纬通卦验》卷下："多病疝瘕、腰痛。"注："九二，坎爻也。"

[10]《周易郑注·上经噬嗑传第三·颐》卦辞："观颐。"注：

"二、五离爻。"《周易郑注·上经噬嗑传第三·离☲》六二："黄离。"注："离，南方之卦。"《周易郑注·下经夬传第五·萃☷》卦辞："利见大人。"注："二本离爻也。"《易纬通卦验》卷下："黑阴云出，南黄北黑。"注："小暑于《离》直六二，六二离爻也，为南黄。"

[11]《周易乾凿度》卷下："《复》，表日角。"注："名《复》者，初震爻也。"《易纬通卦验》卷下："正阳云出张，如积白鹄。"注："春分于《震》直初九，初九辰在子，震爻也。"《易纬通卦验》卷下："白阴云出，南黄北白。"注："秋分于《兑》直初九，初九震爻。"《易纬坤灵图》："帝必有洪水之灾。"注："初九震。"

[12]《周易郑注·下经夬传第五·井☱》九二："井谷射鲋。"注："九二，坎爻也。坎为水，下直巽。"《周易郑注·下经夬传第五·鼎☲》初六："鼎颠趾。"注："爻体巽为股。"《周易郑注·系辞下第八》："古之葬者，厚衣之以薪，葬之中野，不封不树，丧期无数，后世圣人易之以棺椁，盖取诸《大过》。"注："初六在巽体。"《周易乾凿度》卷下："《姤》，表耳参漏，足履王，知多权。"注："《姤》初爻在巽。"《易纬通卦验》卷下："阳云出其，茎末如树木之状。"注："初六巽爻也。"

【说】

《说卦》："乾，天也，故称乎父。坤，地也，故称乎母。震一索而得男，故谓之长男。巽一索而得女，故谓之长女。坎再索而得男，故谓之中男。离再索而得女，故谓之中女。艮三索而得男，故谓之少男。兑三索而得女，故谓之少女。"六爻六子说的构建即和《说卦》密切相关。此表的构建有三个过程，首先是震、巽、坎、离、艮、兑的分配问题。前《六爻应表》已经提到，根据《乾凿度》的理论，太易生成乾坤，从乾坤到震、巽、坎、离、艮、兑有两种生成方式，《系辞上》曰："是故《易》有太极，是生两仪，两仪生四象，四象生八卦。"《乾凿度》又曰："孔子曰：《易》始于太极。太极分而为二，故生天地。天地有春、秋、冬、夏之节，故生四时。四时各有阴阳、刚柔之分，故生八卦。八卦成列，天地之道立，雷、风、水、火、山、泽之象定矣。"郑玄于"《易》始于太极"注曰："气象未分之时，天地之所始也。"于

第八表　六爻六子表

"太极分而为二，故生天地"注曰："轻清者上为天，重浊者下为地。"是太极即太易，两仪即乾坤。乾坤既定，天地已分，又生出四时，四时均有阴阳、刚柔，所以又化成八卦。此模式有个很大的问题，太极分而为二之时，天地已经生成，而天地即乾坤，但后面又说四象生八卦，是乾坤出现在四象生成之后，将天地与乾坤看成两个不同的内容。后面说"八卦成列，天地之道立，雷、风、水、火、山、泽之象定矣"，先言"天地之道立"，后言"雷、风、水、火、山、泽之象定矣"，也承认先有乾坤，后有其余六卦，亦与八卦同时生于四象相矛盾。鉴于此，出现了另外一种建构方式，即《说卦》将其余六卦直接视作由乾、坤二卦生成。《子夏易传》卷九曰：

> 乾，天也，父之道也。坤，地也，母道也。二气相求，气胜而男女生也。乾之初配坤而得长男，曰震，乾生于坤也。坤之初配乾而得长女，曰巽，坤生于乾也。乾之再配坤而得中男，曰坎。坤再配乾而得中女，曰离。乾三配坤而得少男，曰艮。坤三配乾而得少女，曰兑。二气相推而八卦著矣，男女之道备矣，天下之情见矣。

根据从下至上的原则，长男用乾之初爻，中男用乾之二爻，少男用乾之三爻，长女用坤之初爻，中女用坤之二爻，少女用坤之三爻。父母结合才能生子，故长男之卦即以乾之初爻与坤之二爻、三爻相配，其余五卦以此类推，其相配之法如下。

长男	震 ☳	坤三爻 坤二爻 乾初爻
中男	坎 ☵	坤三爻 乾二爻 坤初爻
少男	艮 ☶	乾三爻 坤二爻 坤初爻

续表

长女	巽 ☴	乾三爻 乾二爻 坤初爻
中女	离 ☲	乾三爻 坤二爻 乾初爻
少女	兑 ☱	坤三爻 乾二爻 乾初爻

此种解释之外，孔颖达疏引王氏云："索，求也，以乾坤为父母而求其子也。得父气者为男，得母气者为女。坤初求得乾气为震，故曰长男。坤二求得乾气为坎，故曰中男。坤三求得乾气为艮，故曰少男。乾初求得坤气为巽，故曰长女。乾二求得坤气为离，故曰中女。乾三求得坤气为兑，故曰少女。"坤初求得乾气，即坤初爻变为乾初爻，如此乃形成震。余亦类推。两种阐释最终形成的结果是一致的。但就原文来说，言"震一索而得男"，震之初爻索得二爻而得男，震之初爻即乾之初爻，则《子夏易传》的解释要合理一些。六子生成之后，复运用到六爻之中，《乾》卦是由两乾构成，即形成了上下卦皆初爻震、二爻坎、三爻艮；《坤》卦是由两坤构成，即形成了上下卦皆初爻巽、二爻离、三爻兑。然后复作用到六十二卦之中，于是六爻六子的模式构建完成。

郑玄之前未见有以六爻六子说《易》者，郑玄之后以此说《易》者，《系辞下》："六爻相杂，唯其时物也。"干宝曰："一卦六爻，则皆杂有八卦之气，若初九为震爻，九二为坎爻也。"用六爻六子来阐释"六爻相杂"，说明干宝是接受此理论的。《升 ䷭》九二："孚乃利用禴，无咎。"《象》曰："九二之孚，有喜也。"干宝曰："九五坎，坎为豕。然则禴祭以豕而已，不奢盈于礼，故曰'有喜'矣。"九二为坎爻，坎为豕，禴祭用豕，符合礼的规定，所以"有喜"。《遁 ䷠》六二："执之用黄牛之革，莫之胜说。"侯果曰："六二离爻，离为黄牛。"用离来说黄牛。就《周易集解》所见，干宝、侯果以此说《易》的内容较少，而李鼎祚最喜欢用此说《易》，如《同人 ䷌》初九《象》曰："出门无

· 34 ·

人，又谁咎也。"李鼎祚曰："初九震爻，帝出乎震，震为大途，又为日门，出门之象也。"初九是震爻，震有大途、日门两意象，从门而之大途，所以有了出门之象。《谦☷☶》上六："鸣谦，利用行师，征邑国。"李鼎祚曰："上六兑爻，兑为口舌，鸣谦之象也。"上六是兑爻，兑是口舌，鸟的鸣叫要用口和舌，所以有了鸣谦的意象。《观☴☷》六二："窥观，利女贞。"李鼎祚曰："六二离爻，离为目。"六二是离爻，离是眼睛，窥观要用眼睛。又如《贲☶☲》六五："贲于邱园。"李鼎祚曰："六五离爻，离为中女。"《夬☱☰》九四："其行次且。"李鼎祚曰："九四震爻，震为足，足既不正，故'行趑趄'矣。"皆是也。

第九表 六爻十二辰表

阳爻	辰	阴爻	辰
上九	戌[1]	上六	巳[2]
九五	申[3]	六五	卯[4]
九四	午[5]	六四	丑[6]
九三	辰[7]	六三	亥[8]
九二	寅[9]	六二	酉[10]
初九	子[11]	初六	未[12]

【注】

[1]《周易郑注·上经泰传第二·蛊䷑》上九："不事王侯，高尚其事。"注："上九艮爻，艮为山，辰在戌，得乾气。"《易纬通卦验》卷下："黄阴云出，南黑北黄。"注："白露于《离》直上九……辰在戌，得乾气，子居戌上，故南黑也。"

[2]《周易郑注·上经噬嗑传第三·坎䷜》上六："系用徽纆。"注："爻辰在巳。"《周易郑注·系辞下第八》："古之葬者，厚衣之以薪，葬之中野，不封不树，丧期无数，后世圣人易之以棺椁，盖取诸《大过》。"注："上六位在巳。"《周易郑注·文言第九》："阴疑于阳必战，为其嫌于阳也，故称龙焉。"注："阳，谓今消息用事，乾也。上六为蛇，得乾气杂似龙。"按：上六为巳，巳为蛇。《易纬通卦验》卷下："赤阳云出翼，南赤北白。"注："惊蛰于《坎》直上六，上六得巳气。"《易纬通卦验》卷下："长阳云出，集赤如曼曼。"注："芒种于《震》直上六，上六辰在巳。"《易纬通卦验》卷下："长阴云出，黑如分。"注："大雪于《兑》直上六，上六辰在巳。"

[3]《易纬通卦验》卷下："黄阳云出亢，南黄北黑。"注："雨水于《坎》直九五，九五辰在申。"《易纬通卦验》卷下："人多病耳、腹痛。"注："九五坎爻……辰在申。"

　　[4]《周易郑注·上经泰传第二·泰》六五："帝乙归妹，以祉元吉。"注："五爻辰在卯，春为阳中，万物以生。生育者，嫁娶之贵，仲春之月嫁娶，男女之礼，福禄大吉。"《周易乾凿度》卷下："《剥》，表重童、明历元。"注："六五于辰又在卯。"《易纬通卦验》卷下："上阳云出七星，赤而饶饶。"注："小满于《震》直六五，六五辰在卯。"《易纬通卦验》卷下："赤阴云出，南黄北苍。"注："处暑于《离》直六五，六五辰在卯。"

　　[5]《周易郑注·下经夬传第五·困》九二："朱绂方来。"注："四爻辰在午时。"《易纬通卦验》卷下："当阳云出觜，紫赤如珠。"注："立夏于《震》直九四，九四辰在午也。"《易纬通卦验》卷下："浊阴云出，上如赤缯，列下黄弊。"注："立秋于《离》直九四，九四辰在午。"《易纬通卦验》卷下："阴云出，上接之。"注："立冬于《兑》直九四，九四辰在午。"

　　[6]《周易郑注·上经噬嗑传第三·坎》六四："尊酒簋。"注："爻辰在丑。"《周易郑注·下经丰传第六·中孚》卦辞："中孚，豚鱼吉。"注："四辰在丑。"《周易乾凿度》卷下："《复》，表日角。"注："初应在六四，于辰在丑。"

　　[7]《周易郑注·上经噬嗑传第三·贲》六四："白马翰如。"注："白马翰如，谓九三位在辰，得巽气，为白马。"《周易郑注·下经咸传第四·明夷》六二："睇于左股。"注："九三又在辰，辰得巽气为股。"《易纬通卦验》卷下："阴云出，南赤北仓。"注："大暑于《离》直九三，九三辰在辰。"

　　[8]《周易郑注·下经丰传第六·中孚》卦辞："中孚，豚鱼吉。"注："三辰在亥。"《易纬通卦验》卷下："南黑北黄。"注："大寒于《坎》直六三，六三得亥气。"《易纬通卦验》卷下："太阳云出张，上如车盖，下如薄。"注："谷雨于《震》直六三，六三辰在亥。"

　　[9]《易纬通卦验》卷下："仓阳云出平，南仓北黑。"注："小寒于《坎》直九二，九二得寅气，木也，为南仓。"《易纬通卦验》卷下：

"正阴云出，如冠缨。"注："寒露于《兑》直九二，九二辰在寅。"

[10]《周易郑注·下经咸传第四·明夷䷣》六二："睇于左股。"注："六二辰在酉。"《易纬通卦验》卷下："白阳云出奎，南白北黄。"注："清明于《震》直六二，六二辰在酉。"

[11]《易纬通卦验》卷下："正阳云出张，如积白鹄。"注："春分于《震》直初九，初九辰在子。"《易纬通卦验》卷下："少阴云出，如水波崇崇。"注："夏至，离始用事，位直初九，初九辰在子。"《易纬坤灵图》："帝必有洪水之灾。"注："初九震，在子值坎。"

[12]《周易郑注·上经乾传第一·比䷇》初六："有孚盈缶。"注："爻辰在未，上值东井。井之水，人所汲用缶。"《周易郑注·下经夬传第五·困䷮》九二："困于酒食。"注："二据初，辰在未。"《周易郑注·下经夬传第五·鼎䷱》初六："鼎颠趾，利出否，得妾以其子，无咎。"注："坤为顺。"按：初六值未，未在坤。

【说】

六爻十二辰说，或称为爻辰说，惠栋《易汉学》、张惠言《周易郑氏易》均有论述。关于爻辰说的起源，说法众多，比如惠栋认为源于《易纬乾凿度》，其卷下云："《乾》，阳也；《坤》，阴也，并治而交错行。《乾》贞于十一月子，左行，阳时六。《坤》贞于六月未，右行，阴时六，以奉顺成其岁。"根据八卦配十二月的方法，乾属于十月辰在亥，坤属于六月辰在未；根据十二消息卦、六十四卦配十二月的方法，《乾》属于四月，《坤》属于十月。此段文字论十二消息卦，但和相配之法却不同。惠氏进而认为，爻辰说和十二律密切相关。郑玄注《周礼·春官·太师》论十二律相生之法曰：

> 其相生则以阴阳六体为之，黄钟初九也，下生林钟之初六，林钟又上生大蔟之九二，大蔟又下生南吕之六二，南吕又上生姑洗之九三，姑洗又下生应钟之六三，应钟又上生蕤宾之九四，蕤宾又上生大吕之六四，大吕又下生夷则之九五，夷则又上生夹钟之六五，夹钟又下生无射之上九，无射又上生中吕之上六。

第九表　六爻十二辰表

依照此理论，将十二律应乾坤六爻和乾坤六爻应十二辰、十二月的关系作成表如下。

月	十二律	阳爻	辰	阴爻	辰	十二律	月
九	无射	上九	戌	上六	巳	中吕	四
七	夷则	九五	申	六五	卯	夹钟	二
五	蕤宾	九四	午	六四	丑	大吕	十二
三	姑洗	九三	辰	六三	亥	应钟	十
正	大蔟	九二	寅	六二	酉	南吕	八
十一	黄钟	初九	子	初六	未	林钟	六

如此相配，完全符合。在此基础上，张惠言认为此说本于《汉书·律历志》，《汉志》曰：

> 三统者，天施，地化，人事之纪也。十一月，《乾》之初九，阳气伏于地下，始著为一，万物萌动，钟于太阴，故黄钟为天统，律长九寸。……六月，《坤》之初六，阴气受任于太阳，继养化柔，万物生长，茂之于未，令种刚强大，故林钟为地统，律长六寸。……正月，《乾》之九三，万物棣通，族出于寅，人奉而成之，仁以养之，义以行之，令事物各得其理。

根据十一月为《乾》之初九、正月为《乾》之九三来看，是以《乾》之六爻分别为十一月、十二月、正月、二月、三月、四月，配于子、丑、寅、卯、辰、巳六辰；以《坤》之六爻分别为五月、六月、七月、八月、九月、十月，配于午、未、申、酉、戌、亥六辰。目前学界认为爻辰说法于十二律的观点占了主流，但这种观点尚存有较大的问题，与《汉志》相比，显然《三统历》以乾坤十二爻配十二律的方法和郑玄以乾坤十二爻配十二律的方法不同，从《三统历》至郑玄，必然有一个变化的过程。我们不能否定，爻辰说完成之后，后人又对乾坤十二爻配十二律的方法进行了重新调整。但从《汉志》来看，爻辰说的形成当晚于《三统历》。

用爻辰说《易》，和京房的纳甲说或有一定联系，惠栋《易汉学》

有《八卦六位图》，对纳甲说进行了概括，今重新作表如下。

阴阳	阳卦				阴卦			
爻	乾（金）	震（木）	坎（水）	艮（土）	坤（土）	巽（木）	离（火）	兑（金）
上爻	壬戌土	庚戌金	戊子水	丙寅木	癸酉金	辛卯木	己巳火	丁未土
五爻	壬申金	庚申金	戊戌土	丙子水	癸亥水	辛巳火	己未土	丁酉金
四爻	壬午火	庚午火	戊申金	丙戌土	癸丑土	辛未土	己酉金	丁亥水
三爻	甲辰土	庚辰土	戊午火	丙申金	乙卯木	辛酉金	己亥水	丁丑土
二爻	甲寅木	庚寅木	戊辰土	丙午火	乙巳火	辛亥水	己丑土	丁卯木
初爻	甲子水	庚子水	戊寅木	丙辰土	乙未土	辛丑土	己卯木	丁巳火

其八卦应十二辰的方法是：以《乾》《震》初爻对应子，此后按相隔一辰的顺序顺向排列，即二、三、四、五、上分别对应寅、辰、午、申、戌。《坎》初爻对应寅，《艮》初爻对应辰，余五爻以隔一辰顺序顺向排列。《坤》初爻对应未，《巽》初爻对应丑，《离》初爻对应卯，《兑》初爻对应巳，余五爻以隔一辰顺序逆向排列。此法和郑玄爻辰说相比较为烦琐，但也有三个共同点：一是《乾》六爻与爻辰说六爻相同；二是《乾》皆始于子、《坤》皆始于未；三是皆相隔一辰进行排列。

爻辰说或许是在纳甲说基础上演变而来的，首先采用了间辰法，将十二辰分为阳辰子、寅、辰、午、申、戌，阴辰丑、卯、巳、未、酉、亥。其次根据阳生于子、阴生于午，将阳爻初爻定为子，阴爻初爻定为未。与纳甲说相比，将八卦简化为二卦，使之更易于记忆。但这种方法显然违背了"阳动而进，阴动而退""天道左旋，地道右迁"（《易纬乾凿度》卷下）的天道运行法则，所以后世以爻辰说解《易》者，皆不用此法。

郑玄受《易》于马融，爻辰说或即本之马氏。《乾》初九："潜龙勿用。"马融曰："物莫大于龙，故借龙以喻阳气也。初九建子之月，阳气始动于黄泉，犹是潜伏，故曰'潜龙'也。"此言"初九建子之月"，或许即用爻辰说。[①] 又《乾》九二："见龙在田，利见大人。"孔

[①] 李道平曰："'初九建子之月'，谓乾坤十二爻周十二月，即十二月消息卦。非郑氏爻辰《乾》起子、《坤》起未，间时而行六辰者也。"（李道平：《周易集解纂疏》，中华书局2013年版，第29页）对此持否定态度。

第九表　六爻十二辰表

颖达疏曰：

> 诸儒以为九二当太蔟之月，阳气发见，则九三为建辰之月，九四为建午之月，九五为建申之月，为阴气始杀，不宜称"飞龙在天"。上九为建戌之月，群阴既盛，上九不得言"与时偕极"。于此时阳气仅存，何极之有？诸儒此说于理稍乖，此乾之阳气渐生，似圣人渐出，宜据十一月之后，至建巳之月已来，此九二当据建丑、建寅之间，于时地之萌牙初有出者，即是阳气发见之义。《乾》卦之象，其应然也。但阴阳二气，共成岁功，故阴兴之时仍有阳在，阳生之月尚有阴存，所以六律六吕，阴阳相间，取象论义，与此不殊。

文中两处"诸儒"，《周易集解》皆引作"先儒"，为上。言"诸儒"的话，孔颖达之前儒家均用此说，但从《集解》所引来看，无一人用爻辰说解《易》（《集解》虽引郑玄说，但亦不引郑氏以爻辰说卦之文）。合之上引马融说观之，孔颖达口中的"先儒"或许就是马融（郑玄言"辰在某"，不曰"建某"）。孔颖达认为这种说法"于理稍乖"，而郑玄又用此法解《易》，孔颖达疏《易》用王弼注而不用郑玄注，或即以郑注"于理稍乖"乎？

第十表　八卦意象表

八卦	《说卦》所载意象	佚象
乾	天[1]、健[2]、马、首[3]、父、圜、君[4]、玉、金[5]、寒、冰[6]、大赤、良马、老马、瘠马、驳马、木果	车盖[7]
坤	地[8]、顺[9]、牛、腹[10]、母、布、釜、吝啬、均、子母牛[11]、大舆、文[12]、众[13]、柄。其于地也为黑	
震	雷[14]、动[15]、龙[16]、足[17]、长男[18]、玄黄[19]、旉、大途[20]、决躁[21]、苍筤竹、萑苇[22]。其于马也为善鸣、馵足、作足、的颡。其于稼也为反生。其究为健、蕃鲜	日门[23]、丛拘[24]、噬[25]、虎[26]
巽	风[27]、人、鸡、股[28]、长女、木[29]、绳直、墨、工、白、长[30]、高、进退[31]、不果、臭。其于人也为寡发、黄颡、多白眼、近利市三倍。其究为躁卦	
坎	水[32]、陷、豕、耳[33]、中男、沟渎、隐伏[34]、矫輮、弓轮[35]。其于人也为加忧、心病、耳痛、血卦[36]、赤。其于马也为美脊[37]、亟心[38]、下首、薄蹄、曳。其于舆也为多眚、通、月[39]、盗[40]。其于木也为坚多心	丈夫[41]、云[42]
离	火[43]、丽、雉、目[44]、中女、日[45]、电、中女、甲胄、戈兵[46]。其于人也为大腹。乾卦、鳖、蟹、蠃、蚌、龟。其于木也为科上槁[47]	木[48]、外坚中虚[49]、黄牛[50]、燋物[51]
艮	山[52]、止[53]、狗、手[54]、少男、径路[55]、小石[56]、门阙[57]、果蓏、阍寺、小指、狗、鼠、黔喙之属[58]。其于木也为坚多节[59]	冠缨[60]
兑	泽[61]、说[62]、羊[63]、口[64]、少女、巫、口舌、毁折[65]、附决[66]。其于地也为刚卤[67]、妾、阳	暗昧[68]

【注】

［1］《周易郑注·上经泰传第二·同人䷌》卦辞："同人于野。"

· 42 ·

注："离下乾上。乾为天。"《周易郑注·上经噬嗑传第三·大畜䷙》上九，"何天之衢。"注："乾为天。"《周易郑注·系辞下第八》："黄帝、尧、舜垂衣裳而天下治，盖取诸《乾》《坤》。"注："乾为天。"《易纬乾元序制记》："微萌所接。"注："乾为天，天幽微。"《易纬是类谋》："天下耀空。"注："乾为天。"《易纬是类谋》："昼视无日，虹蜺煌煌，夜视无月，彗篲将将。"注："此皆属乾，乾为天，失其主，故著天者皆失其正也。"

[2]《周易郑注·下经咸传第四·恒䷟》九三："不恒其德，或承之羞。"注："互体为乾，乾有刚健之德。"《周易郑注·下经咸传第四·遁䷠》卦辞："遁，亨，小利贞。"注："乾有健德。"

[3]《周易郑注·上经噬嗑传第三·大畜䷙》上九："何天之衢。"注："乾为首。"

[4]《周易郑注·下经夬传第五·夬䷪》卦辞："扬于王庭。"注："五互体乾，乾为君。"《周易郑注·下经夬传第五·鼎䷱》初六："鼎颠趾，利出否，得妾以其子，无咎。"注："初阴爻而柔，与乾同体，以否正承乾，乾为君。"《易纬通卦验》卷上："君道应因，秉命权巽、布震。"注："乾为君。"

[5]《周易郑注·下经夬传第五·鼎䷱》卦辞："鼎。"注："互体乾、兑，乾为金。"

[6]《易纬通卦验》卷下："坎气退，则天下旱。"注："乾又为冰，皆凝而下难之象。"

[7]《易纬通卦验》卷下："太阳云出张，上如车盖，下如薄。"注："谷雨于《震》直六三，六三辰在亥，得乾气，形似车盖。"按：此疑就圜象取义。

[8]《周易郑注·上经乾传第一·坤䷁》六二："直方大。"注："直也、方也，地之性。此爻得中气，而在地上，自然之性，广生万物，故生动直而且方。"《周易郑注·上经泰传第二·谦䷎》卦辞："谦。"注："坤为地。"《周易郑注·上经泰传第二·观䷓》卦辞："观，盥而不荐。"注："坤为地为众。"《周易郑注·下经咸传第四·晋䷢·象》："明出地上，晋，君子以自照明德。"注："地虽生万物，日出于上。"《周易郑注·下经咸传第四·明夷䷣》卦辞："明夷。"注："日出地上，

其明乃光，至其入地，明则伤矣。"《周易郑注·下经咸传第四·损☷》卦辞："损。"注："互体坤，坤为地。"《周易郑注·下经夬传第五·昇☷》卦辞："昇。"注："坤，地。"《周易郑注·系辞下第八》："黄帝、尧、舜垂衣裳而天下治，盖取诸《乾》《坤》。"注："坤为地。"《易纬通卦验》卷上："信坤形。"注："坤形者，谓地也。坤为地，其形信矣。"《易纬通卦验》卷下："坤……气出右，万物半死。"注："坤为地，地主养物。"《易纬通卦验》卷下："坤气见于秋分之分，则其岁地动摇。"注："巛，土地也，其道静，坤气失位，故动摇。"《易纬通卦验》卷下："兑气退，则泽枯，万物不成。"注："兑气失位，而见于坤，坤为地，故于泽则枯也。"《易纬是类谋》："沉迟之名。"注："坤为地，地性重迟。"

[9]《周易郑注·上经泰传第二·豫☷》卦辞："豫。"注："坤，顺也。"《周易郑注·下经夬传第五·萃☷》卦辞："萃，亨。"注："坤为顺。"《周易郑注·下经夬传第五·鼎☷》初六："鼎颠趾，利出否，得妾以其子，无咎。"注："坤为顺。"

[10]《易纬通卦验》卷下："人多病耳、腹痛。"注："九五坎爻，故耳病也。辰在申，得坤气，故腹痛。"

[11]《周易郑注·下经夬传第五·鼎☷》初六："鼎颠趾，利出否，得妾以其子，无咎。"注："坤为顺，又为子母牛。"

[12]《周易乾凿度》卷下："《否》，表□二时、好文。"注："坤为文。"

[13]《周易郑注·上经泰传第二·豫☷》卦辞："利建侯行师。"注："坤又为众，师役之象。"《周易郑注·上经泰传第二·观☷》卦辞："观，盥而不荐。"注："坤为地为众。"

[14]《周易郑注·上经泰传第二·豫☷》卦辞："利建侯行师。"注："震又为雷，诸侯之象。"《周易郑注·下经咸传第四·恒☷》卦辞："恒。"注："震为马。"《周易郑注·下经咸传第四·益☷》卦辞："利有攸往。"注："震为雷。"《周易郑注·下经夬传第五·震☷》卦辞："震。"注："震为雷。"《易纬是类谋》："震、兑附合化。"注："震为雷，动万物。"

[15]《周易郑注·上经泰传第二·豫☷》卦辞："豫。"注："震，

动也。"《周易郑注·上经泰传第二·随☷》卦辞："随。"注："震，动也。"《易纬通卦验》卷上："坎失命，乱在土地之长。""坎体互有震、艮，震者动，艮者山。"《易纬通卦验》卷下："艮为山为止，不止，则气过山崩。"注："分属于震，艮气见焉，过而动，是以崩也。"

[16]《周易乾凿度》卷下："《临》，表龙颜。"注："名《临》者，二爻而互体震，震为龙。"《周易乾凿度》卷下："《大壮》，表握诉、龙角、大唇。"注："四名卦而震为龙。"《易纬通卦验》卷下："震……气出左，蛟龙出。"注："震为龙。"《易纬是类谋》："菟群临，虎龙怪出。"注："菟、龙、虎，东方之禽。"

[17]《周易郑注·上经噬嗑传第三·大畜☷》六四："童牛之牿。"注："互体震，震为牛之足。"《易纬通卦验》卷上："房精谋。"注："震为足。"

[18]《周易郑注·下经夬传第五·萃☷》卦辞："萃，亨。"注："四本震爻，震为长子。"《易纬通卦验》卷上："君道应因，秉命权巽、布震。"注："震为长子。"

[19]《易纬通卦验》卷下："赤阴云出，南黄北苍。"注："处暑于《离》直六五，六五辰在卯，得震气，震为玄黄，故南黄也。"

[20]《周易郑注·上经泰传第二·随☷》初九："官有渝，贞吉，出门交有功。"注："震为大途。"

[21]《易纬通卦验》卷下："巽……气出右，风橛木。"注："谷雨之地，有震趹躁之气，而巽气见焉，故风橛木。"

[22]《易纬通卦验》卷下："太阳云出张，上如车盖，下如薄。"注："震为萑苇，故下如薄也。"

[23]《周易郑注·上经泰传第二·随☷》初九："官有渝，贞吉，出门交有功。"注："震为大途，又为日门。"

[24]《周易郑注·上经噬嗑传第三·坎☷》上六："置于丛棘。"注："震之所为，有丛拘之类。"

[25]《易纬是类谋》："鼠啮食人。"注："震为噬，是盗贼将起之征。"

[26]《易纬是类谋》："菟群临，虎龙怪出。"注："菟、龙、虎，东方之禽。"

[27]《周易郑注·上经泰传第二·同人☲》卦辞:"同人于野。"注:"卦体有巽,巽为风。"《周易郑注·上经泰传第二·观☴》卦辞:"观,盥而不荐。"注:"巽为木为风。"《周易郑注·下经咸传第四·恒☳》卦辞:"恒。"注:"巽为风。"《周易郑注·下经咸传第四·益☴》卦辞:"利有攸往。"注:"巽为风。"《周易乾凿度》卷下:"《姤》,表耳参漏,足履王,知多权。"注:"《姤》初爻在巽,巽为风。"《易纬通卦验》卷下:"巽……气出右,风橛木。"注:"谷雨之地,有震跌躁之气,而巽气见焉,故风橛木。"《易纬通卦验》卷下:"当至不至,暴风为灾,年岁不入。"注:"四互体巽,巽为风灾也。风又散物,故年不入也。"《易纬通卦验》卷下:"当至不至,万物大耗,来年多大风。注:"六三互体巽,则暴发,来年即为大风也。"《易纬是类谋》:"名巫动。"注:"巽为风,零动万物之类也。"

[28]《周易郑注·下经夬传第五·鼎☲》初六:"鼎颠趾。"注:"爻体巽为股。"《周易乾凿度》卷下:"《姤》,表耳参漏,足履王,知多权。"注:"巽为股。"

[29]《周易郑注·上经泰传第二·观☴》卦辞:"观,盥而不荐。"注:"巽为木为风。"《周易郑注·下经夬传第五·萃☱》卦辞:"王假有庙。"注:"互有艮、巽,巽为木。"《周易郑注·下经夬传第五·昇☷》卦辞:"昇。"注:"巽,木。"《周易郑注·下经夬传第五·井☵》卦辞:"井。"注:"巽,木,桔橰也。"《周易郑注·下经夬传第五·鼎☲》卦辞:"鼎。"注:"卦有木、火之用。"《周易郑注·系辞下第八》:"重门击柝,以待暴客,盖取诸《豫》。"注:"艮又为手,巽爻也,应在四,皆木也,手持二木也。"《周易郑注·系辞下第八》:"古之葬者,厚衣之以薪,葬之中野,不封不树,丧期无数,后世圣人易之以棺椁,盖取诸《大过》。"注:"初六在巽体,巽为木。"又曰:"上六位在巳,巳当巽位,巽又为木。"《易纬通卦验》卷下:"阳云出其,茎末如树木之状。"注:"初六巽爻也,巽为木。"《易纬通卦验》卷下:"青阳云出房,如积水。"注:"立春于《坎》直六四,六四巽爻,得木气,故青。"《易纬通卦验》卷下:"阴云出,南赤北仓。"注:"巽木,故北仓。"

[30]《易纬通卦验》卷下:"长阳云出,集赤如曼曼。"注:"芒

种于《震》直上六，上六辰在巳，巳为火；又得巽气，故集赤不纯；巽又为长，故曼曼也。"《易纬通卦验》卷下："长阴云出，黑如分。"注："大雪于《兑》直上六，上六辰在巳，得巽气，为长。"

[31]《周易郑注·上经噬嗑传第三·离☲》九四："突如其来如。"注："又为巽，巽为进退，不知所从。"《周易郑注·下经咸传第四·恒☳》九三："不恒其德，或承之羞。"注："体在巽，巽为进退，是不恒其德也。"《周易郑注·下经咸传第四·遁☶》卦辞："遁，亨，小利贞。"注："互体有巽，巽为进退。"《周易郑注·下经咸传第四·恒☳》六五："恒其德，贞，妇人吉，夫子凶。"注："体在巽，巽为进退。"《周易郑注·下经丰传第六·丰☳》九三："折其右肱。"注："互体为巽，巽又为进退。"

[32]《周易郑注·下经咸传第四·家人☲》六二："无攸遂，在中馈。"注："爻体离，又互体坎，火位在下，水在上，饪之象也。"《周易郑注·下经夬传第五·井☵》卦辞："井。"注："坎，水也。"《周易郑注·下经夬传第五·井☵》九二："井谷射鲋。"注："九二，坎爻也。坎为水。"《周易郑注·下经夬传第五·渐☵》九三："妇孕不育。"注："互体为坎，坎为丈夫，坎为水。"《周易郑注·下经丰传第六·中孚☱》卦辞："中孚，豚鱼吉。"注："二、五皆坎爻，坎为水。"《易纬通卦验》卷下："坎……涌水出。"注："小寒，水方盛，水行而出，涌之象也。"《易纬通卦验》卷下："仓阳云出平，南仓北黑。"注："犹坎，坎，水也，为北黑。"《易纬通卦验》卷下："青阳云出房，如积水。"注："从坎也，故如积水。"《易纬是类谋》："名水赤，大鱼出。"注："土精乱不能伏水，故今为坎、为血、为水。"《易纬坤灵图》："帝必有洪水之灾。"注："初九震，在子值坎，坎为水。"

[33]《周易郑注·上经噬嗑传第三·噬嗑☲》上九："何校灭耳，凶。"注："坎为耳。"按：此用互卦。《易纬通卦验》卷下："人多病耳、腹痛。"注："九五坎爻，故耳病也。"

[34]《周易郑注·下经夬传第五·萃☱》卦辞："萃，亨。"注："五本坎爻，坎为隐伏。"

[35]《易纬通卦验》卷下："上阳云出七星，赤而饶饶。"注："互体坎，坎为弓轮也。"

[36]《易纬是类谋》:"名水赤,大鱼出。"注:"土精乱不能伏水,故今为坎、为血、为水。"

[37]《易纬通卦验》卷上:"鼓用马革。"注:"鼓必用马革者,冬至坎气也,于马为美脊。"《易纬通卦验》卷下:"多病疝瘕、腰痛。"注:"九二,坎爻也,为脊,气不至,疝瘕、腰痛也。"

[38]《易纬通卦验》卷上:"鼓黄钟之瑟,瑟用槐木。"注:"鼓必用马革者,冬至坎气也,于马为美脊。坎为棘心也,瑟用槐之棘,丑桥取撩,象气上也。"

[39]《周易郑注·下经夬传第五·困☱》卦辞:"困。"注:"坎为月。"《周易郑注·下经丰传第六·既济☲》九五:"东邻杀牛,不如西邻之禴祭。"注:"互体为坎也……坎为月。"《易纬通卦验》卷上:"兴月感。"注:"坎为月。"《易纬是类谋》:"离、坎招嬉。"注:"坎为月。"

[40]《周易郑注·系辞下第八》:"重门击柝,以待暴客,盖取诸《豫》。"注:"四又互体为坎,坎为盗。"

[41]《周易郑注·下经夬传第五·渐☶》九三:"妇孕不育。"注:"互体为坎,坎为丈夫。"按:此或就中男说之,非别有一象。

[42]《易纬通卦验》卷下:"艮气退,则数有云雾霜。"注:"坎为云。"

[43]《周易郑注·上经泰传第二·同人☰》卦辞:"同人于野。"注:"离为火。"《周易郑注·上经噬嗑传第三·离☲》六二:"黄离。"注:"离为火。"《周易郑注·下经咸传第四·家人☲》六二:"无攸遂,在中馈。"注:"爻体离,又互体坎,火位在下,水在上,饪之象也。"《周易郑注·下经咸传第四·睽☲》卦辞:"睽。"注:"火欲上。"《周易郑注·下经夬传第五·困☱》九二:"朱绂方来。"注:"二与四为体离……离为火,火色赤。"《周易郑注·下经夬传第五·革☱》九二:"革。"注:"水火相息而更用事。"《周易郑注·下经夬传第五·鼎☲》卦辞:"鼎。"注:"卦有木、火之用。"《周易郑注·下经夬传第五·渐☶》九三:"妇孕不育。"注:"九三上与九五,互体为离,离为火。"《周易乾凿度》卷下:"《姤》,表耳参漏,足履王,知多权。"注:"离又为火。"《易纬通卦验》卷下:"阴云出,南赤北仓。"注:"离为火,

故南赤。"

[44]《周易郑注·上经噬嗑传第三·颐䷚》卦辞:"观颐。"注:"离为目。"《周易郑注·下经咸传第四·明夷䷣》六二:"睇于左股。"注:"下体离,离为目。"《周易乾凿度》卷下:"《剥》,表重童、明历元。"注:"名《剥》者,五也。五离爻,离为目。"《易纬通卦验》卷下:"人民病目痛。"注:"离为目,目痛,离气失故也。"

[45]《周易郑注·上经噬嗑传第三·贲䷕》卦辞:"贲。"注:"离为日,天文也。"《周易郑注·下经咸传第四·晋䷢·象》:"明出地上,晋,君子以自照明德。"注:"地虽生万物,日出于上。"《周易郑注·下经咸传第四·明夷䷣》卦辞:"明夷。"注:"日出地上,其明乃光,至其入地,明则伤矣。"《周易郑注·下经夬传第五·困䷮》卦辞:"困。"注:"互体离,离为日。"《周易郑注·下经丰传第六·既济䷾》九五:"东邻杀牛,不如西邻之禴祭。"注:"互体为离,离为日。"《周易乾凿度》卷下:"《遁》,表日角、衡连理。"注:"离为日。"《易纬通卦验》卷下:"坤气退,则地分裂。"注:"夏者离,主为日。"《易纬是类谋》:"离、坎招嬉。"注:"离为日。"《易纬是类谋》:"女讹诬。"注:"出在南方,为太阳征,阴类灾也,故女子为讹诬。"按:南方为离,离为日,太阳即日。

[46]《周易郑注·系辞下第八》:"重门击柝,以待暴客,盖取诸《豫》。"注:"五离爻,为甲胄戈兵。"《易纬通卦验》卷下:"离气见于立秋之分,则岁大热,兵戈起。"注:"离为戈兵,失气,故兵起也。"

[47]《周易郑注·上经噬嗑传第三·噬嗑䷔》上九:"何校灭耳,凶。"注:"离为槁木。"

[48]《周易郑注·下经夬传第五·萃䷬》卦辞:"利见大人。"注:"二本离爻也,离为木。"

[49]《周易郑注·下经夬传第五·井䷯》卦辞:"井。"注:"互体离、兑,离,外坚中虚,瓶也。"

[50]《易纬通卦验》卷上:"鼓用黄牛皮,鼓员径五尺七寸。"注:"鼓必以牛皮者,夏至离气,离为黄牛。"

[51]《易纬通卦验》卷下:"离……气出右,万物半死。"注:"离

者，燆物，而见于芒种之地，则泽稼独生，陵陆死矣。"按：此义或由日、火二象引出。

[52]《周易郑注·上经泰传第二·谦䷎》卦辞："谦。"注："艮为山。"《周易郑注·上经泰传第二·蛊䷑》上九："不事王侯，高尚其事。"注："上九艮爻，艮为山。"《周易郑注·下经咸传第四·咸䷞》卦辞："咸。"注："艮为山。"《周易郑注·下经咸传第四·损䷨》卦辞："损。"注："艮为山。"《周易郑注·下经夬传第五·井䷯》九二："井谷射鲋。"注："九三，艮爻也。艮为山。"《周易郑注·下经夬传第五·艮䷳》卦辞："艮。"注："艮为山。"《周易乾凿度》卷下："《泰》，表载干。"注："名《泰》者，三爻也而体艮，艮为山。"《周易乾凿度》卷下："《观》，表山淮、虎唇。"注："名《观》者，亦在五，艮之中而位上，艮为山泽。"《易纬通卦验》卷上："坎失命，乱在土地之长。""坎体互有震、艮，震者动，艮者山。"《易纬通卦验》卷上："震气乱，石陨山亡。"注："震体互有艮，艮为山、小石。"《易纬坤灵图》："帝必有洪水之灾。"注："九三与艮同体，艮为山。"

[53]《易纬是类谋》："巽、艮主期。"注："艮时止则止，时行则行，故主期。"

[54]《周易郑注·上经噬嗑传第三·大畜䷙》上九："何天之衢。"注："艮为手。"《周易郑注·下经丰传第六·丰䷶》九三："折其右肱。"注："九三，艮爻，艮为手。"《周易郑注·系辞下第八》："重门击柝，以待暴客，盖取诸《豫》。"注："互体有艮……艮又为手。"《周易乾凿度》卷下："《否》，表□二时、好文。"注："三在互体艮之中，艮为手多节。"

[55]《周易郑注·上经噬嗑传第三·大畜䷙》上九："何天之衢。"注："艮为径路。"

[56]《周易郑注·上经噬嗑传第三·贲䷕》卦辞："贲。"注："艮为石，地文也。"《周易郑注·下经丰传第六·旅䷷》初六："旅琐琐。"注："艮，小石。"《周易乾凿度》卷下："《泰》，表载干。"注："名《泰》者，三爻也而体艮，艮为山，山为石体。"《易纬通卦验》卷上："震气乱，石陨山亡。"注："震体互有艮，艮为山、小石。"

[57]《周易郑注·上经泰传第二·观䷓》卦辞："观，盥而不荐。"

注："互体有艮，艮为鬼门，又为宫阙。"《周易郑注·上经噬嗑传第三·坎☵》上六："置于丛棘。"注："艮为门阙。"《周易郑注·下经咸传第四·遁☶》卦辞："遁，亨，小利贞。"注："艮为门阙。"《周易郑注·下经夬传第五·萃☵》卦辞："王假有庙。"注："互有艮、巽，巽为木，艮为阙，木在阙上，宫室之象也。"《周易郑注·系辞下第八》："重门击柝，以待暴客，盖取诸《豫》。"注："互体有艮，艮为门。"《周易乾凿度》卷下："《观》，表山准、虎唇。"注："名《观》者，亦在五，艮之中而位上……艮又门阙。"

[58]《周易乾凿度》卷下："《观》，表山准、虎唇。"注："名《观》者，亦在五，艮之中而位上……艮为禽喙之属。"

[59]《周易郑注·上经噬嗑传第三·坎☵》上六："置于丛棘。"注："艮为门阙，于木为多节。"《周易乾凿度》卷下："《否》，表囗二时、好文。"注："三在互体艮之中，艮为手多节。"

[60]《易纬通卦验》卷下："正阴云出，如冠缨。"注："寒露于《兑》直九二，九二辰在寅，得艮气，形似冠缨者，艮象也。"

[61]《周易郑注·下经咸传第四·咸☶》卦辞："咸。"注："兑为泽。"《周易郑注·下经咸传第四·睽☲》卦辞："睽。"注："泽欲下。"《周易郑注·下经咸传第四·损☶》卦辞："损。"注："兑为泽。"《周易郑注·下经夬传第五·井☵》卦辞："井。"注："互体离、兑，离，外坚中虚，瓶也。兑为暗、泽、泉口也。"《周易郑注·下经夬传第五·革☱》九二："革。"注："水火相息而更用事。"按："水"指兑为泽言之，泽中有水。《周易郑注·下经夬传第五·鼎☲》卦辞："鼎。"注："互体乾、兑，乾为金，兑为泽。"《周易郑注·下经丰传第六·中孚☴》卦辞："中孚，豚鱼吉。"注："三体兑，兑为泽。"《易纬是类谋》："震、兑附合化。"注："兑为泽，泽以说之。"

[62]《周易郑注·上经泰传第二·随☳》卦辞："随。"注："兑，说也。"《周易郑注·下经咸传第四·恒☳》六五："恒其德，贞，妇人吉，夫子凶。"注："互体兑，兑为和说。"《周易郑注·下经夬传第五·萃☵》卦辞："萃，亨。"注："兑为说。"《易纬是类谋》："震、兑附合化。"注："兑为泽，泽以说之。"

[63]《易纬通卦验》卷下："太阴云出，上如羊，下如磻石。"注：

"霜降于《兑》直六三，六三兑爻，为羊。"

[64]《周易郑注·下经夬传第五·井☷》卦辞："井。"注："互体离、兑，离，外坚中虚，瓶也。兑为暗、泽、泉口也。"《周易郑注·说卦第十》："兑为口。"注："兑为口，兑上开似口。"《周易乾凿度》卷下："《观》，表山准、虎唇。"注："兑为口。"

[65]《周易郑注·下经咸传第四·恒☷》九三："不恒其德，或承之羞。"注："互体为兑，兑为毁折，是将有羞辱也。"《易纬通卦验》卷下："坤气见于秋分之分，则其岁地动摇，江湖河水乍存乍亡。"注："见于秋分之分，得兑毁折、附决之气，故小大之水，或存或亡。"

[66]《周易郑注·上经噬嗑传第三·离☷》九四："突如其来如。"注："互体兑，兑为附决。"《易纬通卦验》卷下："坤气见于秋分之分，则其岁地动摇，江湖河水乍存乍亡。"注："见于秋分之分，得兑毁折、附决之气，故小大之水，或存或亡。"

[67]《周易郑注·说卦第十》："兑为羊。"注："其畜好刚卤。"《易纬通卦验》卷下："当至不至，外兵作，来年饥。"注："《离》九三互体兑……兑又为刚卤，刚卤不生物。"

[68]《周易郑注·下经夬传第五·困☷》卦辞："困。"注："兑为暗昧，日所入也。"《周易郑注·下经夬传第五·井☷》卦辞："井。"注："互体离、兑，离，外坚中虚，瓶也。兑为暗、泽、泉口也。"

【说】

用意象解《易》产生很早，在《左传》《国语》中就有相关的记载。《国语·晋语四》载重耳在秦国，占卜是否会成为晋国君主：

> 公子亲筮之，曰："尚有晋国。"得贞《屯☳》悔《豫☷》，皆八也。筮史占之，皆曰："不吉。闭而不通，爻无为也。"司空季子曰："吉。是在《周易》，皆'利建侯'。不有晋国，以辅王室，安能建侯？我命筮曰'尚有晋国'，筮告我曰'利建侯'，得国之务也，吉孰大焉！震，车也。坎，水也。坤，土也。屯，厚也。豫，乐也。车班外内，顺以训之，泉原以资之，土厚而乐其实。不有晋国何以当之？震，雷也，车也。坎，劳也，水也，众也。主雷与车，而尚

水与众。车有震，武也。众而顺，文也。文武具，厚之至也，故曰屯。其繇曰：'元亨利贞，勿用有攸往，利建侯。'主震雷，长也，故曰'元'。众而顺，嘉也，故曰'亨'。内有震雷，故曰'利贞'。车上水下，必伯。小事不济，壅也，故曰'勿用有攸往'。一夫之行也，众顺而有武威，故曰'利建侯'。坤，母也。震，长男也。母老子强，故曰豫。其繇曰：'利建侯，行师。'居乐、出威之谓也。是二者，得国之卦也。"

《屯》下震上坎，《豫》下坤上震，故此文涉及震、坎、坤三个卦象，震为雷为长男，坎为水，坤为土为母，皆见于上表。"顺以训之"之"顺"用坤，已见于上表。"泉原以资之"之"泉原"用坎，则水之引申。坎为劳，《说卦》曰："坎也者，水也，正北方之卦也，劳卦也，万物之所归也，故曰'劳乎坎'。"又曰："坎，劳卦也。水性劳而不倦，万物之所归也。"是从坎象引申出，故上表没有统计。此处有两个佚象，一者震为车，《说卦》坤为大舆即车；二者坎为众，《说卦》以坤为众。韦昭说震为车曰："《易》坤为大车，震为雷，今云车者，车亦动声象雷，其为小车也。"认为坤为大车，而车行有声，就像雷行有声一样，震为雷，所以雷有小车之象。《说卦》的形成较晚，而且根据诸家解《易》所用意象不同来看，我们认为八卦之象有不同的系统，该系统大体上是相近的，而具体意象有一些微小的差别。《国语》中意象可以看作另一个系统的，不必用引申意象来阐释。《晋语四》又载董因占卜重耳是否得晋国说：

臣筮之，得《泰䷊》之八。曰："是谓天地配亨，小往大来，今及之矣，何不济之有？"

《泰》下乾上坤，乾为天，坤为地，故曰"天地配享"。"天地"亦用意象说之。

《左传》中的例子更多，《庄公二十二年》：

陈厉公，蔡出也。故蔡人杀五父而立之，生敬仲。其少也。周史有以《周易》见陈侯者，陈侯使筮之，遇《观》之《否》。曰："是谓'观国之光，利用宾于王'，此其代陈有国乎？不在此，其在异国；非此其身，在其子孙。光，远而自他有耀者也。坤，土也。巽，风也。乾，天也。风为天于土上，山也。有山之材而照之以天光，于是乎居土上，故曰'观国之光，利用宾于王'。庭实旅百，奉之以玉帛，天地之美具焉，故曰'利用宾于王'。犹有观焉，故曰其在后乎。风行而著于土，故曰其在异国乎。若在异国，必姜姓也。姜，大岳之后也。山岳则配天，物莫能两大。陈衰，此其昌乎。"

《观》下坤上巽，《否》下坤上乾，坤为土，巽为风，乾为天，皆见《说卦》。

《闵公元年》：

> 初，毕万筮仕于晋，遇《屯》之《比》。辛廖占之曰："吉。《屯》固《比》入，吉孰大焉？其必蕃昌。震为土，车从马，足居之，兄长之，母覆之，众归之，六体不易，合而能固，安而能杀。公侯之卦也。公侯之子孙，必复其始。"

《屯》下震上坎，《比》下坤上坎，《屯》卦下卦震变为坤。震为土，即言震变为坤。坤为大舆，震为马，故曰"车从马"。震为足，故曰"足居之"。震为长男，故曰"兄长之"。坤为母，故曰"母覆之"。众归之，《说卦》以坤为众，《晋语》以坎为众，此当与《晋语》所用属于同一系统。

《僖公十五年》言秦伯伐晋：

> 卜徒父筮之，吉。涉河，侯车败。诘之，对曰："乃大吉也，三败必获晋君。其卦遇《蛊》，曰：'千乘三去，三去之余，获其雄狐。'夫狐蛊，必其君也。《蛊》之贞，风也；其悔，山也。岁云秋矣，我落其实而取其材，所以克也。实落材亡，不败何待？"

《蛊》下巽上艮，巽为风，故曰"风也"。艮为山，故曰"山也"。《僖公二十五年》：

> 秦伯师于河上，将纳王。狐偃言于晋侯曰："求诸侯，莫如勤王。诸侯信之，且大义也。继文之业而信宣于诸侯，今为可矣。"使卜偃卜之，曰："吉。遇'黄帝战于阪泉'之兆。"公曰："吾不堪也。"对曰："周礼未改。今之王，古之帝也。"公曰："筮之。"筮之，遇《大有》之《睽》，曰："吉。遇'公用享于天子'之卦也。战克而王飨，吉孰大焉，且是卦也，天为泽以当日，天子降心以逆公，不亦可乎？《大有》去《睽》而复，亦其所也。"

《大有》下乾上离，《睽》下兑上离，乾为天，兑为泽，离为日，《大有》之乾变兑，故曰"天为泽"。本是以天当日，变为以泽当日，故曰"天为泽以当日"。

《襄公二十五年》：

> 齐棠公之妻，东郭偃之姊也。东郭偃臣崔武子。棠公死，偃御武子以吊焉。见棠姜而美之，使偃取之。偃曰："男女辨姓，今君出自丁，臣出自桓，不可。"武子筮之，遇《困》之《大过》。史皆曰："吉。"示陈文子，文子曰："夫从风，风陨妻，不可娶也。且其繇曰：'困于石，据于蒺藜，入于其宫，不见其妻，凶。'困于石，往不济也。据于蒺藜，所恃伤也。入于其宫，不见其妻，凶，无所归也。"

《困》下坎上兑，《大过》下巽上兑，坎为中男，故称为"夫"，巽为风，坎变为巽，故曰"夫从风"。巽为风，兑为少女，故称为"妻"，兑又为毁折，故曰"风陨妻"。

除了以上占卜外，《昭公元年》医和为赵孟解释"蛊"也涉及意象：

> 赵孟曰："何谓蛊？"对曰："淫溺惑乱之所生也。于文，皿虫为'蛊'。谷之飞亦为蛊。在《周易》，女惑男，风落山，谓之《蛊

☷》。皆同物也。"

《蛊》下巽上艮，巽为长女，艮为少男，女在男下，和性交时女下男上的体位一样，故曰"女惑男"。巽为风，艮为山，风在山下，故曰"风落山"。

通过以上的分析可知，《国语》《左传》的解《易》基本用意象说，而不用义理说；和后世解《易》相比，也没有出现不断延伸的现象。另外，上面已经提到《国语》《左传》中皆有佚象存在，可能和《易》意象有不同的传授系统有关。但除了这种可能外，我们怀疑还有一种可能，上引《国语·晋语四》之《屯》卦辞"勿用有攸往，利建侯"和《豫》卦辞"利建侯，行师"，引《左传·庄公二十二年》之《观》六四"观国之光，利用宾于王"，《僖公二十五年》之《大有》九三"公用享于天子"，《襄公二十五年》之《困》六三"困于石，据于蒺藜，入于其宫，不见其妻，凶"，皆见于今本《周易》。但《僖公十五年》之《蛊》"千乘三去，三去之余，获其雄狐"与《僖公二十五年》遇"黄帝战于阪泉"之兆两条和今本《周易》无关，考"黄帝"一则，与王家台秦简《日书》内容相近，而《日书》和后人辑《归藏》相近，故很多学者认为《日书》即《归藏》。《周礼·春官·大卜》："掌三易之法，一曰《连山》，二曰《归藏》，三曰《周易》。"《僖公二十五年》时占卜可能用了《归藏》和《周易》两种方法，说明《周礼》所载当时卜官以三易占卜的说法是可信的。三种占卜方法必然有一定的相近之处，若《连山》《归藏》也用意象说来阐释，必然会有不同的意象产生，故佚象的存在，或许和《连山》《归藏》也有一定关系。

马王堆帛书中《二三子问》《衷》《缪和》《昭力》诸篇说《易》以义理为主，但里面也偶尔涉及意象。如《二三子问》孔子说《谦☷》卦："其卦上坤而下艮。坤，也。艮，精质也。"[1] 次"坤"下当有脱文（或"也"读作"地"），艮为精质说不见《说卦》。《衷》曰："《易》有名曰《坤☷》，雌道也，故曰'牝马之贞'，童兽也，坤之类也。"[2]

---

[1] 裘锡圭主编：《长沙马王堆汉墓帛书集成》（叁），中华书局2014年版，第51页。
[2] 裘锡圭主编：《长沙马王堆汉墓帛书集成》（叁），中华书局2014年版，第103页。

坤为雌道本自坤为母，坤为童兽则未见。《缪和》："夫《明夷䷏》，离下而坤上。坤者，顺也，君子之所以折其身者，明察所以貌人者□忸，是以能既致天下之人而有之。"[①] 坤为顺，见《说卦》。

后世说《易》皆避不开意象，此处不再赘述。另外，《易纬通卦验》卷下："老人多疫病疟。"郑玄注："上六得兑之气，为白，又为寡发而白，是老人也。"《说卦》巽于人为寡发，不属于兑，未审何以如此。

[①] 裘锡圭主编：《长沙马王堆汉墓帛书集成》（叁），中华书局2014年版，第132页。

第十一表　八卦五行五色表

八卦	乾	坎	艮	震	巽	离	坤	兑
五行	金	水	土[1]	木	木[2]	火	土[3]	金[4]
五色	白	黑[5]	黄[6]	青	青[7]	赤[8]	黄[9]	白[10]

【注】

[1]《易纬通卦验》卷上："代者起东北，名有土。"注："东北，艮卦也，艮属土。"《易纬是类谋》："名淫柔。"注："艮为土，性安静。"

[2]《易纬通卦验》卷下："阴云出，南赤北仓。"注："大暑于《离》直九三，九三辰在辰，得巽气……巽木，故北仓。"

[3]《易纬通卦验》卷上："代者起西南，以土为姓。"注："西南，坤卦也。坤为土。"

[4]《易纬是类谋》："蒙气错，昼昏。"注："兑为金。"

[5]《易纬通卦验》卷下："仓阳云出平，南仓北黑。"注："犹坎，坎，水也，为北黑。"《易纬通卦验》卷下："黄阳云出亢，南黄北黑。"注："犹坎也，故北黑也。"《易纬通卦验》卷下："阴云出，而黑。"注："小雪于《兑》直九五，九五坎爻，得坎气，故黑。"

[6]《易纬通卦验》卷下："白阳云出奎，南白北黄。"注："互体有艮，故北黄也。"《易纬通卦验》卷下："黄阴云出，南黑北黄。"注："白露于《离》直上九，上九艮爻也，故北黄。"

[7]《易纬通卦验》卷下："青阳云出房，如积水。"注："立春于《坎》直六四，六四巽爻，得木气，故青。"

[8]《周易郑注·下经夬传第五·困☱》九二："朱绂方来。"注："二与四为体离……离为火，火色赤。"《易纬通卦验》卷下："上阳云出七星，赤而饶饶。"注："六五离爻，故赤也。"

[9]《易纬通卦验》卷下："黄阳云出亢，南黄北黑。"注："雨水于《坎》直九五，九五辰在申，得坤气，为南黄。"《易纬通卦验》卷下："浊阴云出，上如赤缯，列下黄弊。"注："立秋直坤，黄色。"

[10]《易纬通卦验》卷下："赤阳云出翼，南赤北白。"注："又得兑气，故北白也。"又曰："老人多疫病疰。"注："上六得兑之气，为白，又为寡发而白，是老人也。"《易纬通卦验》卷下："白阳云出奎，南白北黄。"注："清明于《震》直六二，六二辰在酉，得兑气，为南白。"《易纬通卦验》卷下："白阴云出，南黄北白。"注："犹兑，故北白。"

【说】

五行与五色相配，见后《五行五色表》，此八卦与五色相配，八和五是无法整除的，必然要将其中三卦归纳到另外五卦之中。此过程大约通过三步形成。第一步：根据五行五方相配理论分配坎、震、离、兑四卦，坎为北方、震为东方、离为南方、兑为西方，北方黑、东方青、南方赤、西方白，坎、震、离、兑四卦相配完成。第二步：根据意象对剩余四卦进行排列，乾为金、坤为地（土）、巽为木，金色白、地色黄、木色青，乾、坤、巽三卦相配完成。第三步：根据意象及同属性的原则确定艮卦归属，艮为山为小石，山在土上，小石在土上或土中，而山、小石不过是大的土，艮和坤为同属之物，故艮色黄。

八卦五行五色的相配在《京氏易传》中已经完成，前《六爻十二辰表》中提到京房纳甲说，即以乾为金、震为木、坎为水、艮为土、坤为土、巽为木、离为火、兑为金，完成了八卦和五行的相配，而八卦和五行相配完成，八卦和五色的相配也相应完成。后《五行五色表》中我们论说到，以五行五色说《易》的内容很少见，相应的，以八卦五行相配说《易》的内容较多，而以八卦五色说《易》卦的内容亦很少。故今仅就八卦五行说《易》的内容进行论说。《京房易传·乾䷀》："金入金乡木渐微。"吴绩注："壬申金同位伤木。"此说《乾》九五，九五为壬申金，乾五行属金，故曰"金入金乡"。《观䷓》："土木分气二十八。"《观》下坤上巽，坤为土，巽为木，故曰"土木分气"。《革䷰》："上金下火。"《革》下离上兑，离为火，兑为金，故曰"上金下火"。郑玄之后以此说《易》的非常多，今不赘论。

第十二表　八卦八方表

八卦	乾	坎	艮	震	巽	离	坤	兑
八方	西北	北[1]	东北[2]	东[3]	东南	南[4]	西南[5]	西

【注】

[1]《易纬稽览图》卷上："《坎》常以冬至日始效。"注："坎，北方卦名。"

[2]《易纬通卦验》卷上："代者起东北，名有土。"注："东北，艮卦也。"

[3]《周易郑注·下经咸传第四·明夷䷣》六二："睇于左股。"注："九三体在震，震东方。"

[4]《周易郑注·上经噬嗑传第三·离䷝》六二："黄离。"注："离，南方之卦。"《周易乾凿度》卷下："《临》，表龙颜。"注："六五离爻也，体南方为上。"《周易乾凿度》卷下："《遁》，表日角、衡连理。"注："离，南方之卦也。"

[5]《易纬通卦验》卷上："代者起西南，以土为姓。"注："西南，坤卦也。"

【说】

关于八卦八方的相配，《说卦》曰：

> 帝出乎震，齐乎巽，相见乎离，致役乎坤，说言乎兑，战乎乾，劳乎坎，成言乎艮。万物出乎震，震，东方也。齐乎巽，巽，东南也。齐也者，言万物之絜齐也。离也者，明也，万物皆相见，

南方之卦也。圣人南面而听，天下向明而治，盖取诸此也。坤也者，地也，万物皆致养焉，故曰"致役乎坤"。兑，正秋也，万物之所说也，故曰"说言乎兑"。战乎乾，乾，西北之卦也，言阴阳相薄也。坎者，水也，正北方之卦也，劳卦也，万物之所归也，故曰"劳乎坎"。艮，东北之卦也，万物之所成终而所成始也，故曰"成言乎艮"。

里面提到震为东方、巽为东南、乾为西北、坎为北方、艮为东北。但对于为何如此相配，却没有明说。《易纬乾凿度》卷上的记载则更为明确：

> 乾者，天也，终而为万物始，西北方，万物所始也，故乾位在于十月。艮者，止物者也，故在四时之始终，位在十二月。巽者，阴始顺阳者也，阳始壮于东南方，故位在四月。坤者，地之道也，形正六月。四维正纪，经纬仲序度毕矣。
>
> 乾坤，阴阳之主也。阳始于亥，形于丑，乾位在西北，阳祖微，据始也。阴始于巳，形于未，据正立位，故坤位在西南，阴之正也。君道倡始，臣道终正。是以乾位在亥，坤位在未，所以明阴阳之职、定君臣之位也。

阳气在亥已经酝酿，在子正式出生，在丑已经成形，亥为十月，乾亦为十月，十月在西北方。乾为万物之所始，而西北方即万物所始之地，故以乾在西北。阴气在巳已经酝酿，在午正式出生，在未则已经成形，乾道用万物之始，坤道用万物之终，故用未，未为六月，在西南方，故坤为西南方。乾坤方位确定之后，复根据阴阳二气的演变确定其余六卦的顺序。马王堆帛书《二三子问》曰："岁始于〔东北〕，□于西南。"[①]《衷》曰："岁之义，始于东北，成于西南。……《易》曰：'东北丧朋，西南得朋，吉。'"[②]言岁始东北而终西南，和乾为物始、坤为物终的理

[①] 裘锡圭主编：《长沙马王堆汉墓帛书集成》（叁），中华书局2014年版，第47页。
[②] 裘锡圭主编：《长沙马王堆汉墓帛书集成》（叁），中华书局2014年版，第104页。

论一致，则八卦定位的理论依据至少在当时即已经形成。再往前推，《周易》经中或已经用此理论，《坤☷》卦辞："西南得朋，东北丧朋。"《彖》曰："西南得朋，乃与类行；东北丧朋，乃终有庆。"王弼曰："西南致养之地，与坤同道者也，故曰'得朋'。东北反西南者也，故曰'丧朋'。"皆认为坤位西南，故之西南有利；东北为西南之反，故之东北不利。又如《蹇☵》卦辞曰："利西南，不利东北。"《蹇》下艮上坎，艮为东北，其卦辞或许亦与此有关。但这种观点并不十分肯定，如《解☳》卦辞亦曰"利西南"，西南为坤，《解》则与坤卦无关。又《小畜☴》卦辞："密云不雨，自我西郊。"西为兑，而《小畜》下乾上巽，与兑无关。① 观乎《坤》《蹇》《解》三卦，皆以西南为利，则或许与当时人的方位意识有关，而与八卦无关。

郑玄之前，用八卦八方说《易》者，《京氏易传·乾☰》："居西北之分野，阴阳相战之地。"乾在西北，西北阴气盛而阳气初酝酿，故曰"阴阳相战之地"。《说卦》亦曰："战乎乾。"《巽☴》："东南向明。"《巽》上下皆巽，巽位东南。郑玄之师马融亦用此说，《蛊☶》卦辞："先甲三日，后甲三日。"马融曰："甲在东方，艮在东北，故云'先甲'；巽在东南，故云'后甲'。"《蛊》下巽上艮，东方甲乙，故曰"甲在东方"。艮位东北，东北在东之前，故曰"先甲"。巽位东南，东南在东之后，故曰"后甲"。郑玄同时或之后以此说《易》者历代皆有，今不赘举。

---

① 《小畜》互卦为兑，但《周易》经形成的时代当未有互卦，故不可据以为说。

第十三表　八卦十二月十二辰表

八卦	［渐］乾	坎	艮	［渐］	震	［渐］	巽	离	坤	［渐］	兑
月	九月	十月	十一月	十二月	正月	二月	三月	四月	五月	六月	七月	八月[1]
辰	戌[2]	亥[3]	子[4]	丑[5]	寅[6]	卯[7]	辰[8]	巳[9]	午[10]	未[11]	申[12]	酉[13]

【注】

［1］《易纬通卦验》卷下："兑……气出右，万物不生。"注："兑主八月。"

［2］《周易郑注·上经泰传第二·蛊》上九："不事王侯，高尚其事。"注："上九艮爻，艮为山，辰在戌，得乾气。"

［3］《易纬通卦验》卷下："太阳云出张，上如车盖，下如薄。"注："谷雨于《震》直六三，六三辰在亥，得乾气。"

［4］《易纬坤灵图》："帝必有洪水之灾。"注："初九震，在子值坎。"

［5］《周易郑注·上经泰传第二·临》卦辞："临，元亨利贞。至于八月，有凶。"注："《临》卦斗建丑而用事，殷之正月也。"按：《临》为十二月卦，十二月值丑，故曰"斗建丑"。《周易郑注·上经噬嗑传第三·离》九三："不击缶而歌。"注："艮爻也，位近丑。"《易纬通卦验》卷下："牛畜病。"注："四互体艮，艮在丑，故牛畜病也。"

［6］《易纬通卦验》卷下："正阴云出，如冠缨。"注："寒露于《兑》直九二，九二辰在寅，得艮气。"

［7］《周易乾凿度》卷上："仁成而上，义成而下，上者专制，下者顺从，正形于人，则道德立而尊卑定矣。"注："震主施生，卯为日出，象人道之阳也。"《周易乾凿度》卷下："《复》，表日角。"注："名《复》者，初震爻也。震之体在卯，日于出焉。"《易纬辨终备》："招震卯。"

注:"卯,东方也。"《易纬通卦验》卷下:"上阳云出七星,赤而饶饶。"注:"小满于《震》直六五,六五辰在卯,与震木同位,木可曲可直。"《易纬通卦验》卷下:"赤阴云出,南黄北苍。"注:"处暑于《离》直六五,六五辰在卯,得震气。"

[8]《周易郑注·上经噬嗑传第三·贲☶》六四:"白马翰如。"注:"白马翰如,谓九三位在辰,得巽气,为白马。"《周易郑注·下经咸传第四·明夷☷》六二:"睇于左股。"注:"九三又在辰,辰得巽气为股。"《易纬通卦验》卷下:"阴云出,南赤北仓。"注:"大暑于《离》直九三,九三辰在辰,得巽气。"

[9]《周易郑注·系辞下第八》:"古之葬者,厚衣之以薪,葬之中野,不封不树,丧期无数,后世圣人易之以棺椁,盖取诸《大过》。"注:"上六位在巳,巳当巽位。"《易纬通卦验》卷下:"长阳云出,集赤如曼曼。"注:"芒种于《震》直上六,上六辰在巳,巳为火;又得巽气,故集赤不纯。"《易纬通卦验》卷下:"长阴云出,黑如分。"注:"大雪于《兑》直上六,上六辰在巳,得巽气,为长。"

[10]《周易郑注·下经夬传第五·困☵》九二:"朱绂方来。"注:"四爻辰在午时,离气赤又朱。"《周易乾凿度》卷下:"《剥》,表重童、明历元。"注:"离,五月卦。"

[11]《周易郑注·下经夬传第五·鼎☲》初六:"鼎颠趾,利出否,得妾以其子,无咎。"注:"坤为顺。"初六在未,未位坤,故以坤说之。

[12]《易纬通卦验》卷下:"黄阳云出亢,南黄北黑。"注:"雨水于《坎》直九五,九五辰在申,得坤气,为南黄。"《易纬通卦验》卷下:"人多病耳、腹痛。"注:"九五坎爻,故耳病也。辰在申,得坤气,故腹痛。"

[13]《周易郑注·下经咸传第四·明夷☷》六二:"睇于左股。"注:"六二辰在酉,酉在西方。"《周易乾凿度》卷上:"仁成而上,义成而下,上者专制,下者顺从,正形于人,则道德立而尊卑定矣。"注:"兑主入悦,酉为月门,象人道之柔也。"《易纬通卦验》卷下:"白阳云出奎,南白北黄。"注:"清明于《震》直六二,六二辰在酉,得兑气,为南白。"

第十三表　八卦十二月十二辰表

【说】

十二月和十二辰的相配比较容易，只要确定一个起点，然后依次相配即可。而将十二月十二辰引入八卦，据《周易乾凿度》卷上，约经历了两个步骤。第一，选取十二月中的八个月与八卦相配。《乾凿度》曰：

> 八卦成列，天地之道立，雷、风、水、火、山、泽之象定矣。其布散用事也，震生物于东方，位在二月；巽散之于东南，位在四月；离长之于南方，位在五月；坤养之于西南方，位在六月；兑收之于西方，位在八月；乾制之于西北方，位在十月；坎藏之于北方，位在十一月；艮终始之于东北方，位在十二月。八卦之气终，则四正四维之分明，生长收藏之道备，阴阳之体定，神明之德通，而万物各以其类成矣。

依照物序的原则进行相配，二月之时万物初生，震东方为生物之时，故以震为二月。四月之时物性疏散，巽东南为物散之时，故以巽为四月。五月之时万物得阳气而渐长，离南方为日而阳气盛，故以离为五月。六月之时万物得土地之养而渐盛，坤西南为土而养物，故以坤为六月。八月之时阴气渐盛而凋落万物，兑西方为毁折而杀物，故以兑为八月。十月之时万物皆凋敝为阴气所制，乾西北而为阴阳相薄之时，故以乾为十月。十一月之时万物收藏，坎北方而藏物，故以坎为十一月。十二月为岁之终始，艮东北而阴气虽盛阳气已成，故以艮为十二月。第二，八卦与八月分配完成之后，尚余四个月，需要另外选取四卦与之相配。《乾凿度》又云：

> 孔子曰：岁三百六十日而天气周，八卦用事，各四十五日，方备岁事。故艮渐正月，巽渐三月，坤渐七月，乾渐九月，而各以卦之所言为月也。

以正月归艮，三月归巽，七月归坤，九月归乾，但没有说明归类的原因。前面说一年三百六十日，八卦各用事四十五日。但按照八卦配十二月的分法，乾、坤、巽、艮四维卦是六十日，坎、离、震、兑是三十

· 65 ·

日，和各用事四十五日是相矛盾的。因此，这种相配并没有一定的依据，有点强行相应的意思。十二辰和八卦的相配建立在十二月和八卦相配的基础上，上文郑玄注："乾御戌、亥，在于十月，而渐九月也。"相应的，坤为六月而渐七月，则坤御未、申；巽为四月而渐三月，则巽御辰、巳；艮为十二月而渐正月，则艮御丑、寅。八卦与十二月十二辰的相配即完成。

京房未用十二月说八卦，而以十二辰说八卦，但相配之法与此不同。《京氏易传》卷下："乾起巳，坤起亥，震起午，巽起辰，坎起子，离起丑，艮起寅，兑起卯①。"为了便于览见，作表如下。

十二辰	子	丑	寅	卯	辰	巳	午	未	申	酉	戌	亥
八卦	坎	离	艮	兑	巽	乾	震					坤

通过比较可知，京房选取了十二辰中相邻的八辰与八卦相应，至于相应的原则是什么，却无法推知。京房在解《易》时，也按照此法，如《屯䷂》："子午相敌见吉凶。"《屯》下震上坎，震为午，坎为子，故曰"子午相敌"。综上可知，京房时不仅十二月配十二辰尚未形成，八卦与十二辰的相配也和郑玄不同。而《乾凿度》中已经形成完整的八卦十二月十二辰相配之法，由此可证《乾凿度》的成书当在京房之后。

郑玄之后以八卦十二月说《易》者，《姤䷫·彖》曰："天地相遇，品物咸章也。"《九家易》曰："谓阳起子，运行至四月，六爻成乾，巽位在巳，故言乾成于巽。"《姤》下巽上乾，阳起于十一月子，至于四月则成《乾》（《乾》四月用六十四卦十二月说），巽为四月辰在巳，故曰"乾成于巽"。《乾䷀》上六："龙战于野，其血玄黄。"侯果曰："乾位西北，又当十月，阴穷于亥，穷阴薄阳，所以战也。"乾处于西北，而乾又属十月，十月之时阴穷阳生，阴阳交战，故曰"战"。

郑玄之后以八卦十二辰说《易》者，《系辞下》："雷以动之。"荀爽曰："谓建卯之月，震卦用事，天地和合，万物萌动也。""风以散之。"荀爽曰："谓建巳之月，万物上达，布散田野。""雨以润之。"荀爽曰："谓建子之月，含育萌牙也。""日以烜之。"荀爽曰："谓建午之

---

① "卯"原无，以意补。

月，太阳欲长者也。""艮以止之。"荀爽曰："谓建丑之月，消息毕止也。""兑以说之。"荀爽曰："谓建酉之月，万物成熟也。""乾以君之。"荀爽曰："谓建亥之月，乾坤合居，君臣位得也。""坤以藏之。"《九家易》曰："谓建申之月，坤在乾下，包藏万物也。"雷谓震，震辰位卯。风谓巽，巽辰位巳。雨谓坎，坎辰位子。日谓离，离辰位午。艮辰位丑，兑辰位酉，乾辰位亥，坤辰位申，皆相合。又《乾☰》上六："龙战于野，其血玄黄。"干宝曰："戌、亥，乾之都也，故称龙焉。……坤位未、申之维，而气溢西、戌之间，故曰'于野'。"上六为十月巳时，乾为十月而都于戌、亥，亥为龙，故以戌、亥为龙之都。坤位未而渐申，故曰"坤位未、申之维"。是干宝亦用此说。

　　通考《周易集解》一书，荀爽及《九家易》多用此说，而《九家易》中亦含荀爽，荀爽与郑玄并传费氏《易》，此或费氏《易》之法欤？

第十四表　八卦十二辰二十八宿表

八卦	十二辰	二十八宿	含星
坎	子	婺女	奚仲、天津、代、离珠、败瓜、瓠瓜、扶筐、十二国
		虚	司非、司危、司禄、司命、哭、泣、天垒城、败臼、离瑜
		危	坟墓、人、杵、臼、车府、造父、盖屋、天钱、虚梁、天钩
		营室	土公吏、北落师门、离宫、腾蛇、电、雷、垒壁阵、羽林军、八魁
艮	丑	箕	糠、杵
		斗[1]	天弁[2]、建星[3]、由、农丈人、鳖、天渊[4]、狗国、狗
		牵牛	渐台、天浮、河鼓、右旗、左旗、织女、辇道、天田、九坎
	寅		
震	卯	房[5]	钩铃、键闭、罚、西咸、东咸、日、从官
		心[6]	积卒
		尾	神宫、天江、龟、傅说、鱼
巽	辰		
	巳	张	天庙
		翼	东瓯
		轸	长沙、器府
离	午	舆鬼	鬼、爟、舆（天狗）、天苗、天厨、天记
		柳	酒旗
		七星	天相、天稷、轩辕、御女、内平
坤	未	觜觿	坐旗
		参	伐、玉井、屏、军井、厕、屎
		东井[7]	钺、天尊、四渎、冰府、军市、野鸡、丈人、子、南河、北河、积水、积薪、水位、五诸侯、阙丘、狼[8]、弧矢、孙、老人
	申		

第十四表 八卦十二辰二十八宿表

续表

八卦	十二辰	二十八宿	含星
兑	酉	胃	大陵、积尸、积水、天船、天廪、天囷
		昴	卷舌、天谗、砺石[9]、刍稿、天苑
		毕	毕[10]、附耳、天街、天节、九州殊口、天廥、五车、柱、诸王、天高、参旗、九斿
乾	戌		
	亥	东壁	云雨、天厩、土公、斧质
		奎	外屏、天溷、王良、土司空、阁道、附路
		娄	天大将军、左更、右更、天仓、天庾

【注】

[1]《周易郑注·上经噬嗑传第三·坎☵》六四："尊酒簋。"注："爻辰在丑，丑上值斗，可以斟之象。"

[2]《周易郑注·上经噬嗑传第三·坎☵》六四："贰用缶。"注："建星上有弁星，弁星之形又如缶。"《周易郑注·上经噬嗑传第三·离☲》九三："不击缶而歌。"注："艮爻也，位近丑，丑上值弁星，弁星似缶。"

[3]《周易郑注·上经噬嗑传第三·坎☵》六四："尊酒簋。"注："斗上有建星，建星之形似簋。"

[4]《周易郑注·下经丰传第六·中孚☲》卦辞："中孚，豚鱼吉。"注："四辰在丑……四上值天渊。"

[5]《周易郑注·说卦第十》："为大涂。"注："震上值房、心，涂而大者，取房有三涂焉。"《易纬是类谋》："篲守大辰。"注："苍青之龙，大火，处房、心。"

[6]《周易郑注·说卦第十》："为大涂。"注："震上值房、心，涂而大者，取房有三涂焉。"《易纬是类谋》："彗守大辰。"注："苍青之龙，大火，处房、心。"

[7]《周易郑注·上经乾传第一·比☷》初六："有孚盈缶。"注："爻辰在未，上值东井。井之水，人所汲用缶。"

[8]《易纬是类谋》："西岳亡玉羊。"注："狼星亡。狼在于未，

· 69 ·

未为羊也。"

[9]《易纬通卦验》卷下:"太阴云出,上如羊,下如磟石。"注:"霜降于《兑》直六三,六三兑爻,为羊,又上直砺石之星,故上如羊,下如磟石。"

[10]《易纬通卦验》卷下:"当至不至,外兵作。"注:"《离》九三互体兑,上直毕,毕为边兵,故外兵作也。"

【说】

此表的构建主要依据《吕氏春秋》和《敦煌星图》。八卦与二十八宿的关系,《吕氏春秋·有始览》载:

> 中央曰钧天,其星角、亢、氐。(高诱注:"钧,平也。为四方主,故曰钧天。角、亢、氐,东方宿,韩、郑分野。")东方曰苍天,其星房、心、尾。(高诱注:"东方二月建卯,木之中也,木色青,故曰苍天。房、心、尾,东方宿。房、心,宋分野。尾、箕,燕分野。")东北曰变天,其星箕、斗、牵牛。(高诱注:"东北,水之季,阴气所尽,阳气所始,万物向生,故曰变天。斗、牛,北方宿。箕、尾,一名析木之津,燕之分野。斗、牛,吴、越分野。")北方曰玄天,其星婺女、虚、危、营室。(高诱注:"北方十一月建子,水之中也,水色黑,故曰玄天也。婺女,亦越之分野。虚、危,齐分野。营室,卫分野。")西北曰幽天,其星东壁、奎、娄。(高诱注:"西北,金之季也,将即太阴,故曰幽天。东壁,北方宿,一名豕韦,卫之分野。奎、娄,西方宿,一名降娄,鲁之分野。")西方曰颢天,其星胃、昴、毕。(高诱注:"西方,八月建酉,金之中也,金色白,故曰颢天。昴、毕,西方宿,一名大梁,赵之分野。")西南曰朱天,其星觜巂、参、东井。(高诱注:"西南,火之季,九为少阳,故曰朱天。觜、参,西方宿,一名实沈,晋之分野。东井,南方宿,一名鹑首,秦之分野。")南方曰炎天,其星舆鬼、柳、七星。(高诱注:"南方五月建午,火之中也,火曰炎上,故曰炎天。舆鬼,南方宿,秦之分野。柳、七星,南方宿,一名鹑火,周之分野。")东南曰阳天,其星张、翼、

轸。(高诱注:"东南,木之季也,将即太阳,纯乾用事,故曰阳天。张、翼、轸,南方宿,张,周之分野。翼、轸,一名鹑尾,楚之分野。")

文又见《淮南子·天文》,注较此为略,故用《吕览》。二十八宿的分法有四分法、十二分法,四分法即应四方,十二分法即应十二月。九分法的产生,和九州密切关联,《吕览》此文上即曰:"天有九野,地有九州。"《初学记》卷八引《河图括地象》曰:"天有九道,地有九州。天有九部八纪,地有九州八柱。"天分九野、地分九州是相应的,而二十八宿附丽于天之九野,于是产生了九分法。八卦应二十八宿,是在九分法基础上产生的。九分相比八卦而言,多了一分,所以中央钧天所应角、氐、亢三宿不在八卦所对应之内。八卦本应十二辰(见上),但既然只用二十八宿中的八分,戌、寅、辰、申四辰也就无须附丽于八卦之中。

二十八宿所含星名,《史记·天官书》《汉书·天文志》《灵台秘苑》《观象玩占》《开元占经》等书均有比较详细的记载,但过于分散,记载也不是很完备。敦煌卷子 S.3326 有《敦煌星图》,采用十二分法,载录了二十八宿在十二月的分布情况。原图有些错误,也有的只画了星而未标名,近人席泽宗对其作了校正,[①] 简录如下:

(一)自女八度至危十五度,于辰在子,为玄枵。玄枵者黑,北方之色。枵者,耗也。十一月之时,阳气下降,阴气上升,万物幽死,未有生者,天地空虚,故曰玄枵。齐之分也。

女宿:奚仲,天津,代。

虚宿:虚,司非,司危,司禄,司命,哭,泣,天垒〔城〕,败白,离瑜。

危宿:危,坟墓,人,将(应为"杵"),白,车府,造父,盖屋,天钱,〔虚梁〕。

室宿:主公吏(应为"土公吏"),北落师门。

---

① 席泽宗:《敦煌星图》,《文物》1966 年第 3 期。

十二月日会女、虚，昏奎、娄中，旦氐中。

（二）自危十六度至奎四度，于辰在亥，为诹訾。诹訾者，叹貌。卫之分也。

危宿：〔天〕钩。

室宿：室，〔离宫〕，腾蛇，电，雷，〔垒壁阵〕，羽林〔军〕，八魁。

壁宿：壁，云雨，天厩，土公。

奎宿：外屏，天溷，王良。

正月日会营室，昏参中，旦尾中。

（三）自奎五度，至胃六度，于辰在戌。戌为降娄。鲁之分也。

壁宿：斧质。

奎宿：奎，土司空，阁道，附路。

娄宿：〔娄〕，〔天大将军〕，左更，右更，天仓，天庾。

胃宿：胃，〔大陵〕①，〔积尸〕②。

二月日会奎，昏井星中，旦牛中。

（四）自胃七度至毕十一度，于辰在酉，为大梁。梁，强也。八月之时，白露始降，万物于是坚成而强大，故曰大梁。赵之分也。

胃宿：积水，天船，天廪，天囷。

昴宿：昴，卷舌，天谗，砺石，刍槀，天苑。

毕宿：毕（包括附耳1星），天街，天节，九州殊口，天圜。

三月日会胃昴，昏〔七星〕中，旦〔牵牛〕中。③

（五）自毕十二度至井十五度，于辰在申，为实沈。言七月之时万物雄盛，阴气沉重，降实万物，故曰实沈。魏之分也。

毕宿：五车（包括柱），诸王，天高，参旗，〔九斿〕。

觜宿：觜，坐旗。

参宿：参，〔伐〕，玉井，屏，军井，厕，〔屎〕。

---

① 席氏原注："图上写的是卷舌，但卷舌属昴宿，在下图中有，这里的卷舌应为'大陵'之误。"

② 席氏原注："图上写的是天谗，天谗亦属昴宿，在下图中也有，这里应为'积尸'之误，积尸可能就是著名的变星'Algol'。"

③ 此句原无，席氏据《礼记·月令》补。

井宿：井（包括钺），天尊，四渎，冰府，军市，郢鸡，丈人，子。

四月日会军觜，昏翼中，旦女中。

（六）自井十六度至柳八度，于辰在未，为鹑首。南方七宿，其形象鸟，以井为冠，以柳为口。鹑，鸟也；首，头也：故曰鹑首。秦之分也。

井宿：南河，北河，积水，积薪，水位（包括五诸侯），阙丘，狼，弧矢，孙，老人。

鬼宿：鬼（包括积尸），爟，舆（在其他星图上为天狗），天苗，天厨，天记。

柳宿：柳。

五月日会井鬼，昏亢中，旦危中。

（七）自柳九度至张十七度，于辰在午，为鹑火。南方为火，言五月之时阳气始盛，火星昏中，七星朱鸟之处，故曰鹑火。周之分也。

柳宿：酒旗。

星宿：〔七星〕，天相，〔天〕稷，轩辕（包括御女），内平。

张宿：张，天庙。

太微垣：三台，〔长垣〕。

六月日会星，昏房中，旦奎中。

（八）自张十八度至轸〔十〕一度，于辰在巳，为鹑尾。南方朱鸟七宿以轸为尾，故曰鹑尾。楚之分也。

太微垣：谒者，九卿，〔三公〕，内五诸侯，〔内〕屏，〔五帝座〕，幸臣，太子，从官，郎将，虎贲，郎位，常陈，右垣，左垣，〔灵台〕，〔明堂〕，少微。

翼宿：翼，东瓯。

轸宿：轸，〔长沙〕，器府。

七月日会翼，昏建星中，旦毕中。①

（九）自轸十二度〔至氐四度〕，于辰〔在辰，为〕寿星。三

---

① 此句原无，席氏据《礼记·月令》补。

月之时，万物始远于地，春气布养，〔万物〕各尽其性，不罗夫（应作"罹天夭"），故曰寿星。郑之分也。

角宿：角，〔平道〕，天田，〔进贤〕，天门，平道，库楼，衡，柱，南门，〔周鼎〕。

亢宿：〔亢〕，（？）（在其他星图上无），大角，摄提，折威，顼顽（应作"頩颃"），阳门。

氐宿：梗河，亢池，帝席，骑官，骑阵〔将军〕，车骑。

八月日会角，昏牵中，旦觜中。

（十）自氐五度至尾九度，于辰在卯，为大火。东方为木，心星在卯，火出木心，故言大火。宋之分也。

氐宿：氐，招摇，天乳，阵车，天辐（在房宿之旁，图上写天福的地方，实际上是从官）。

房宿：〔房〕，〔钩钤〕，〔键闭〕，〔罚〕，西咸，东咸，日，从官。

心宿：心，积卒。

尾宿：尾，神宫，天江，龟。

天市垣：七公，贯索，右垣，列肆。

九月日会房，昏虚中，旦柳中。①

（十一）自尾十度至斗十二度，于辰在寅，为析木。尾，东方木之宿（应为"宿之"）末；斗，北方水宿之初；次在其间隔别水木，故曰析木。燕之分也。

尾宿：傅说，鱼。

天市垣：市楼，〔车肆〕，宗正，宗人，宗星，屠肆（包括帛度），候，帝座，〔宦者〕，〔斗〕，〔斛〕，左垣，女床，天纪。

箕宿：箕，糠，杵。

斗宿：斗，〔天弁〕，〔建星〕，由（？）（在其他星图上无），农〔丈〕人，〔鳖〕。

牛宿：渐台。

十月日会尾箕，昏亢中，旦星中。

（十二）自斗十二度至女七度，于辰在丑，为星纪。星纪者，

---

① 此句原无，席氏据《礼记·月令》补。

言统纪万物之终〔始〕，故曰星纪。吴越之分也。

斗宿：天渊，〔狗国〕，〔狗〕。

牛宿：牛，天浮，〔河鼓〕，右旗，左旗，织女，辇道，天田，（？），九坎。

女宿：女，离珠（离珠星中"败瓜"两字系误写），败瓜，瓠瓜，扶筐，十二国。

十一月日会斗，昏壁中，旦轸中。①

（十三）紫微垣：北极，四辅，勾陈，〔天皇大帝〕，六甲，〔御女〕，天柱，尚书，女史，柱下史，天床，〔阴德〕（在北极之下，天床之旁，写"天一""太一"的二星，在其他图上为阴德），五帝座，华盖，〔杠〕，右垣，左垣，天〔一〕，太〔一〕，北斗，天枪，玄戈，三公，相，太阳首，势，天牢，文昌，三公，天理，内阶，八谷，传舍，天厨，天棓。

该表的二十五宿所含星即移录自此文，通过郑玄注可见，其解《易》所用星宿，皆包含在此图之内。除了上面所引郑玄注，还有一条郑玄注无处安放，《周易郑注·下经夬传第五·困䷮》九二："困于酒食。"注："二据初，辰在未，未为土，此二为大夫有地之象。未上值天厨，酒食象。困于酒食者，采地薄不足己用也。"今就上表来看，天厨星在午，属于离卦，未则属于坤，是不相符的。所以历来的解释也不统一，何楷曰："未详。"（《古周易订诂》卷五）是不知何以如此。惠栋曰："未上值柳，柳为朱鸟之喙，天之厨宰，主尚食和滋味。"（《易汉学》卷六）把"天厨"解释为"天之厨宰"，而用柳宿为说，显然有问题；而且依照上表，柳宿亦乃午所值，非未。林忠军曰："二爻居中，在天上为中垣紫微十五星，其中有天厨星居其东北维，故未上值天厨星。古代传说，好酒出自天厨。《神仙传》卷三《王远》：'方平经语家人曰："吾欲赐汝辈酒，此酒乃出天厨，其味醇酿。"'故天厨有酒食象。此'酒食'引申为采地，'困于酒食'则为采地薄而不足己用。"②

---

① 此句原无，席氏据《礼记·月令》补。
② 林忠军：《周易郑氏学阐微》，上海古籍出版社2019年版，第334页。

用紫微垣为说，然紫微垣不在八卦所应之内，且以居中而言紫微，郑玄注无用此法解者，故仍当以舆鬼中天厨星说之。笔者认为此处可能有讹误，此为九二爻辞，郑玄以初九为说。初九辰值未，未于五行为土，土即地，九二于六位为大夫，大夫在土上，故九二为"大夫有地之象"。未上值天厨星，厨房中有酒食，大夫为九二，按照"大夫有地"的说法，应该是"大夫有酒食之象"，不应该说"困于酒食"。如果作"困于酒食"解，显然是自相矛盾的。郑玄注接着说："二与四为体离。"用互体为说。离为午，天厨属舆鬼，舆鬼应午，"午"和"未"字形上比较接近。故笔者怀疑"午"当作"未"，而"午上值酒食"前尚有其他文字引出"午"字，后来这段文字脱漏，后人以前言"辰在未"，所以将"午"改成"未"，遂出现了不可解的现象。

用星宿解卦，可能和《周易》五十之数含有二十八宿有关，《周易乾凿度》卷上："阳变七之九，阴变八之六，亦合于十五，则象变之数，若之一也。五音六律七宿，由此作焉。故大衍之数五十，所以成变化而行鬼神也。日十干者，五音也。辰十二者，六律也。星二十八者，七宿也。凡五十，所以大阆物而出之者也。"《周易·系辞上》："大衍之数五十，其用四十有九。"孔颖达疏引京房曰："五十者，谓十日、十二辰、二十八宿也。"以二十八宿解《易》，可能和京房解《易》有一定关联。《京氏易传》卷下："大抵辨三易、运五行、正四时、谨二十四气、志七十二候，而位五星、降二十八宿。"其中"位五星、降二十八宿"均和星象有关。五星是镇星为中央土，太白为西方金，太阴为北方水，岁星为东方木，荧惑为南方火。六十四卦位五星之法，即以六十四卦之序与五行相生之法比附，《乾》为首卦，配中央镇星，土生金，故《姤》为西方金；金生水，故《遁》为北方水，依此相推，八宫六十四卦所值五星各有应。在五星基础上，又衍生出二十八宿应六十四卦，其相应之法，以八纯卦皆用上爻，每宫一世用初爻，二世用二爻，三世用三爻，四世用四爻，五世用五爻，游魂用四爻，归魂用三爻。其所应星宿以《姤》卦始，从南方井宿应起，《姤》至《大有》应南方七宿，《震》至《大过》应东方七宿，《随》至《丰》应北方七宿，《明夷》至《睽》应西方七宿。依此相推，至《归妹》而应轸。《乾》则不在此例，独应参，其上九应参宿。如下表所示。

第十四表　八卦十二辰二十八宿表

世卦	纯卦	一世	二世	三世	四世	五世	游魂	归魂
乾宫	乾	姤	遁	否	观	剥	晋	大有
用爻	上九	初六	六二	六三	六四	六五	九四	九三
值宿	参	井	鬼	柳	星	张	翼	轸
震宫	震	豫	解	恒	升	井	大过	随
用爻	上六	初六	九二	九三	六四	九五	九四	六三
值宿	角	亢	氐	房	心	尾	箕	斗
坎宫	坎	节	屯	既济	革	丰	明夷	师
用爻	上六	初九	六二	九三	九四	六五	六四	六三
值宿	牛	女	虚	危	室	壁	奎	娄
艮宫	艮	贲	大畜	损	睽	履	中孚	渐
用爻	上九	初九	九二	六三	九四	九五	六四	九三
值宿	胃	昴	毕	觜	参	井	鬼	柳
坤宫	坤	复	临	泰	大壮	夬	需	比
用爻	上六	初九	九二	九三	九四	九五	六四	六三
值宿	星	张	翼	轸	角	亢	氐	房
巽宫	巽	小畜	家人	益	无妄	噬嗑	颐	蛊
用爻	上九	初九	六二	六三	九四	六五	六四	九三
值宿	心	尾	箕	斗	牛	女	虚	危
离宫	离	旅	鼎	未济	蒙	涣	讼	同人
用爻	上九	初六	九二	六三	六四	九五	九四	九三
值宿	室	壁	奎	娄	胃	昴	毕	觜
兑宫	兑	困	萃	咸	蹇	谦	小过	归妹
用爻	上六	初六	六二	九三	六四	六五	九四	六三
值宿	参	井	鬼	柳	星	张	翼	轸

郑玄和京房相比，主要有以下五个方面的不同。

一是京房用二十八宿，郑玄用二十五宿，中央角、氐、亢三宿不用。

二是京房用二十八宿配六十四卦，郑玄用二十五宿配八纯卦。

三是京房仅及二十八宿，郑玄则兼用二十八宿所含星。

四是京房二十八宿应六十四卦形式比较固定，郑玄则每一卦所应星宿有不同的变化方式。

五是京房的目的是通过考察天时以观察人事，郑玄的目的则是解释卦爻辞。

通过比较可知，虽然同涉二十八宿，但两者的原理、用法是完全不同的。后世以二十八宿说《易》者，《丰》六二："日中见斗。"虞翻曰："《噬嗑》离为见，象在上为日中，艮为斗，斗七星也。"艮为斗，与此表合。《丰》九三："日中见沫。"虞翻曰："沫，小星也。《噬嗑》离为日，艮为沫，故'日中见沫'。"艮为沫，显然是因为沫属斗，所以将沫也归于艮之象，这和郑玄用二十八宿所含星来解释《易》有一定的关联。

第十五表　六十四卦互卦表

卦名	乾	坤	屯	蒙	需	讼	师	比	小畜	履	泰	否	同人	大有	谦	豫
卦图	䷀	䷁	䷂	䷃	䷄	䷅	䷆	䷇	䷈	䷉	䷊	䷋	䷌	䷍	䷎	䷏
本卦	下乾 上乾	下坤 上坤	下震 上坎	下坎 上艮	下乾 上坎	下坎 上乾	下坎 上坤	下坤 上坎	下乾 上巽	下兑 上乾	下乾 上坤	下坤 上乾	下离 上乾	下乾 上离	下艮 上坤	下坤 上震
互卦			下坤[1] 上艮	下震 上坤	下兑 上离	下离 上巽	下震 上坤	下坤 上离	下兑 上离	下离 上巽	下兑 上震	下艮[2] 上乾	下巽[3] 上乾	下乾 上兑	下坎 上震	下艮[4] 上坎[5]

卦名	随	蛊	临	观	噬嗑	贲	剥	复	无妄	大畜	颐	大过	坎	离	咸	恒
卦图	䷐	䷑	䷒	䷓	䷔	䷕	䷖	䷗	䷘	䷙	䷚	䷛	䷜	䷝	䷞	䷟
本卦	下震 上兑	下巽 上艮	下兑 上坤	下坤 上巽	下震 上离	下离 上艮	下坤 上艮	下震 上坤	下震 上乾	下乾 上艮	下震 上艮	下巽 上兑	下坎 上坎	下离 上离	下艮 上兑	下巽 上震
互卦	下艮 上巽	下兑 上震	下震[6] 上坤	下坤 上艮	下艮 上坎[13]	下坎[7] 上震[14]	下坤 上坤	下坤 上艮	下艮 上巽	下兑 上震[15]	下坤[8] 上坤[16]	下乾 上乾[17]	下震[9] 上艮[17]	下巽[10] 上兑[18]	下巽 上乾	下乾[11] 上兑[19]

卦名	遁	大壮	晋	明夷	家人	睽	蹇	解	损	益	夬	姤	萃	升	困	井
卦图	䷠	䷡	䷢	䷣	䷤	䷥	䷦	䷧	䷨	䷩	䷪	䷫	䷬	䷭	䷮	䷯
本卦	下艮 上乾	下乾 上震	下坤 上离	下离 上坤	下离 上巽	下兑 上离	下艮 上坎	下坎 上震	下兑 上艮	下震 上巽	下乾 上兑	下巽 上乾	下坤 上兑	下巽 上坤	下坎 上兑	下巽 上坎
互卦	下巽[20] 上乾	下乾 上兑	下艮 上坎	下坎[21] 上震[25]	下离 上离	下离 上坎	下离 上坤[26]	下震 上艮	下坤 上乾[27]	下坤 上艮	下乾 上乾	下乾 上巽[28]	下艮[22] 上巽	下兑 上震	下离[23] 上巽	下兑[24] 上离[29]

·79·

续表

卦名	革	鼎	震	艮	渐	归妹	丰	旅	巽	兑	涣	节	中孚	小过	既济	未济
卦图	䷰	䷱	䷲	䷳	䷴	䷵	䷶	䷷	䷸	䷹	䷺	䷻	䷼	䷽	䷾	䷿
本卦	下离 上兑	下巽 上离	下震 上震	下艮 上艮	下艮 上巽	下兑 上震	下离 上震	下艮 上离	下巽 上巽	下兑 上兑	下坎 上巽	下兑 上坎	下兑 上巽	下艮 上震	下离 上坎	下坎 上离
互卦	下巽 上乾	下乾[30] 上兑[35]	下艮[31] 上坎[36]	下坎 上震	下坎[32] 上离[37]	下离 上坎	下巽[33] 上兑	下巽 上离	下兑 上巽[38]	下离 上艮	下震 上艮	下震 上艮	下巽 上兑	下巽 上兑	下坎[34] 上离[39]	下离 上坎

【注】

[1]《周易郑注·上经乾传第一·蒙䷃》卦辞："蒙，亨。"注："互体震而得中，嘉会礼通。"

[2]《周易乾凿度》卷下："《否》，表□二时、好文。"注："三在互体艮之中。"

[3]《周易郑注·上经泰传第二·同人䷌》卦辞："同人于野。"注："卦体有巽，巽为风。"

[4]《周易郑注·系辞下第八》："重门击柝，以待暴客，盖取诸《豫》。"注："互体为艮。"

[5]《周易郑注·系辞下第八》："重门击柝，以待暴客，盖取诸《豫》。"注："四又互体为坎。"

[6]《周易乾凿度》卷下："《临》，表龙颜。"注："名《临》者，二爻而互体震。"

[7]《周易郑注·上经噬嗑传第三·贲䷕》卦辞："贲，亨，小利有攸往。"注："卦互体坎、震。"

[8]《周易郑注·上经噬嗑传第三·颐䷚》卦辞："观颐。"注："自二至五有二坤。"

[9]《周易郑注·上经噬嗑传第三·坎䷜》六四："尊酒簋。"注："六四上承九五，又互体在震上。"《周易郑注·上经噬嗑传第三·坎䷜》上六："置于丛棘。"注："与震同体。"《易纬通卦验》卷上："坎失命，乱在土地之长。""坎体互有震、艮。"

[10]《周易郑注·上经噬嗑传第三·离䷝》九四："突如其来如。"

注："又为巽。"《易纬通卦验》卷下："黑阴云出，南黄北黑。"注："互体巽。"《易纬通卦验》卷下："浊阴云出，上如赤缯，列下黄弊。"注："互体巽。"《易纬通卦验》卷下："当至不至，暴风为灾，年岁不入。"注："四互体巽。"

[11]《周易郑注·下经咸传第四·恒䷟》九三："不恒其德，或承之羞。"注："互体为乾。"

[12]《周易郑注·上经泰传第二·观䷓》卦辞："观，盥而不荐。"注："互体有艮。"《周易乾凿度》卷下："《观》，表山准、虎唇。"注："名《观》者，亦在五，艮之中而位上。"

[13]《周易郑注·上经噬嗑传第三·噬嗑䷔》上九："何校灭耳，凶。"注："坎为耳。"

[14]《周易郑注·上经噬嗑传第三·贲䷕》卦辞："贲，亨，小利有攸往。"注："卦互体坎、震。"

[15]《周易郑注·上经噬嗑传第三·大畜䷙》六四："童牛之牿。"注："互体震。"

[16]《周易郑注·上经噬嗑传第三·颐䷚》卦辞："观颐。"注："自二至五有二坤。"

[17]《周易郑注·上经噬嗑传第三·坎䷜》上六："置于丛棘。"注："三五互体艮。"《易纬通卦验》卷上："坎失命，乱在土地之长。""坎体互有震、艮。"

[18]《周易郑注·上经噬嗑传第三·离䷝》九四："突如其来如。"注："互体兑。"

[19]《周易郑注·下经咸传第四·恒䷟》九三："不恒其德，或承之羞。"注："互体为兑。"《周易郑注·下经咸传第四·恒䷟》六五："恒其德，贞，妇人吉，夫子凶。"注："互体兑。"

[20]《周易郑注·下经咸传第四·遁䷠》卦辞："遁，亨，小利贞。"注："互体有巽。"

[21]《周易郑注·下经咸传第四·家人䷤》六二："无攸遂，在中馈。"注："爻体离，又互体坎，火位在下，水在上，饪之象也。"

[22]《周易郑注·下经夬传第五·萃䷬》卦辞："王假有庙。"注："互有艮、巽。"

[23]《周易郑注·下经夬传第五·困☷》卦辞:"困。"注:"互体离。"《周易郑注·下经夬传第五·困☷》九二:"朱绂方来。"注:"二与四为体离。"

[24]《周易郑注·下经夬传第五·井☷》卦辞:"井。"注:"互体离、兑。"

[25]《周易郑注·下经咸传第四·明夷☷》六二:"睇于左股。"注:"九三体在震。"

[26]《周易郑注·下经咸传第四·损☷》卦辞:"损。"注:"互体坤。"

[27]《周易郑注·下经夬传第五·夬☷》卦辞:"扬于王庭。"注:"五互体乾。"

[28]《周易郑注·下经夬传第五·萃☷》卦辞:"王假有庙。"注:"互有艮、巽。"

[29]《周易郑注·下经夬传第五·井☷》卦辞:"井。"注:"互体离、兑。"

[30]《周易郑注·下经夬传第五·鼎☷》卦辞:"鼎。"注:"互体乾、兑。"又曰:"初阴爻而柔,与乾同体。"

[31]《易纬通卦验》卷上:"震气乱,石陨山亡。"注:"震体互有艮。"《易纬通卦验》卷下:"白阳云出奎,南白北黄。"注:"互体有艮。"《易纬通卦验》卷下:"牛畜病。"注:"四互体艮。"

[32]《周易郑注·下经夬传第五·渐☷》九三:"妇孕不育。"注:"互体为坎。"

[33]《周易郑注·下经丰传第六·丰☷》九三:"折其右肱。"注:"互体为巽。"

[34]《周易郑注·下经丰传第六·既济☷》九五:"东邻杀牛,不如西邻之禴祭。"注:"互体为坎也。"

[35]《周易郑注·下经夬传第五·鼎☷》卦辞:"鼎。"注:"互体乾、兑。"

[36]《易纬通卦验》卷下:"当至不至,水物杂稻等不为。"注:"六三,兑爻也,互体坎。"《易纬通卦验》卷下:"当阳云出觜,紫赤如珠。"注:"互体坎。"《易纬通卦验》卷下:"上阳云出七星,赤而饶

饶。"注:"互体坎。"

[37]《周易郑注·下经夬传第五·渐☷》九三:"妇孕不育。"注:"九三上与九五,互体为离。"

[38]《易纬通卦验》卷下:"当至不至,万物大耗,来年多大风。"注:"六三互体巽。"

[39]《周易郑注·下经丰传第六·既济☷》九五:"东邻杀牛,不如西邻之禴祭。"注:"互体为离。"

【说】

互卦即是将原卦的二、三、四爻组成一个新的卦体,三、四、五爻又组成一个新的卦体。关于互卦的产生,笔者在第一表《阴阳爻意象表》罗列了战国以前的数字卦数种,其中有三卦很值得注意,即《甲骨文合集》29074"六七七六"、《小屯南地甲骨》4352"八七六五"、《续殷文存·鼎》"八八六八",和其他数字卦或三爻或六爻相比,有明显的不同,张政烺在其《殷墟甲骨文中所见的一种筮卦》[①]中尝试用互卦作解释。但这种解释存有一定问题。首先,就目前所出数字卦来看,四爻画均出现在商代,而周以后甲骨、钟鼎至战国中晚期《包山楚简》或用三爻、或用六爻,四爻画再也没有出现。其次,互卦是建立在原卦基础上对卦象进行阐释,似乎不可能抛离原卦而单纯用互卦。所以这种解释恐未必是,考虑到周代有《归藏》《连山》《周易》三易,在商代或许还有其他卜筮系统存在。

前论《八卦意象表》提到《左传·庄公二十二年》周史为陈厉公占卜,遇《观☷》之《否☷》,周史解释说:"坤,土也。巽,风也。乾,天也。风为天于土上,山也。有山之材而照之以天光,于是乎居土上,故曰'观国之光,利用宾于王'。"《观》下坤上巽,《否》下坤上乾,坤为土,巽为风,乾为天,皆见《说卦》。但里面还涉及山的意象,杜预注:"自二至四有艮象,艮为山。"意思是《否》卦的二爻至四爻为艮,故文中出现了"山"字。但这种说法很值得怀疑,虽然互卦是后世一种常见的解卦方式,但《国语》《左传》中却

---

① 张政烺:《殷墟甲骨文中所见的一种筮卦》,《文史》1985年第24辑。

仅此一处，再无可用互卦解释者。孔颖达疏："六四之爻位在坤上，坤为土地。山是地之高者，居于土上，是为土上山也。又巽变为坤，六四变为九四，从二至四互体有艮之象，艮为山，故言山也。"此处实际上用了两种解释，第二种解释同于杜预说。第一种解释则认为"观国之光，利用宾于王"用六四爻，六四爻在坤土之上。而山也居于地之上，故如此云。细考此文，笔者认为这不是用互卦来说。《观》卦上卦巽变为乾，故曰"风为天"，"为"是变化的意思。《说文》："天，颠也。"土有颠，即土冒出而成为山的意思，所以说"天于土上，山也"。杜预以互卦说之，恐未必是。顾炎武于《日知录》卷一论互体说：

> 凡卦爻二至四、三至五两体交互各成一卦，先儒谓之互体。其说已见于《左氏·庄公二十二年》，陈侯筮遇《观》之《否》曰："风为天于土上山也。"注："自二至四有艮象。"（四爻变故）艮为山是也。然夫子未尝及之，后人以"杂物撰德"之语当之，非也。其所论"二与四、三与五同功而异位"，特就两爻相较言之，初何尝有互体之说？

顾炎武并没有否认杜预说，但他认为孔子解《易》是不用互体的。里面提到"二与四、三与五同功而异位"，见《系辞下》，原文作：

> 二与四同功而异位，其善不同，二多誉，四多惧，近也。柔之为道，不利远者，其要无咎，其用柔中也。三与五同功而异位，三多凶，五多功，贵贱之等也。

后世许多学者将其视作互卦说的理论基础，顾炎武是不认同的。顾说近是，《子夏易传》解释说：

> 二与四同功而异位，阴耦也，承阳之道也。二多誉，四多惧，四近于尊，疑其逼也。柔之道也，远而不利，二得柔中，中不邪也。柔奉上也，故多会而吉焉，故柔而居之吉也。三与五同功而异

第十五表　六十四卦互卦表

位,微以及著,阴阳分布,三则阳,总下象也,君之道也。两三才积,刚柔而至于五,大君之道也,故同功而异位。三多凶,有民而上,乘高而难居也。五多功,尊无过也。为上者能断其制也,故柔居之而危其刚胜者也。

王弼注与之大体相同。此其实是另外一种解《易》方式,就六爻中间四爻所处的位置讨论爻的吉凶问题。二和四于数为阴,三和五于数为阳,故将四爻分成两组进行讨论。二爻承三爻,四爻承五爻,故曰"承阳"。四爻位比于五,五为尊而威势逼迫四爻,故"四多惧"。二爻数为阴,阴,柔也,又处于下卦之中,得其中位。处二而应五,柔中而承之,以柔奉刚,得臣子之道,故"二多誉"。三爻为下卦之上,亦为君主之象,然其势下,故"微"。① 五爻为天子,位之尊者,故"著"。故三爻至五爻象君主渐处其位。三爻位尚不固,别有正君,故虽有其民未必得位,故"三多凶"。五爻则已为天子,尊而无过,故"五多功"。所以"二与四同功而异位""三与五同功而异位"只是就四爻所处的位置进行论说,跟互卦完全没有关系。

故互卦究竟产生于何时,目前尚无确切的证据。京房已经用互卦来说卦,《京房易传·渐䷴》:"互体见离,主中文明。"《渐》下艮上巽,上互为离,此言九五爻,九五爻处上卦之中,故曰"主中"。离为日而光明,故曰"文明"。《益䷩》:"互见坤,坤道柔顺。又外见艮,艮止阳益阴。"《益》下震上巽,互卦下坤上艮,地道柔顺,艮义为止。艮上为阳爻,下为阴爻,故曰"止阳益阴"。《无妄䷘》:"内互见艮,艮止于纯阳。"《无妄》下震上乾,下互为艮,艮上为阳爻,故曰"止于纯阳"。总之,京房已经熟练地运用互卦来说象,可见京房之时,互卦已经成为解《易》的一种重要方法。

后世解《易》者,用互卦之法者甚多,今不赘述。关于互卦,刘大钧《周易概论》中提到还有五画连互、四画连互两种,"所谓'五

---

① 《乾》九三:"君子终日乾乾,夕惕若。"荀爽曰:"日以喻君,谓三居下体之终而为之君。……夕惕以喻臣,谓三臣于五。"李道平:"荀注一爻之义而君臣异喻者,以侯国之君言也。在一国则为君,在天下则为臣。盖卦有内外,故一爻而君臣并见焉。"以侯国之君、天下之君说之,亦可通。

画连互'，系指在一卦中，把初爻至五爻看成一个新的卦体，把二爻至六爻又看成一个新的卦体。""'四画连互'系指在一个六画之象中，用初爻至四爻、二爻至五爻和三爻至上爻各连互成一个新的卦体。"① 在举四画连互之时，刘氏用了郑玄注《大畜䷙》卦辞之例："自九三至上九，有颐象，居外，是不家食吉而养贤。"认为"《大畜》卦自九三爻至上九爻，其四画连互得出的《颐䷚》卦之象"。《大畜》三爻、四爻、五爻组成震☳，四爻、五爻、上爻组成艮☶，叠加在一起即组成《颐》卦。这种相近的例子还有很多，如《蒙䷃》卦辞《象》曰："君子以果行育德。"虞翻曰："君子谓二。艮为果，震为行。育，养也。二至上有颐养象，故'以果行育德'也。"用二爻至上爻。又如《贲䷕》六二《象》曰："贲其须，与上兴也。"侯果曰："自三至上，有颐之象也。二在颐下，须之象也。"用三爻至上爻。按照刘氏的说法，虞翻解《蒙》用五画连互，侯果解《贲》用四画连互。郑玄注仅见此一条，无法用同例分析，但虞翻注此类内容颇多，如《豫䷏》卦辞："利建侯、行师。"虞翻曰："初至五，体《比》象。四利复初，故'利建侯'。三至上，体《师》象，故'行师'。"初爻、二爻、三爻为坤☷，三爻、四爻、五爻为坎☵，组合为《比》卦，故言体《比䷇》象是正确的。三爻、四爻、五爻为坎☵，四爻、五爻、上爻为震☳，组合为《解䷧》卦，而非《师䷆》卦。《随䷐》六二："系小子，失丈夫。"虞翻曰："三至上，有《大过》象，故与老妇、士夫同义。体《咸》象，夫死大过，故每有欲嫁之义也。"《随》三爻、四爻、五爻为巽☴，四爻、五爻、六爻为兑☱，说组合成《大过䷛》是对的，但却不能体《咸䷞》象。《丰䷶》上六："丰其屋，蔀其家。"虞翻曰："三至上，体《大壮》，屋象，故'丰其屋'。"三爻、四爻、五爻为兑☱，四爻、五爻、上爻为震☳，组合为《归妹䷵》卦，而非《大壮䷡》卦。通过以上分析可知，用四画连互、五画连互来解郑玄注，恐怕未必准确。通过分析《周易集解》，确实有些内容符合四画连互、五画连互的现象，但也有大量的内容是不符合的。故我们认为，凡诸书中言"有某卦象""体某卦象"，实际上采用的是整体观照法。如《豫》三至上

---

① 刘大钧：《周易概论》，巴蜀书社2016年版，第36—37页。

为☷☵,和《师☷☵》相比,皆是一阴爻一阳爻而上承阴爻。《随》三爻至上爻为☴☶,和《咸☱☶》相比,皆是阴爻包着阳爻。《丰》三爻至上爻为☳☱,和《大壮☳☰》相比,皆是上阴爻下阳爻。故郑玄注是说《大畜》三爻至上爻为☶☳,和《颐☶☳》相比,皆是两阳爻包着阴爻,形状上相似,而非用互卦来说。

第十六表　六十四卦十二月二十四气表

月	六十四卦、二十四气					
正月	小过——立春	蒙	益	渐——雨水	泰	
二月	需——惊蛰	随	晋	解	大壮	震——春分[1]
三月	豫——清明	讼	蛊	革——谷雨	夬	
四月	旅——立夏	师	比	小畜——小满	乾	
五月	大有——芒种	家人	井	咸	姤	离——夏至
六月	鼎——小暑	丰	涣	履——大暑	遁	
七月	恒——立秋	节	同人	损——处暑	否	
八月	巽——白露	萃	大畜	贲	观	兑——秋分
九月	归妹——寒露	无妄	明夷	困——霜降	剥	
十月	艮——立冬	既济	噬嗑	大过——小雪	坤	
十一月	未济——大雪	蹇	颐	中孚	复	坎——冬至
十二月	屯——小寒	谦	睽	升——大寒	临	

【注】

［1］《周易郑注·上经泰传第二·随☷》初九："官有渝，贞吉，出门交有功。"注："震为大途，又为日门，当春分阴阳之所交也。"

【说】

此表应是在《十二消息卦十二月十二辰表》（见下）基础上产生，先以消息卦配十二月，复将剩余五十二卦分别与十二月相配。京房已经将六十四卦与十二月相配，其相配原理，《周易本义启蒙翼传·外篇·京氏易传·起月例》曰：

第十六表　六十四卦十二月二十四气表

一世卦阴主五月，一阴在午也；阳主十一月，一阳在子也。二世卦阴主六月，二阴在未也；阳主十二月，二阳在丑也。三世卦阴主七月，三阴在申也；阳主正月，三阳在寅也。四世卦阴主八月，四阴在酉也；阳主二月，四阳在卯也。五世卦阴主九月，五阴在戌也；阳主三月，五阳在辰也。八纯上世阴主十月，六阴在亥也；阳主四月，六阳在巳也。游魂四世所主与四世卦同，归魂三世所主与三世同。

先以十二消息卦应十二月，复以一世卦初爻为阴者为五月，初爻为阳者为十一月；二世卦二爻为阴者为六月，二爻为阳者为十二月；三世卦三爻为阴者为七月，三爻为阳者为正月；四世卦四爻为阴者为八月，四爻为阳者为二月；五世卦五爻为阴者为九月，五爻为阳者为三月；游魂卦和四世卦同，四爻为阴者为八月，四爻为阳者为二月；归魂卦和三世卦同，三爻为阴者为七月，三爻为阳者为正月；八纯卦上爻为阴者为十月，上爻为阳者为四月。最后相配结果如下表。

辰	月	六十四卦	世卦	阴阳
寅	正月	泰、既济、恒、咸	三世	阳
		大有、渐、蛊、同人	归魂	
卯	二月	大壮、睽、革、无妄	四世	阳
		晋、大过、讼、小过	游魂	
辰	三月	夬、履、井、涣	五世	阳
巳	四月	乾、艮、巽、离	纯卦	阳
午	五月	姤、豫、旅、困	一世	阴
未	六月	遁、屯、家人、萃	二世	阴
申	七月	否、损、益、未济	三世	阴
		随、师、比、归妹	归魂	
酉	八月	观、升、蒙、蹇	四世	阴
		明夷、中孚、颐、需	游魂	
戌	九月	剥、丰、噬嗑、谦	五世	阴
亥	十月	坤、震、坎、兑	纯卦	阴
子	十一月	复、贲、节、小畜	一世	阳

续表

辰	月	六十四卦	世卦	阴阳
丑	十二月	临、大畜、解、鼎	二世	阳

第一种，京房相配之法，即先去除游魂、归魂十六卦，剩余四十八卦，除以十二月，一月得四卦，然后根据阴阳爻所在位置，依据十二卦复进行排列。比如《复》在十一月，《姤》在五月，而《复》的特点是一爻为阳爻，《姤》的特点是一爻为阴爻，这样将一世卦初爻为阴者为五月，初爻为阳者为十一月。依此理排列后，根据游魂与四世卦、归魂与三世卦相同的原理安排，这样六十四卦即排列完毕。此种排列方法的优点是将六十四卦皆排列于十二月之中，没有一卦遗漏。缺点也很明显，即出现了正月、二月、七月、八月有八卦，剩余八月只有四卦的现象。我们知道，任何一种组合完成之后，需要为之构建合理的理论来解释，但正月、二月、七月、八月四月在十二月中并没有特殊之处，为何此四月独含八卦？故从理论上难以解决。鉴于此，又出现了十二月各含五卦的分法，六十四卦除十二，商五而余四，不能整除，故第一步需要取出四卦独立于六十卦之外，于是四正卦《坎》《离》《震》《兑》被选出。第二步将剩下六十卦于十二月中各分五卦，至于具体分配原理，笔者暂未发现有何必然的联系。

六十四卦分配完成之后，一年有二十四节气，二十四除以十二得二无余数，则每月可得两卦。以每月的初卦为首节，两个节气之间相隔十五日，大于两卦而不足三卦，故以首卦后过两卦为次节。但要注意的是，二月、五月、八月、十一月的春分、夏至、秋分、冬至分别在四正卦。之所以如此划分，是由四正卦的地位决定的。二十四气与八卦还有两种组合方式。第一种，《京房易传》卷下：

> 立春，正月节在寅，《坎》卦初六，立秋同用。雨水，正月中在丑，《巽》卦初六，处暑同用。惊蛰，二月节在子，《震》卦初九，白露同用。春分，二月中在亥，《兑》卦九四，秋分同用。清明，三月节在戌，《艮》卦六四，寒露同用。谷雨，三月中在酉，《离》卦九四，霜降同用。立夏，四月节在申，《坎》卦六四，立

第十六表　六十四卦十二月二十四气表

冬同用。小满，四月中在未，《巽》卦六四，小雪同用。芒种，五月节在午，《震》宫九四，大雪同用。夏至，五月中在巳，《兑》宫初九，冬至同用。小暑，六月节在辰，《艮》宫初六，小寒同用。大暑，六月中在卯，《离》宫初九，大寒同用。

即选取六子卦与二十四卦相配，分别选取六子卦中的初爻、四爻使用，凡十二爻，因为有二十四节气，故每爻用两次。后来进一步演变，又出现了仅用四正卦二十四爻配二十四节气之法，即以《坎》初六为冬至，九二为小寒，余以类推（详见后《综论》）。京氏和郑玄所用，属于两个系统。郑玄所用，以《坎》初六为冬至，《震》初九为春分，《离》初九为夏至，《兑》初九为秋分。此四卦所主，是固定不变的，故将二十四节气分配到六十四卦之时，此四卦仍其旧，而不用相隔两卦之例。郑玄注《易》，虽仅有"《震》为春分"一则，但《震》主春分，是建立在六十四卦主二十四气基础之上，故在郑玄的理念中，是用六十卦均分十二月法，故上表将十二月体系纳入。又如《周易郑注·上经噬嗑传第三·复䷗》卦辞："反复其道，七日来复。"郑玄注："建戌之月，以阳气既尽；建亥之月，纯阴用事；至建子之月，阳气始生。隔此纯阴一卦，卦主六日七分，举其成数言之，而云'七日来复'。"卦主六日七分是建立在六十卦主十二月基础之上，先分一岁为三百六十日，除以六十卦，一卦得六日。岁余五又四分之一日，除以六十，一卦复得八十分之七，故一卦实主六又八十分之七日。亦可证郑氏注《易》是用此法。

京房所用和郑玄所用属于两个不同的系统，通观郑玄注《易》，是不用京房法的。而后世有以两法并用的，如干宝说《蒙䷃》曰："蒙者，离宫阴也。世在四。八月之时，降阳布德，荠麦并生，而息来在寅，故'蒙'。于世为八月，于消息为正月卦也。正月之时，阳气上达，故屯为物之始生，蒙为物之稚也。"言"于世为八月，于消息为正月卦也"，八月用京房法，正月用郑玄法，或可依据干宝注，概括京房之法为六十四卦世月法、郑玄之法为六十四卦消息月法。《集解》中两法并存，今不赘举。

还有一种八卦应八节法。《易纬通卦验》卷下："乾，西北也，主立冬。""坎，北方也，主冬至。""艮，东北也，主立春。""震，东方也，主春分。""巽，东南也，主立夏。""离，南方也，主夏至。""坤，西南也，主立秋。""兑，西方也，主秋分。"《说卦》："帝出乎震。"崔觐曰："帝者，天之王气也，至春分则震王，而万物出生。""齐乎巽。"崔觐曰："立夏则巽王，而万物絜吉。""相见乎离。"崔觐曰："夏至则离王，而万物皆相见也。""致役乎坤。"崔觐曰："立秋则坤王，而万物致养也。""说言乎兑。"崔觐曰："秋分则兑王，而万物所说。""战乎乾。"崔觐曰："立冬则乾王，而阴阳相薄。""劳乎坎。"崔觐曰："冬至则坎王，而万物之所归也。""成言乎艮。"崔觐曰："立春则艮王，而万物之所成终成始也。"即是采用八卦八节法。考《玉烛宝典》卷一引《京房占》："立春，艮王。"卷四引《京房占》："立夏，巽王。"卷五引《京房占》："夏至，离王。"等等，则此说亦本京房欤？

京房之时，六十四卦十二月的体系已经完成，再往前考察，马王堆帛书《要》曰："孔子籀《易》，至于《损》《益》一卦，未尝不废书而叹，戒门弟子曰：'二三子！夫《损》《益》之道，不可不审察也，吉凶之□也。《益》之为卦也，春以授夏之时也，万物之所出也，长日之所至也，生之室也，故曰《益》。《损》者，秋以授冬之时也，万物之所老衰也，长夜之所至也，故曰《损》。'"[①] 此言《益》卦为"长日之所至"，则当以昼大于夜之时，春分之后昼渐长，则以《益》当春分，时在二月。言《损》卦为"长夜之所至"，则当以夜大于昼之时，秋分之后夜渐长，则以《损》当秋分，时在八月。盖春分之后，阳气胜于阴气，阳气渐长而用事，故曰《益》；秋分之后，阴气胜于阳气，阳气渐消而不用事，故曰《损》。此法虽与京房、郑玄说皆不同，但三说之本皆为阴阳二气的消长，其理论是相通的。

---

① 裘锡圭主编：《长沙马王堆汉墓帛书集成》（叁），中华书局2014年版，第118—119页。

第十七表　十二消息卦十二月十二辰表

消息卦	月	辰
泰[1]	正月	寅
大壮	二月	卯
夬	三月	辰
乾	四月	巳
姤	五月	午
遯[2]	六月	未
否	七月	申
观	八月	酉
剥[3]	九月	戌
坤[4]	十月	亥
复[5]	十一月	子
临[6]	十二月	丑

【注】

[1]《周易乾凿度》卷上："天气三微而成一著，三著而成一体。"注："五日为一微，十五日为一著，故五日有一候，十五日成一气也。冬至阳始生，积十五日，至小寒为一著，至大寒为二著，至立春为三著，凡四十五日而成一节，故曰三著而成体也。正月则《泰》卦用事，故曰成体而郊也。"《易纬稽览图》卷上："太阳霓出地上，少阳时并而声微。"注："太阳，正月《泰》卦。"

[2]《周易郑注·上经泰传第二·临䷒》卦辞："《临》自周二月用事，讫其七月，至八月而《遯》卦受之，此终而复始，王命然矣。"

按：《临》为夏十二月，殷正月，周二月。又按：八月为周之八月，当夏之六月。《周易乾凿度》卷下："《遁》，表日角、衡连理。"注："消卦《遁》主六月。"

[3]《周易郑注·上经噬嗑传第三·复☷☳》卦辞："反复其道，七日来复。"注："建戌之月，以阳气既尽。"按："建戌之月"谓《剥》卦，《剥》九月，值戌。《易纬稽览图》卷上："《剥》，阴气上达，陨霜以降。"注："《剥》，九月之卦，阴气上达于五，霜始降，副杀万物。"又曰："至陨霜时，根生荣不死。"注："至九月《剥》用事时，当陨霜杀万物。"又曰："当陨霜者法废。"注："九月《剥》用事，当陨霜杀物化成，今不陨者也。"

[4]《周易郑注·上经噬嗑传第三·复☷☳》卦辞："反复其道，七日来复。"注："建亥之月，纯阴用事。"按："建亥之月"谓《坤》卦，《坤》十月，值亥。

[5]《周易郑注·上经噬嗑传第三·复☷☳》卦辞："反复其道，七日来复。"注："至建子之月，阳气始生。"按："建子之月"谓《复》卦，《复》十一月，值子。

[6]《周易郑注·上经泰传第二·临☷☱》卦辞："临，元亨利贞。至于八月，有凶。"注："临，大也。阳气自此浸而长大，阳浸长矣。而有四德，齐功于乾，盛之极也。人之情，盛则奢淫，奢淫则将亡，故戒以凶。《临》卦斗建丑而用事，殷之正月也。当文王之时，纣为无道，故于是卦为殷家著兴衰之戒，以见周改殷正之数云。《临》自周二月用事，讫其七月，至八月而《遁》卦受之，此终而复始，王命然矣。"按：《临》为夏十二月，殷正月，周二月。

【说】

十二消息卦又叫辟卦，分为六消卦、六息卦，是指《坤☷》《复☷☳》《临☷☱》《泰☷☰》《大壮☳☰》《夬☱☰》《乾☰》《姤☰☴》《遁☰☶》《否☰☷》《观☴☷》《剥☶☷》，通过观察十二卦阴阳爻的变化即可知，《坤》为六爻皆阴，至《复》而阳气生，阳气渐长，至于《乾》而六爻皆阳，随后至《姤》而阴气生，复至于《坤》而阳气尽。消息卦还有一种排列，即自《复》至于《乾》，阳爻从一爻变为六爻；自《姤》至于

《坤》，阳气渐渐消失殆尽。从阳气消长的角度论，自《复》至《乾》为息卦，阳气渐长；自《姤》至《坤》为消卦，阳气渐消。至于消息卦与十二月的相配，和古人对阴阳用事的理念有关，《诗经·小雅·正月》："正月繁霜，我心忧伤。"郑玄笺："夏之四月，建巳之月，纯阳用事。"四月之时纯阳用事，《乾》六爻皆阳，故四月为《乾》卦。《周易正义·序》："郑康成引《易纬》之说：'建戌之月，以阳气既尽。建亥之月，纯阴用事。至建子之月，阳气始生。'"建戌之月为九月，阳气将尽，《剥》卦仅剩一阳，故《剥》为九月。建亥之月为十月，纯阴用事，《坤》六爻皆阴，故《坤》为十月。建子之月为十一月，阳气始生，《复》卦一阳产生，故《复》为十一月。其实只要确定了《乾》《坤》中某一卦所在月份，剩余诸卦即顺而推出。

除了以上引郑玄注外，《易纬通卦验》卷下："春三月，候卦气。"注："春三月候卦气者，《泰》也，《大壮》也，《夬》也。"又曰："夏三月，候卦气。"注："夏三月候卦气者，《乾》也，《姤》也，《遁》也。"又曰："秋三月，候卦气。"注："秋三月候卦气者，《否》也，《观》也，《剥》也。"又曰："冬三月，候卦气。"注："冬三月候卦气者，《坤》也，《复》也，《临》也。"即用消息卦配十二月之法说之。又《诗经·小雅·采薇》："曰归曰归，岁亦阳止。"郑玄笺："十月为阳，时《坤》用事，嫌于无阳，故以名此月为阳。"亦用此法说之。

关于消息卦产生的理论，可能和《复》卦辞"七日来复"有关，此句旧解多以"七日"为七天，如郑玄注："建戌之月，以阳气既尽；建亥之月，纯阴用事；至建子之月，阳气始生。隔此纯阴一卦，卦主六日七分，举其成数言之，而云'七日来复'。"王弼注："以天之行反复，不过七日复之，不可远也。"但天地运行，从无七日一反复之说，即使分六十卦于一岁之中，一卦主六日七分，自《复》至《坎》为七日，焉能用《复》卦以说其余六十卦？今六十四卦中，从无一卦包六十四卦之理，故此说恐非。侯果曰：

五月天行至午，阳复而阴升也；十一月天行至子，阴复而阳升也。天地运往，阴阳升复，凡历七月，故曰"七日来复"。此天之运行也。《豳诗》曰："一之日觱发，二之日栗烈。"一之日，周之正月也；二之日，周之二月也。则古人呼"月"为"日"明矣。

侯氏将"日"释作"月"，并引《诗经·豳风·七月》为据，近是。毛传："一之日，周正月也。二之日，殷正月也。"郑笺："此二正之月，人之贵者无衣，贱者无褐。"皆将"日"释作"月"。侯氏认为，五月之时，阴气初升；十一月之时，阳气初升，《姤》为一阴初生，故为五月；《复》为一阳初生，故为十一月。《复》言"七日来复"，是说自五月至十一月凡七月，阳气复生。故消息卦应十二月的组成，或许是根据"七日来复"而先确定《姤》《复》二卦所应月份，续而确定其余十卦所应月份，而非以《乾》《坤》二卦来定之。

《彖》中已有与消息卦相关的内容，《剥☷》卦辞《彖》曰："君子尚消息盈虚。"《剥》卦为消卦第五卦，五阳已消。又《丰☳》卦辞《彖》曰："天地盈虚，与时消息。"《丰》卦不属于消息卦。虞翻曰："此卦三阴三阳之例，当从《泰☷》二之四。"即《丰》卦是《泰》卦的二爻去到四爻的位置，和四爻互换变成《泰》卦。《泰》卦为息卦第三卦，三阳已生。京房之时，消息卦配十二月的方式即已经确定下来，其论消息卦《乾》："建巳至极主六位。"吴绩注："四月，龙见于辰。"《姤》："建午起坤宫。"《遁》："建辛未至丙子。"吴绩注："从六月至十一月也。"《否》："建壬申至丁丑。"吴绩注："七月立秋至十二月大寒。"《观》："建癸酉至戊寅。"《剥》："建甲戌至乙卯。"余不俱引。

郑玄之后以此解《易》者亦甚多，《坤☷·文言》曰："夫玄黄者，天地之杂也。"荀爽曰："消息之卦，坤位在亥，下有伏乾，阴阳相和，故言'天地之杂'也。"《坤》为十月，位在亥，而八卦十二月中，乾亦为十月，故曰"下有伏乾"。坤阴乾阳，故曰"阴阳相和"。《乾☰》初九干宝曰："阳在初九，十一月之时，自《复》来也。"九二干宝曰："阳在九二，十二月之时，自《临》来也。"九三干宝曰："阳在九三，正月之时，自《泰》来也。"九四干宝曰："阳在九四，① 二月之时，自《大壮》来也。"九五干宝曰："阳在九五，三月之时，自《夬》来也。"分别用六爻十二月及消息十二月阐释爻辞。

---

① "阳在"句原作"阳气在四"，以意改。

第十八表　四正卦四岳表

四正卦	四岳
震	泰山
兑	华山
离	霍山[1]
坎	恒山

【注】

[1]《周易郑注·下经夬传第五·困☷》九二："朱绂方来。"注："二与四为体离，为镇霍。"按：离位南方，此以南方说之。

【说】

镇霍即霍山，称为"镇霍"，本之《周礼·职方氏》，其文曰："职方氏掌天下之图……乃辨九州之国，使同贯利。东南曰扬州，其山镇曰会稽。……正南曰荆州，其山镇曰衡山。……河南曰豫州，其山镇曰华山。……正东曰青州，其山镇曰沂山。……河东曰兖州，其山镇曰岱山。……正西曰雍州，其山镇曰岳山。……东北曰幽州，其山镇曰医无闾。……河内曰冀州，其山镇曰霍山。……正北曰并州，其山镇曰恒山。"但《周礼》采用九分法，① 以霍山为河内属河内，而以正南为衡

---

① 《淮南子·地形训》："东方之美者，有医毋闾之珣玕琪焉；东南方之美者，有会稽之竹箭焉；南方之美者，有梁山之犀象焉；西南方之美者，有华山之金石焉；西方之美者，有霍山之珠玉焉；西北方之美者，有昆仑之球琳琅玕焉；北方之美者，有幽都之筋角焉；东北方之美者，有斥山之文皮焉；中央之美者，有岱岳以生五谷桑麻，鱼盐出焉。"亦是采用九分法。（又见《尔雅·释地》，载九山而称八陵）但前又言："何谓九山？会稽、泰山、王屋、首山、太华、岐山、太行、羊肠、孟门。"与之不同，盖九山不计方位，总天下之名山言之。而配九方之山，则须配以九方方位，故九山之名不同。

山，郑玄注以霍山属南，当是采用五分法。《尔雅·释山》："泰山为东岳，华山为西岳，霍山为南岳，恒山为北岳，嵩高为中岳。"《白虎通·巡守》篇引《尚书大传》："五岳，谓岱山、霍山、华山、恒山、嵩山也。"《说苑·辨物》："五岳者何谓也？泰山，东岳也；霍山，南岳也；华山，西岳也；常山，北岳也；嵩高山，中岳也。"皆以霍山为南岳。此为五分法。还有一种四分法，《尚书·舜典》："岁二月，东巡守，至于岱宗，柴。……五月南巡守，至于南岳，如岱礼。八月，西巡守，至于西岳，如初。十有一月，巡守至于北岳，如西礼。"伪孔传："东巡岱宗，泰山为四岳所宗。南岳衡山。西岳华山。北岳恒山。"舜居中央而祭四方，故但以四方之山配之。《诗经·大雅·崧高》："嵩高维岳。"毛传："岳，四岳也。东岳岱，南岳衡，西岳华，北岳衡。尧之时，姜氏为四伯，掌四岳之祀。"亦用四分法。四分法和五分法的最大不同就是南岳究竟是霍山还是恒山，《崧高》孔颖达疏引《风俗通》曰："衡山一名霍，言万物霍然大也。"则应劭认为霍山即衡山之别名。又引郭璞《尔雅》注："霍山今在庐江灊县，潜水出焉，别名天柱山。汉武帝以衡山辽旷，故移其神于此，今其彼土俗人皆呼之为南岳。"郭璞知二山非一山，但认为南岳本是衡山，汉武帝去南岳祭祀的时候，觉着衡山有点远，故移衡山之神于较近的霍山，所以霍山也被称为南岳。应劭的说法显然是不对的，郭璞则知其不对而尝试为之调和，《尔雅》《尚书大传》的成书年代虽不可知，但学者一般认为不会晚于汉武帝时期，故郭璞说也站不住脚。我们认为，四分说、五分说、九分说来源于不同的系统，但存其说可也。

郑玄注《易》所用，是三种系统的结合，称之为"镇霍"，是用了《周礼》"其山镇曰霍山"。其称南方为霍山，是用了《尔雅》的五分法。而将五岳应用到《易》中，则受了《尚书》的影响，《尚书》以二月巡守泰山、五月巡守衡山、八月巡守华山、十一月巡守恒山，依《八卦十二月表》，震为二月，离为五月，兑为八月，坎为十一月，正与此相合。五分法中有中央，但八卦无法与之相配，故郑玄取《尔雅》之霍山代替《尚书》之衡山。

以四正卦配四岳说《易》者，《易林·乾之恒》："东山西岳。"《恒☶》下巽上震，互体下乾上兑，震为东岳泰山，兑为西岳华山。《坤之中孚》："安如泰山。"《需之中孚》："泰山之阳。"《中孚䷼》下互为震,震为泰山。《讼之屯》："东上泰山。"《屯䷂》下卦为震,震为泰山。《比之坎》："恒山蒲寿。"坎在北方,恒山之所在。《履之节》："牧养常山。"《节䷻》上卦为坎,坎为恒山（即常山）。《临之升》："东上泰山。"《升䷭》上互为震,震为泰山。皆与之相合,但也有不相合的,如《同人之需》："东上太山。"《同人之遁》："安和泰山。"《观之贲》："西出华山。"《家人》："牧养恒山。"本卦、互卦皆无可应之象。故其所应者,或许只是巧合,而不是必然的结果。《易林》之外,考《京氏易传》《周易注疏》《周易集解》皆无用此法者,后世《易》学著作所经目者亦未见,则此或只是郑玄系连之法欤？

第十九表　五行生克表

木[1]	生	火	生	土[2]	生	金	生	水	生	木
木[3]	克	土[4]	克	水	克	火	克	金	克	木

【注】

[1]《易纬通卦验》卷上："苍辅术。"注："苍，火之母。"

[2]《周易郑注·上经噬嗑传第三·离䷝》六二："黄离。"注："离为火，土托位焉。土色黄，火之子。"《周易乾凿度》卷下："《姤》，表耳参漏，足履王，知多权。"注："离又为火，火者，土寄位焉。"《易纬通卦验》卷上："黄佐命。"注："黄者，火之子。"《易纬是类谋》："地裂。"注："土者金之母，故乱则裂。"

[3]《易纬通卦验》卷上："代者起西北，以木为姓。"注："木胜土也。"

[4]《易纬通卦验》卷上："代者起西南，以土为姓。"注："西南，坤卦也。坤为土，土消水。"

【说】

《尚书·甘誓》："威侮五行，怠弃三正。"孔颖达疏："五行，金、木、水、火、土也。"是目前最早关于五行的记载。《洪范》亦曰："五行：一曰水，二曰火，三曰木，四曰金，五曰土。水曰润下，火曰炎上，木曰曲直，金曰从革，土爱稼穑。"《甘誓》是夏启伐有扈所作，虽未必即成书于夏启之时，但亦可证明五行理念产生甚早。而五行相生相克的产生，或许在五行观念产生不久就已经存在。《六韬·龙韬》："万代不易，五行之神，道之常也。金、木、水、火、土，各以其胜攻

第十九表　五行生克表

也。"注："然金克木、木克土、土克水、水克火、火克金,各以其胜者而攻不胜者也。"是目前所见较早涉及五行相克的内容。《白虎通·五行》对五行生克理论有详细的阐释:

> 五行所以更王何？以其转相生,故有终始也。木生火,火生土,土生金,金生水,水生木,是以木王、火相、土死、金囚、水休,王所胜老、死、囚,故王者休。见王火相何？以知为臣,土所以死者,子为父报仇者也。五行之子慎之物归母,木王,火相,金成,其火燋金。金生水,水灭火,报其理；火生土,土则害水,莫能而御。
>
> 五行所以相害者,天地之性众胜寡,故水胜火也；精胜坚,故火胜金；刚胜柔,故金胜木；专胜散,故木胜土；实胜虚,故土胜水也。火阳,君之象也；水阴,臣之义也。臣所以胜其君何？此谓无道之君也,故为众阴所害,犹纣王也。是使水得施行,金以盖之,土以应之,欲温则温,欲寒,亦何从得害火乎？曰:五行各自有阴阳,木生火所以还烧其母何？曰金胜木,火欲为木害金。金者坚强难消,故母以逊体助火烧金,此自欲成子之义。又阳道不相离,故为两盛火死子乃继之。

当然,这一理论属于后人的重新建构,未必即其原始意义。五行生克应该是人们在观察自然现象的基础上构建而成的,木头燃烧生成火,所以木生火；火烧完木头化成灰烬,灰烬和土同一形质,所以火生土；金属从石头中提炼而出,石头在土中或土上,所以土生金；金属被火灼烧化成液体,和水的形态相似,所以金生水；树木需要得到水的滋润才能长大,所以水生木。树木从土中冒出,所以木克土；壅土以阻止水的流溢,所以土克水；水能灭火,所以水克火；火灼烧金属则金属化为液体,所以火克金；砍伐树木需要用斧头,斧头用金属做成,所以金克木。

《周易》经中或已经涉及五行生克理论,八卦意象中,完全和五行相符的是坎水离火,二卦的搭配有《既济☲☵》《未济☵☲》二卦。《既济》下离上坎,按照五行相克的理论,水克火,水在火上,符合相克理论,故曰"既济"。而《未济》下坎上离,火在水上,火不能克水,不符合相克理论，故曰"未济"。

郑玄注《易》，不直言相克相生。相克如《易纬通卦验》注"木胜土""土消水"，虽不言克，但意思还是一样的。相生则用母子理论代替，如《离》六二注："土色黄，火之子。"火生土，故火为母、土为子，所以说土为火子。《易纬是类谋》注："土者金之母。"土生金，所以土为母、金为子。

郑玄之前，京房已经将五行生克理论纳入解卦之中，如《京氏易传·乾䷀》："金入金乡木渐微。"《乾》本属金，《乾》九五为壬申金，故曰"金入金乡"。金克木，两金克之，则木势衰，故曰"木渐微"。《同人䷌》："火上见金，二气虽同，五行相悖。"《同人》下离上乾，离为火，乾为金，火、金相处，故曰"二气虽同"。火克金，故曰"五行相悖"。《鼎䷱》："木能巽火，故鼎之象。"《鼎》下巽上离，巽为木，离为火，木生火，故曰"木能巽火"。京房之后，马融亦用五行生克理论说卦，《家人䷤》卦辞《象》曰："风自火出，家人。"马融注："木生火，火以木为家，故曰'家人'。火生于木，得风而盛，犹夫妇之道，相须而成。"《家人》下离上巽，离为火，巽为木，故曰"木生火"。巽又为风，故曰"得风而盛"。郑玄师承马融，但据下引荀爽亦用此说来看，或当时费氏《易》普遍用此理论，未必承自马融也。

郑玄之后用五行生克理论说《易》者，《离䷝·象》曰："离，丽也。"荀爽曰："离者，火也，托于木，是其附丽也。"《离》下上皆离，离为火，而木生火，故曰"托于木"。《象》又曰："是以畜牝牛吉也。"荀爽曰："牛者，土也，生土于火。"坤为牛，故曰"牛者，土也"。火生土，故曰"生土于火"。《困䷮》初六："臀困于株木。"《九家易》曰："臀谓四。株木，三也。三体为木。泽中无水，兑金伤木，故枯为株也。"《困》下坎上兑，互体下离上巽，巽为木，三爻在巽下，故曰"三体为木"。兑为泽，坎为水，水在泽下而不见，故曰"泽中无水"。兑为金，巽为木，金克木，故曰"兑金伤木"。但通观《周易注疏》《周易集解》，用五行生克理论说《易》者非常寡见。

第二十表　五行五色表

五行	金	木	水	火	土
五色	白	青	黑[1]	赤[2]	黄[3]

【注】

[1]《易纬通卦验》卷下："南黑北黄。"注："大寒于《坎》直六三，六三得亥气，亥，水也，为南黑。"

[2]《周易郑注·下经夬传第五·困䷮》九二："朱绂方来。"注："二与四为体离……离为火，火色赤。"《易纬通卦验》卷上："代者起□□，赤兑姓。"注："赤，火色也。"《易纬通卦验》卷下："赤阳云出翼，南赤北白。"注："惊蛰于《坎》直上六，上六得巳气，巳，火也，为南赤。"

[3]《周易郑注·上经噬嗑传第三·离䷝》六二："黄离。"注："土色黄，火之子。"《易纬通卦验》卷下："南黑北黄。"注："季冬，土也，为北黄。"

【说】

五行与五色相配，具体时间不可知。《管子·幼官》言中方本图"君服黄色""饮于黄色之井"，东方本图"君服青色""饮于青色之井"，南方本图"君服赤色""饮于赤色之井"，西方本图"君服白色""饮于白色之井"，北方本图"君服黑色""饮于黑色之井"，五行中央土，东方木，南方火，西方金，北方水，五色与五行的相配已经成形。《礼记·月令》言立春"盛德在木"，天子"驾仓龙，载青旗，衣青衣，服仓玉"；立夏"盛德在火"，天子"驾赤骝，载赤旗，衣赤衣，服赤玉"；季夏"中央土"，天子"驾黄骝，载黄旗，衣黄衣，服黄玉"；立秋"盛德在金"，天子"驾白骆，载白旗，衣白衣，服白玉"；立冬"盛德在水"，天子"驾铁骊，载玄旗，衣玄衣，服玄玉"，五行和五色的相配已经完成。《管子》《礼记》约成书于战国时期，但文献形成有较长时间的积累过程，故五行五色的相配当很早就已经形成。

京房虽已将五行纳入解卦之中，然而通观《京氏易传》，未有以五色说《易》者。郑玄之后以此说《易》者，《困䷮》九二："朱绂方来。"郑玄以"离为火，火色赤"说之，王弼注："朱绂，南方之物也。"离南方，南方为火，和郑玄注庶几相近。又《离䷝》六二："黄离。"郑玄以"土色黄"说之，侯果曰："此本坤爻，故云'黄离'。"坤为土，土色黄，亦与郑玄说庶几相近。但通观《周易注疏》《周易集解》二书，这种说法很寡见。李鼎祚说"朱绂方来"曰："上九降二，故朱绂方来。朱绂，宗庙之服。乾为大赤，朱绂之象也。"则以意象说之，不取郑玄、王弼说，是这种方法所用不广，或即郑玄所创亦未可知。

第二十一表　五行十二辰表

五行	十二辰
金	申、酉
木	寅[1]、卯
水	子[2]、亥[3]
火	午[4]、巳[5]
土	丑、辰、未[6]、戌

【注】

[1]《易纬通卦验》卷下："仓阳云出平，南仓北黑。"注："小寒于《坎》直九二，九二得寅气，木也，为南仓。"

[2]《易纬通卦验》卷下："少阴云出，如水波崇崇。"注："夏至，离始用事，位直初九，初九辰在子，故如水波。"

[3]《易纬通卦验》卷下："南黑北黄。"注："大寒于《坎》直六三，六三得亥气，亥，水也。"

[4]《易纬通卦验》卷下："当阳云出觜，紫赤如珠。"注："立夏于《震》直九四，九四辰在午也，午为火。"《易纬通卦验》卷下："阴云出，上接之。"注："立冬于《兑》直九四，九四辰在午，火性炎上，故上接之也。"

[5]《易纬通卦验》卷下："赤阳云出翼，南赤北白。"注："惊蛰于《坎》直上六，上六得巳气，巳，火也。"《易纬通卦验》卷下："长阳云出，集赤如曼曼。"注："芒种于《震》直上六，上六辰在巳，巳为火。"

[6]《周易郑注·下经夬传第五·困䷮》九二："困于酒食。"注：

"二据初，辰在未，未为土，此二为大夫有地之象。"

【说】

五行十二辰的相配和大衍之数有关，《系辞上》："大衍之数五十，其用四十有九。"郑玄注："天地之数五十有五，以五行气通。凡五行减五，大衍又减一，故四十九也。衍，演也。天一生水于北，地二生火于南，天三生木于东，地四生金于西，天五生土于中。阳无耦，阴无配，未得相成。地六成水于北，与天一并。天七成火于南，与地二并。地八成木于东，与天三并。天九成金于西，与地四并。地十成土于中，与天五并也。大衍之数五十有五，五行各气并，气并而减五，惟有五十。以五十之数不可以为七、八、九、六卜筮之占以用之，故更减其一，故四十有九也。"这里只提到天地之数与五行相配，其与十二辰相配之法，萧吉曰："北方亥子水也，生数一，丑土也，生数五，一与五相得为六，故水成数六也。东方寅卯木也，生数三，辰土也，生数五，三与五相得为八，故木成数八也。南方巳午火也，生数二，未土也，生数五，二与五相得为七，故火成数七也。西方申酉金也，生数四，戌土也，生数五，四与五相得为九，故金成数九也。中央戊己土也，生数五，又土之位在中，其数本五，两五相得为十，故土成数十也。"（《五行大义》卷一）其相配之法，水在北方为子，左渐一辰而含亥；火在南方为午，左渐一辰为巳；木在东方为卯，左渐一辰为寅；金在西方为酉，左渐一辰为申；土在中央，余四辰并属之。这种相配方式很早就已完成，《淮南子·天文》："甲乙、寅卯木也，丙丁、巳午火也，戊己四季土也，庚辛、申酉金也，壬癸、亥子水也。"十二辰的相配方式完全一样。

京房的相配之法与此不同，《京氏易传》卷下："甲乙、庚辛天官，申酉地官；丙丁、壬癸天官，亥子地官；戊己、甲乙天官，寅卯地官；壬癸、戊己天官，辰戌地官。"上天一为亥子，而京房以亥子为地官，是相配之法不同。又据上《六爻十二辰表》，五行与十二辰的相配也不同。

郑玄之后用此解《易》者，《比》六三《象》曰："比之匪人，不亦伤乎？"干宝曰："六三乙卯，坤之鬼吏。要比之家，有土之君也。周为木德，卯为木辰，同姓之国也。"六三爻为卯，卯为木。余则未见，是以五行十二辰解《易》，诸家多不用也。

第二十二表　十二辰三十六禽表

十二辰	禽
子	燕、鼠、羽翼
丑	牛[1]、蟹、鳖[2]
寅	狸、豹、虎
卯	猬、兔[3]、貉
辰	龙、蛟、鱼
巳	鳝、蚯蚓、鱼蛇[4]
午	鹿、马[5]、獐
未	羊[6]、鹰、雁
申	猫、猿、猴
酉	雉、鸡、乌
戌	狗、狼、豺
亥	豕[7]、玃、猪

【注】

[1]《周易乾凿度》卷下："《复》，表日角。"注："初应在六四，于辰在丑，为牛。"《易纬通卦验》卷下："牛畜病。"注："四互体艮，艮在丑，故牛畜病也。"

[2]《周易郑注·下经丰传第六·中孚䷼》卦辞："中孚，豚鱼吉。"注："四辰在丑，丑为鳖、蟹。"

[3]《易纬是类谋》："菟群临，虎龙怪出。"注："菟、龙、虎，东方之禽。"按：龙属辰，位在东南。虎属寅，位在东北。此曰"东方之禽"，兼龙、虎方之。

[4]《周易郑注·上经噬嗑传第三·坎䷜》上六："系用徽纆。"注："爻辰在巳，巳为蛇，蛇之蟠屈似徽纆也。"《周易郑注·文言第九》："阴疑于阳必战，为其嫌于阳也，故称龙焉。"注："阳，谓今消息用事，乾也。上六为蛇，得乾气杂似龙。"

[5]《易纬是类谋》："蛇马怪出。"注："蛇马，南方之虫。"按：午马，午在南方。又蛇属巳，位东南，故亦言之。

[6]《周易乾凿度》卷下："《遁》，表日角、衡连理。"注："离为日。消卦《遁》主六月，于辰未，未为羊，有角。"《易纬是类谋》："西岳亡玉羊。"注："狼星亡。狼在于未，未为羊也。"

[7]《周易郑注·下经丰传第六·中孚䷼》卦辞："中孚，豚鱼吉。"注："三辰在亥，亥为豕。"

【说】

此表的构建依据萧吉《五行大义》，其卷五《二论三十六禽》引王简云："子朝为燕，昼为鼠，暮为伏翼。丑朝为牛，昼为蟹，暮为鳖。寅朝为狸，昼为豹，暮为虎。卯朝为猬，昼为兔，暮为貉。辰朝为龙，昼为蛟，暮为鱼。巳朝为鳝，昼为蚯蚓，暮为鱼蛇。午朝为鹿，昼为马，暮为獐。未朝为羊，昼为鹰，暮为雁。申朝为猫，昼为猿，暮为猴。酉朝为雉，昼为鸡，暮为乌。戌朝为狗，昼为狼，暮为豺。亥朝为豕，昼为玃，暮为猪。"和我们传统的十二生肖相比，郑玄注《易》既言丑为牛，又言丑为鳖、蟹，则是用三十六禽法。

关于三十六禽的形成，和十二生肖密切相关。目前有关十二生肖的最早记载见于放马滩秦简《日书》：

> 子，鼠殹（也）。……丑，牛殹。……寅，虎殹。……卯，兔殹。……辰，虫殹。……巳，鸡[蛇]殹。……午，马殹。……未，羊。……申，猴殹。……酉，鸡殹。……戌，犬尔。……亥，豕殹。①

---

① 中国简牍集成编辑委员会编：《中国简牍集成·第四册·甘肃省》（卷下），敦煌文艺出版社2001年版，第263—264页。

第二十二表　十二辰三十六禽表

原书有图形，整理者根据图形推测"虫"是"龙"之误，首"鸡"是"蛇"之误。《日书》的内容本是言如何追捕逃亡的盗贼，省略的内容即是盗贼的相貌，而前面的内容和今日所见十二生肖则完全相同。放马滩秦简为战国晚期简牍，则十二禽配十二辰的做法，至迟在战国晚期已经形成。但这种说法并不固定，睡虎地秦简也有《日书》，其十二辰与禽的关系是：

子，鼠也。……丑，牛也。……寅，虎也。……卯，兔也。……辰，……巳，虫也。……午，鹿也。……未，马也。……申，环也。……酉，水也。……戌，老羊尔。……亥，豕也。①

辰下缺禽名，"虫"即古"虵"字，同"蛇"，"环"读作"猿"，"水"读作"隹"，借为"雉"。为了方便观览，我们将两种《日书》与《五行大义》作表如下。

十二辰	放马滩《日书》	睡虎地《日书》	《五行大义》
子	鼠	鼠	燕、鼠、羽翼
丑	牛	牛	牛、蟹、鳖
寅	虎	虎	狸、豹、虎
卯	兔	兔	猬、兔、貉
辰	龙	［阙］	龙、蛟、鱼
巳	蛇	虫（虵、蛇）	蟮、蚯蚓、鱼蛇
午	马	鹿	鹿、马、獐
未	羊	马	羊、鹰、雁
申	猴	环（猿）	猫、猿、猴
酉	鸡	水（雉）	雉、鸡、乌
戌	犬	老羊	狗、狼、豺
亥	豕	豕	豕、獾、猪

通过对比可知，除了未所应马、戌所应老羊不同，午，放马滩

---

① 睡虎地秦墓竹简整理小组编：《睡虎地秦墓竹简》，文物出版社1990年版，第219—220页。

《日书》应马,睡虎地《日书》应鹿,《五行大义》则马、鹿皆有。申,放马滩《日书》应猴,睡虎地《日书》应猿,《五行大义》则猴、猿皆有。酉,放马滩《日书》应鸡,睡虎地《日书》应雉,《五行大义》则鸡、雉皆有。我们怀疑,三十六禽的形成,是因为十二禽在流传中有不同的说法,后人将各种说法整合在一起,以一日为朝、昼、暮三分,创造了一辰三禽、十二辰三十六禽法。

以三十六禽说《易》,其理论渊源或许和《说卦》有关,《说卦》曰:"乾为马,坤为牛,震为龙,巽为鸡,坎为豕,离为雉,艮为狗,兑为羊。"除此之外,涉及动物的还有震"其于马也,为善鸣、为馵足、为作足、为的颡"、巽"其于马也,为美脊、为亟心、为下首、为薄蹄、为曳"、离"为鳖、为蟹、为蠃、为蚌、为龟"、艮"为鼠,为黔喙之属",如果与十二辰相配,乾戌、亥为马,坎子为豕,艮丑、寅为狗、鼠,震卯为龙,巽辰、巳为鸡,离午为雉、鳖、蟹、蠃、蚌、龟,坤未、申为牛,兑酉为羊,是以十二辰三十六禽完全没有相应之处。故此法当是参照《说卦》而将三十六禽系统引入,本身属于不同的系统。

此法究竟始于何时不可知,而考《京氏易传》《周易注疏》《周易集解》皆无用此法者。盖此法不甚盛行,《说卦》与此系统相违,既有《说卦》作为参照,不用《说卦》而用三十六禽,是舍本逐末,故诸家多不用也。唐以前用此法者,今仅得郭璞一家,胡一桂《周易本义启蒙翼传·外篇》引郭璞《洞林》曰:"岁在甲子正月中,丞相杨州令余卦安危诸事如何,① 得《咸䷞之井䷯》。按:'……东方当有蟹鼠为灾,必食稻稼。'……(明年)其秋冬,吴诸郡皆有蟹鼠为灾。鼠为子,子水,蟹亦水物,皆金之子。"《咸》九四降六二而为《井》,《井》上卦为坎,坎为子。鼠为子,即子为鼠也。坎为水,蟹乃水中之物,金生水,故鼠、蟹皆金之子。朱震《汉上易传》卷九:"《洞林·明夷䷣之既济䷾》曰:'当有牛生一子。'盖坤变坎,坎为子,三至五互有离。四者,坤之丑爻,丑亦牛也。"《既济》之六四于十二辰值丑,而丑于十二生肖属牛。此虽乃朱震解说,然参以上例,盖亦仿郭璞筮法为之。

此法唐前虽不甚盛,然宋人却好用之,如《说卦》:"震为龙。"冯

---

① 《晋书·郭璞传》作晋元帝初镇建邺,丞相王导令郭璞筮之。

椅曰："或曰：震位乎东，苍龙之次，箕、亢位乎辰，亦为龙。"（《厚斋易学》卷十七）箕、亢二宿值辰，辰为龙也。《颐☷》六四："虎视眈眈。"宋丁易东曰："艮体寅，位为虎。"（《周易象义》卷四）《颐》上卦为艮，艮值丑而渐寅，寅为虎也。《无妄☷》六三："或系之牛。"林栗曰："阴为牛，艮在丑，亦为牛，巽为绳，故有系牛之象。"（《周易经传集解》卷十三）六三为阴，牛者阴物（坤为牛）。《无妄》下卦艮，艮值丑，丑为牛。

综　论

　　孔颖达疏《易》用王弼而不用郑玄，导致郑玄注《易》的内容在后世渐渐失传，使我们不能完全窥见郑玄注《易》所用的理论。首先，《周易郑注》虽将诸书中郑注几乎搜罗殆尽，但今之所见，恐百不遗一。其次，就上所见，有些系连的内容相互矛盾，那么后世在引用郑玄注时，必然会有对郑玄的观点持不同态度者，在引用之时有所去取。如《周易集解》中，李鼎祚经常用六爻六子说来解《易》，或许即本于郑玄，但引郑玄注，却无一处及于爻辰，或即对此持否定态度。我们本着审慎的态度，只将《周易郑注》《易纬郑注》中同时出现的内容做成表格，而对于只出现在《易纬郑注》中的内容则不收入。但《易纬》中的有些内容，似乎也属于郑玄注《易》的系统。如下四表所示。

　　一，《周易乾凿度》卷上："《随》者，二月之卦，随德施行，藩决难解。"郑玄注："《大壮》九三爻主正月，阴气犹在，故羝羊触藩而羸其角也。至于九四，主二月，故藩决不胜羸也。言二月之时，阳气已壮，施生万物，而阴气渐微，不能为难，以障闭阳气，故曰'藩决难解'也。"以九三爻属正月，九四爻主二月，则尚可成《六爻十二月表》。

阳爻	月	阴爻	月
上九	四	上六	十
九五	三	六五	九
九四	二	六四	八
九三	正	六三	七
九二	十二	六二	六
初九	十一	初六	五

综　论

因为阳气生于十一月，故以《乾》初爻为十一月；阴气生于五月，故以《坤》初爻为五月。然后自下至上，将十二月编排到《乾》《坤》十二爻之中，最后再用于六十四卦之中。干宝解《周易》即用此法，如《乾》初九："潜龙勿用。"干宝曰："阳在初九，十一月之时，自《复》来也。"《乾》九二："见龙在田，利见大人。"干宝曰："阳在九二，十二月之时，自《临》来也。"《乾》九三："君子终日乾乾，夕惕，若厉，无咎。"干宝曰："阳在九三，正月之时，自《泰》来也。"《乾》九四："或跃在渊，无咎。"干宝曰："阳在九四，二月之时，自《大壮》来也。"是不仅将阴阳爻与十二月相配，复与十二消息卦相配。①

二，《易纬通卦验》卷下有二十四条郑玄注："冬至，《坎》始用事，而主六气，初六巽爻也。""小寒于《坎》直九二。""大寒于《坎》直六三。""立春于《坎》直六四。""雨水于《坎》直九五。""惊蛰于《坎》直上六。""春分于《震》直初九。""清明于《震》直六二。""谷雨于《震》直六三。""立夏于《震》直九四。""小满于《震》直六五。""芒种于《震》直上六。""夏至，《离》始用事，位直初九。""小暑于《离》直六二。""大暑于《离》直九三。""立秋于《离》直九四。""处暑于《离》直六五。""白露于《离》直上九。""秋分于《兑》直初九。""寒露于《兑》直九二。""霜降于《兑》直六三。""立冬于《兑》直九四。""小雪于《兑》直九五。""大雪于《兑》直上六。"依照其说，可成《四正卦二十四气表》。

坎						震						离						兑					
初六	九二	六三	六四	九五	上六	初九	六二	六三	九四	六五	上六	初九	六二	九三	九四	六五	上九	初九	九二	六三	九四	九五	上六
冬至	小寒	大寒	立春	雨水	惊蛰	春分	清明	谷雨	立夏	小满	芒种	夏至	小暑	大暑	立秋	处暑	白露	秋分	寒露	霜降	立冬	小雪	大雪

---

① 《小学绀珠》卷一："正月，《泰》，《乾》九三，寅，温厚之气始于此。二月，《大壮》，乾九四，卯，东，春作。三月，《夬》，《乾》九五，辰。四月，《乾》，《乾》上九，巳，温厚之气盛于此。五月，《姤》，《坤》初六，午，一阴始生，南，夏长。六月，《遯》，《坤》六二，未。七月，《否》，《坤》六三，申，严凝之气始于此。八月，《观》，《坤》六四，酉，西，秋敛。九月，《剥》，《坤》六五，戌。十月，《坤》，《坤》上六，亥。十一月，《复》，《乾》初九，子，一阳始生，北，冬藏。十二月，《临》，《乾》九二，丑。"十二月、十二消息卦、十二爻、十二辰相配，则系统更为完备。

四正卦二十四爻，正好与二十四气相配。郑玄之前，京房用的是六子卦相配法（见《六十四卦十二月二十四气表》），此以冬至属《坎》初九，彼法以冬至属《兑》初九，而冬至在十一月，与《坎》在十一月同，以此论之，郑玄之法更协调，也更符合阴阳二气的演变。将四正卦与二十四气相配，也是为了说象而用，和解《易》密切相连，如《易纬通卦验》言小寒："仓阳云出平，南仓北黑。"郑玄注："小寒于《坎》直九二，九二得寅气，木也，为南仓；犹坎，坎，水也，为北黑。"小寒之时值《坎》九二，坎为水，水北方于五色为黑，故仓阳云"北黑"。但《周易》中不涉及二十四气，故郑玄是否引入此法以说《易》，则不可推知。

三，《易纬通卦验》卷上："亡鸟龟排。"郑玄注："鸟，南方之象。龟，北方之象也。"又："间音以竽补，竽长四尺二寸。"郑玄注："竽，管类，用竹为之，形参差，象鸟翼，鸟，火禽，火数七。"又："间音以箫补，箫长尺四寸。"郑玄注："箫亦以管，形似鸟翼，鸟为火禽，火数七也。"按：鸟为火禽，离为火，位南方。以北方为龟、南方为鸟，据此可成《四方四灵表》。

四方	东	西	南	北
四灵	苍龙	白虎	朱鸟	玄武

四灵和二十八宿本身分属两个系统，二十八宿中东方苍龙、西方白虎、南方朱雀、北方玄武，四灵见《礼记·礼运》："何谓四灵？麟、凤、龟、龙谓之四灵。"四灵是未和四方相配的。到了汉代，四灵变为五灵，和二十八宿系统融合，形成了五灵配五方的新系统。《左传·昭公二十九年》正义："汉氏先儒说《左氏》者，皆以为五灵配五方，龙属木，凤属火，麟为土，白虎属金，神龟属水。"《左传·序》正义："麟、凤与龟、龙、白虎五者，神灵之鸟兽，王者之嘉瑞也。……其'五灵'之文出《尚书纬》也。"即将四灵中的凤和二十八宿中的朱雀视为一物，然后以二十八宿方位为定位，将麒麟置于中央，以成五方之配。唯八卦方位不及中央，故今采用四灵四位而成表。郑玄注《易》，未见以此说者，而郭璞解卦则可能已用此法，《周易本义启蒙翼传·外篇》引《洞林》："遇《同人》☰☲之《革》☱☲，其林曰：'朱雀西北，白虎东

起。'"胡一桂曰:"离为朱雀,兑为白虎,言火能销金之义。"《同人》上九变为阴爻而成《革》,《革》下离上兑,离为南方,故为朱雀;兑为西方,故为白虎。然后世以此说《易》者亦寡见。

四,《周易乾凿度》卷下:"《遁》,表日角、衡连理。"郑玄注:"离,南方之卦也。五均,南方为衡,人之眉上曰衡。"《易纬通卦验》卷上:"坎,其表握权。"郑玄注:"北方为坎。"此郑玄解"握权",而曰"北方为坎"者,即以权属北方说之。据此可成《四方四均表》。

四方	东	西	南	北
四均	规	矩	衡	权

《诗经·小雅·沔水》正义引《孝经援神契》:"春执规,夏持衡,秋执矩,冬持权。"此乃四均说。还有五均说,《淮南子·天文》以东方执规,南方执衡,中央执绳,西方执矩,北方执权。① 因八卦方位不涉中央,故用四均说。此法不见诸家引用,《尚书纬》《孝经纬》皆有其文,疑郑玄熟悉纬书,故以纬说纬。

郑玄注《易纬》当在注《周易》之前,故注《周易》时或采用了《易纬》中的一些内容,比如爻辰说间隔一爻的做法可能本自《乾凿度》"《乾》,阳也;《坤》,阴也,并治而交错行",而《乾》辰正序、《坤》辰退序的做法则与《乾凿度》"阳动而进,阴动而退""天道左旋,地道右迁"有关。又如《周易郑注·上经乾传第一·坤☷》上六:"龙战于野,其血玄黄。"注:"圣人喻龙,君子喻蛇。"此见于《乾元序制记》:"圣人受命,瑞应之至,圣人杀龙。""君子受命,法地蛇。"而《易纬》中尚有许多解《易》的内容及成熟的理论(十二消息卦的寒温、求灾异等),未知郑氏用之与否。

郑玄注《易》的方法还有很多,林忠军《周易郑氏学阐微》第八

---

① 《汉书·魏相传》:"东方之神太昊,乘震,执规,司春。南方之神炎帝,乘离,执衡,司夏。西方之神少昊,乘兑,执矩,司秋。北方之神颛顼,乘坎,执权,司冬。中央之神黄帝,乘坤、艮,执绳,司下土。"与《淮南子》同。又《五行大义》卷四引《尚书考灵曜》:"岁星为规,荧惑为矩,镇星为绳,太白为衡,辰星为权。权、衡、规、矩、绳,并皆有所起,周而复始。"辰星为水,北方;太白为金,西方;荧惑为火,南方;岁星为木,东方;镇星为土,中央。则以矩属南方,衡属西方,与此不同。

章"以史治《易》和以礼注《易》的义理方法""训诂释辞方法"两节有专门的论述,① 可以参看,此不赘论。训诂释辞显然不可能有规律可循,其以礼注《易》亦就爻内容发挥,未明其规律。而以史注《易》,郑玄似有以某人某事言卦的可能。如《乾》卦。

一,《易纬坤灵图》:"《彖》曰:'大哉乾元,万物资始,乃统天。'故尧,天之阳精,万物莫不从者。帝必有洪水之灾,天生圣人,使救之,故言乃统天也。"注:"初九震,在子值坎,坎为水,九三与艮同体,艮为山,水而渐山,是大水,为人害。天故生圣君尧,命救之,是亦尧功也,与乾统天之功同。"

二,《周易郑注》上九:"亢龙,有悔。"注:"尧之末年,四凶在朝,是以有悔。未大凶也。"

三,《周易郑注》用九:"见群龙无首,吉。"郑注:"爻皆体乾,群龙之象。舜既受禅,禹与稷、契、咎繇之属,并在朝。"

四,《易纬坤灵图》:"《经》曰:'用九。'"注:"尧时贤圣为圣德,化于天下故耳。天之所首之,故《经》以明之。"

两相结合,是郑玄以尧事说《乾》卦。据《易纬坤灵图》,《无妄》《大畜》二卦郑玄亦以尧说之。而此以某人某事说一卦的传统后世也有,如《乾》初九干宝注:"此文王在羑里之爻也。"九二干宝注:"此文王免于羑里之日也。"九三干宝注:"此盖文王反国大理其政之日也。"九四干宝注:"此武王举兵孟津,观衅而退之爻也。"九五干宝注:"此武王克纣正位之爻也。"上九干宝注:"圣人治世,威德和济;武功既成,义在止戈。"可见干宝以文王、武王之事说《乾》卦。但由于郑玄注《易》无法全见,即使有规律,也无法探知了。唯考《周易郑注》,《坤》六五以舜、周公说之,《否》九五以文王说之,《大有》卦辞以周公说之,《随》初九以舜说之,《临》卦辞以文王说之,《离》六二以武王、周公说之,《离》卦辞《象》以尧、舜、禹、文、武说之,等等;《注无所附》中有"事之以牛羊",则以古公亶父说之,盖其说《易》,喜用前朝圣贤也。

本书的目的是通过研究郑玄注《易》所用理论,解锁郑玄注《易》

---

① 林忠军:《周易郑氏学阐微》,上海古籍出版社2019年版,第188—209页。

的方法。郑玄注《易》，就是将以上诸表通过系连的方法，与卦爻辞相联系。但这些表只是基础，还要在此基础之上，发挥主观能动性，通过想象来正确解释卦爻辞。如《周易郑注·上经泰传第二·同人䷌》："同人于野，亨。"注："乾为天，离为火，卦体有巽，巽为风。天在上，火炎上而从之，是其性同于天也。火得风，然后炎上益炽，是犹人君在上施政教，使天下之人和同而事之，以是为人和同者，君之所为也，故谓之同人。风行无所不遍，遍则会通之德大行，故曰'同人于野，亨'。"郑玄认为《同人》下离上乾，互体有巽，就意象来说，乾为天，离为火，巽为风，这是基础。火势向上，天也在上，说明火之性同于天，以此来阐释"同"字。风吹火而火势越大，向上越高，更加同于天，就像人君（风）施教，让天下人（火）相同一样，以此阐释"同人"。风刮起来四处都是，就像人君施德行而不偏，人君如此则百姓得其恩惠，天下和平，是大吉之象，以此阐释"亨"。仅用了意象和互体，但只用此二者则跟"同人于野，亨"尚无联系，需要凭借自己的主观联想，将天、火、风与同、同人、亨联系起来。这种联系完全靠个人的想象，也是无法推知的。

郑玄解《易》的方法，在继承前人基础上又有自己的创新，其根本目的是使卦爻辞中的每一个字都能得到合理的解释。但缺点也是很明显的，就是过于烦琐，阐释卦爻辞时，需要让各表在脑中不断地组合，最终寻找出表与卦爻辞之间的联系。这种组合几乎可以说是无限延伸的，我们随便挑取一例进行分析，如《涣》䷺九二爻："涣奔其机，悔亡。"其涉及的内容即有以下诸种。

一，九二处下卦坎。①坎的意象有：水、陷、豕、耳、中男、沟渎、隐伏、矫輮、弓轮。其于人也为加忧、心病、耳痛、血卦、赤。其于马也为美脊、亟心、下首、薄蹄、曳。其于舆也为多眚、通、月、盗。其于木也为坚多心。丈夫、云。②坎水而黑。③坎位北方。④坎为十一月，辰在子。⑤坎值宿：婺女：奚仲、天津、代、离珠、败瓜、瓠瓜、扶筐、十二国；虚：司非、司危、司禄、司命、哭、泣、天垒城、败臼、离瑜；危：坟墓、人、杵、臼、车府、造父、盖屋、天钱、虚梁、天钩；营室：土公吏、北落师门、离宫、腾蛇、电、雷、垒壁阵、羽林军、八魁。⑥《坎》十一月，主冬至。

· 117 ·

二，九二为阳爻，于意象应君、刚。

三，九二居中。

四，九二应九五。九五处上卦艮。①艮的意象有：山、止、狗、手、少男、径路、小石、门阙、果蓏、阍寺、小指、狗、鼠、黔喙之属。其于木也为坚多节。冠缨。②艮土而黄。③艮位东北。④艮为十二月，辰在丑；渐正月，辰在寅。⑤艮值宿：箕：糠、杵；斗：天弁、建星、由、农丈人、鳖、天渊、狗国、狗；牵牛：渐台、天浮、河鼓、右旗、左旗、织女、辇道、天田、九坎。⑥《艮》为十月，主冬至。

五，九二承六三。

六，九二乘初六。

七，九二失正。

八，九二为地道之上。

九，九二为大夫。

一〇，九二属坎。坎所应见一。

一一，九二属寅。①《泰》为寅。②寅为木。③寅为狸、豹、虎。

除此之外，又可继续延伸。

一，据上一坎辰在子。①《复》卦为子。②子为燕、鼠、羽翼。

二，据寅为木，木属东方震。①震的意象有：雷、动、龙、足、长男、玄黄、旉、大途、决躁、苍筤竹、萑苇。其于马也为善鸣、馵足、作足、的颡。其于稼也为反生。其究为健、蕃鲜。日门、丛拘、噬、虎。②震木而青。③震位东方。④震为二月，辰在卯。⑤震值宿：房：钩钤、键闭、罚、西咸、东咸、日、从；心：积卒；尾：神官、天江、龟、傅说、鱼。⑥《震》为二月，主春分。

另外，九二承六三，六三值兑；乘初六，初六值巽，兑、巽二卦亦有众多意象，也可能和爻辞联系起来，今不赘列。以上所列释爻辞"涣奔其机，悔亡"，可以得出数种关联。

一，涣奔。九二处坎，坎为水，水涣散而奔流。

二，悔亡。九二处坎，坎为险，履险而有悔。

三，涣奔。九二处坎，坎为水、为沟渎，水行沟渎，漫涣而奔行。

四，悔亡。九二处坎，其于人也为加忧、心病、耳痛，故悔亡。

五，悔亡。九二处坎，坎为盗，遇盗而悔，终亡其身。

六，机。九二处坎，坎上值奚仲，奚仲造车，车为机。

七，涣奔。九二处坎，坎上值天津，故涣奔。

八，悔亡。九二处坎，坎上值哭、泣，故悔亡。

九，悔亡。九二处坎，坎上值坟墓，故悔亡。

一〇，机。九二处坎，坎上值天钩，天钩为机。

……

只要想联系，总是可以联系起来。这还只是解一爻之辞，卦兼六爻，六爻所含之象更为繁杂，则卦辞之解方法更多。《周易》本经究竟是否有象不可知，但通过《国语》《左传》及《周易》之《彖》《象》来看，以象说《易》的传统很早就已形成。《说卦》即在后人总结历代以象说《易》基础上而成。后世注《易》诸家，见仅仅用《说卦》无法完全阐释卦爻辞，于是作了两方面的努力。首先扩大象的范围，考察《周易集解》，虞翻说《易》很多不见于《说卦》，即是扩展的结果。但象不能随意扩展，于是人们开始从卦爻本身作努力，互卦即是在此基础上产生的，使一卦可以用四纯卦来解释。后来又产生世卦、综卦、错卦等，导致出现一卦可以用八纯卦之象来解释的现象，则卦象的分类也就失去意义了。郑玄又引入爻辰、星宿、三十六禽等说卦，法渐多而法愈乱，其价值也就大大降低了。王引之《经义述闻》卷一批判说：

> 《易》之取象，见于《说卦》者，较然可据矣。汉儒推求卦象，皆与说卦相表里。而康成则又以爻辰说之，阳爻之初、二、三、四、五、上值辰之子、寅、辰、午、申、戌，阴爻之初、二、三、四、五、上值辰之未、酉、亥、丑、卯、巳，而以十二辰之物象、十二次之星象配之。舍卦而论爻，已与《说卦》之言乾为、坤为者异矣。而其取义又多迂曲，如九二爻郑以为辰当值寅者也，而于《困》九二"困于酒食"注云："二据初，辰在未，未上值天厨，酒食象。"则舍本爻之寅，而言初爻之未，未值天厨，何不系于值未之初六而系于值寅之九二乎？九三爻当值辰者也，而于《离》九三"鼓缶而歌"注云："艮爻也，位近丑，丑上值弁星，弁星似缶。"则舍辰宫之星而言丑宫之星，丑者，六四所值之辰，岂九三所值乎？艮主立春，所值者寅也，何不取象于寅而取于所近

之丑乎？《坎》六四"尊酒簋，贰用缶"注云："爻在丑，丑上值斗，可以斟之象。斗上有建星，似簋。建星上有弁星，弁星形又如缶。"爻辰既值斗，何不遂取斗象而取于斗所酌之尊，又不直取建星、弁星而取建星、弁星所似之簋与缶，不亦迂回而难通乎？上六"系用徽纆"注云："爻辰在巳，巳为蛇，蛇蟠屈似徽纆也。"爻辰既在巳而为蛇，何不遂取蛇象而取蛇所似之徽纆乎？初九辰在子，子为鼠，九二辰在寅，寅为虎，九三辰在辰，辰为龙，九四辰在午，午为马，九五辰在申，申为猴，上九辰在戌，戌为犬，初六辰在未，未为羊，六二辰在酉，酉为鸡，六三辰在亥，亥为豕，六四辰在丑，丑为牛，六五辰在卯，卯为兔，岂亦将象其禽之所似以为爻乎？展转牵合，徒见纠纷耳。且未宫之天厨，丑宫之天弁，《史记·天官书》《汉书·天文志》皆不载，则西汉时尚未有此星名，况《易》作于殷周之际，安得所谓天厨、天弁者而比象之乎？李鼎祚《集解·序》自言"刊辅嗣之野文，补康成之逸象"，而所采郑注不及爻辰一语，可谓知所去取矣。

言其"展转牵合，徒见纠纷"，可谓切中其弊。郑玄之后，历代注《易》家说《易》各取其法，乃至各创其法，俾《易》学之发展，愈演而愈枝，愈繁而愈奥，自神其教，诳世欺名，徒以炫惑世人耳！

附　录

一　周易郑注[①]

郑康成注《周易》九卷，《唐书·艺文志》作十卷，至宋《崇文总目》则仅有一卷而已，晁、陈两家皆不著录，南宋说《易》家所引用已非全文。至于末年，四明王厚斋乃复为之裒辑，以成此书。明胡孝辕附梓于李氏《集解》之后，故凡已见《集解》者不录。姚叔祥更增补二十五则。皇朝东吴惠定宇栋。复加审正，搜其阙遗，理其次第，益加详焉。盖说经之道，贵于择善而从，不可以专家自囿，况《易》舍万象，随所取资，莫不具足。郑《易》多论互体，《系辞传》曰："杂物算德，辨是与非，则非其中爻不备。"又曰："物相杂，故曰文。"此即互体之说所自出。王弼学孤行，遂置不讲，而此书亦遂失传。王氏搜群籍而缉综之，功盖不细，其不能无误，则以创始者难为功也。近者归安丁小疋孝廉复因胡氏、惠氏两本重加考定，举向来以郑注《易乾凿度》之文羼入者为刊去之，以《汉书》注所云郑氏乃即注《汉书》者，非指康成。又于字之传讹者，如《小畜》之"舆说辐"当作"輹"，《夬》之"壮于頄"当作"頯"，一一正之。又王氏次序本多颠错，胡氏、惠氏虽迭加更定，而仍有未尽。今皆案郑《易》本文为之整比，复摭补其未备者若干则。扶微振坠，使北海之学大显于世，此厚斋诸君

[①] 本书以《续修四库全书》收录宋王应麟辑、清丁杰后定、清张惠言订正本为底本，原书有臧庸辑《叙录》一卷，于理解郑注《周易》亦大有裨益，今一并迻录。又该书于郑注亦有遗漏，今于所见，以"〔富补注〕"别之。

子之所重有望于后贤者，而丁实克缵之，非相违也，而相成也。岂与夫矜所独得、以訾謷前人之所短者之可比哉！余于厚斋所辑，若《诗考》、若郑注《古文尚书》及《论语》、若《左氏》贾、服等义皆当订正，惟《诗考》稍加详。此书虽亦瞻涉，然精力不及丁君远甚。今睹此本，老眼为之豁然增明，归时携以谂吾党之有力者，合梓之为《王氏经学五书》，知必有应者乎？至于字音，郑氏时未有反语及直音某字为某者，后人因其义而知其读，或去其比况之难晓者，而易以翻切之法，以便学者。虽非元文，要为根本于郑，不可废也。夫此书收检于亡佚之余，复经二三君子之博稽精核，而得以完然无憾。百世下读是书者，其宝之哉！

乾隆四十有五年阳月，杭东里人卢文弨序。

注无所附

丁补 命所受，天命也。《文选·曹子建〈赠白马王彪诗〉》注。或当在"穷理尽性，以至于命"下，或曰"乐天知命"之注。

臧补 事之以牛羊。《诗·绵》正义说太王事引此。

臧补 行诛之后致太平。《诗·周颂谱》正义。

正　误

《泰》初九，王引注云："彙，类也。茹，牵引也。茅喻君有洁白之德，臣下引其类而仕之。"惠云："出《刘向传》主。"

丁小疋云："《汉书》注云：'郑氏曰"彙，音谓，类也"云云。'下云师古曰：'此《泰》卦初九爻辞。'显知郑所释者非《易》爻辞，故师古以《泰》初九实之。康成训'彙'为'勤'，见于陆氏《释文》，此'彙'训'类'，判然不同。《汉书叙例》有郑氏，不知其名，此即若人之《汉书》注耳。"

《小过》，王引注云："《中孚》为阳，贞于十一月子。《小过》为阴，贞于六月未。法于乾坤。"惠不知所出。

丁小疋云："此全出《易纬乾凿度》，非康成自下语。厚斋为《汉上易》所误，故以次此。定宇又为厚斋所误。"

两仪生四象，王引注云："布六于北方以象水，布八于东方以象木，布九于西方以象金，布七于南方以象火。"惠不知所出。

丁小疋云："此《乾凿度》注，王氏误以为《易》注。"

可观而后有所合，王引注云："《易乾凿度》曰：'阳起于子，阴起于午，天数大分，以阳出离，以阴入坎，坎为中男，离为中女。太乙之行，出从中男，入从中女，因阴阳男女之偶为终始也。'"惠不知所出。

丁小疋云："《后汉书·崔骃传》注引郑元注《易凿度》语，以释《达旨》篇'扶阳以出，顺阴而入'之文，与上文'可观而有所合'句不相涉也。厚斋不审，误以《乾凿度》注为《易》注，定宇未能是正。"

动静有常，刚柔断矣，惠引注云："阳动阴静，刚柔之断也，出《穀梁》疏、《公羊》疏。"

惠言案："《公羊》疏不见此文，《穀梁·庄三年》疏有之，不言郑注。案：《乐记》注云：'动静阴阳用事。'疏云：'郑注《易》云："动静，雷风也。"而此云阴阳用事者，亦得会通也。'若《易》注正有'阳动阴静'之文，疏当引以证'阴阳用事'矣，明此非郑注也。"

下经之末，王夹注云："凡卦爻二至四、三至五，两体交互，各成一卦，先儒谓之互体。"丁云："出《仪礼·觐礼》疏、庄二十二年《左传》正义。"

惠言谓："《易》有互体，自田何以来传之。《集解》所见，京房、荀爽、宋衷、虞翻皆有明文，非康成独得之解。厚斋以论互体为康成之学，故载此条，又附入服虔《左传》注二条。此厚斋郑学之浅也。"惠删之是已。

《师》之《临》，《左传·宣十二年》正义引服虔云："坎为水，坤为众，又互体震，震为雷。雷，鼓类。又为长子。长子帅众鸣鼓，巡水而行，行师之象也。"王氏曰："以互体说《易》，盖本诸康成，今附卷末。"

"上六：女承筐无实，士刲羊无血。"《左传·僖十五年》正义云："服虔以离为戈兵，兑为羊，震变为离，是用兵刺羊之象也。三至五有坎象，坎为血。血在羊上，故刺无血也。震为竹，竹为筐。震变为离，离为火，火动而上，其施不下，故筐无实也。"

惠言谓："《易》有互体，自子夏、田何，非康成所造，何得以他人之说概以附康成。既以服《春秋》出于郑氏，然此集郑《易》，非集郑《春秋》也。"惠删之良是。

乾道变化，王引《月令》正义云："谓先有旧形，渐渐改者，谓之变。虽有旧形，忽改者，谓之化。及本无旧形，非类而改，亦谓之化。"

惠言案："此孔疏语，王氏附于注。"惠已删之。

易赞易论

《正义》云："《易赞》及《易论》。"《世说》注作《序易》。

易一名而函三义：《世说》注作"易之为名也，一言而含三义"。易简，《世说》注作"简易"。一也；变易，二也；不易，三也。故《世说》注无"故"字。《系辞》云：《世说》注作"曰"。"乾坤，其《世说》注无"其"字。《易》之缊邪？"《世说》注作"也"。又云：《世说》注无此二字。"《易》之门户邪？"《世说》注作"也"。又云："夫《世说》注"云"作"曰"，无"夫"字，下句同。乾，确然示人易矣。夫坤，隤然示人简矣。易则易知，简则易从。"此言其易简之《世说》注作"简易"，无"之"字。法则也。又云：《世说》注"云"作"曰"，又有"其"字。"为道也屡迁，变动不居，周流六虚。上下无常，刚柔相易，不可《世说》注有"以"字。为典要，唯变所适。"此言顺时变易，出入移动者也。《世说》注作"此则言其从时出入移动也"。又云：《世说》注作"曰"。"天尊地卑，乾坤定矣。卑高已陈，贵贱位矣。动静有常，《世说》注误作"为"。刚柔断矣。"此《世说》注有"则"字。言其张设布列，不易者《世说》注无"者"字。也。正义止此。据此惠作"兹"。三义而说，易之道广矣大矣。《周易正义·八论》《世说新语·文学论》。

夏曰《连山》，殷曰《归藏》，周曰《周易》。《书·洪范》正义引"夏曰"二句作《易赞》，《周官·大卜》疏同。《礼记·祭义》正义引三句作《易赞》。连山者，象山之出云，连连不绝。归藏者，万物莫不归藏于其中。周易者，言易道周普，无所不备。同上。惠删之，非是。

神农重卦。《正义·八论》云："郑元之徒以为神农重卦。"此条王附《易赞》，惠删。

虙羲作十言之教曰：乾、坤、震、巽、坎、离、艮、兑、消、息。

无文字，谓之易。《汉上易传》引郑康成曰云云，《左传·定四年》正义引《易》云："伏羲作十言之教曰：乾、坤、震、巽、坎、离、艮、兑、消、息。"此条王附《易赞》，惠删。

以上遵武进张惠言订正丁氏本。

叙录

武进臧镛堂纂

《汉书·艺文志》："秦燔书，而《易》为筮卜之事，传者不绝。汉兴，田何传之。迄于宣、元，有施、孟、梁丘、京氏列于学官，而民间有费、高二家之说。刘向以中古文《易经》校施、孟、梁丘经，或脱去'无咎''悔亡'，唯费氏经与古文同。"

《后汉书·郑元传》："造大学受业，师事京兆第五元先，始通《京氏易》《公羊春秋》《三统历》《九章算术》。又从东郡张恭祖受《周官》《礼记》《左氏春秋》《韩诗》《古文尚书》。以山东无足问者，乃西入关，因涿郡卢植，事扶风马融。融门徒四百余人，升堂进者五十余生。融素骄贵，元在门下，三年不得见，乃使高业弟子传授于元。元日夜寻诵，未尝怠倦。会融集诸生考论图纬，闻元善算，乃召见于楼上，元因从质诸疑义，问毕辞归。融喟然谓门人曰：'郑生今去，吾道东矣。'"

《儒林传》："东莱费直传《易》，授琅邪王横，为费氏学。本以古字，号古文《易》。又沛人高相传《易》，授子康及兰陵毋将永，为高氏学。施、孟、梁丘、京氏四家皆立博士，费、高二家未得立。……建武中，范升传孟氏《易》，以授扬政，而陈元、郑众皆传费氏《易》，其后马融亦为其传。融授郑元，元作《易注》，荀爽又作《易传》，自是费氏兴，而京氏遂衰。"

郑君《自序》云："遭党锢之事逃难，注《礼》。党锢事解，注《古文尚书》《毛诗》《论语》。为袁谭所逼，来至元城，乃注《周易》。"《唐会要》七十七、《文苑英华》七百六十六。

《三国志·三少帝纪》："高贵乡公幸太学问博士淳于俊曰：'孔子作《彖》《象》，郑元作注，虽圣贤不同，其所释经义一也。今《彖》《象》不与经文相连，而注连之，何也？'俊对曰：'郑元合《彖》

· 125 ·

《象》于经者,欲使学者寻省易了也。'帝曰:'若郑元合之,于学诚便,则孔子曷为不合以了学者乎?'俊对曰:'孔子恐其与文王相乱,是以不合。此圣人以不合为谦。'帝曰:'若圣人以不合为谦,则郑元何独不谦邪?'俊对曰:'古义宏深,圣问奥远,非臣所能详尽。'"

《宋书·礼志》太常荀崧上疏曰:"《周易》一经,有郑元注,其书根源诚可深惜,宜为郑《易》博士一人。"

《经典释文·序录》:"汉初,立《易》杨氏博士,宣帝复立施、孟、梁丘之《易》,元帝又立京氏《易》,费、高二家不得立,民间传之。《后汉书》:'费氏兴而高氏遂微。'永嘉之乱,施氏、梁丘之《易》亡,孟、京、费之《易》人无传者,唯郑康成、王辅嗣所注行于世,而王氏为世所重。……江左中兴,《易》唯置王氏博士。太常荀崧奏请置郑《易》博士,诏许。值王敦乱,不果立。……马融《传》十卷,《七录》云九卷。荀爽《注》十卷,《七录》云十一卷。郑元《注》十卷,《录》一卷,《七录》云十二卷。"

《隋书·经籍志》:"《周易》九卷,后汉大司农郑元注。梁又有汉南郡太守马融注《周易》一疑"十"。卷,亡。《周易》马、郑、二王四家《集解》十卷。"

《周易正义·八论》:"其《彖》《象》等十翼之辞,以为孔子所作,先儒更无异论,但数《十翼》亦有多家。既文王《易经》本分为上下二篇,则区域各别,《彖》《象》释卦,亦当随经而分。故一家数《十翼》云:上《彖》一,下《彖》二,上《象》三,下《象》四,上《系》五,下《系》六,《文言》七,《说卦》八,《序卦》九,《杂卦》十。郑学之徒并同此说,今亦依之。"

《正义·坤》初六《象》:"夫子所作《象辞》,元在六爻经辞之后,以自卑退,不敢干乱先圣正经之辞。及至辅嗣之意,以为《象》者本释经文,宜相附近,其义易了,故分爻之《象辞》各附其当爻下言之,犹如元凯注《左传》,分经之年与传相附。"

《正义·说卦第九》:"先儒以孔子《十翼》之次,乾、坤《文言》在二《系》之后,《说卦》之前。以《彖》《象》附上下二经为六卷。则上《系》第七,下《系》第八,《文言》第九,《说卦》第十。辅嗣以旧"以"误作"之",今从宋本校。《文言》分附《乾》《坤》二卦,故《说卦》为第九。"

　　铺堂按：所言先儒，是王弼以前人，知郑康成等此《文言》本在第九篇，篇自为卷。自王弼分入《乾》《坤》两卦，遂升《说卦》为第九之明证。

《旧唐书·经籍志》："《周易》九卷，郑元注。又十卷，马、郑、二王《集解》。"

《新唐书·艺文志》："马融《章句》十卷。郑元注《周易》十卷。马、郑、二王《集解》十卷。"

晁说之《古易跋》："先儒谓费直专以《彖》《象》《文言》参解《易》爻，以《彖》《象》《文言》入卦中者，自费氏始。初，费氏不列学官，惟行民间。至汉末，陈元方、郑康成之徒皆学费氏，古十二篇之《易》遂亡。孔颖达又谓：'辅嗣之意，《象》本释经，宜相附近，分爻之《象》辞，各附当爻。'则费氏初变乱古制时，犹若今《乾》卦《彖》《象》系卦之末欤？古经始变于费氏，而卒大乱于王弼，惜哉！奈何后之儒生，尤而效之，杜预分《左氏传》于经，宋衷、范望辈散《太玄·赞》与《测》于八十一首之下，是其明比也。揆观其初，乃如《古文尚书》、司马迁、班固《序传》、扬雄《法言·序篇》云尔。今民间《法言》列《序篇》于其篇首，与学官书不同，概可见也。唐李鼎祚又取《序卦》冠之卦首，则又效小王之过也。刘牧云：'《小象》独《乾》不系于爻辞，尊君也。'石守道亦曰：'孔子作《彖》《象》于六爻之前，《小象》系逐爻之下，惟《乾》悉属之于后者，让也。'呜呼！他人尚何责哉？"

吕祖谦《书古易后》："东京马融、郑元皆为费氏学，其书始盛行。今学官所列王弼《易》，虽宗庄老，其书固郑氏书也。费氏《易》在汉诸家中最近古，最见排摈，千载之后，岿然独存，岂非天哉？"

朱熹[①]《书晁氏古易后》："先儒虽言费氏以《彖》《象》《文言》参解《易》爻，然初不言其分传以附经也。至谓郑康成始合《彖》《象》于经，则《魏志》之言甚明。而《诗》疏亦云：'汉初为传训者，皆与经别行。三传之文，不与经连，故石经书《公羊传》皆无经

[①] "熹"字原作空格，今补，下出"朱熹"处同，不俱说。

文,而《艺文志》所载《毛诗诂训传》亦与经别。及马融为《周礼注》,乃欲省学者两读,故具载本文,而就经为注。'马、郑相去不远,盖效其意而为之尔。今所定复为十二篇者,古经之旧也。王弼注本之《乾》卦,盖存郑氏所附之例也。《坤》以下六十三卦,又弼之所自分也。"

《书临漳所刊易后》:"右古文《周易》经传十二篇,亡友东莱吕祖谦伯恭父之所定,而《音训》一篇,则其门人金华王莘叟之所笔受也。"

"《音训》则妄意,其犹或有所遗脱。莘叟盖言书甫毕而伯恭父没,是则固宜,然亦不敢辄补也,为之别见于篇后云。淳熙九年夏六月庚子朔旦,新安朱熹谨书。"

朱鉴《吕氏音训跋》:"先公著术经传,悉加音训,而于《易》独否者,以有东莱先生此书也。鉴既刊《启蒙》《本义》,念音训不可阙,因取宝婺、临漳、鄂渚本,亲正讹误六十余字,而并刊之。如《豫》爻之'簪',晁作'戠',婺、漕、鄂本作'戏'。《损·象》之'窒',晁作'晉',婺本作'晉',漳作'晉',鄂作'晉',则有未详者,然非有害于文义,已足为善本矣。"

镛堂按:《吕氏音训》晁氏曰:"虞作'戠','戠'乃'戠'之讹。此'戏'字,盖又'戠'之讹也。'晉'字,《说文》本作'眘',《释文》云:'陆作"眘"是也。'《叙录》引'慎徽五典'作'育徽',及此作'晉'皆误。"晁作"晉"之"晉",当本作"眘",不误,后转写失之。

董真卿季真《周易会通·凡例一》:"东莱吕氏《音训》,朱子所深取,见《古易序》中。又公孙鉴跋之云:'先公著述经传,悉加音训,而于《易》独否者,以有东莱先生此书也。'惜刊《本义》者不曾附入,遂使此书几至无传。今得善本,悉附经文,间有未备者,仍存《程传》之末。"

《玉海·郑氏周易序》:"郑康成学费氏《易》,为注九卷,多论互体,以互体求《易》,《左氏》以来有之。凡卦爻二至四、三至五两体交互,各成一卦,是谓一卦含四卦。《系辞》谓之'中爻',所谓'八卦相荡,六爻相杂,唯其时物,杂物撰德'是也。唯《乾》《坤》无互体,盖纯乎阳、纯乎阴也。余六子之卦,皆有互体。《坎》之六画,其互体含艮、震,而《艮》《震》之互体,亦含坎。《离》之六画,其互体含兑、巽，而《兑》《巽》之互体，亦含离。三阳卦之体，互自相含；三阴卦之体，亦互自相含也。王弼尚名理，讥互体，然注《暌》六三曰：'始虽受困，终获刚助。'《暌》自初至五成《困》，此用互体也。弼注《比》六五旧误作"四"，今改。之类，或用康成之说，钟会著《论》，宁波教授丁小雅云："见《魏志·钟会王弼传》。"力排互体，而荀颉难之。江左郑学与王学并立，荀崧谓：'康成书根源。'疑有脱字。颜延之为祭酒，黜郑置王。齐陆澄《诒王俭书》云：'《易》自商瞿之后，虽有异家之学，同以象数为宗，数百旧无"百"字，丁小疋据《南齐书·陆澄传》补。年后乃有王弼之说。'王济云：'弼所误者多，何必能顿废先儒。今若宏儒，郑注不可废，河北诸儒专主郑氏。'隋兴，学者慕弼之学，遂为中原之师。此景迁晁氏所慨叹也。《易》有圣人之道四焉，理义之学，以其辞耳，变、象、占其可阙乎？李鼎祚云：'郑多参天象，王全释人事，《易》道岂偏滞于天人哉？'今郑注不传，其说间见于鼎祚《集解》及《释文》、《诗》《三礼》《春秋》义疏、《后汉书》《文选》注，因缀而录之。先儒象数之学，于此犹有考云。然康成笺《诗》多改字，注《易》亦然。如'包蒙'为'彪'，'豮豕之牙'为'互'，'包荒'读为'康'，'锡马蕃庶'读为'蕃遮'，'皆甲宅'之'皆'读为'解'，'一握为笑'之'握'读为'屋'，其说近乎凿，学者盖谨择焉。厌常喜新，其不为荄兹者几希。按：自"然康成笺《诗》"以下当削，伯厚尚未足与言郑学也。浚仪王应麟识。"

《玉海跋》："康成注《易》九卷，多论互体，江左与王辅嗣学并立。荀崧谓其书：'根源。'颜延之为祭酒，黜郑置王。齐陆澄《诒王俭书》云：'《易》自商瞿之后，虽有异家之学，同以象数为宗，数百年后，乃有王弼之说。'王济云：'弼所误者多，何必能顿废前儒。河北诸儒，专主郑氏。'隋兴，学者慕弼之学，遂为中原之师。唐因之。今郑注不传，此景迁晁氏所慨叹也。李鼎祚云：'郑多参天象，王全释人事，《易》道岂偏滞于天人者哉？'合《彖》《象》于经，盖自康成始。其说间见于鼎祚《集解》及《释文》、《易》《诗》《三礼》《春秋》义疏、《后汉书》《文选》注。应麟读易之暇，辑为此编，庶几先儒象数之学，犹有考焉。癸酉季夏哉生明，汲古堂书。"

《玉海·艺文》："近世古书亡缺，郑氏所注，第九总《文言》《说卦》《序卦》《杂卦》四篇，学者不能知其次，乃谓之《郑氏文言》。"

《文献通考·经籍考》："郑康成《易》注，《崇文总目》曰：'今唯《文言》《说卦》《序卦》《杂卦》合四篇，余皆逸，指趣渊确，去圣人未远也。《中兴》亡。"

《王氏谈录》："公言秘阁有《郑氏注易》一卷，《文言》自为篇，而陆氏《大玄》篇第中各异，考之足以见古《易经》之旧次。"

《宋史·艺文志》："郑元《周易文言注义》一卷。"

　　镛堂按：此王伯厚所云"学者不能知其次，乃谓之《郑氏文言》"也，甚可哂矣。

　　郑注《诗》《礼》中所引《易》义皆用京氏学，与《易》注用费学不同，今附录于后。

《毛诗·草虫》："亦既见止，亦既觏止，我心则降。"传："觏，遇也。"笺云："既觏，谓已昏也。始者忧于不当，今君子待己以礼，庶自此可以宁父母，故心下也。《易》曰：'男女觏精，万物化生。'"《正义》曰："谓之遇者，男女精气相觏遇，故引《易》以明之。"按：今《易》"觏"作"构"，郑注云："合也。"《尔雅·释诂》："遘，遇也。"《诗》传、笺本此。《易·姤》卦释文云："古文作'遘'，郑同。"《集解》引郑注云："姤，遇也。"《序卦》："姤者，遇也。"并当作"遘"。《易》注又训为"合"者，《诗·野有蔓草》："邂逅相遇。"毛传："邂逅，不期而会。"释文："逅，本亦作'遘'。"按：《释诂》："会，合也。"《易·屯》卦："匪寇，昏媾。"郑注云："媾，犹会也。"是"遘""遇""会""合"四字义并得通也。

《采薇》："曰归曰归，岁亦阳止。"笺云："十月为阳，时《坤》用事，嫌于无阳，故以名此月为阳。"《正义》曰："彼说《坤》卦，自以上六爻辰在巳为义。巳至四月，故消息为《乾》，非十月也。且《文言》'慊于无衍。阳'为心边兼，郑从水边兼，初无'嫌'字，如疑"知"。与此异。"按：郑本作"慊于阳"，《集解》本作"兼于阳"，引《九家易》曰："阴阳合居，故曰兼阳。"王弼本作"嫌于阳"，注云："为其嫌于非阳而战。""兼""慊""嫌"皆声相近，故文异，而本无"无"字则同。今本皆作"嫌于无阳"，岂因《诗》笺而误衍乎？惠定宇云："盖唐以后乱之。"

《白驹》："皎皎白驹，贲然来思。"传："贲，饰也。"笺云："《易》卦疑"象"。曰：'山下有火，贲。贲，黄白色也。'"释文："贲，徐音奔，毛、郑全用《易》为释。"《正义》曰:"《贲》卦离下艮上,艮为山,离为火,故言山下有火。以火照山之石,故黄白色也。盖谓其衣服之饰也。"按:《易》注云:"文饰之貌。"与毛传义同。王肃《易》注云:"黄白色。"与笺义同。然则《诗》笺所用,盖《易》今文家旧说。

《无羊》:"大人占之,众维鱼矣,实维丰年。"笺云:"鱼者,庶人之所以养也。今人众相与捕鱼,则是岁熟相供养之祥也。《易·中孚》卦曰:'豚鱼吉。'"《正义》曰:"《孟子》曰:'七十者可以食鸡豚。'豚鱼俱是养老之物,按:此言当有所本。故引之以证鱼可供养也。彼注意,以豚鱼喻小民,按:彼,彼《易》注也。与此乖者,以《象》云'豚鱼吉,信及豚鱼',喻恩泽及民。观《象》为说,此则断章取义,故不同也。"

《瓠叶》:"幡幡瓠叶,采之亨之。君子有酒,酌言尝之。"笺云:"亨,熟也。熟瓠叶者,以为饮酒之菹也。此君子,谓庶人之有贤行者也。其农功毕,乃为酒浆,以合朋友,习礼讲道艺也。酒既成,先与父兄室人亨瓠叶而饮之,所以急和亲亲也。饮食而曰尝者,以其为之主于宾客,宾客则加之以羞。《易·兑·象》曰:'君子以朋友讲习。'"《正义》曰:"所会朋友,必为讲习,以《易》有此言以著义,故知此合朋友为习礼讲艺。"

《思齐》:"不显亦临,无射亦保。"笺云:"临,视也。保,犹居也。文王之在辟雍也,有贤才之质。而不明者,亦得观于礼;于六艺无射才者,亦得居于位。言养善,使之积小致高大。"

《下武》:"媚兹一人,应侯顺德。"笺云:"可爱乎武王,能当此顺德,谓能成其祖考之功也。《易》曰:'君子以顺德,积小以高大。'"《正义》曰:"《升》卦巽下坤上,故言木生地中,木渐而顺长以成树,犹人顺德以成功。定本作'慎德',准约此《诗》上下及《易》,宜为'顺'字。又《集注》亦作'顺'。"按:《周易音义》:"以顺德,如字,王肃同,本又作'慎',师同。"据此知德明之师本作"以慎德",王弼当作"慎"字,陆、孔皆作"顺",盖为王肃所误也。《集解》作"以慎德",虞翻曰:"二之五,艮为慎,故慎德。"虞治孟氏《易》,传业五世。许叔重备称孟氏《易》为古文,可证古文《易》作"慎德"。先师传费氏《易》,费亦古文,郑《易》当同虞翻作"慎"。盖《诗经·下武》"应侯顺德",毛氏古文作"顺",齐、鲁、韩今文作"慎"。《易经·象传》:"君子以慎德。"费氏、孟氏古文作"慎",京氏等今文作"顺"。先师注

· 131 ·

《诗》宗毛，注《易》本费，笺《诗》引用之《易》，则京氏而非费氏。王肃好与郑异，故注《毛诗》而私用三家，于《家语·弟子行》既作"应侯慎德"，复改毛经"顺"字为"慎"，所以有定本之误从。于《易》文窃取京氏"顺"字，以见异于郑本，遂致乱费氏之经。颜师古《汉书·叙传下》注引《诗》曰"媚兹一人，应侯顺德"，与《诗》正义所言定本正出一手，史证《口诀义》引何妥《易》作"慎德"。按：何妥亦本王弼。

《民劳》："戎虽小子，而式宏大。"笺云："戎，犹女也。式，用也。宏，犹广也。今王女虽小子自遇，而女用事于天下，甚广大也。《易》曰：'君子出其言善，则千里之外应之，况其迩者乎？出其言不善，则千里之外违之，况其迩者乎？'是以此戒之。"

《天作》："彼作矣，文王康之。彼徂矣，岐有夷之行。"传："夷，易也。"笺云："彼，彼万民也。徂，往行道也。彼万民居岐邦者，皆筑作宫室以为常居，文王则能安之。后之往者，又以岐邦之君有佼易之道故也。《易》曰：'乾以易知，坤以简能。易则易知，坤则易从。易知则有亲，易从则有功。有亲则可久，有功则可大。可久则贤人之德，可大则贤人之业。'以此订大王、文王之道，卓尔与天地合其德。"《正义》曰："言乾以佼易，故为知；坤以凝简，故为能。人能佼易，则其情易知；凝简，则其行易从。情易知则人亲之，故'易知则有亲'；行易从则功可就，故'易从则有功'。人以物不我亲，不能以久，故'有亲则可久'；由举事无功，不能以大，故'有功则可大'。为物所亲，事可长久，是为德有所成，故'可久则贤人之德'；举事有功，道可广大，是为业有所就，故'可大则贤人之业'。生人能事德业而已，易简为之，无往不究，故彼又云'易简而天下之理得'。是天地之德易简而已。岐邦之君，亦有易简之行，是与天地同功。"按："佼易"之义，必本先师《易》注。《易》释文《系辞上》："易知，以豉反。郑、荀、董并音亦。"又《大壮》："丧羊于易，以豉反，郑音亦，谓佼易也。"《诗》毛传"夷，易也"及郑笺"佼易"及引《易》文并当音亦。释文："夷、易，羊豉反。"下除《易》曰，皆同误也。《公羊》注有"佼易"，宋板《尔雅》引《白虎通》有"佼易"。

《周礼·宫正》："夕击柝而比之。"注："郑司农云：'柝，戒守者所击也。'《易》曰：'重门击柝，以待暴客。'《春秋传》曰：'鲁击柝，闻于邾。'"

《均人》："凡均力政，以岁上下。丰年则公旬用三日焉，中年则公旬用二日焉，无年则公旬用一日焉。"注："公，事也。旬，均也，读如'詧詧原隰'之'詧'。《易》：'坤为均。'今书亦有作'旬'者。"释曰："《易》：'坤为地。'地德均平，是以均为义。今《易》书有作'旬'字者，'旬'与'均'俱有均平之意，故引为证。"按：《尚书大传》："推六律六吕，旬十有二变。"郑注云："旬，均也。"今俗本作"询"，讹。

《媒氏》："令男三十而娶，女二十而嫁。"注："二三者，天地相承覆之数也。《易》曰：'参天两地而奇数焉。'"释文："奇数，于绮反。本或作'倚'，音同。"释曰："《易·系辞》云：'天一地二，天三地四，天五地六。按：此二字衍文。是就奇数之中，天三度生，地二度生，象天三覆、地二载，"载"字旧脱，据《易》正义补。故云'天地相承覆之数'。"《周易音义》："而倚，于绮反。马云：'依也。'王肃其绮反，云：'立也。'虞同。蜀才作'奇'，通。"《易》正义引郑云："倚托大衍之数。"《集解》载虞翻、崔憬注皆训"依"为"立"，是马、郑、二王、虞、崔等皆作"倚数"。《周礼音义》："大书奇数。"贾疏云："就奇数之中，天三度生，地二度生。"是《周礼》注明作"奇"字。陆云"本或作'奇'"者，此妄人依今本《周易》所改，非也。然则郑注《易》与注《礼》所据本不同，注《易》是费氏本。先师本传云："始通京氏《易》。"注《礼》在注《易》之前，则《周礼》注作"奇"字，所据盖京氏《易》也。蜀才作"奇"，与《周礼》注正合。蜀才《易注》十卷，见《释文·序录》及《隋志》，《七录》云："不详何人。"《颜氏家训·书证》篇云："谢灵、夏侯该并读数千卷书，皆疑是谯周。"王俭《四部书目》及《七志》云："王弼后人。"当非是。果为王弼后人，安得更作"奇数"。

《司尊彝》："裸用虎彝蜼彝。"注："郑司农云：'"蜼"读为"蛇虺"之"虺"，或读为"公用射隼"之"隼"。'"

《天府》："季冬，陈玉以贞来岁之媺恶。"注："问事之正曰贞。问岁之美恶，谓问于龟。大卜职，大贞之属。郑司农云：'贞，问也。'《易》曰：'《师》，贞，丈人吉。'问于丈人。《国语》曰：'贞于阳，卜。'"按：《文言》："贞者，事之干也。"《师·彖》："贞，正也。"《易》注云："有干正人之德。"本此。《周礼·天府》《太卜》注皆训"贞"为"问"，与《易》注不同，盖亦费、京之异也。先后郑并传费氏《易》，而注引用之《易》皆京氏旧谊，故《天府》注仲师引《易》，证"贞"之为"问"；《太卜》注康成亦引《易》，证"贞"之为"问"。又可见仲师所引《易》义，与康成意尽同也。

《太卜》："掌三易之法。"注："易者，揲蓍变易之数，可占者也。"

· 133 ·

释曰:"《易·系辞》云:'分而为二以象两,挂一以象三,揲之以四以象四时,归奇于扐以象闰。'此是揲蓍变易之数,可占者也。按:《易》文卦画七、八,爻称九、六,用四十九蓍。三多为交钱,六为老阴也;三少为重钱,旧亦误作"单钱",据《仪礼·士冠礼》疏改正。九为老阳也;两多一少为单钱,七为少阳也;两少一多为坼钱,三字旧脱,据《仪礼》疏补。八为少阴也。夏殷《易》以七、八不变为占,《周易》以九、六变者为占。"

"以邦事作龟之八命,二曰象。"注:"象谓有所造立也。《易》曰:'以制器者尚其象。'"

"凡国大贞。"注:"郑司农云:'贞,问也。国有大疑,问于蓍龟。'玄谓'贞'之为'问',问于正者,必先正之,乃从问焉。《易》曰:'《师》,贞,丈人吉。'"

《掌固》注:"固,国所依阻者也。国曰固,野曰险。《易》曰:'王公设险,以守其固。'"释曰:"引之证固是在国,王公设之以守国。"按:今注、疏本同《易》作"守其国",《玉海·职官》引郑注是"固"字,今据改。《魏书·高闾传》闾上表曰:"《易》称'王公设险,以守其固[①]'。"北监本作"固"。又《三国志·魏高堂隆传》栈潜曰:"王公设险,以固其国。"亦"守其固"之误也。

《大司马》之职:"比小事大,以和邦国。"注:"比,犹亲。使大国亲小国,小国事大国,相合和也。《易·比·象》曰:'先王以建万国,亲诸侯。'"释曰:"其卦坤下坎上,坤为土,坎为水,水得土而流,土得水而柔,是水土和合,故《象》'先王建万国,亲诸侯',谓法卦行事,使诸侯相亲。"

《罗氏》:"蜡则作罗襦。"郑司农云:"襦,细密之罗。'襦'读为'繻有衣袽'之'繻'。"释文:"袽,女居反,字又作'絮'。"

《校人》:"凡颁良马而养乘之,乘马一师四圉,三乘为皂,皂一趣马。三皂为系,系一驭夫。六系为厩,厩一仆夫。"注:"自乘至厩,其数二百一十六匹。《易》:'乾为马。'此应《乾》之策也。"释曰:"按:《易》天一生水北方,地二生火南方,天三生木东方,地四生金西方,天五生土中央,是谓阳无匹,阴无耦。又地六成水北方,天七成火南

[①] 固,当作"国"。

方，地八成木东方，天九成金西方，地十成土中央，是谓阳有匹，阴有耦。龟取生数一、二、三、四、五，蓍取成数六、七、八、九、十。若然，东方、南方生长之方，故七为少阳，八为少阴。西方、北方成熟之方，故九为老阳，六为老阴。不取十者，中央配四方故也。是以《易》之六爻，卦画七、八，爻称九、六。七、八、九、六既配四方，故九、六皆以四乘之。《乾》之六爻，以四乘九，四九三十六，六爻故二百一十六，是谓《乾》之策也。"

《小司寇》之职："以八辟丽邦法，附刑罚。"注："丽，附也。《易》曰：'日月丽乎天。'附，犹著也。"释曰："天者，自然之气。日月本在虚空而附自然之气，故得为附著也。"

《朝士》："掌建邦外朝之法。"注："郑司农云：'外朝在路门外，内朝在路门内。'左九棘，右九棘，故《易》曰'系用徽纆，示于丛棘'。"释文："示于，之豉反，又如字，本或作'置'。"按：古文"置"字，今文假借声近字作"示"。《释文》云："置，刘作'示'。"郑注本费氏《易》必作"置"字。作"示"者，盖今文京氏《易》。仲师好古，虽传费《易》，要其功令所班，诵习之本，亦为"示"字可知。

《掌戮》："凡杀其亲者，焚之。"注："亲，缌服以内也。焚，烧也。《易》曰：'焚如，死如，弃如。'"释曰："不孝之罪，五刑莫大焉，得用议贵之辟刑之，各旧误"若"，今改。如所犯之罪。引之者，证'焚如'是杀其亲之刑也。"

《司烜氏》："若屋诛，则为明竁焉。"注："'屋'读如'其刑剭'之'剭'。剭诛，谓所杀不于市，而以适甸师氏者也。"释文："刑剭，徐音屋，刘音握。"释曰："屋诛，谓甸师氏屋舍中诛，则王之同族及有爵者也。"按：《周礼》疏《醢人》《司烜氏》引郑《易》，"形"皆作"刑"，注云："刑之于屋中。"《周易音义》："形渥，郑作'剭'，音屋。"是郑氏注《礼》、注《易经》之本，与义并同也。

《考工记》："通四方之珍异以资之，谓之商旅。"注："商旅，贩卖之客也。《易》曰：'至日商旅不行。'"

"石有时以泐。"注："郑司农云：'"泐"读如"再扐而后卦"之"扐"。'泐，谓石解散也。夏时盛暑大热则然。"

"车有六等之数。"注："车有天地之象，人在其中焉。六等之数，法《易》之三材六画。"释曰："《易·说卦》云：'兼三才而两之。'故《易》六画而成卦。兼三才者，天有阴阳，地有刚柔，人有仁义。三才六画，一才兼二画，故车之六等法之也。"按：贾氏所述，与《乐记》正义合，必本郑《易》注。

"辀人为辀。行数千里，马不契需。"注："郑司农云：'"契"读为"爰契我龟"之"契"。"需"读为"畏需"之"需"。谓不伤蹄，不需道里。'"释文："需，音须，又乃乱反。"释曰："'需'读为'畏需'之'需'，谓从《易·需》卦之'需'。"按：乃乱反则为"耎"，音须非也。先师《易》注云："阳气耎而不直前者，畏上坎也。"与司农"畏需"义正同。贾疏知读为"畏需"从《需》卦之"需"者，据先师《易》注而知之也。

"车人之事，半矩谓之宣。"注："头发皓落曰宣。半矩，尺三寸三分寸之一，人头之长也。柯欘之木头取名焉。《易》：'巽为宣发。'"旧误作"寡发"，今据疏改。释曰："云'头发皓落曰宣'者，以得谓宣去之义。人发皓白则落堕，故云此者解头名宣意也。今《易》文不作'宣'作'寡'者，盖'宣''寡'义得两通，故郑为'宣'不作'寡'也。"《周易音义》："寡发，本又作'宣'。"按：马、郑、王弼《易》本皆作"寡发"，盖费氏《易》如此。《周礼》注作"宣发"，则先师始通京氏《易》也。《集解》亦作"宣发"，虞翻曰："为白，故宣发。"《考工记》疏具有二文，错误几不可读，余为正之。

"弓人为弓。老牛之角紾而昔。"注："郑司农云：'"昔"读为"交错"之"错"，谓牛角觕理错也。'元谓'昔'读'履错然'之'错'。"释文："错，七各反，李云：'郑且苦反。'"释曰："'昔'读为'交错'之'错'者，读从《诗》'献酬交错'。读'履错然'之'错'者，读从《离》卦爻辞。"按：《周易音义》："履错，郑、徐七各反，马七路反。"疑作"徐七各反，马、郑七路反"。王弼注："错然，敬慎之貌也。"徐仙民为王音，故七各反。七路反与且苦反同，读为"措"。《郑》易本马，马、郑多同。又《集解》引荀爽曰："火生炎上，故初欲履错于二。"亦读"错"为"措"。马、郑与荀皆传费氏《易》者也。

"厚其帤则木坚，薄其帤则需。"注："需，谓不充满。郑司农云：'"帤"读为"襦有衣絮"之"絮"。帤，谓弓中裨。'"释文："衣絮，本亦作'帤'，《周易》作'袽'，皆女居反。中裨，符支反，又音卑。"释曰："弓中裨者，造弓之法，弓干虽用整木，仍于干上裨之，乃得调适也。"按："帉，谓弓中裨。"此"帉"字亦当作"絮"。

《仪礼·士冠礼》："筮与席所卦者。"注："筮，所以问吉凶，谓蓍也。所卦者，所以画地记爻。《易》曰：'六画而成卦。'"释曰："筮法依七、八、九、六之爻而记之，但古用木画地，今则用钱。以三少为重钱，重钱则九也。三多为交钱，交钱则六也。两多一少为单钱，单钱则七也。两少一多为拆钱，拆钱则八也。"

"玄端，玄裳、黄裳、杂裳可也。"注："上士玄裳，中士黄裳，下士杂裳。杂裳者，前玄后黄。《易》曰：'夫玄黄者，天地之杂也，天玄而地黄。'"

《乡饮酒礼记》："亨于堂东北。"注："祖阳气之所始也。阳气主养。《易》曰：'天地养万物，圣人养贤以及万民。'"释曰："引《易·颐·彖辞》者，义取养贤能而宾举之事。"

《乡射礼记》："楅长如笴，博三寸，厚寸有半，龙首，其中蛇交。"注："两端为龙首，中央为蛇身相交也。蛇、龙，君子之类也。"释曰："《易》云：'龙战于野，其血玄黄。'郑注云：'圣人喻龙，君子喻蛇。'是蛇、龙总为君子之类也。交者，象君子取矢于楅上也。"

《觐礼》："乃右肉袒于庙门之东。"注："右肉袒者，刑宜施于右也。凡以礼事者左袒，入更从右者，臣益纯也。《易》曰：'折其右肱，无咎。'"释曰："凡卦爻三至四，二至五，两体交互，各成一卦，先儒谓之互体，故郑随其义而注云：'引之者，证刑理宜于右之义。'"按：义与《易》注不同，《易》注主君言之，《礼》注主臣言之。

《少牢馈食礼》："左执筮，右兼执韇以击筮。"注："将问吉凶焉，故击之以动其神。《易》曰：'蓍之德圆而神。'"

《礼记·曲礼》："安定辞。"注："审言语也。《易》曰：'言语者，君子之枢机。'"《正义》曰："《论语》云：'驷不及舌。'故审言语也。'《易》曰'者，《易·系辞》之文也。引之者，证审言语之事。彼为'言行'，郑云'言语'者，既证经辞，无取于行，故变文为语也。"按：先师断不轻改圣经以就己意，孔说非也。《左氏·襄二十五年传》："非文辞不为功，慎辞哉！"注："枢机之发，荣辱之主。"《正义》引郑《易》注云："以譬言语之发，有荣有辱。"与此注所引经正合，可证郑所据本是"言语"，今作"言行"，为失其真。杜注《左传》时尚作"言语"，孔疏《礼记》时已作"言行"。丁小疋云：

"《抱朴子·外篇·疾谬》《正郭》两篇引《易》'枢机',俱专指'言语'。卢景宣《大戴·践阼》篇注亦云:'言为荣辱之主。'"

《檀弓》:"戎事乘翰。"注:"翰,白色马也。《易》曰:'白马翰如。'"按:《易》注云:"翰,犹干也。"与此异。

《王制》:"论辨然后使之。"注:"辨,谓考问得其定也。《易》曰:'问以辨之。'"

《月令》:"其数八。"注:"数者,五行佐天地生物、成物之次也。《易》曰:'天一地二,天三地四,天五地六,天七地八,天九地十。'而五行自水始,火次之,木次之,金次之,土为后。木生数三,成数八。但言八者,举其成数。"《正义》曰:"引'《易》曰'以下者,《易·下系》文也。天阳地阴,阳数奇,阴数耦。阳所以奇者,阳为气,气则浑沌为一,无分别之象;又为日,日体常明,无亏盈之异,故其数奇。其阴数所以耦者,阴为形,形则有彼此之殊;又为月,月则有晦朔之别,故其数耦也。"

"其日丙丁。"注:"丙之言炳也,时万物皆炳然著见而强大,又因以为日名焉。《易》曰:'齐乎巽,相见乎离。'"

《礼运》:"故天生时而地生财,人其父生而师教之。四者,君以正用之。故君者,立于无过之地也。"注:"顺时以养财,尊师以教民,而以治政,则无过差矣。《易》曰:'何以守位曰仁,何以聚人曰财。'"释文:"何以守位曰仁,本亦作'人'。"《周易音义》曰:"人,王肃、卞伯玉、桓玄、明僧绍作'仁'。"可证郑《易》及王弼本皆作"人"。《正义》作"仁",谓"必信仁爱",误也。本义作"人",云:"'曰人'之'人',今本作'仁',吕氏从古,盖所谓非众罔与守邦。"镛堂按:费氏古文《易》作"人",京氏今文《易》作"仁",先师注《易》用古文,注《礼》用京氏《易》,《礼运》注不当作"人"。王肃好与郑异,故《易》本反作"仁"也。《后汉书·蔡邕传》:"盖闻圣人之大宝曰位,故以仁守位,以财聚人。"李贤注:"何以守位曰仁。"《文选·张平子〈东京赋〉》:"且天子有道,守在海外,守位以仁,不恃隘害。"李善注用《周易》曰:"何以守位曰仁。"与先师《礼》注同,皆用今文《易》也。《礼》注:"尊师以教民,治政无过差。"皆"仁"字意,故引《易》以证之。余弟和贵以《大学》"有人此有土"证之,谓古文作"人"字,是。

"故明于顺,然后能守危也。"注:"能守自危之道也。君子居安如危,小人居危如安。《易》曰:'危者,安其位。'"《正义》曰:"谓所以今日危亡者，正为不知畏惧，偷安其位，故致危也。"

《礼器》："诸侯以龟为宝。"注："古者货贝宝龟，大夫以下有货耳。《易》曰：'十朋之龟。'"

"五献之尊，门外缶。"注："缶，大小未闻也。《易》曰：'尊酒簋，贰用缶。'"按：《正义》引郑《易》亦作"尊"，今本加木旁作"樽"。

《郊特牲》："故在子牲孕弗食也，祭帝弗用也。"注："孕，任子也。《易》曰：'妇孕不育。'"

《内则》："不敢哕、噫、嚏、咳、欠、伸、跛、倚、睇视。"注："睇，倾视也。《易》曰：'明夷，睇于左股。'"《周易音义》："夷于，如字，子夏作'睇'，郑、陆同。云：'旁视曰睇。'京作'眱'。""睇"同。

"由命士以上，及大夫之子，旬而见。"注："'旬'当为'均'，声之误也。有时适妾同时生子，子均而见者，以生先后见之。《易·说卦》：'坤为均。'今亦或作'旬'也。"《正义》曰："按：《易·说卦》以坤为均，象地之均平。今《易》之文，或以'均'为'旬'者，是'均'得为'旬'也。皇氏云：'母之礼见子，象地之生物均平，故引《易》以为均。'非也。"按："象地之均平"，盖本先师《易》注，故皇氏据之以说《礼》，然郑注引《易》之意则当从孔说。

《明堂位》："崇坫康圭。"注："崇，高也。'康'读为'亢龙'之'亢'。又为高坫，亢所受圭，奠于上焉。"释文："康圭，音抗，苦浪反，出注。"按：今《易》皆作"亢"不作"抗"，郑注《尚书大传》引《礼志》"亢世子法于伯禽"，今《文王世子》作"抗"，注："抗，犹举也。"是"亢""抗"义通也。《史记·仲尼弟子列传》"原亢"，《家语·七十弟子解》作"原抗"。

《学记》："教人不尽其材。"注："材，道也。谓师有所隐也。《易》曰：'兼三才而两之。'谓天地人之道。"《正义》曰："伏牺书上法天，下法地，中法人，谓之三才。《说卦》云：'立天之道，曰阴与阳；立地之道，曰柔与刚；立人之道，曰仁与义。'三才各有其两，故云'兼三才而两之'，而有六爻也。"

《乐记》："声相应，故生变。"注："乐之器，弹其宫则众宫应。《易》曰：'同声相应，同气相求。'"

"宫乱则荒，其君骄。商乱则陂，其官坏。"注："荒，犹散也。陂，倾也。《书》曰：'王耄荒。'《易》曰：'无平不陂。'"按：陂，倾也，可补郑《易》注。

"幽则有鬼神。"注："助天地成物者也。《易》曰：'是故知鬼神之情状，与天地相似。'《五帝德》说黄帝德曰：'死而民畏其神者百年。'《春秋传》曰：'若敖氏之鬼。'然则圣人之精气谓之神，贤知之精气谓之鬼。"《正义》曰："熊氏云：'《系辞》鬼神者，谓七、八、九、六，自然之鬼神。'又圣人、贤人鬼神，与自然鬼神，俱能助天地而成物，故郑总引之也。"

"著不息者，天也。"注："著，犹明白也。息，犹休止也。《易》曰：'天行健，君子以自强不息。'"

《祭统》："此天子之乐也，康周公，故以赐鲁也。"注："康，犹褒大也。《易·晋》卦曰：'康侯用锡马。'"

《经解》："故礼之教化也微，其止邪也于未形，使人日徙善远罪，而不自知也，是以先王隆之也。《易》曰：'君子慎始，差若豪氂，缪以千里。'此之谓也。"注："隆，谓尊盛之也。始，谓其微时也。"《正义》曰："此《易·系辞》文也。"《太史公自序》："故《易》曰：'失之豪厘，差以千里。'故曰臣弑君，子弑父，非一旦一夕之故也，其渐久矣。"集解："徐广曰：'一云"差以毫厘"，一云"缪以千里"。'骃案：今《易》无此语，《易纬》有之。"《司马迁传》："故《易》曰：'差以毫厘，谬以千里。'故臣弑君，子弑父，非一朝一夕之故，其渐久矣。"师古曰："今《易经》及《彖》《象》《系辞》并无此语，所称《易纬》者则有之焉。斯盖《易》家之别说者也。"按：太史公作"失之毫厘，谬以千里"，"臣弑君"上有"故"字，或作"差以"者，上下皆非。今《史记》作"故曰臣弑君"，依《汉书》"曰"字衍。《礼记》："出七十子之徒。"而引《易》有"君子慎始"三句，知非出《纬书》。盖汉初传《易》者俱失此经，惟太史公能知其次，故引用之。此当在《文言传·坤》卦"积善之象"四句下，孔仲达谓《易·系辞》文，非也。《经解》"止邪于未形"，与《文言传》"由来者渐"，须"早辨"，义正合。《文言传》"盖言顺也"，"顺"当读为"慎"，此"慎"字与上"君子慎始"之"慎"一气紧相贯注。朱子《本义》曰："古字'顺''慎'通用，此当作'慎'，言当辨之于微也。"按：朱子虽不知《文言传》有脱文，而此注则深得经意矣。考汉《易》盖多用"顺"字，集解引荀爽曰："乾气加之性而坚，象臣顺君命而成之。"《周易音义》言"顺"如字。《春秋繁露·基义》篇云："履霜坚冰，盖言逊也。"按："逊"亦"顺"也。《后汉书·宦者列传论》："《易》曰：'履霜坚冰至。'云所从来久矣。今迹其所以，亦岂一朝一夕哉。"李贤注："《易》曰：'履霜坚冰至。'亦言顺也。"

《坊记》："故君子约言，小人先言。"注："言人尚德不尚言也。约与先，互言尔。君子约则小人多矣，小人先则君子后矣。《易》曰：'君子以多识前言往行，以畜其德。'"

　　"故食礼，主人亲馈，则客祭；主人不亲馈，则客不祭。故君子苟无礼，虽美不食焉。《易》曰：'东邻杀牛，不如西邻之禴祭，寔受其福。'"注："东邻，谓纣国中也。西邻，谓文王国中也。此辞在《既济》。《既济》离下坎上，离为牛，坎为豕。西邻禴祭，则用豕与？言杀牛而凶，不如杀豕受福。喻奢而慢，不如俭而敬也。《春秋传》曰：'黍稷非馨，明德惟馨。'信矣。"《释文》："寔受，时力反，《易》作'实'。"《正义》曰："郑《易》注九五一爻，有坎有离。此注总论《既济》之卦，下体为离，上体为坎，与《易》注不同。"按：古文《易》作"实"，今文《易》作"寔"。

　　"故君子于有馈者弗能见，则不视其馈。《易》曰：'不耕获，不菑畬，凶。'"注："言必先种之乃得获，若先菑乃得畬也，安有无事而取利者乎？田一岁曰菑，二岁曰畬，三岁曰新田。"《正义》曰："《无妄》震下乾上，六二既在震卦，居中得位，宜合仕者，谓合事九五，被六三所隔，不得往仕，是道之不行。虽食其禄，犹不耕获割，不菑畬田，无功得物，是其凶。引之者，证贪财之事。"

　　《中庸》："'维天之命，于穆不已'，盖曰天之所以为天也。'于乎不显，文王之德之纯'，盖曰文王之所以为文也，纯亦不已。"注："天所以为天，文王所以为文，皆由行之无已，为之不止，如天地山川之云也。《易》曰：'君子以慎德积小，以成按：毛本衍"成"字，宋本无。高大。'是与。"释文："慎德，如字，一本又作'顺'。"

　　"质诸鬼神而无疑，知天也。"注："知天知人，谓知其道也。鬼神，从天地者也。《易》曰：'故知鬼神之情状，与天地相似。'"

　　《表记》："子曰：'无辞不相接也，无礼不相见也，欲民之毋相亵也。《易》曰："初筮告，再三渎，渎则不告。"'"注："'渎'之言'亵'也。"《正义》曰："《蒙》卦坎下艮上，艮为山，坎为水，山下出泉，是物之蒙昧，童蒙之象也。筮，问也。言童蒙初来问者，师则告之；若再三来问，是为亵渎。问既亵渎，师则不复告之。引之者，证无相亵渎之义也。"

"故君子不以小言受大禄，不以大言受小禄。《易》曰：'不家食，吉。'"注："此《大畜》卦辞也。《彖》曰：'不家食，吉，养贤也。'言君有大畜积，不与家食之而已，必以禄贤者，贤有大小，禄有多少。"

"故君使其臣，得志则慎虑而从之，否则孰虑而从之，终事而退，臣之厚也。《易》曰：'不事王侯，高尚其事。'"注："言臣致仕而去，不复事君也。君犹高尚其所为之事，言尊大其成功也。"

《缁衣》："子曰：'南人有言曰："人而无恒，不可以为卜筮。"古之遗言与？龟筮犹不能知也，而况于人乎？《易》曰："不恒其德，或承之羞。恒其德，侦妇人吉，夫子凶。"'"注："羞，犹辱也。侦，问也，问正为侦。妇人，从人者也。以问正为常德，则吉。男子当专行干事，而以问正为常德，是亦无恒之人也。"释文："德侦，音贞，《周易》作'贞'。"《易》注云："以和说干其家事。"不训"贞"为"问"。《礼》注云："问正为贞。"不训"贞"为"干事"。此言男子当专行干事者，此因《象传》"夫子制义"言之，非既训为"问正"，又训为"干事"，自歧其义也。

《深衣》："负绳抱方者，以直其政，方其义也。故《易》曰：'《坤》六二之动，直以方也。'"注："言深衣之直方，应《易》之文也。政，或为'正'。"

《左氏传·僖十五年》："初，晋献公筮嫁伯姬于秦，遇《归妹䷵》之《睽䷥》。史苏占之曰：'不吉，其繇曰："士刲羊，亦无衁也。女承筐，亦无贶也。"'"《正义》曰："服虔以离为戈兵，兑为羊。震变为离，是用兵刺羊之象也。三至五有坎象，坎为血，血在羊上，故刺无血也。震为竹，竹为筐。震变为离，离为火。火动而上，其施不下，故筐无实也。"

《宣十二年》："知庄子曰：'此师殆哉！《周易》有之，在《师䷆》之《临䷒》，曰："师出以律，否臧凶。"'"《正义》曰："服虔云：'坎为水，坤为众。又互体震，震为雷。雷，鼓类。又为长子。长子帅众鸣鼓，巡水而行，行师之象也。《临》兑为泽，坤为地，居地而俯视于泽，临下之义，故名为《临》。'"

王伯厚曰："以互体说《易》，盖亦本诸康成，今附卷末。"

附 录

上经乾传第一①

臧在东次为九卷,分题如此。案:《隋书》《旧唐书》郑注《周易》皆九卷,《释文·序录》云十卷者,《录》一卷也。朱子发《汉上丛说》云:"郑、王本于费氏,康伯卒于辅嗣,则费氏之后,《易经》上下厘为六卷,《系辞》而下合为三卷矣。"臧依王弼九卷之次是也。又《释文》引《七录》云十二卷,十二卷之次,《正义》云:"先儒以《彖》《象》附上下经为六卷,则上《系》第七,下《系》第八,《文言》第九,《说卦》第十,然则《序卦》第十一,《杂卦》第十二也。"郑原本盖如此,以下各卷题并同。

☰乾下乾上。

乾:元亨利贞。

初九,〔注〕《周易》以变者为占,故称九、称六。《正义》。柳宗元《与刘禹锡论〈周易〉九六说书》云:"郑元注《易》,亦称以变者占,故云九、六也。"此条王附《易论》,非,丁小疋正之。**潜龙勿用。**

九二,见龙在田,利见大人。〔注〕二于三才为地道,地上即田,故称田也。《集解》。〔九二利见九五之大人。〕《正义》云:"郑说。"凡疏有引原文者,有约义者。其不言注云者,皆约义。注文不如所引也,今界画别之。

九三,君子终日乾乾,夕惕若厉,无咎。〔注〕三于三才为人道,有乾德而在人道,君子之象。《集解》。姚补 惕,惧也。《释文》。

九四,或跃在渊,无咎。

九五,飞龙在天,利见大人。〔注〕五于三才为天道,天者清明无形,而龙在焉。飞之象也。王无"也"字。《集解》。

上九,亢龙,有悔。〔注〕尧之末年,四凶在朝,是以有悔。未大凶也。《正义》。

用九,见群龙无首,吉。〔注〕爻《班传》注作"六爻"。皆体乾,《班传》注作"龙"。群龙之《班传》注无"之"字。象。《班传》注有"也"字。舜既受禅,王"禅"作"道",《班传》注无此句,有"谓"字。禹与稷、契、咎繇之属,并在《班传》注有"于"字。朝。《后汉书·郎𫖮传》注、《班固传》注。

《象》曰:吕氏《古易音训》曰:"郑康成合《彖》《象》于经,故加'彖曰''象曰'以别之,诸卦皆然。"朱震说亦同。**大哉乾元,万物资始,乃统天。**

---

① 此及下篇目下皆有"汉郑玄定,宋王应麟撰集,归安丁杰后定,武进张惠言订正",今并删。

〔注〕资，取也。统，本也。《释文》。云行雨施，品物流形。大明终始，六位时成，时乘六龙以御天。乾道变化，各正性命，保合太和，乃利贞。首出庶物，万国咸宁。

丁补 《象》曰：《音训》。天行健，君子以自强不息。潜龙勿用，阳在下也。见龙在田，德施普也。终日乾乾，反复道也。或跃在渊，进无咎也。飞龙在天，大人造也。造，徂早反。《释文》。〔注〕造，为也。《释文》。亢龙有悔，盈不可久也。用九，天德不可为首也。

☷坤下坤上。

坤：元亨，利牝马之贞。君子有攸往，先迷后得，主利。西南得朋，东北丧朋，安贞吉。

初六，履霜，坚冰至。〔注〕读"履"王作"履读"。为"礼"。《释文》。臧在东云："郑本经文当作'礼'。郑注之云：'"礼"读为履。'后人依注改经，又依经改注。"

六二，直方〔注〕直也、方也，地之性。此爻得中气，而在地上，自然之性，广生万物，故生动直而且方。《礼记·深衣》正义。大，不习，无不利。

六三，含章可贞，或从王事，无成有终。

六四，括囊，无咎无誉。

六五，黄裳，元吉。〔注〕丁补 如舜试天子、周公摄政。《隋书·李德林传》。

上六，龙战于野，其血玄黄。〔注〕圣人喻龙，君子喻蛇。《仪礼·乡射礼》疏、《三礼图·弓矢》。

丁补 《象》曰：晁氏《古易序》曰："郑康成学费氏，初变古制，犹若今《乾》卦《彖》《象》系之卦末，而卒大乱于王弼。"至哉坤元，万物资生，乃顺承天。坤厚载物，德合无疆。含弘光大，品物咸亨。牝马地类，行地无疆。柔顺利贞，君子攸行。先迷失道，后顺得常。西南得朋，乃与类行。东北丧朋，乃终有庆。安贞之吉，应地无疆。

丁补 《象》曰：同上。地势坤，君子以厚德载物。履霜坚冰，阴始凝也。驯致其道，《释文》云："驯，徐音训，此依郑义。"姚士粦《跋》引《释文》"驯，从也"为郑注，惠本用之。臧在东云："《释文》：'驯，似遵反，向秀云：

"从也。"'此释王弼义也。又曰：'徐音训，此依郑义。'谓徐仙民音'驯'为'训'，是依郑义。《史记·五帝本纪》：'能明驯德。'徐广曰：'驯，古"训"字。'又《五帝本纪》：'百姓不亲，五品不驯。'《周礼·地官·司徒》注：'教所以亲百姓，训五品。'此郑以'驯'为'训'之验。"至坚冰也。六二之动，直以方也。不习无不利，地道光也。含章可贞，以时发也。或从王事，知光大也。括囊无咎，慎不害也。黄裳元吉，文在中也。龙战于野，其道穷也。用六永贞，以大终也。

䷂震下坎上。

屯：元亨利贞。勿用有攸往，利建侯。

初九：磐桓，利居贞，利建侯。

六二：屯如邅如，乘马般如。《释文》。〔注〕马牝牡曰乘。同上。匪寇，婚冓。〔注〕冓，犹会。同上。《正义》作："媾，犹会也。"女子贞不字，十年乃字。

六三：即鹿无虞，惟入于林中。君子机〔注〕机，弩牙也。同上。不如舍。往吝。

六四：乘马般如，求婚冓，往吉，无不利。

九五：屯其膏，小贞吉，大贞凶。

上六：乘马般如，泣血涟如。

《彖》曰：屯，刚柔始交而难生，动乎险中，大亨贞。雷雨之动满盈，天造草昧，宜建侯而不宁。〔注〕惠补造，成也。草，草创。昧，《封侯表》注"创"下有"也"字，不重"昧"字。昧爽也。《文选·任彦升〈天监三年策秀才文〉》注、《为范尚书让吏部封侯第一表》注。读"而"曰"能"，惠作"而读"。能，犹安也。《释文》。

《象》曰：云雷，屯。姚补君子以经论。《释文》："论，音伦，郑如字。"《正义》云："郑元云以'纶'为'论'字，今文讹'沦'。"〔注〕姚补谓论撰礼乐，施政事。《释文》。虽磐桓，志行正也。以贵下贱，大得民也。六二之难，乘刚也。十年乃字，反常也。即鹿无虞，以从禽也。从，子用反。《释文》"子"旧讹作"于"。案：《古易音训》《周易会通》、宋本《释文》皆从"子"。君子舍之，往吝穷也。求而往，明也。屯其膏，施未光也。泣血涟如，何可长也？

☷坎下艮上。

蒙，亨。匪我求童蒙，童蒙求我。初筮告，再三渎，渎则不告。利贞。〔注〕蒙者，蒙蒙，物初生形，是其未开著之名也。人幼稚曰童。亨者，阳也。互体震而得中，嘉会礼通。阳自动其中，德于宋本《玉海》"于"作"施"，胡本亦同。地道之上，万物应之，而萌芽生。教授之师取象焉，修道艺于其室，而童蒙者求为之弟子，非己乎求之也。弟子初问，则告之以事义，不思其三隅相况以反解而筮者，此勤师而功寡，学者之灾也。渎筮则不复告，欲令思而得之，亦所以利义而干事。《公羊传·定十五年》疏。王误多"是也"二字，惠有"也"字。童，未冠之称。惠补筮，问。姚补渎，亵也。《释文》。

初六：发蒙，利用刑人，用说桎梏，〔注〕木在足曰桎，在手曰梏。《周禮·大司寇》疏。以往吝。

九二：苞蒙，《释文》。〔注〕"苞"当作"彪"。彪，文也。同上。吉。纳妇，吉；子克家。

六三：勿用取女，见金夫，不有躬，无攸利。

六四：困蒙，吝。

六五：童蒙，吉。

上九：姚补系蒙，同上。不利为寇，利御寇。

《彖》曰：蒙，山下有险，险而止，蒙。蒙，亨，以亨行，时中也。匪我求童蒙，童蒙求我，志应也。初筮告，以刚中也。再三渎，渎则不告，渎蒙也。蒙以养正，圣功也。

《象》曰：山下出泉，蒙。君子以果行育德。利用刑人，以正法也。子克家，刚柔节也。勿用取女，行不顺也。困蒙之吝，独远实也。童蒙之吉，顺以巽也。〔注〕"巽"当作"逊"。《释文》。利用御寇，上下顺也。

☵乾下坎上。

需，〔注〕"需"读为"秀"。阳气秀而不直前者，畏上坎也。《释文》。有孚光亨贞吉，《释文》云："郑总为一句。"利涉大川。

初九：需于郊，利用恒，无咎。

九二：需于沚，《释文》。惠改"沚"为"沙"，《九经古义》云："'沚'当为'沙'，与'沙'同。"案：当为"沙"是也，改作"沙"则非传信之义。今若此

附　录

类，并仍其旧。〔注〕惠补沙，接水者。《诗·凫鹥》正义引作"沙"。小有言，终吉。

九三：需于泥，致戎至。《释文》。

六四：需于血，出自穴。

九五：需于酒食，贞吉。

上六：入于穴，有不速之客三人来，敬之，终吉。

《彖》曰：需，须也。险在前也。刚健而不陷，其义不困穷矣。需，有孚光亨贞吉，位乎天位，上"位"音"莅"。《释文》。以正中也。利涉大川，往有功也。

《象》曰：云上于天，需。君子以饮食宴乐。〔注〕宴，享宴也。《释文》。《音训》作"宴享也"。需于郊，不犯难行也。利用恒无咎，未失常也。需于沚，衍在中也。虽小有言，以吉终也。需于泥，灾在外也。自我致寇，敬慎不败也。需于血，顺以听也。酒食贞吉，以中正也。不速之客来，敬之终吉，虽不当位，未大失也。

☲坎下乾上。

讼，〔注〕辩财曰讼。《释文》。有孚窒，〔注〕窒，觉悔貌。同上。案：《释文》唯云马作"咥"，郑依马也。惕中吉，终凶。利见大人，不利涉大川。

初六：不永所事，小有言，终吉。

九二：不克讼，归而逋，其邑人三百户，无眚。〔注〕小国之下大夫，采地方一成，其定税三百家，故三百户也。①《杂记下》正义。又见《坊记》正义，无末句。不易之田，岁种之；一易之田，休一岁乃种；再易之田，王作"地"。休二岁乃种，言至薄也。苟自藏隐，不敢与五相敌，则无眚灾。《正义》。王作"灾眚"。眚，过也。《释文》。

六三：食旧德，贞厉，终吉。或从王事，无成。

九四：不克讼，复即命，渝安贞，吉。〔注〕渝，然也。《释文》。

九五：讼，元吉。

上九：或锡之鞶带，〔注〕〔鞶带，佩鞶之带。〕《周礼·巾车》疏不云郑注。终朝三褫之。褫，徒可反。《释文》。可，今本《释文》或作"何"，误。项安世《周

---

① 以上又见《丙子学易编》，文同。

易玩辞》引郑云："三拖，三加之也。"似亦非郑原文。

《彖》曰：讼，上刚下险，险而健，讼。讼，有孚窒，惕中吉，刚来而得中也。终凶，讼不可成也。利见大人，尚中正也。不利涉大川，入于渊也。

《象》曰：天与水违行，讼。君子以作事谋始。不永所事，讼不可长也。虽小有言，其辩明也。不克讼，归逋窜也。自下讼上，患至惙也。惙，涉劣反。《释文》。〔注〕惙，忧也。同上。食旧德，从上吉也。复即命，渝安贞，不失也。讼，元吉，以中正也。以讼受服，亦不足敬也。

☷坎下坤上。

师，贞，丈人吉，无咎。〔注〕〔军二千五百人为师〕《周礼·夏官·序官》疏云："'师，贞，丈人吉，无咎。'军二千五百为师。丈之言长也。以法度为人之长，故吉而无咎，谓天子诸侯而主军。"丁小疋云："此疏脱'注云'二字。自'军二千五百人'以下，皆郑注也。"王伯厚集此注，冠以"军二千五百人为师"句，人多疑所出，唯小疋能通之。多以军为名，次以师为名，少以旅为名。师者，举中之言。《诗·棫朴》正义。丈之言长，能御众之，衍字，王无此字。有朝当作"幹"。王无此字。正人之德，以法度为人之长。此句见《释文》，作"能以法度长于人"。又《诗·甫田》正义云："'师，贞，丈人吉，无咎。'言以礼法长于人，可依仗也。"吉而无咎，谓天子诸侯主军者。《春官·天府》疏。

初六：师出以律，〔富补注〕北方之坎，黄钟之本也。黄钟之律，起为度量权衡，故言律。律者，法度之所从出也。《厚斋易学》卷八。否臧，凶。否，方有反。《释文》。

九二：在师中，吉，无咎，王三 惠补 赐命。同上。

六三：师或舆尸，凶。

六四：师左次，无咎。

六五：田有禽，利执言，无咎。长子帅师，弟子舆尸，贞凶。

上六：大君有命，开国承家，小人勿用。

《彖》曰：师，众也。贞，正也。能以众正，可以王矣。刚中而应，行险而顺，以此毒天下，而民从之，吉又何咎矣！

《象》曰：地中有水，师。君子以容民畜众。师出以律，失律凶也。在师中吉，承天宠也。〔注〕宠，光耀也。同上。王三赐命，怀万邦也。师或舆尸，大无功也。左次无咎，未失常也。长子帅师，以中行也。弟子輿尸，使不当也。大君有命，以正功也。小人勿用，必乱邦也。

☷坤下坎上。

比，吉，原筮，元永贞，无咎。不宁方来，后夫凶。〔富补注〕居五之上，后其君者也。《厚斋易学》卷八。

初六：有孚比之，无咎。有孚盈缶，〔注〕爻辰在未，上值东井。井之水，人所汲用缶。缶，汲器。《诗·宛丘》正义。《释文》有末句，云："汲器也。"终来有它，吉。

六二：比之自内，贞吉。

六三：比之匪人。

六四：外比之，贞吉。

九五：显比，王用三驱，《释文》。失前禽，〔注〕王因天下显习兵于搜狩焉。《左传》正义作"王者习兵于蒐狩"。驱禽而射之，三则已，发《左传》疏作"法"。军礼。《左传》疏有"也"字。失前禽者，谓禽在前来者。不逆而射，《左传》疏有"之"字。傍去又不射，唯其《左传》疏作"背"。走者，顺而射之，不中亦《左传》疏作"则"。已，是皆《左传》疏作"其"。所失。《左传》疏作"所以失之"。用兵之法亦如之，降者不杀，奔者不禁，《左传》疏作"御"。背敌不杀，惠本"敌"为"者"，误。《左传》疏作"皆为敌不敌已"。以仁恩养威之道。《左传》疏"以"上有"加"字。《秋官·士师》疏、《左传·桓四年》正义。邑人不诫，吉。

上六：比之无首，凶。

《彖》曰：比，吉也。比，辅也。下顺从也。原筮，元永贞，无咎，以刚中也。不宁方来，上下应也。后夫凶，其道穷也。

《象》曰：地上有水，比。先王以建万国，亲诸侯。比之初六，有它吉也。比之自内，不自失也。比之匪人，不亦伤乎？外比于贤，以从上也。显比之吉，位正中也。舍逆取顺，失前禽也。邑人不诫，上使中也。比之无首，无所终也。

☴乾下巽上。

小畜，惠补 许六反。《释文》。〔注〕畜，养也。同上。亨，密云不雨，自我西郊。

初九：复自道，何其咎，吉。

九二：牵复，吉。

九三：舆说輹，〔注〕輹，伏菟。《释文》。舆下缚木，与王作"輿"，误。轴相连，钩心之木是也。上九《象传》正义。夫妻反目。

六四：有孚，血去惕出，无咎。

九五：有孚挛如，富以其邻。

上九：既雨既处，尚德载，妇贞厉。月几望，君子贞凶。

《彖》曰：小畜，柔得位而上下应之，曰小畜。健而巽，刚中而志行，乃亨。密云不雨，尚往也。自我西郊，施未行也。

《象》曰：风行天上，小畜。君子以懿文德。复自道，其义吉也。牵复在中，亦不自失也。夫妻反目，不能正室也。有孚惕出，上合志也。有孚挛如，不独富也。既雨既处，德积载也。君子征凶，有所疑也。

☱兑下乾上。

履虎尾，不 惠补 噬人，亨。噬，音誓。《文选·西征赋》注。〔注〕 惠补 噬，啮也。同上。

初九：素履往，无咎。

九二：履道坦坦，幽人贞吉。

六三：眇能视，跛能履，履虎尾，噬人，凶，武人为于大君。

九四：履虎尾，愬愬，终吉。

九五：夬履，贞厉。

上九：视履考 惠补 详，《晁氏易》。〔注〕 惠补 履道之终，考正详备。同上。其旋元吉。

《彖》曰：履，柔履刚也。说而应乎乾，是以履虎尾，不噬人，亨。刚中正，履帝位而不疚，光明也。

《象》曰：上天下泽，履。君子以辩上下，定民志。素履之往，独行愿也。幽人贞吉，中不自乱也。眇能视，不足以有明也。跛能履，不足以与行也。噬人之凶，位不当也。武人为于大君，志刚也。愬愬终吉，志行也。夬履贞厉，位正当也。元吉在上，大有庆也。

上经泰传第二

☰乾下坤上。

泰，〔注〕泰，通也。《释文》。小往大来，吉，亨。

初九：拔茅音苗。《释文》。茹，以其㣙征，《音训》云："彙，郑作'㣙'。"〔注〕丁补㣙，勤也。《释文》《音训》。《释文》："彙，古文作'胄'，董作'㣙'，出也。郑云：'勤也。'"《吕氏音训》："彙，董遇作'黄'，出也。郑作'㣙'，勤也。"卢召弓云："《释文》不于'彙音胃，类也'之下引郑注，而在'董作㣙，出也'之下，可以知郑本之亦作'㣙'矣。"晁氏《会通》载《音训》董遇作"㣙"，余同。吉。

九二：苞荒，〔注〕"荒"读为"康"，虚也。《释文》。《晁氏易》云："郑读为'康'，大也。"臧在东云："《诗·召旻》笺云：'荒，虚也。'《正义》云：'荒，虚。《释诂》文。'假使当训'虚'，则正可云'荒，虚也'，何必改读从'康'。晁氏所见《释文》北宋本，作'大也'为是。今本误耳。"用冯河。不遐遗，朋亡，得尚于中行。

九三：无平不陂，无往不复，艰贞，无咎。勿恤其孚，于食有福。

六四：翩翩，不富以其邻，不戒以孚。

六五：帝乙归妹，以祉元吉。〔注〕五爻辰在卯，春为阳中，万物以生。生育者，嫁娶之贵，仲春之月嫁娶，男女之礼，福禄大吉。《周礼·天官·媒氏》疏。《通典·嘉礼四·嫁娶时月议》引张融云："《易·泰卦》六五：'帝乙归妹，以祉元吉。'旧说六五爻辰在卯，春为阳中，万物生育，嫁娶大吉也。"即郑氏此注。

上六：城复于隍，〔注〕惠补隍，壑也。《诗·韩奕》正义。勿用师，自邑告命，贞吝。

《彖》曰：泰，小往大来，吉，亨，则是天地交而万物通也，上下交而其志同也。内阳而外阴，内健而外顺，内君子而外小人。君子道长，小人道消也。

《象》曰：天地交，泰。后以财成天地之道，辅相天地之宜，以左右民。〔注〕财，节也。辅相、左右，助也。以者，取其顺阴阳之节，为出内之政。春崇宽仁，夏以长养，秋教收敛，冬敕盖藏，皆可以成物助民也。《集解》。拔茅征吉，志在外也。苞荒，得尚于中行，以光大也。无往不复，天地际也。

翩翩不富，皆失实也。不戒以孚，中心愿也。以祉元吉，中以行愿也。城复于隍，其命乱也。

䷋坤下乾上。

否之匪人，不利君子，贞，大往小来。

初六：拔茅茹，以其汇，贞，吉亨。

六二：包承，小人吉，大人否亨。

六三：包羞。

九四：有命，无咎，畴离祉。《释文》云："郑作古'畴'字。"孙颐谷云："《说文》古'畴'字作'𠃑'，无此'畴'字也。郑氏于《易》何独取此一古字，以别于众家？考古训'谁也'之'畴'字作'𠃑'，与'田畴'字不同，疑郑氏经本作'𠃑'而训为'谁'，陆氏不察，以为古'畴'字也。《尔疋》：'畴、孰，谁也。'郭璞注亦引《易》此句为证，盖本郑义。"

九五：休否，〔注〕惠补 休，美也。《文选·谢灵运〈还旧园作见颜范二中书诗〉》注。大人吉，其亡其亡，系于苞桑。〔注〕苞，植也。否世之人，不知圣人有命，咸云：惠作"曰"。"其将亡矣，其将亡矣。"而圣乃自系于植桑，不亡也。《文选·曹元首〈六代论〉》注。犹纣囚文王于羑里之狱，四臣献珍异之物，而终免于难，系于苞桑之谓。《集解》。

上九：倾否，先否后喜。

《彖》曰：否之匪人，不利君子，贞，大往小来，则是天地不交而万物不通也，上下不交而天下无邦也。内阴而外阳，内柔而外刚，内小人而外君子。小人道长，君子道消也。

《象》曰：天地不交，否。君子以俭德辟难，不可荣以禄。拔茅贞吉，志在君也。大人否亨，不乱群也。包羞，位不当也。有命无咎，志行也。大人之吉，位正当也。否终则倾，何可长也。

䷌离下乾上。

同人于野，亨，〔注〕乾为天，离为火，卦体有巽，巽为风。天在上，火炎上而从之，是其性同于天也。火得风，然后炎上益炽，是犹人君在上施政教，使天下之人和同而事之，以是《义海撮要》作"事"。为人和同者，君之所为也，故谓之同人。风行无所不遍，遍则会通之德大行，故曰"同人于野，亨"。《集解》。利涉大川，利君子贞。

初九：同人于门，无咎。

六二：同人于宗，吝。〔注〕天子、诸侯后夫人，无子不出。《仪礼·士昏礼》疏、《礼记·内则》正义。《诗·河广》正义无"无子"二字。

九三：伏戎于莽，升其高陵，〔注〕莽，丛木也。《释文》。李心传《丙子学易编》下有"大阜曰陵"句。三岁不兴。

九四：乘其墉，《释文》。弗克攻，吉。

九五：同人，先号咷而后笑，大师克相遇。

上九：同人于郊，无悔。

《彖》曰：同人，柔得位得中而应乎乾，曰同人。同人曰："同人于野，亨，利涉大川。"乾行也。文明以健，中正而应，君子正也。唯君子为能通天下之志。

《象》曰：天与火，同人。君子以类族辩物。出门同人，又谁咎也。同人于宗，吝道也。伏戎于莽，敌刚也。三岁不兴，安行也。乘其墉，义弗克也。其吉，则困而反则也。同人之先，以中直也。大师相遇，言相克也。同人于郊，志未得也。

䷍离上乾下。

大有，元亨。〔注〕六五体离，处乾之上，犹大臣有圣明之德，代君为政，处其位、《义海撮要》下有"而"字。有其事而理之也。元亨者，又《义海撮要》无"又"字。能长群臣以善，使嘉会礼通，若周公摄政，朝诸侯于明堂是也。《集解》。

初九：无交害，匪咎，艰则无咎。

九二：大车以载，有攸往，无咎。

九三：公用亨于天子，小人弗克。

九四：匪其彭，无咎。

六五：厥孚交如威如，吉。

上九：自天祐之，吉，无不利。

《彖》曰：大有，柔得尊位，大中而上下应之，曰大有。其德刚健而文明，应乎天而时行，是以元亨。

《象》曰：火在天上，大有。君子以遏恶扬善，顺天休命。大有初九，无交害也。大车以载，积中不败也。公用亨于天子，小人害也。匪其彭无咎，明辨遰也。《释文》。〔注〕"遰"读如"明星晢晢"。同上。厥孚交如，信以发志也。威如之吉，易而无备也。大有上吉，自天祐也。

☷艮下坤上。

谦，凡"谦"字，惠皆改作"嗛"，非也。亨，君子有终。〔注〕艮为山，坤为地，山体高，今在地下，其于人道高能下下，谦之象。亨者，嘉会之礼，以谦而王本无"而"字。为主。谦者，自贬损以下人，惟艮之坚固，坤之厚顺，乃能终之，故君子之人有终也。《集解》。

初六：谦谦君子，用涉大川，吉。

六二：鸣谦，贞吉。

九三：劳谦君子，有终吉。

六四：无不利，㧑谦。〔注〕"㧑"读为"宣"。《释文》。

六五：不富以其邻，利用侵伐，无不利。

上六：鸣谦，利用行师，征邑国。

《彖》曰：谦亨，天道下济而光明，地道卑而上行。天道亏盈而益谦，地道变盈而流谦，鬼神害盈而福谦，人道恶盈而好谦。谦尊而光，卑而不可逾，君子之终也。

《象》曰：地中有山，谦。君子以捊多益寡，《释文》。〔注〕捊，取也。同上。称物平施。谦谦君子，卑以自牧也。〔注〕牧，养也。《文选·潘安仁〈闲居赋〉》注。鸣谦贞吉，中心得也。劳谦君子，万民服也。无不利，㧑谦，不违则也。利用侵伐，征不服也。鸣谦，志未得也。可用行师，征邑国也。

☷坤下震上。

豫，利建侯行师。〔注〕坤，顺也。震，动也。顺其性而动者，莫不得其所，故谓之豫。《义海》无此四字。豫，喜逸凡"逸"字，惠并改作"佚"，后不注。说乐之貌也。《义海撮要》无"也"字。震又《义海撮要》无此及下两"又"字。为今《集解》本误作"谓"。雷，诸侯之象。坤又为众，师役之象，故利建侯行师矣。王无"矣"字。《集解》。

初六：鸣豫，凶。

六二：砎于石，《释文》云："古文作'扴'，郑古八反。"〔注〕砎，谓磨砎

· 154 ·

附　录

也。同上。不终日，贞吉。

六三：盱豫，〔注〕盱，夸也。同上。悔，迟有悔。

九四：由豫，大有得，勿疑，朋盍簪。〔注〕由，用也。簪，速也。同上。

六五：贞，疾，恒不死。

上六：冥豫，〔注〕"冥"读为"鸣"。同上。成有渝，无咎。

《彖》曰：豫，刚应而志行，顺以动，豫。豫顺以动，故天地如之，而况建侯行师乎？天地以顺动，故日月不过而四时不忒；〔注〕忒，差也。同上。圣人以顺动，则刑罚清而民服。豫之时义大矣哉！

《象》曰：雷出地奋，豫。先王以作乐崇德，殷荐之上帝，以配祖考。〔注〕奋，动也。雷动于地上，而惠本脱"而"字。万物乃豫也。以上又见《诗·殷其雷》正义，无"乃"字。以者，取其喜逸动摇，犹人至乐则手欲鼓之、足欲舞之也。崇，充也。殷，盛也。荐，进也。上帝，天也。自"以者"至此亦见《文苑英华》七百六十二，"天也"作"天帝也"。《旧唐书·礼仪志》亦有"上帝，天帝也"句，是《集解》脱"帝"字。王伯厚书删此一节三十五字，非矣。惠依《集解》补。王者功成作乐，以文得之者作籥舞，以武得之者作万舞，《义海撮要》无二"者"字。各充其德而为制。祀天地《义海撮要》"地"作"帝"，是。以配祖考者，使《义海撮要》无"者使"二字。与天同飨其功也。故《孝经》云：《义海撮要》作"曰"。"郊祀后稷以配天，宗祀文王于明堂《义海撮要》无"于明堂"三字。以配上帝。"是也。《集解》。初六鸣豫，志穷凶也。不终日，贞吉，以中正也。盱豫有悔，位不当也。由豫，大有得，志大行也。六五贞疾，乘刚也。恒不死，中未亡也。冥豫在上，何可长也。

䷐ 震下兑上。

随，元亨利贞，无咎。〔注〕震，动也。兑，说也。内动之以《左传》正义作"为"。德，外说之以言，则天下之民咸《左传》正义无"咸"字。慕其行而随从之，《义海撮要》无"之"字及下句。故谓之随也。以上又见《左传·襄九年》正义。既见随从，能长之以善，通其嘉礼，和之以义，干之以正，则功成而有福。若无此四德，则《义海撮要》无"若"字、"则"字，"德"作"者"。有凶咎焉。焦赣曰："汉高帝与项籍，其明征也。""焦赣"以下，王删，惠补，《义海撮要》亦无。《集解》。

初九：官有渝，贞吉，出门交有功。〔注〕震为大途，又为日门，当春分阴阳之所交也，是臣出君门，与四方贤人今《集解》本误"才"。交，有成功之象也。昔舜慎徽五典，五典克从，内今《集解》本误"纳"。于百揆，百揆时序，宾于四门，

·155·

四门穆穆，是其义也。《集解》。

六二：系小子，失丈夫。

六三：系丈夫，失小子。随有求得，利居贞。

九四：随有获，贞，凶，有孚在道以明，何咎？

九五：孚于嘉，吉。

上六：拘系之，乃从维之。王用亨于西山。

《彖》曰：随，刚来而下柔，动而说，随。大亨贞，无咎，而天下随时。随时之义大矣哉！

《象》曰：泽中有雷，随。君子以向晦入宴息。〔注〕惠补 晦，冥今误作"宴"，《七经孟子考文》云："宋本作'冥'。"也。犹人君既夕之后，入于宴寝而止息。《正义》。官有渝，从正吉也。出门交有功，不失也。系小子，弗兼与也。系丈夫，志舍下也。随有获，其义凶也。有孚在道，明功也。孚于嘉吉，位正中也。拘系之，上穷也。

☶ 巽下艮上。

蛊，元亨，利涉大川。先甲三日，后甲三日。〔注〕甲者，造作新令之日。甲前三日，取改过自新，故用辛也。甲后三日，取丁宁之义，故用丁也。《正义》云："郑义。"又《正义序》云："郑氏之说，以为甲者，宣令之日，先之三日，而用辛也，欲取改新之义。后之三日，而用丁也，取其丁宁之义。"皆约义言之，非正注文，是以互异。

初六：干父之蛊，有子考，无咎。厉，终吉。

九二：干母之蛊，不可贞。

九三：干父之蛊，小有悔，无大咎。

六四：裕父之蛊，往见吝。

六五：干父之蛊，用誉。

上九：不事王侯，高尚其事。〔注〕上九艮爻，艮为山，辰在戌，得乾气，父老之象，是臣之致事也，故不事王侯。是不得事君，君犹高尚其所为之事。《表记》正义。此条虽《正义》不言注文，其为郑注无疑。王附末简，既属过疑，惠乃删之，妄矣。《易汉学》以此条为郑注。

《象》曰：蛊，刚上而柔下，巽而止，蛊。蛊，元亨，而天下治也。利涉大川，往有事也。先甲三日，后甲三日，终则有始，天行也。

附　　录

《象》曰：山下有风，蛊。君子以振民育德。干父之蛊，意承考也。干母之蛊，得中道也。干父之蛊，终无咎也。裕父之蛊，往未得也。干父用誉，承以德也。不事王侯，志可则也。

☷☱ 兑下坤上。

临，元亨利贞。至于八月，有凶。〔注〕临，大也。阳气自此浸而长大，阳浸长矣。而有四德，齐功于乾，盛之极也。人之情，盛则奢淫，奢淫则王无"则"字。将亡，故戒以凶。王有"也"字。《临》卦斗建丑而用事，殷之正月也。当文王之时，纣为无道，故于是卦为殷家著兴衰之戒，以见周改殷正之数云。《临》自周二月用事，讫其七月，至八月而《遯》凡"遯"字，惠并改作"遂"，后不注。卦受之，此终而复始，王命然矣。《集解》。

初九：咸临，贞吉。

九二：咸临，吉，无不利。

六三：甘临，无攸利，既忧之，无咎。

六四：至临，无咎。

六五：知临，大君之宜，吉。

上六：敦临，吉，无咎。

《彖》曰：临，刚浸而长，说而顺，刚中而应。大亨以正，天之道也。至于八月，有凶，消不久也。

《象》曰：泽上有地，临。君子以教思无穷，容保民无疆。咸临贞吉，志行正也。咸临，吉，无不利，未顺命也。甘临，位不当也。既忧之，咎不长也。至临无咎，位当也。大君之宜，行中之谓也。敦临之吉，志在内也。

☷☴ 坤下巽上。

观，盥而不荐，〔注〕坤为地为众，巽为木为风。九五，天子之爻，互凡"互"字，惠并改作"乎"，后不注。体有艮，艮为鬼门，又为宫王作"门"，误。阙。地上有木，而为鬼门。宫阙者，天子宗庙之象也。《集解》。诸侯贡士于天子，乡惠作"卿"，误。大夫贡士于其君，必以礼宾之。唯主人盥而献宾，宾盥而酢主人，设荐俎则弟子也。《仪礼·乡饮酒礼》疏。有孚颙若。

初六：童观，〔注〕童，稚也。《释文》。小人无咎，君子吝。

· 157 ·

六二：窥观，利女贞。

六三：观我生，进退。

六四：观国之光，利用宾于王。

九五：观我生，君子无咎。

上九：观其生，君子无咎。

《彖》曰：大观在上，顺而巽，中正以观天下。观，盥而不荐，有孚颙若，下观而化也。观天之神道，而四时不忒，圣人以神道设教而天下服矣！

《象》曰：风行地上，观。先王以省方观民设教。初六童观，小人道也。窥观，女贞，亦可丑也。观我生进退，未失道也。观国之光，尚宾也。观我生，观民也。观其生，志未平也。

上经噬嗑传第三

☲震下离上。

噬嗑，亨，利用狱。

初九：屦校灭趾，无咎。

六二：噬肤灭鼻，无咎。

六三：噬腊肉，遇毒，小吝，无咎。

九四：噬干胏，〔注〕胏，簧也。惠无"也"字。《释文》。得金矢，利艰贞，吉。

六五：噬干肉，得黄金，贞厉，无咎。

上九：何校灭耳，凶。〔注〕离为槁木，坎为耳，木在耳上，何校灭耳之象也。《集解》。臧补 臣从君坐之刑。《书·康诰》正义。

《彖》曰：颐中有物曰噬嗑。噬嗑而亨，刚柔分，动而明，雷电合而章。柔得中而上行，虽不当位，利用狱也。

《象》曰：雷电，噬嗑。先王以明罚敕法。〔注〕敕，犹理也。《释文》下有"一云整也"四字。按：《六经正误》云："郑解'敕'为'理'、为'整'。"屦校灭趾，不行也。噬肤灭鼻，乘刚也。遇毒，位不当也。利艰贞吉，未光也。贞厉无咎，得当也。何校灭耳，聪不明也。〔注〕目不明，耳不聪。《释文》。

· 158 ·

附　录

☲☶离下艮上。

贲，亨，小利有攸往。〔注〕贲，变也，文饰之貌。《释文》。贲，文饰也。离为日，天文也。艮为石，地文也。天文在下，地文在上，天地二文相饰成贲者也。《集解》。自"离为日"至此，又见《诗·白驹》正义，"日"下重"日"字，"天文"下无"也"字，"石"下重"石"字，"天地"以下作"天地之文，交相而成贲贲然"。犹人君以刚柔仁义之道饰成其德也。刚柔杂，仁义合，然后嘉会礼通，故亨也。卦互体坎、震①，艮止于上，坎险惠多一"止"字，误。于下，夹震在中，故不利大行，小有所之则可矣。《集解》。

初九：贲其趾，舍舆而徒。《释文》。〔注〕 姚补 趾，足。姚有"也"字。同上。

六二：贲其须。

九三：贲如濡如，永贞吉。

六四：贲如皤如，白马翰如，皤，音烦。《释文》。丁小疋云："《音训》云：'音皤。'顾宁人《易音》引《释文》云：'郑元本作"蹯"，音皤。'又引蔡邕赋为证，当从'蹯'字。"案：进退未定，则为"蹯"当是。然顾所见《释文》，即是今本，安得作"蹯"音皤乎？盖顾即据《音训》以义推之。卢召弓据顾氏以改《释文》，或未安也。〔注〕六四，巽爻也，有应于初九，欲自饰以适初，既进退未定，故蹯当为"蹯"。如也。白马翰如，谓九三位在辰，得巽气，为白马。翰，犹干也。见六四适初未定，欲干而有之。《礼记·檀弓》正义。雅雨堂本《释文》有"翰，郑云：干也"，他本皆作"白也"。王本见《玉海》者，此条末有"翰，白也"三字，盖宋时《释文》已误。惠始校正郑注，删此三字，雅雨本《释文》当亦惠所定。匪寇婚媾。

六五：贲于丘园，束帛戋戋，吝，终吉。

上九：白贲，无咎。

《彖》曰：贲亨，柔来而文刚，故亨。分刚上而文柔，故小利有攸往，天文也；文明以止，人文也。观乎天文以察时变，观乎人文以化成天下。

《象》曰：山下有火，贲。君子以明庶政，无敢折狱。〔注〕折，断也。《释文》。又云："断，音丁乱反。"舍车而徒，义弗乘也。《晁氏易》。贲其须，与上兴也。永贞之吉，终莫之陵也。六四当位，疑也。匪寇婚媾，终无尤也。六五之吉，有喜也。白贲无咎，上得志也。

---

① "震"原作"艮"，以意改。

· 159 ·

☷坤下艮上。

剥，不利有攸往。

初六：剥床以足，蔑贞，凶。〔注〕蔑，轻慢。《释文》。

六二：剥床以辨，丁补 辨符勉反。《释文》。〔注〕足上称辨，《释文》云："辨，足上也。马、郑同。"谓近膝之下，诎王作"屈"。则相近，申王作"信"。则相远，故谓之辨。辨，分也。《集解》。蔑贞，凶。

六三：剥之，无咎。

六四：剥床以肤，凶。

六五：贯鱼以宫人宠，无不利。

上九：硕果不食，君子得舆，小人剥庐。〔注〕小人傲很，当剥彻庐舍而去。《周礼·地官·遗人》疏。

《彖》曰：剥，剥也，柔变刚也。不利有攸往，小人长也。〔注〕阴气侵阳，上至于五，万物需落，故谓之剥也。《汉上易》引"万物零落谓之剥"，作"零"字。五阴一阳，小人极盛，君子不可有所之，故不利有攸往也。《集解》。顺而止之，观象也。君子尚消息盈虚，天行也。

《象》曰：山附于地，剥。上以厚下安宅。剥床以足，以灭下也。剥床以辨，未有与也。剥之无咎，失上下也。剥床以肤，切近灾也。〔注〕切，急也。《释文》。以宫人宠，终无尤也。君子得舆，民所载也。小人剥庐，终不可用也。

☳震下坤上。

复，〔注〕复，反也，还也。阴气侵阳，阳失其位，至此始还反起于初，故谓之复。阳，君象。君失国而还反，道德更兴也。《左传·襄二十八年》正义。亨。出入无疾，朋来无咎，反复其道，七日来复。〔注〕姚补 建戌之月，以阳气既尽；建亥之月，纯阴用事；至建子之月，阳气始生。隔此纯阴一卦，卦主六日七分，举其成数言之，而云"七日来复"。《正义序》云："郑引《易纬》之说。"利有攸往。

初九：不远复，无祗悔，〔注〕祗，病也。《释文》。元吉。

六二：休复，吉。

六三：颦复，同上。颦，王本作"卑"。《晁氏易》云："颦，郑作'卑'。"厉，无咎。

六四：中行独复。〔注〕惠补 爻处五阴之中，度中而行，四独应初。《汉上易传》。

六五：敦复，无悔。

上六：迷复，凶，有灾眚，《释文》。〔注〕异自内生曰眚，自外曰祥，害物曰灾。当作"灾"。《释文》。用行师，终有大败，以其国君凶。至于十年，不克征。

《彖》曰：复，亨，刚反，动而以顺行，是以出入无疾，朋来无咎。反复其道，七日来复，天行也。利有攸往，刚长也。复，其见天地之心乎？

《象》曰：雷在地中，复。先王以至日闭关，商旅不行，〔注〕资货而行曰商。旅，客也。同上。后不省方。不远之复，以修身也。休复之吉，以下仁也。频复之厉，义无咎也。中行独复，以从道也。敦复无悔，中以自考也。〔注〕考，成也。同上。迷复之凶，反君道也。

☲震下乾上。

无妄，〔注〕妄，犹望。谓无所希望也。《释文》。元亨利贞。其匪正有眚，不利有攸往。

初九：无妄，往吉。

六二：不耕获，不菑畬，〔注〕一岁曰菑，二岁曰新田，三岁曰畬。《诗·采芑》正义。则利有攸往。

六三：无妄之灾，或系之牛，行人之得，邑人之灾。

九四：可贞，无咎。

九五：无妄之疾，勿药有喜。

上九：无妄，行有眚，无攸利。

《彖》曰：无妄，刚自外来而为主于内，动而健，刚中而应，大亨以正，天之命也。其匪正有眚，不利有攸往，无妄之往，何之矣？〔注〕惠补妄之言望，人所望宜正，行必有所望，行而无惠改作"无"。所望，是失其正，何可往也。《后汉书·李通传》注。天命不佑，《释文》："佑，本又作'祐'。马云：'右，谓天不右行。'"不言马作"右"，则字本为"右"，不特马也。《集解》正作"右"字。案：《说文》训"助"之字正作"右"，"佑"乃俗字。此条王作"祐"，惠改为"右"，为是。然《释文》正作"佑"字，若竟改字，则后人或有以此改《释文》者，故宁存本字，而注出之。〔注〕佑，助也。《释文》。行矣哉？

· 161 ·

《象》曰：天下雷行，物与无妄。先王以茂对时，育万物。无妄之往，得志也。不耕获，未富也。行人得牛，邑人灾也。可贞无咎，固有之也。无妄之药，不可试也。无妄之行，穷之灾也。

☰乾下艮上。

大畜，利贞，不家食，吉。〔注〕自九三至上九，有颐象，居外，是不家食吉王无"吉"字。而养贤。《礼记·表记》正义。利涉大川。

初九：有厉利已。

九二：舆说輹。

九三：良马逐逐，〔注〕逐逐，两马走也。《释文》。丁小疋云："王氏《玉海》本，经注连书，故此条'良马逐逐，两马走也'胡孝辕本误分之，以上'逐'为经文，下'逐'为注文。惠氏考《释文》，于经文增重'逐'字，而注仍胡本不重，非也。"利艰贞。日闲舆卫，日，人实反。《释文》。〔注〕日习车徒。同上。闲，习。同上。利有攸往。

六四：童牛之梏，惠定宇云："晁氏谓：'梏，郑作"角"，非也。'"〔注〕巽为木，互体震，震为牛之足，足在艮体之中，艮为手，持木以就足，是施梏。《周礼·秋官·大司寇》疏。元吉。

六五：豮豕之牙，〔注〕"牙"读为"互"。《释文》。吉。

上九：何天之衢，亨。何，《后汉书》注、《文选》注引皆作"荷"，古通字。〔注〕艮为手，手上肩也。乾为首，首肩之间荷物处。乾为天，艮为径路，天衢象也。《后汉书·崔骃传》注。

《彖》曰：大畜，刚健笃实，辉光日新，其德刚上而尚贤。"日新"绝句，"其德"连下句。《释文》。能止健，大正也。不家食吉，养贤也。利涉大川，应乎天也。

《象》曰：天在山中，大畜。君子以多识前言往行，以畜其德。有厉利已，不犯灾也。舆说輹，中无尤也。利有攸往，上合志也。六四元吉，有喜也。六五之吉，有庆也。何天之衢，道大行也。〔注〕惠补 人君在上位，负荷天之大道。《文选·王文考〈鲁灵光殿赋〉》注。

☰震下艮上。

颐，贞吉。观颐，自求口食。〔注〕颐者，今《集解》本者为"中"字，误，《左传》正义作"者"，与王本同。惠删之，非也。口车辅之名也。震动于下，艮止于上。口车动而上，《汉上易》引作"口车动而止"。因辅嚼物以养人，故谓之颐。颐，养也。以上又见《左传·襄二十八年》正义，"名"下无"也"字，"谓"下无"之"字，"颐，养也"作"为养也"。能行养，则其干事故吉矣。二、五离爻，皆得中，离为目，观象也。观颐，观其养贤与不肖。颐中有物曰口实。自二至五有二坤，坤载养物，而人所食之物皆存焉。观其求可食之物，则贪廉之情可别也。《集解》。

初九：舍尔灵龟，观我朵颐，〔注〕朵，动也。《释文》。凶。

六二：颠颐，拂经于丘颐，征凶。

六三：拂颐，贞凶。十年勿用，无攸利。

六四：颠颐，吉。虎视眈眈，其欲逐逐，无咎。

六五：拂经，居贞吉，不可涉大川。

上九：由颐，厉吉，利涉大川。

《彖》曰：颐贞吉，养正则吉也。观颐，观其所养也。自求口实，观其自养也。天地养万物，圣人养贤以及万民。颐之时义大矣哉！

《象》曰：山下有雷，颐。君子以慎言语，节饮食。观我朵颐，亦不足贵也。六二征凶，行失类也。十年勿用，道大悖也。颠颐之吉，上施光也。居贞之吉，顺以从上也。由颐厉吉，大有庆也。〔注〕惠补君以得人为庆。《汉上易传》《义海撮要》。

☱☴ 巽下兑上。

大过，〔注〕惠补阳爻过也。《汉上易传》。栋桡，利有攸往，亨。

初六：藉用白茅，无咎。

九二：枯杨生荑，老夫得其女妻，无不利。枯，音姑。荑，音夷。《释文》。《汉上易传》云："稊，郑氏《易》作'荑'。"又《晁氏易》云："华，郑作'荑'。非是。"〔注〕枯，谓无姑山榆。荑，木更生，谓山榆之实。《释文》。又云："榆，羊朱反。"

九三：栋桡，凶。

九四：栋隆，吉，有它吝。

九五：枯杨生华，老妇得其士夫，无咎无誉。〔注〕以丈夫年惠脱"年"字。过，娶二十之女，老妇年过，嫁于胡、惠并脱"于"字。三十之男，皆得其子。《诗·桃夭》正义。

·163·

上六：过涉灭顶，凶，无咎。

《彖》曰：大过，大者过也。栋桡，本末弱也。刚过而中，巽而说行。利有攸往，乃亨。大过之时大矣哉！

《象》曰：泽灭木，大过。君子以独立不惧，遁世无闷。藉用白茅，柔在下也。老夫女妻，过以相与也。栋桡之凶，不可以有辅也。栋隆之吉，不桡乎下也。枯杨生华，何可久也。老妇士夫，亦可丑也。过涉之凶，不可咎也。

☵坎下坎上。

习坎，有孚，维心亨，行有尚。

初六：习坎，入于坎窞，凶。

九二：坎有险，求小得。

六三：来之坎坎，检且枕，《释文》。〔注〕木在手曰检，木胡、惠删此"木"字。在首曰枕。同上。入于坎窞，勿用。

六四：尊酒簋，贰用缶，内约自牖，终无咎。〔注〕六四上承九五，又互体在震上。《礼记·礼器》正义。爻辰在丑，丑上值斗，可以斟之象。斗上有建星，建星之形似簋。贰，副也。建星上有弁星，弁星之形又如缶。天子大臣，以王命出会诸侯，主国尊于簋，副设玄酒以缶。《诗·宛丘》正义。自"天子"至末又见《礼记·礼器》正义，无"主国"二字，"以缶"作"而用缶也"。

九五：坎不盈，祇既平，〔注〕祇，当为"坻"，小丘也。《释文》。无咎。

上六：系用徽纆，置于丛棘，三岁不得，凶。〔注〕系，拘也。爻辰在巳，巳为蛇，蛇之蟠屈似徽纆也。三五互体艮，又与震同体。艮为门阙，于木为多节。震之所为，有丛拘之类。门阙之内，有丛木多节之木，是天子外朝左右九棘之象也。外朝者，所以询事之处也。左嘉石，平罢民焉。右肺石，达穷民焉。罢民，邪恶之民也。上六乘阳，有邪恶之罪，故缚约徽纆，置于丛棘，而后公卿以下议之。自"上六乘阳"至此，又见《诗·正月》正义，"上六"无"六"字，"约"作"以"，"后"作"使"。其害人者，置之圜土，而施职事焉，以明刑耻之。能复者，上罪三年而赦，中罪二年而赦，下罪一年而赦。不得者，不自思以得正道，终不自改而出胡、惠本多"诸"字。圜土者，杀。故胡、惠本多"曰"字。凶。《公羊传·宣元年》疏。

《象》曰：习坎，重险也。水流而不盈，行险而不失其信。维心亨，乃以刚中也。行有尚，往有功也。天险，不可升也。地险，山川丘陵也。王公设险以守其国，险之时用大矣哉！

《象》曰：水洊至，习坎。君子以常德行，习教事。习坎入坎，失道凶也。求小得，未出中也。来之坎坎，终无功也。尊酒簋贰，刚柔际也。坎不盈，中未大也。上六失道，凶三岁也。

☲离下离上。

离，利贞，亨。畜牝牛，吉。

初九：履错然，惠补错，七各反。《释文》。臧在东云："《考工记》：'弓人为弓，老牛之角纱而昔。'郑司农云：'"昔"读为"交错"之"错"。'元谓'昔'读'履错然'之'错'。《释文》：'错，七各反，李云郑且苦反。'《易释文》：'履错，郑、徐七各反，马七路反。'疑当作'徐七各反''马、郑七路反'。七路反与七苦反同，读为'措'，郑《易》本马，马、郑多同。荀云：'初欲履错于二。'亦读'错'为'措'。马、郑、荀皆传费氏《易》者也。惠言谓郑读当七路反是也。疑《释文》之误，则非。《释文》于《周礼》亦音七各反也。"敬之无咎。

六二：黄离，元吉。〔注〕惠补離，凡"離"字皆当作"离"，惠改作"离"，今依元文。南方之卦。离为火，土托《御览》作"寄"。位焉。土色黄，火之子。喻子有明德，能附丽于《初学记》《御览》"于"下有"其"字。父之道，文王之《御览》作"大"。子发、旦《御览》无"旦"字。是也。《文选》注止此。《初学记》无此句。慎成其业，故吉矣。惠作"则吉也"，误。《文选·颜延年〈应诏宴曲水作诗〉》注、《御览》一百四十六、《初学记·皇太子部》）。

九三：日昃之离，不击缶而歌，《释文》。〔注〕艮爻也，位近胡本作"在"。丑，丑上值弁星，弁星《尔雅·释器》疏引"弁星"二字不重。似缶。《诗》云："坎其击缶。"则乐器亦有缶。《诗·宛丘》正义。则大耋之嗟。《释文》云："郑无'凶'字。"嗟，惠改作"差"。〔注〕年逾七十。《诗·车邻》正义。《礼记·射义》正义"逾"作"余"，末有"也"字。

九四：烎王本作"突"，惠并改作"烎"。如其来如，焚如，死如，弃如。《晁氏易》云："突，郑作'烎'，云：'不孝子也。'"丁小疋云："《说文·云部》'云''烎'二字注应依《系传》本，鼎臣妄为移其次序，朱笥河翻刻毛本于'云'字注改两'突'字为'云'，惠松崖校定《周易集解》，亦改'突'为'云'，段懋堂驳之，是矣。然段亦不知郑氏《易》实作'云'，不作'突'也。"〔注〕震为长子，爻失正。又互体兑，兑为附决。今《周礼》本"子"上误多"注"字。子居明法之家而无正，何以自断，其君父不志也。突当为"烎"。如震之失正，不知其所如。又为巽，巽为进退，不知所从。不孝之罪，五刑莫大焉，得用议贵之辟刑之，若如所犯之罪。焚如，

·165·

杀其亲之刑。死如，杀人之刑也。惠脱"也"字。弃如，流宥之刑。《周礼·秋官·掌戮》疏。

六五：出涕沱若，戚嗟若，〔注〕丁补自目出曰涕。《汉上易》。吉。

上九：王用出征，有嘉折首，获匪其丑，无咎。

《彖》曰：离，丽也。日月丽乎天，百谷草木丽乎土，重明以丽乎正，乃化成天下，柔丽乎中正，故亨。是以畜牝牛吉也。

《象》曰：明两作，离。大人以继明照于四方。〔注〕作，起也。《释文》。惠补明两者，取君明，上下以明德相承，其于天下之事无不见也。《文选·谢瞻〈张子房诗〉》注。丁补明明相继而起，大人重光之象。尧、舜、禹、文、武之盛也。《汉上易》。履错之敬，以避咎也。黄离元吉，得中道也。日昃之离，何可久也。突如其来如，无所容也。六五之吉，丽王公也。《释文》。王用出征，以正邦也。

下经咸传第四

䷞艮下兑上。

咸，亨，利贞，取女吉。〔注〕咸，感也。艮为山，兑为泽，山气下，泽气上，二气通而相应，以生万物，故曰咸也。其于人也，嘉会礼通，和顺于义，干事能正，三十之男，有此三德，以下二十之女，正而相亲说，取王误作"娶"。之则吉也。《集解》。

初六：咸其拇。〔注〕拇，足大指也。《释文》。

六二：咸其腓，〔注〕腓，膞肠也。同上。又云："膞，音市阋反。"凶，居吉。

九三：咸其股，执其随，往吝。

九四：贞吉，悔亡，憧憧往来，朋从尔思。

九五：咸其脢，〔注〕脢，背脊肉也。同上。《正义》无"背"字，《晁氏易》作"夹脊肉"。无悔。

上六：咸其辅颊舌。

《彖》曰：咸，感也。柔上而刚下，二气感应以相与，〔注〕惠补与，犹亲也。同上。止而说，男下女，是以亨利贞，取女吉也。天地感而万物化生，圣人感人心而天下和平。观其所感，而天地万物之情可见矣！

《象》曰：山上有泽，咸。君子以虚受人。咸其拇，志在外也。虽凶居吉，顺不害也。咸其股，亦不处也。志在随人，所执下也。贞吉悔亡，未感害也。憧憧往来，未光大也。咸其脢，志末也。咸其辅颊舌，滕口说也。《正义》。《释文》云："滕，虞作'媵'，郑云：'送也。'"〔注〕滕，送也。咸道极薄，徒送口舌言语相感而已，不复有志于其间。《正义》。

☷巽下震上。

恒，亨，无咎，利贞。利有攸往。〔注〕恒，久也。巽为风，震为雷，雷风相须而养物，犹长女承长男，夫妇同心而成家，久长之道也。夫妇以嘉会礼通，故无咎。其能和顺干事，所行而善矣。《集解》。

初六：濬恒，《释文》。贞凶，无攸利。

九二：悔亡。

九三：不恒其德，或承之羞，同上。〔注〕得正，"得正"上，孔疏加"爻辞"二字，王连引，惠删"辞"字，存"爻"字，皆未是。互体为乾，乾有刚健之德。体在巽，巽为进退，是不恒其德也。又互体为兑，兑为毁折，是将有羞辱也。《礼记·缁衣》正义。自"巽为进退"以下又见《后汉书·马廖传》注，"是不恒其德也"作"不恒其德之象"，"为兑"无"为"字，"是将"作"后或"。《缁衣》正义不言此为注文，证之《后汉书》注，则为注无疑。《正义》或脱"注云"字耳。贞吝。

九四：田无禽。

六五：恒其德，贞，妇人吉，夫子凶。〔注〕〔以阴爻而处尊位，是天子之女。又互体兑，兑为和说。至尊主家之女，惠误作"主"。以和说干其惠误脱"其"字。家事，问正于人，故为吉也。应在九二。又男子之象，体在巽，巽为进退，是无所定而妇言是从，故云"夫子凶"也。〕《礼记·缁衣》正义。此条亦不言注文。

上六：振恒，凶。〔注〕振，摇落也。《释文》。

《象》曰：恒，久也。刚上而柔下，雷风相与，巽而动，刚柔皆应，恒。恒，亨，无咎，利贞，久于其道也。天地之道，恒久而不已也。利有攸往，终则有始也。日月得天而能久照，四时变化而能久成，圣人久于其道而天下化成。观其所恒，而天地万物之情可见矣！

《象》曰：雷风，恒。君子以立不易方。濬恒之凶，始求深也。九二悔亡，能久中也。不恒其德，无所容也。久非其位，安得禽也。妇人贞吉，从一而终也。夫子制义，从妇凶也。振恒在上，大无功也。

☶艮下乾上。

遁，亨，小利贞。〔注〕遁，逃去之名也。此句又见《释文》，无"也"字。艮为门阙，乾有健德，互体有巽，巽为进退。君子出门，行有进退，逃去之象。二"逃去"以下，《义海撮要》引之，无"二"字。王"二"误作"曰"。五得位而有应，是用正道得礼见召聘。始仕他国，当尚谦谦，《义海撮要》作"谦损"，又无下句。小其和顺之道，居小官，干小事，其进以渐，则远妒忌之害。昔《义海撮要》无"昔"字。陈敬仲奔齐辞卿是也。《集解》。

初六：遁尾，厉，勿用有攸往。

六二：执之用黄牛之革，莫之胜说。

九三：系遁，有疾厉。畜臣妾，吉。

九四：好遁，君子吉，小人否。否，备鄙反。《释文》。〔注〕否，塞也。同上。

九五：嘉遁，贞吉。

上九：肥遁，无不利。

《彖》曰：遁亨，遁而亨也。刚当位而应，与时行也。〔注〕正道见聘，始仕他国，亦遁而后亨也。《汉上易》。此或即约卦注，姑存以备考。小利贞，浸而长也。遁之时义大矣哉！

《象》曰：天下有山，遁。君子以远小人，不恶而严。遁尾之厉，不往何灾也。执用黄牛，固志也。系遁之厉，有疾惫也。〔注〕惫，困也。《释文》。畜臣妾吉，不可大事也。君子好遁，小人否也。嘉遁贞吉，以正志也。肥遁无不利，无所疑也。

☰乾下震上。

大壮，〔注〕壮，气力浸强之名。《释文》。利贞。

初九：壮于趾，贞凶，有孚。

九二：贞吉。

九三：小人用壮，君子用罔，贞厉。羝羊触藩，羸其角。同上。

九四：贞吉，悔亡。藩决不羸，壮于大舆之輹。

六五：丧羊于易，易，音亦，同上。〔注〕易，谓佼易也。同上。无悔。

上六：羝羊触藩，不能退，不能遂，无攸利，艰则吉。

《彖》曰：大壮，大者壮也。刚以动，故壮。大壮利贞，大者正也。正大而天地之情可见矣！

《象》曰：雷在天上，大壮。君子以非礼弗履。壮于趾，其孚穷也。九二贞吉，以中也。小人用壮，君子罔也。藩决不累，尚往也。丧羊于易，位不当也。不能退，不能遂，不祥也。同上。〔注〕祥，善也。同上。艰则吉，咎不长也。

☷坤下离上。

晋，康侯用锡马蕃庶，昼日三接。蕃，发袁反。庶，止奢反。接，音捷。《释文》。今本《释文》或无"音"者，误也。《音训》云："庶，郑读为'遮'。"〔注〕康，尊也，广也。蕃庶，谓蕃遮也。接，胜也。《释文》。

初六：晋如摧如，〔注〕摧，读如"南山崔崔"之"崔"。同上。贞吉。罔孚，裕无咎。

六二：晋如愁如，愁，子小反。同上。〔注〕愁，变色貌。同上。贞吉，受兹介福，于其王母。

六三：众允，悔亡。

九四：晋如鼫鼠，案：《正义》引郑为大鼠，异于王弼之五伎，则郑本当作"硕"字。《释文》或略耳。惠氏乃改注之"硕"皆为"鼫"，何哉？〔注〕《诗》云："硕鼠硕鼠，无食我黍。"谓大鼠也。《正义》。贞厉。

六五：悔亡，矢得勿恤，《释文》。往吉，无不利。

上九：晋其角，维用伐邑，厉吉，无咎，贞吝。

《彖》曰：晋，进也。明出地上，顺而丽乎大明，柔进而上行，是以康侯用锡马蕃庶，昼日三接也。

《象》曰：明出地上，晋，君子以自照明德。〔注〕地虽生万物，日出于上，其功乃著，故君子法之，而以明自照其德。《集解》。晋如摧如，独行正也。裕无咎，未受命也。受兹介福，以中正也。众允之志，上行也。鼫鼠贞厉，位不当也。矢得勿恤，往有庆也。维用伐邑，道未光也。

☲离下坤上。

明夷，利艰贞。〔注〕夷，伤也。日出《汉上易》引作"在"。地上，其明乃光，至其入地，王作"也"。《汉上易》《义海撮要》并同。明则《汉上易》作"乃"。伤矣，故谓之明夷。《义海撮要》作"故曰明夷"，又无下句。日之明伤，犹圣人、君子有明德而遭乱世，抑在下位，则宜自艰，无干事政，《义海撮要》无"政"字。以避小人之害也。惠脱"也"字。《义海撮要》无"之害"字。《集解》。

初九：明夷于飞，垂其翼；君子于行，三日不食。有攸往，主人有言。

六二：明夷，睇于左股，《释文》。〔注〕旁视为睇。此句见《释文》，"为"作"曰"。六二辰在酉，酉在胡作"是"。西方。又下体离，离为目。九三体在震，震东方。九三又在辰，辰得巽气为股。此谓六二有明德，欲承九三，故云"睇于左股"。《礼记·内则》正义。用拯马〔注〕拯，承也。《释文》。壮，吉。

九三：明夷于南狩，得其大首，不可疾贞。

六四：入于左腹，获明夷之心，于出门庭。

六五：箕子之明夷，利贞。

上六：不明晦，初登于天，后入于地。

《彖》曰：明入地中，明夷。内文明而外柔顺，以蒙大难，〔注〕姚补蒙，犹遭也。同上。文王似之。同上。利艰贞，晦其明也。内难而能正其志，箕子似之。同上。

《象》曰：明入地中，明夷。君子以莅众，用晦而明。君子于行，义不食也。六二之吉，顺以则也。南狩之志，乃得大也。入于左腹，获心意也。箕子之贞，明不可息也。初登于天，照四国也。后入于地，失则也。

☲ 离下巽上。

家人，利女贞。

初九：闲有家，〔注〕闲，习也。《释文》。悔亡。

六二：无攸遂，在中馈，〔注〕二为阴爻，得正于内。五，阳爻也，得正于外。犹妇人自修正于内，丈夫修正于外。无攸遂，言妇人无敢自遂也。爻体离，又互体坎，火位在下，水在上，饪之象也。馈，食也。此句又见《后汉书·王符传》注，作"中馈，酒食也"。故云"在中馈"也。《后汉书·杨震传》注。贞吉。

九三：家人嗃嗃，《晁氏易》云："嗃嗃，郑作'熇熇'。"案：《释文》："刘作'熇熇'。"在郑、荀之后。以苦热之意言之，"熇熇"为合。然晁似以刘为郑，未可谓《释文》误也。〔注〕嗃嗃，苦热之意。《释文》。悔厉吉；妇子嘻嘻，〔注〕嘻嘻，骄佚胡作"逸"。喜笑之意。同上。终吝。

六四：富家，大吉。

九五：王假有家，王、惠误作"庙"。〔注〕假，登也。同上。勿恤，吉。

上九：有孚威如，终吉。

《彖》曰：家人，女正位乎内，男正位乎外，男女正，天地之大义也。家人有严君焉，父母之谓也。父父子子，兄兄弟弟，夫夫妇妇，而家道正，正家而天下定矣！

《象》曰：风自火出，家人。君子以言有物而行有恒。闲有家，志未变也。六二之吉，顺以巽也。家人嗃嗃，未失也。妇子嘻嘻，失家节也。富家大吉，顺在位也。王假有家，交相爱也。威如之吉，反身之谓也。

☲兑下离上。

睽，音圭。《释文》。小事吉。〔注〕睽，乖也。火欲上，泽欲下，犹人同居而异志也，《义海撮要》引无"也"字及下二句。故谓之睽。二五相应，君阴臣阳，君而应臣，故"小事吉"。《集解》。

初九：悔亡，丧马勿逐，自复。见恶人，无咎。

九二：遇主于巷，无咎。

六三：见舆曳，其牛掣，〔注〕牛角皆踊曰觢。《释文》。《汉上易传》云："掣，郑康成作'觢'，牛角踊也。"《音训》误作'挚'，《会通》依《释文》作'觢'。丁小疋云："《子夏传》、虞翻注及《说文》并训'一角仰'，即《尔雅》所谓'一俯一卬，觭也'，故《子夏传》作'契'，许、虞作'觭'，荀爽竟作'觭'，与《尔雅》文合。郑注训'皆踊'，即《尔雅》所谓'皆踊觢也'。《尔雅》释文：''觢'或作'挈'。'郑《易》作'挈'，亦与之合。"其人天且劓，无初有终。

九四：睽孤，遇元夫，交孚，厉无咎。

六五：悔亡，厥宗噬肤，往何咎？

上九：睽孤，见豕负涂，载鬼一车。先张之弧，后说之壶。《释文》。匪寇，婚媾，往遇雨则吉。

《彖》曰：睽，火动而上，泽动而下，二女同居，其志不同行。说而丽乎明，柔进而上行，得中而应乎刚，是以小事吉。天地睽而其事同也，男女睽而其志通也，万物睽而其事类也。睽之时用大矣哉！

《象》曰：上火下泽，睽。君子以同而异。见恶人，以避咎也。遇主于巷，未失道也。见舆曳，位不当也。无初有终，遇刚也。交孚无咎，志行也。厥宗噬肤，往有庆也。遇雨之吉，群疑亡也。

☶艮下坎上。

蹇，利西南，不利东北。利见大人，贞吉。

初六：往蹇，来誉。

六二：王臣蹇蹇，匪躬之故。

九三：往蹇，来反。

六四：往蹇，来连。连，如字。《释文》。〔注〕连，迟久之意。《释文》《正义》。

九五：大蹇，朋来。

上六：往蹇，来硕，吉。利见大人。

《彖》曰：蹇，难也，险在前也。见险而能止，知矣哉！蹇，利西南，往得中也。〔注〕中，和也。《释文》。不利东北，其道穷也。利见大人，往有功也。当位贞吉，以正邦也。蹇之时用大矣哉！

《象》曰：山上有水，蹇。君子以反身修德。往蹇来誉，宜待时也。《释文》。王臣蹇蹇，终无尤也。往蹇来反，内喜之也。往蹇来连，当位实也。大蹇朋来，以中节也。往蹇来硕，志在内也。利见大人，以从贵也。

☳坎下震上。

解，利西南，无所往，其来复吉，有攸往，夙吉。

初六：无咎。

九二：田获三狐，得黄矢，贞吉。

六三：负且乘，致寇至，贞吝。

九四：解而拇，朋至斯孚。

六五：君子维有解，吉，有孚于小人。

上六：公用射隼于高墉之上，获之，无不利。

《彖》曰：解，险以动，动而免乎险，解。解利西南，往得众也。其来复吉，乃得中也。有攸往，夙吉，往有功也。天地解而雷雨作，雷雨作而百果草木皆甲宅。〔注〕木实曰果。"皆"惠改作"解"，谬甚。读如人倦之"解"。解，谓坼今《文选》误作"拆"。呼。惠改作"嘑"，亦无据。皮曰甲，根曰宅。宅，居也。《文选·左太冲〈蜀都赋〉》注。又云："呼，火亚切。"解之时大矣哉！

《象》曰：雷雨作，解。君子以赦过宥罪。刚柔之际，义无咎也。九二贞吉，得中道也。负且乘，亦可丑也。自我致戎，又谁咎也。解而拇，未当位也。君子有解，小人退也。公用射隼，以解悖也。

☱兑下艮上。

损，〔注〕艮为山，兑为泽，互体坤，坤为地。山在地上，泽在地下，泽以自损增山之高也。《义海撮要》引无"以"字、"也"字，"增"上有"以"字。犹诸侯损其《义海撮要》无"其"字。国之富，以贡献于天子，故谓之损矣。《集解》。有孚，元吉，无咎，可贞，利有攸往。曷之用？二簋可用享。〔注〕〔四以簋进黍稷于神也。初字误，当为"三"。与二直，其四与五承上，故用二簋。四，巽爻也，巽为木。五，离爻也，离为日。日体圜，木器而圜，簋象也。〕《考工记·旅人》疏，不云注文。又《少牢馈食礼》疏云："离为日，日圆。巽为木，木器象。"《诗·权舆》正义云："离为日，日体圆。巽为木，木器圆，簋象。"三疏皆约义也。

初九：巳事遄往，无咎，酌损之。

九二：利贞，征凶，弗损益之。

六三：三人行则损一人，一人行则得其友。

六四：损其疾，使遄有喜，无咎。

六五：或益之十朋之龟，〔注〕《尔雅》云："十朋之龟者，《礼记》正义无此二字①。一曰神龟，二曰灵龟，三曰摄龟，四曰宝龟，五曰文龟，六曰筮龟，七曰山龟，八曰泽龟，九曰水龟，十曰火龟。"《正义》、《礼记·礼器》正义。弗克违，元吉。

上九：弗损益之，无咎，贞吉。利有攸往，得臣无家。

《彖》曰：损，损下益上，其道上行。损而"有孚，元吉，无咎，可贞，利有攸往。曷之用？二簋可用享"，二簋应有时，损刚益柔有时，损益盈虚，与时偕行。

《象》曰：山下有泽，损。君子以惩忿窒欲。《释文》。胡"欲"作"慾"。〔注〕惩，犹清也。窒，止也。《释文》。巳事遄往，尚合志也。九二利贞，中以为志也。一人行，三则疑也。损其疾，亦可喜也。六五元吉，自上祐也。弗损益之，大得志也。

---

① "二"当作"五"。

☷震下巽上。

益，利有攸往，利涉大川。〔注〕阴阳之义，阳称为君，阴称王无此"称"字，《义海撮要》上句亦无此"称"字。为臣。今震一阳二阴，臣多于君矣。《义海撮要》无"矣"字。而四体《义海撮要》无"体"字。巽之不《义海撮要》作"下"，《集解》及王俱误。应初，是天子损其所有以下诸侯也。人君之道《义海撮要》无"之道"。以益下为德，故谓之益也。《义海撮要》无"也"字及下二句。震为雷，巽为风，雷动风行，二者相成。《义海撮要》无此句。犹人君出教令，臣《义海撮要》"臣"下有"下"字。奉行之，故利有攸往。坎为大川，故王无"坎为大川故"五字，《义海撮要》同。利涉大川矣。惠作"也"，《义海撮要》无此字。《集解》。

初九：利用为大作，元吉，无咎。

六二：或益之十朋之龟，弗克违，永贞吉。王用享于帝，吉。

六三：益之用凶事，无咎，有孚中行。告公用圭。

六四：中行，告公从，利用为依迁国。

九五：有孚惠心，勿问元吉，有孚惠我德。

上九：莫益之，或击之，立心勿恒，凶。

《彖》曰：益，损上益下，民说无疆。自上下下，其道大光。利有攸往，中正有庆。利涉大川，木道乃行。益动而巽，日进无疆。天施地生，其益无方。凡益之道，与时偕行。

《象》曰：风雷，益。君子以见善则迁，有过则改。元吉无咎，下不厚事也。或益之，自外来也。益用凶事，固有之也。告公从，以益志也。有孚惠心，勿问之矣。惠我德，大得志也。莫益之，偏辞也。或击之，自外来也。

下经夬传第五

☱乾下兑上。

夬，扬于王庭，〔注〕夬，决也。阳气浸长至于五，五，尊位也，而阴先之，是犹圣人积德说天下，以渐消去小人，至于受命为天子，故谓之决。惠改作"夬"。扬，越也。五互体乾，乾为君，又居尊位，王庭之象也。阴爻越其上，小人乘君子，罪恶上闻于圣人之朝，故曰"夬，王作"决"。扬于王庭"也。王无"也"字。《集解》。孚号有厉，告自邑，不利即戎，利有攸往。

初九：壮于前趾，往不胜，为咎。

九二：惕號，音号。《释文》。莫夜莫，如字。同上。〔注〕莫，无也。无夜，非一夜。同上。今本或作"非号夜"者，误。有戎，勿恤。

九三：壮于頄，同上。惠误作"頯"。〔注〕頄，夹面也。同上。有凶。君子夬夬，独行遇雨，若濡有愠，无咎。

九四：臀无肤，[姚补][惠补]其行趑趄。趑，七私反。趄，七余反。《释文》。姚跋云："'次且'作'趑且'，却行不前也。""却行"五字乃马注，姚误引之。惠又引"趄，七余反"。案：《释文》："'且'本或作'趄'，或作'跙'，同七余反。"郑既"次"字从"趑"，则"且"字为"趄"可知。陆以与王弼或本同，故不复释，而字之为"趄"，当从惠本。牵羊悔亡，闻言不信。

九五：苋陆〔注〕苋陆，商陆也。《释文》。《正义》作："苋陆，一名商陆。"丁小疋曰："依宋本《正义》，此句系马传，《兼明书》引之亦然，但讹'商'为'章'耳。"夬夬，中行无咎。

上六：无号，终有凶。

《彖》曰：夬，决也，刚决柔也，健而说，决而和。扬于王庭，柔乘五刚也。孚号有厉，其危乃光也。告自邑，不利即戎，所尚乃穷也。利有攸往，刚长乃终也。

《象》曰：泽上于天，夬。君子以施禄及下，居德则忌。不胜而往，咎也。有戎勿恤，得中道也。君子夬夬，终无咎也。其行趑趄，位不当也。闻言不信，聪不明也。中行无咎，中未光也。无号之凶，终不可长也。

☰巽下乾上。

姤，《释文》。女壮，勿用取女。〔注〕姤，王作"遘"，下同。遇也。一阴承五阳，一女当五男，苟相遇耳，非礼之正，故谓之姤。女壮如是，壮健以王作"似"。淫，故不可取。妇人以婉娩为其德也。《集解》。

初六：系于金柅，贞吉。有攸往，见凶，[丁补]羸豕孚蹢躅。羸，力追反。《释文》。《晁氏易》云："郑作'虆'。"

九二：[丁补]包有鱼，包，百交反。《释文》。无咎，不利宾。

九三：臀无肤，其行趑趄，《释文》。见上卦。厉，无大咎。

九四：包无鱼，起凶。

九五：以杞包瓜，包，百交反。《释文》。丁云："《晁氏易》：'郑读为"庖"，非。'"〔注〕杞，柳也。《释文》。含章，有陨自天。

上九：遘其角，吝，无咎。

《彖》曰：遘，遇也，柔遇刚也。勿用取女，不可与长也。天地相遇，品物咸章也。刚遇中正，天下大行也。遘之时义大矣哉！

《象》曰：天下有风，遘。后以施命诰四方。诰，起一反。《释文》。诰，《音训》《会通》误作"诰"。〔注〕诰，止也。《释文》。王本、胡本、《音训》《会通》皆作"正也"，今《释文》本亦有作"正"者。系于金柅，柔道牵也。包有鱼，义不及宾也。其行越趄，行未牵也。无鱼之凶，远民也。九五含章，中正也。有陨自天，志不舍命也。遘其角，上穷吝也。

☷坤下兑上。

萃，亨。王假有庙，利见大人，亨，利贞。用大牲吉，利有攸往。〔注〕萃，聚也。坤为顺，兑为说。臣下以顺道承事其君，说德居上待之，上下相应，有事而和通，故曰"萃，亨"也。丁云："《释文》云：'马、郑、虞、陆等并无"亨"字。'据《集解》当有，或是《释文》误衍'郑'耳。"假，至也。互有艮、巽，巽王无此字。为木，艮为阙，木在阙上，宫室之象也。四本震爻，震为长子。五本坎爻，坎为隐伏。居尊而隐伏，鬼神之象。长子入阙，升堂祭祖祢之礼也，故曰"王假有庙"。二本离爻也，离为目，居正应五，故"利见大人"矣。大牲，牛也。言大人有嘉会，时可干事，必杀牛而王作"以"。盟，既盟则可以往，王脱此字。故曰利往。《集解》。

初六：有孚不终，乃乱乃萃。丁补 若号，号，户羔反。《释文》。晁氏曰："号，郑为'号咷'。"一握为笑，〔注〕"握"当读为"夫三为屋"之"屋"。《释文》。勿恤，往无咎。

六二：引吉，无咎，孚乃利用禴。〔注〕禴，夏祭名。同上。

六三：萃如嗟如，无攸利，往无咎，小吝。

九四：大吉，无咎。

九五：萃有位，无咎，匪孚，元永贞，悔亡。

上六：赍咨涕洟，〔注〕赍咨，嗟叹之辞也。辞，姚作"声"。以上 姚补。〔注〕自目曰涕，自鼻曰洟。同上。咎。

《彖》曰：萃，聚也。顺以说，刚中而应，故聚也。王假有庙，致孝享也。利见大人亨，聚以正也。利贞。用大牲吉，利有攸往，顺天命也。观其所聚，而天地万物之情可见矣！

《象》曰：泽上于地，萃。君子以除戎器，〔注〕除，去也。同上。戒不虞。乃乱乃萃，其志乱也。引吉无咎，中未变也。往无咎，上巽也。大吉无咎，位不当也。萃有位，志未光也。赍咨涕洟，未安上也。

☷巽下坤上。

昇，《释文》。〔注〕升，当作"昇"，《义海撮要》引亦作"升"。上也。坤，地。巽，木。木生地中，日长而《义海撮要》作"于"。上，犹圣人在诸侯之中，明德日益高大也，故谓之升。升，进益之象矣。王无"矣"字，惠作"也"。《集解》。元亨。用见大人，勿恤。南征吉。

初六：允昇，大吉。

九二：孚乃利用禴，无咎。

九三：昇虚邑。

六四：王用亨于岐山，亨，许两反。《释文》。〔注〕亨，献也。同上。吉，无咎。

六五：贞吉，昇阶。

上六：冥昇，利于不息之贞。

《象》曰：柔以时昇，巽而顺，刚中而应，是以大亨。用见大人，勿恤，有庆也。南征吉，志行也。

《象》曰：地中生木，昇。君子以慎德，积小以高大。允昇大吉，上合志也。九二之孚，有喜也。昇虚邑，无所疑也。王用亨于岐山，顺事也。贞吉昇阶，大得志也。冥昇在上，消不富也。

☱坎下兑上。

困，亨，贞。大人吉，无咎。〔注〕坎为月，互体离，离为日，兑为暗昧，日所入也。今上夲王作"掩"。日月之明，犹君子处乱世《集解》讳改"代"，今从王。为小人所不容，故谓之困也。君子虽困，居险惠误"俭"。能说，是以通而无咎也。《集解》。有言不信。

初六：臀困于株木，入于幽谷，三岁不觌。

九二：困于酒食，朱绂方来，利用亨王作"享"。祀，〔注〕二据初，辰在未，未为土，王本误作"正"。此二为大夫有地之象。未上值天厨，酒食象。因于酒

· 177 ·

食者，采地薄，不足己用也。二与日为体离，① 为镇霍。爻四为诸侯，有明德受命当王者。离为火，火色赤。四爻辰在午时，离气赤又惠改"又"作"为"。朱，以下王误连引"是也，文王将王，天子制用朱韍"十二字，今删。《士冠礼》正义。朱深云"云"当为"于"，古"亏"字之误。惠妄改作"曰"。赤。《诗·斯干》正义。金先生云："《诗·斯干》笺：'韍者，天子纯朱，诸侯黄朱。'疏云：'纯朱，明其深也。黄朱，明其浅也。'引《乾凿度》'天子之朝朱韍，诸侯之朝赤韍'证朱韍为纯朱、赤韍为黄朱，故引郑氏《困》卦注'朱深于赤'为证。今汲古阁本《诗》疏'困卦'讹为'内卦'，'于赤'讹为'云赤'，幸上下文义可证'云'字之讹。王氏沿讹，惠又改'云'为'曰'，适与郑义违反。惠言案《七经孟子考文》，宋板《诗》疏内卦'内'字尚作'困'，故伯厚能采入注，而定字竟不知所出。此知集文不载出处，误后学不少。"征凶，无咎。

六三：困于石，据于蒺藜，入于其宫，不见其妻，凶。

九四：来徐徐，困于金车，吝，有终。

九五：劓刖，〔注〕"劓刖"当为"倪仉"。《释文》。困于赤绂，乃徐有说，利用祭祀。

上六：困于葛藟，于臲卼，曰动悔，有悔，征吉。

《彖》曰：困，刚掩也。险以说，困而不失其所亨，其唯君子乎？贞，大人吉，以刚中也。有言不信，尚口乃穷也。

《象》曰：泽无水，困。君子以致命遂志。入于幽谷，幽不明也。困于酒食，中有庆也。据于蒺藜，乘刚也。入于其宫，不见其妻，不祥也。来徐徐，志在下也。虽不当位，有与也。劓刖，志未得也。乃徐有说，以中直也。利用祭祀，受福也。困于葛藟，未当也。动悔有悔，吉行也。

☴ 巽下坎上。

井，〔注〕坎，水也。巽，木，桔槔也。互体离、兑，离，外坚中虚，瓶惠脱"瓶"字。也。兑为暗泽，泉口也。言桔槔引瓶下入泉口，汲水而出，井之象也。井以汲字当为"养"。人，水无空竭，犹君子以政教养天下，惠泽无穷也。《集解》。井，法也。《释文》。改邑不改井，无丧无得。往来井井，汔至，亦未繘井，〔注〕 姚补 繘，绠也。《释文》。羸其瓶，〔注〕 姚补 "羸"读曰"虆"。同上。凶。

---

① "日"当为"四"之音讹。谓二爻至四爻为离卦。

初六：井泥不食，旧井无禽。

九二：井谷射鲋，射，音亦。《释文》。瓮敝漏。《释文》。〔注〕九二，坎爻也。坎为水，上直巽①生一，当为"九三"，惠改。②艮爻也。艮为山，山下有井，必因谷水胡本多一"本"字。所生鱼无大鱼，但多鲋鱼耳。言微小也。王无此句，卢召弓以为此下并刘渊林语，非郑注。夫感动天地，此鱼之至大；射鲋井谷，此鱼之至小，故以相况。《文选·左太冲〈吴都赋〉》注。三字丁补射，厌也。瓮，停水器也。《释文》。

九三：井渫不食，〔注〕谓已浚渫也，犹臣修正其身以事君也。《文选·王仲宣〈登楼赋〉》注。为我心恻，可用汲。王明并受其福。

六四：井甃，无咎。

九五：井洌，寒泉食。

上六：井收，勿幕，有孚，元吉。

《彖》曰：巽乎水而上水，井。井养而不穷也。改邑不改井，乃以刚中也。汔至，亦未繘井，未有功也。羸其瓶，是以凶也。

《象》曰：木上有水，井。君子以劳民劝相。井泥不食，下也。旧井无禽，时舍也。井谷射鲋，无与也。井渫不食，行恻也。求王明，受福也。井甃无咎，修井也。寒泉之食，中正也。元吉在上，大成也。

䷰离下兑上。

革，〔注〕革，改也。此句又见《释文》。水火相息而更用事，犹王者受命，改正朔，易服色，故谓之革也。惠无"也"字。《集解》。已日乃孚，元亨利贞，悔亡。

初九：巩用黄牛之革。

六二：已日乃革之，征吉，无咎。

九三：征凶，贞厉。革言三就，有孚。

九四：悔亡，有孚，改命，吉。

九五：大人虎变，未占有孚。

上六：君子豹变，臧补注云："大人谓天子，君子谓诸侯。"惠言谓："《仪

---

① "上"当作"下"，初六巽爻。
② 作"九三"是。

礼·士相见礼》贾疏云：'君子豹变据诸侯，则大人虎变为天子可知。'谓郑望文注'大人'也。《礼记·礼运》孔疏云：'《易·革》卦"大人虎变"对"君子豹变"，故大人为天子。'则郑《易》注以大人为天子，君子为诸侯，其义是也。以为注文如是，则妄矣。"小人革面，征凶，居贞吉。

《彖》曰：革，水火相息。二女同居，其志不相得，曰革。巳日乃孚，革而信之。文明以说，大亨以正，革而当，其悔乃亡。天地革而四时成，汤武革命，顺乎天而应乎人。革之时义大矣哉！

《象》曰：泽中有火，革。君子以治历明时。巩用黄牛，不可以有为也。巳日革之，行有嘉也。革言三就，又何之矣。改命之吉，信志也。大人虎变，其文炳也。君子豹变，其文蔚也。小人革面，顺以从君也。

☴下离上。

鼎，〔注〕鼎，象也。卦有水、字误，王本作"木"。① 火之用。互体乾、兑，乾为金，兑为泽，泽钟金而舍惠作"含"。② 水，爨以木火，鼎亨孰物之象。鼎亨孰以养人，犹圣君兴仁义之道，以教天下也，故谓之鼎矣。《集解》。元吉，亨。

初六：鼎颠趾，利出否，得妾以其子，无咎。〔注〕颠，踬也。趾，足也。无事曰趾，陈设曰足。二句又见《诗·七月》正义。爻体巽胡脱"巽"字。为股，初爻在股之下，足象也。足所以承正鼎也。初阴爻而柔，与乾同体，以否正承《御览》误"正承"为"趾象"。乾，乾为君，以喻君夫人事君，若失正礼，踬其为足之道，情无怨则当以和义出之。然如否者，嫁于天子，虽失礼，无出道，废远之而已。若无其子，不废远之，后尊如故，其犯六出，则废之。自"嫁于天子"至此，又见《礼记·内则》正义，"废远之而已"无"之"字，"如故"无"故"字。又见《仪礼·士昏礼》疏，不言注文。又《诗·河广》正义有"嫁于天子"至"而已"。自"若其无子"以下十九字，《御览》无。远之，子废。坤为顺，又为子母牛，惠增"今"字。在后妃之旁侧，妾之列王作"例"。也，有顺德，子必贤，贤而立为世子，又何咎也。《御览》一百四十六。

九二：鼎有实，我仇有疾，〔注〕怨耦曰仇。《释文》。《汉上易传·丛说》云："郑以九四为九二仇。"不我能即，吉。

九三：鼎耳革，其行塞。雉膏不食，〔注〕雉膏，食之美者。今本"者"

---

① 此作"木"是，巽为木。
② 此作"含"为上。

或作"也",误。《释文》。方雨亏悔,终吉。

九四:鼎折足,覆公𫗴,其形剭,音屋。《释文》。剭,王作"屋",分注云:"《释文》剭,《周礼》注云:'其刑剭,音屋。'"《汉上易》云:"郑作'其形剭'。"惠定宇《九经古义》云:"形,古'刑'字。"〔注〕糁谓之𫗴。震为竹,竹萌曰笋。笋者,𫗴之为菜也,此句见《释文》,云:"𫗴,菜也。"是八珍之食。臣下旷官,失君之美道,当刑之于屋中。《天官·醢人》疏。又《秋官·司烜氏》疏引郑义以为"𫗴,美馔。鼎三足,三公象。若三公倾覆王之美道,屋中刑之"。又《诗·韩奕》正义云:"'𫗴'作'欶'。郑注以欶为八珍所用。"凶。

六五:鼎黄耳,金铉,〔注〕金铉,喻明道,能举君之官职也。《文选·潘岳〈西征赋〉》注、潘正叔《赠河阳诗》注、王元长《三月三日曲水诗序》注、王仲宝《褚渊碑文》注、王元亮《唐律名例一》疏义。利贞。

上九:鼎玉铉,大吉,无不利。

《彖》曰:鼎,象也。以木巽火,亨饪也。圣人亨以享上帝,而大亨以养圣贤。巽而耳目聪明,柔进而上行,得中而应乎刚,是以元亨。

《象》曰:木上有火,鼎。君子以正位凝命。〔注〕凝,成也。《释文》。鼎颠趾,未悖也。利出否,以从贵也。鼎有实,慎所之也。我仇有疾,终无尤也。鼎耳革,失其义也。覆公𫗴,信如何也。鼎黄耳,中以为实也。玉铉在上,刚柔节也。

䷲震下震上。

震,亨。〔注〕震为雷,雷,动物之气也。雷之发声,犹人君出政教以动中国之人也,故谓之震。以上亦见《诗·殷其雷》正义,"中国"作"国中","之人也"无"也"字。人君有善声教,则嘉会之礼通矣。《集解》。震来虩虩,〔注〕虩虩,恐惧貌。《释文》。笑言哑哑,〔注〕哑哑,乐也。同上。震惊百里,不丧匕鬯。〔注〕惊之言警惠讹作"惊",下同。戒也。此句《集解》无,用《诗》正义。雷发声闻于百里,古者诸侯之象。诸侯出教令,能警戒其国内。以上又见《诗·殷其雷》正义,"闻于百里"无"闻于"字,"诸侯出教令""出"上有"之"字,"能警戒"无"能"字,"国内"作"国疆之内"。则守其宗庙社稷,为之祭主,不亡匕与鬯也。人君于祭之礼,匕牲体、荐鬯而已,其余不亲也。自"雷发声"至此,又见《仪礼·特牲馈食礼》疏,"闻于"无"闻"字,"之象"无"之"字,"戒其"无"其"字,"不亡"下有"其"字,"鬯也"无"也"字,"于祭之礼"无"之礼"二字,"不亲"下有"为"字。升牢于俎,君匕之,臣载之。鬯,秬酒,芬芳修王作"条"。鬯,因

· 181 ·

名焉。《集解》。《正义》引郑元云："人君于祭祀之礼，尚牲荐鬯而已，其余不足观也。"又云："郑元之义，秬鬯之酒，其气条畅，故谓之鬯。"又《周礼·夏官·太仆》疏引："当发声百里者，诸侯之象。人君于祭祀之礼，匕牲荐鬯而已，其余不亲。"

初九：震来虩虩，后笑言哑哑，吉。

六二：震来厉，亿丧贝，亿，余力反。《释文》。〔注〕十万曰亿。同上。跻于九陵，勿逐，七日得。

六三：震苏苏，〔注〕苏苏，不安也。同上。震行无眚。

九四：震遂泥。

六五：震往来厉，亿无丧，有事。

上六：震索索，视矍矍，〔注〕索索，犹缩缩，足不正也。矍矍，目不正。同上。征凶。震不于其躬，于其邻，无咎，婚媾有言。

《彖》曰：震，亨。震来虩虩，恐致福也。笑言哑哑，后有则也。震惊百里，惊远而惧迩也。出可以守宗庙社稷，以为祭主也。

《象》曰：洊雷，震。君子以恐惧修省。震来虩虩，恐致福也。笑言哑哑，后有则也。震来厉，乘刚也。震苏苏，位不当也。震遂泥，未光也。震往来厉，危行也。其事在中，大无丧也。震索索，中未得也。虽凶无咎，畏邻戒也。

䷳艮下艮上。

艮，艮其背，〔注〕艮为山，山立峙各于其所，无相顺之时，犹君在上，臣在下，恩敬不相与通，故谓之艮也。《集解》。艮之言很也。《释文》。《音训》《会通》"很"作"限"。不获其身，行其庭，不见其人，无咎。

初六：艮其趾，无咎，利永贞。

六二：艮其腓，不拯其随，其心不快。

九三：艮其限，列其夤，《释文》。《音训》《会通》"夤"误"寅"。〔注〕限，要也。《释文》。厉薰心。

六四：艮其身，无咎。

六五：艮其辅，言有序，悔亡。

上九：敦艮，吉。

《彖》曰：艮，止也。时止则止，时行则行，动静不失其时，其道光明。艮其止，止其所也。上下敌应，不相与也，是以不获其身。行其

· 182 ·

庭，不见其人，无咎也。

《象》曰：兼山，艮。君子以思不出其位。艮其趾，未失正也。不拯其随，未退听也。艮其限，危薰心也。艮其身，止诸躬也。艮其辅，以中正也。敦艮之吉，以厚终也。

䷴艮下巽上。

渐，女归吉，利贞。

初六：鸿渐于干，〔注〕干谓大水之旁，故停水处。惠多"者"字，误以《斯干》正义足句字为本文。《诗·伐檀》正义、《斯干》正义。《释文》无"谓大"二字及"之"字。小子厉，有言，无咎。

六二：鸿渐于磐，饮食衎衎，吉。

九三：鸿渐于陆，夫征不复，妇孕不育，〔注〕〔九三上与九五，互体为离，离为火，腹孕之象也。又互体为坎，坎为丈夫，坎为水，水流而去，是夫征不复也。夫既不复，则妇人之道颠覆，故孕而不育。〕《郊特牲》正义。不言郑注文。孕，犹娠也。《释文》。凶。利御寇。

六四：鸿渐于木，或得其桷，无咎。

九五：鸿渐于陵，妇三岁不孕，终莫之胜，吉。

上九：鸿渐于陆，其羽可用为仪，吉。

《彖》曰：渐之进也，女归吉也。进得位，往有功也。进以正，可以正邦也。其位刚得中也，止而巽，动不穷也。

《象》曰：山上有木，渐。君子以居贤德善俗。小子之厉，义无咎也。饮食衎衎，不素饱也。夫征不复，离群丑也。〔注〕 姚补 离，犹去也。《释文》。妇孕不育，失其道也。利用御寇，顺相保也。或得其桷，顺以巽也。终莫之胜吉，得所愿也。其羽可用为仪吉，不可乱也。

䷵兑下震上。

归妹，征凶，无攸利。

初九：归妹以娣，跛能履，征吉。

九二：眇能视，利幽人之贞。

六三：归妹以须，〔注〕须，有《周礼》疏无"有"字。才智之称。句又见《释文》。天文有须女，屈原之姊宋本《诗》疏作"姊"，今或误作"妹"。王作"姊"，惠改作"妹"，从俗本，非也。名女须。《诗·桑扈》正义、《周礼·天官·序官》疏。反归以娣。

九四：归妹愆期，迟归有时。

六五：帝乙归妹，其君之袂，不如其娣之袂良。月几望，吉。

上六：女承筐无实，《释文》。卢召弓云："宋本《释文》郑作'匡'，今误为'筐'。"〔注〕宗庙之礼，主妇奉筐当为"匡"。米。《仪礼·特牲馈食礼》疏。《士昏礼》云："妇入三月，而后祭行。"《诗·葛屦》正义。士刲羊无血，无攸利。

《彖》曰：归妹，天地之大义也。天地不交，而万物不兴。归妹，人之终始也。说以动，所归妹也。征凶，位不当也。无攸利，柔乘刚也。

《象》曰：泽上有雷，归妹。君子以永终知敝。归妹以娣，以恒也。跛能履吉，相承也。利幽人之贞，未变常也。归妹以须，未当也。愆期之志，有待而行也。帝乙归妹，不如其娣之袂良也，其位在中，以贵行也。上六无实，承虚匡也。

下经丰传第六

䷶离下震上。

丰，〔注〕丰之言腜，惠改"倴"。充满意也。《释文》。亨。王假之，勿忧，宜日中。

初九：遇其妃主，同上。〔注〕嘉耦曰妃。同上。虽旬无咎，〔注〕初修礼，上朝四，四以匹敌恩厚待之，虽留十日，不为咎。正义十日宋本《诗》正义作"旬日"。者，朝聘之礼，止于主国，以为限。聘礼毕，归大礼，曰"旬而稍"。旬之外为稍，久留非常。《诗·有客》正义。往有尚。

六二：丰其蔀，《释文》。〔注〕蔀，小席。同上。日中见斗，往得疑疾。有孚发若，吉。

九三：丰其芾，同上。宋本《释文》作"芾"，俗本作"韦"，惠改从"韦"，非是。〔注〕芾，祭祀之蔽膝。同上。日中见沬，同上。折其右肱，无咎。〔注〕三①，艮爻，艮为手。互体为巽，巽又为进退。手而便于进退，右肱也。犹大臣用事于君，君能诛之，故无咎。《仪礼·觐礼》疏。

---

① "三"上当脱"九"字。

九四：丰其蔀，日中见斗，遇其夷主，吉。

六五：来章，有庆誉，吉。

上六：丰其屋，蔀其家，窥其户，阒其无人，〔注〕阒，无人貌。《释文》。三岁不觌，凶。

《彖》曰：丰，大也。明以动，故丰。王假之，尚大也。勿忧，宜日中，宜照天下也。日中则昃，月盈则食，〔注〕惠补 言皆有休已，无常盛。惠多"也"字。《公羊传·定公十五年》疏。天地盈虚，与时消息，而况于人乎？况于鬼神乎？

《象》曰：雷电皆至，丰。君子以折狱致刑。虽旬无咎，过旬灾也。有孚发若，信以发志也。丰其蔀，不可大事也。折其右肱，终不可用也。丰其蔀，位不当也。日中见斗，幽不明也。遇其夷主，吉行也。六五之吉，有庆也。丰其屋，惠补 天际祥也。《释文》。〔注〕"际"当为"瘵"。瘵，病也。同上。窥其户，阒其无人，自戕也。《释文》云："众家同。"〔注〕戕，伤也。同上。

☲艮下离上。

旅，小亨，旅贞吉。

初六：旅琐琐，斯其所取灾。〔注〕琐琐，犹小小。王有"也"字。此句又见《释文》，云："琐琐，小也。"交互体艮，艮，小石，小小之象。三为聘客，初与二，其介也。介当以笃实之人为之，而用小人琐琐然。客主人为言，不能辞曰非礼，不能对曰非礼。每者不能以礼行之，胡、惠并误作"行"。则其所以得罪。《仪礼·聘礼》疏。

六二：旅即次，怀其资，得童仆，贞。

九三：旅焚其次，丧其童仆，贞厉。

九四：旅于处，今补 得其齐斧，《释文》云："众家同。"我心不快。

六五：射雉，一矢亡，终以誉命。

上九：鸟焚其巢，旅人先笑后号咷，丧牛于易，凶。

《彖》曰：旅，小亨，柔得中乎外而顺乎刚，止而丽乎明，是以"小亨，旅贞吉"也。旅之时义大矣哉！

《象》曰：山上有火，旅。君子以明慎用刑，而不留狱。旅琐琐，志穷灾也。得童仆贞，终无尤也。旅焚其次，亦以伤矣。以旅与下，其义丧也。旅于处，未得位也。得其齐斧，心未快也。终以誉命，上逮也。以旅在上，其义焚也。丧牛于易，终莫之闻也。

☴巽下巽上。

巽，小亨。利有攸往，利见大人。

初六：进退，利武人之贞。

九二：巽在床下，用史、巫纷若，吉，无咎。

九三：[丁补]频巽，吝。《释文》于王注"频顣"云："此同郑意。"

六四：悔亡，田获三品。

九五：贞吉，悔亡，无不利。无初有终，先庚三日，后庚三日，吉。

上九：巽在床下，丧其齐斧，贞凶。

《彖》曰：重巽以申命，刚巽乎中正而志行。柔皆顺乎刚，是以"小亨，利有攸往，利见大人"。

《象》曰：随风，巽。君子以申命行事。进退，志疑也。利武人之贞，志治也。纷若之吉，得中也。频巽之吝，志穷也。田获三品，有功也。九五之吉，位正中也。巽在床下，上穷也。丧其齐斧，正乎凶也。

☱兑下兑上。

兑，亨，利贞。

初九：和兑，吉。

九二：孚兑，吉，悔亡。

六三：来兑，凶。

九四：商兑，〔注〕商，隐度也，《释文》。未宁；介疾，有喜。

九五：孚于剥，有厉。

上六：引兑。

《彖》曰：兑，说也。刚中而柔外，说以利贞，是以顺乎天而应乎人。说以先民，民忘其劳。说以犯难，民忘其死。说之大，民劝矣哉！

《象》曰：[姚补]离泽，兑。《释文》。〔注〕[姚补]离，犹并也。同上。君子以朋友讲习。和兑之吉，行未疑也。孚兑之吉，信志也。来兑之凶，位不当也。九四之喜，有庆也。孚于剥，位正当也。上六引兑，未光也。

附　　录

☵坎下☴巽上。

涣，亨。王假有庙，利涉大川，利贞。

初六：用拯马壮，吉。

九二：涣奔其机，悔亡。

六三：涣其躬，无悔。

六四：涣其群，元吉。涣有丘，匪夷所思。

九五：涣汗其大号。〔注〕惠补 号，令也。《文选·张平子〈东京赋〉》注。涣王居，无咎。

上九：涣其血，去逖出，无咎。

《彖》曰：涣，亨，刚来而不穷，柔得位乎外而上同。王假有庙，王乃在中也。利涉大川，乘木有功也。

《象》曰：风行水上，涣。先王以亨于帝立庙。初六之吉，顺也。涣奔其机，得愿也。涣其躬，志在外也。涣其群，元吉，光大也。王居无咎，正位也。涣其血，远害也。

☱兑下☵坎上。

节，亨。苦节，不可贞。

初九：不出户庭，无咎。

九二：不出门庭，凶。

六三：不节若，则嗟若，无咎。

六四：安节，亨。

九五：甘节，吉，往有尚。

上六：苦节，贞凶，悔亡。

《彖》曰：节亨，刚柔分而刚得中。苦节不可贞，其道穷也。说以行险，当位以节，中正以通。天地节而四时成，节以制度，不伤财，不害民。〔注〕空府藏则伤财，力役繁则害民。二者奢泰之所致。《后汉书·王符传》注。

《象》曰：泽上有水，节。君子以制数度，议德行。不出户庭，知通塞也。不出门庭凶，失时极也。不节之嗟，又谁咎也。安节之亨，承上道也。甘节之吉，居位中也。苦节贞凶，其道穷也。

· 187 ·

☰兑下巽上。

中孚，豚鱼吉。〔注〕三辰在亥，亥为豕。爻失正，故变而从小，名言豚耳。四辰在丑，丑为鳖蟹，鳖蟹，鱼之微者。爻得正，故变而从大，名言鱼耳。三惠改"乎"，非。体兑，兑为泽。四上值天渊。二五皆坎爻，坎为水。二浸泽，则豚利；五亦以水灌渊，则鱼利。豚鱼，以喻小民也。而为明君贤臣恩意所供养，故吉。《诗·无羊》正义。《易纬稽览图》末简有一条与此略同，盖即郑《易》注也。附录之云："孚，信也。两阴在内，亦以五，以中和之气候之。两阴犹民，于君在上矣。臣在下候，行中正之道，政教信于民，故谓之中孚。两阴者，三辰在亥，为豕。爻失正，故变而为小，名言豚。四辰在丑，为鳖，鳖，鱼之微者。爻为正，变以其大，节言鱼。三体兑，为泽。四值天渊。二五皆坎爻，如水，水以水度，浸泽所养，故吉。互体是震，震为木。二爻巽为风，木在水上，而风行之，济大川，象君能济于难也。"中多错误，不可正审。利涉大川，利贞。

初九：虞吉，有它不燕。

九二：鹤鸣在阴，其子和之；我有好爵，吾与尔靡之。

六三：得敌，或鼓或罢，或泣或歌。

六四：月几望，马匹亡，无咎。

九五：有孚挛如，无咎。

上九：翰音登于天，贞凶。

《彖》曰：中孚，柔在内而刚得中。说而巽孚，乃化邦也。豚鱼吉，信及豚鱼也。利涉大川，乘木舟虚也。〔注〕舟，谓集板，如今自空大木惠作"目空木大"，未知何据。为之，曰虚。《诗·谷风》正义。中孚以利贞，乃应乎天也。

《象》曰：泽上有风，中孚。君子以议狱缓死。初九虞吉，志未变也。其子和之，中心愿也。或鼓或罢，位不当也。马匹亡，绝类上也。有孚挛如，位正当也。翰音登于天，何可长也。

☶艮下震上。

小过，亨，利贞。可小事，不可大事。飞鸟遗之音，不宜上，上，如字。《释文》。〔注〕上，谓君也。同上。宜下，大吉。

初六：飞鸟以凶。

六二：过其祖，遇其妣；不及其君，遇其臣。无咎。

九三：弗过防之，从或戕之，凶。

九四：无咎，弗过遇之，往厉必戒，勿用永贞。

六五：密云不雨，自我西郊，公弋取彼在穴。

上六：弗遇过之，飞鸟离之，凶，是谓灾眚。

《彖》曰：小过，小者过而亨也。过以利贞，与时行也。柔得中，是以小事吉也。刚失位而不中，是以不可大事也。有飞鸟之象焉，飞鸟遗之音，不宜上，宜下，大吉，上逆而下顺也。

《象》曰：山上有雷，小过。君子以行过乎恭，丧过乎哀，用过乎俭。飞鸟以凶，不可如何也。不及其君，臣不可过也。从或戕之，凶如何也。弗过遇之，位不当也。往厉必戒，终不可长也。姚补密云不雨，已尚也。《释文》。〔注〕姚补尚，庶几也。同上。弗遇过之，已亢也。

☲离下坎上。

既济，〔注〕既，已也，尽也。济，度也。《释文》。亨，小利贞。初吉终乱。

初九：曳其轮，濡其尾，无咎。

六二：妇丧其茀，〔注〕茀，车蔽也。同上。勿逐，七日得。

九三：高宗伐鬼方，三年克之，小人勿用。

六四：繻有衣袽，姚补繻，音须。《释文》。终日戒。

九五：东邻杀牛，不如西邻之禴祭，〔注〕互体为坎也，王无"也"字。又互体为离，离为日，坎为月。日出东方，东邻象也；月出西方，西邻象也。《礼记·坊记》正义。禴，夏祭之名。《诗·天保》正义。实受其福。

上六：濡其首，厉。

《彖》曰：既济亨，小者亨也。利贞，刚柔正而位当也。初吉，柔得中也。终止则乱，其道穷也。

《象》曰：水在火上，既济。君子以思患而豫防之。曳其轮，义无咎也。七日得，以中道也。三年克之，惫也。〔注〕惫，劣弱也。《释文》。终日戒，有所疑也。东邻杀牛，不如西邻之时也。实受其福，吉大来也。濡其首厉，何可久也。

☵坎下离上。

未济，亨，小狐汔济，〔注〕汔，几也。《释文》。濡其尾，无攸利。

初六：濡其尾，吝。

·189·

九二：曳其轮，贞吉。

六三：未济，征凶，利涉大川。

九四：贞吉，悔亡。震用伐鬼方，三年有赏于大国。

六五：贞吉，无悔。君子之光，有孚，吉。

上九：有孚于饮酒，无咎。濡其首，有孚失是。

《彖》曰：未济亨，柔得中也。小狐汔济，未出中也。濡其尾，无攸利，不续终也。虽不当位，刚柔应也。

《象》曰：火在水上，未济。君子以慎辨物居方。濡其尾，亦不知极也。九二贞吉，中以行正也。未济征凶，位不当也。贞吉悔亡，志行也。君子之光，其晖吉也。饮酒濡首，亦不知节也。

系辞上第七

天尊地卑，乾坤定矣。卑高以陈，贵贱位矣。〔注〕君臣尊卑之贵贱，如山泽之有高卑也。《礼记·乐记》正义。动静有常，刚柔断矣。〔注〕动静，雷风也。《礼记·乐记》正义。方以类聚，物以群分，〔注〕类聚群分，谓水火也。《礼记·乐记》正义。吉凶生矣。在天成象，〔注〕成象，日月星辰也。《礼记·乐记》正义。在地成形，〔注〕谓草木鸟兽也。《礼记·乐记》正义。《御览》三十六作："形者，谓草木鸟兽。"变化见矣。是故刚柔相摩，惠补 八卦相荡。《释文》云："众家同。"鼓之以雷霆，润之以风雨。日月运行，一寒一暑，乾道成男，坤道成女，乾知大始，坤作成物。乾以易知，易，音亦。《释文》。〔注〕臧补 佼易。《诗·天作》正义。坤以简能。易则易知，简则易从。易知则有亲，易从则有功。有亲则可久，有功则可大。可久则贤人之德，可大则贤人之业。易简而天下之理得矣。天下之理得，而成位乎其中矣。

圣人设卦观象，系辞焉而明吉凶，刚柔相推而生变化。是故吉凶者，失得之象也；悔吝者，忧虞之象也；变化者，进退之象也；刚柔者，昼夜之象也。六爻之动，三极之道也。〔注〕惠补 三极，三才也。《释文》。是故君子所居而安者，《易》之序也；所乐而玩者，《释文》。爻之辞也。是故君子居则观其象而玩其辞，动则观其变而玩其占。是以"自天祐之，吉无不利"。

彖者，言乎象者也；爻者，言乎变者也；吉凶者，言乎其失得也；

附　录

悔吝者，言乎其小疵也；无咎者，善补过也。是故列贵贱者存乎位，齐小大者存乎卦，辩吉凶者存乎辞，忧悔吝者存乎介，震无咎者存乎悔。〔注〕震，惧也。《释文》。是故卦有小大，辞有险易。辞也者，各指其所之。

《易》与天地准，〔注〕姚补 准，中也，平也。同上。故能弥纶天地之道。仰以观于天文，俯以察于地理，是故知幽明之故。原始及终，同上。故知死生之说。精气为物，游魂为变，是故知鬼神之情状，与天地相似，故不违。〔注〕精气，谓七八也。游魂，谓九六也。七八，木火之数也。王无"也"字。九六，金水之数。木火用事而物生，故曰"精气为物"；金水用事而物变，故曰"游魂为变"。精气谓之神，游魂谓之鬼。木火生物，金水终物，二物变化，其情与天地相似，故无所差违之也。《集解》。《礼记·乐记》正义引之云："精气，谓七八。游魂，谓九六。游魂谓之鬼，物终所归；精气谓之神，物生所信也。言木火之神生物东南，金水之鬼终物西北，二者之情，其状与春夏生物、秋冬终物相似。"又《月令》正义引之云："精气，谓七八。游魂，谓九六。则是七八生物、九六终物是也。"又《中庸》正义引之云："木火之神生物，金水之鬼成物。"皆约义言之。知周乎万物，而道济天下，〔注〕"道"当作"导"。《释文》。故不过。旁行而不流，乐天知命，故不忧。安土敦乎仁，故能爱。范围天地之化而不过，〔注〕范，法也。《释文》。曲成万物而不遗，通乎昼夜之道而知，故神无方而《易》无体。

一阴一阳之谓道，继之者善也，成之者性也。仁者见之谓之仁，知者见之谓之知，百姓日用而不知，姚补 故君子之道尟姚作"尠"，注同。矣！《释文》。〔注〕姚补 尟，少也。同上。

显诸仁，臧诸用，《释文》。〔注〕臧，善也。同上。鼓万物而不与圣人同忧，盛德大业至矣哉！富有之谓大业，〔注〕臧补 兼济万物，故曰"富有"。《御览》四百七十一。日新之谓盛德。生生之谓易，成象之谓乾，效法之谓坤，极数知来之谓占，通变之谓事，阴阳不测之谓神。夫《易》广矣大矣，以言乎远则不御，以言乎迩则静而正，以言乎天地之间则备矣。夫乾，其静也专，其动也直，是以大生焉。夫坤，其静也翕，其动也辟，是以广生焉。广大配天地，变通配四时，阴阳之义配日月，易简之善配至德。

子曰："《易》，其至矣乎？夫《易》，圣人所以崇德而广业也。知崇礼卑，崇效天，卑法地，天地设位，而易行乎其中矣。成性存存，道义之门。"

圣人有以见天下之赜，而拟诸其形容，象其物宜，是故谓之象。圣人有以见天下之动，而观其会通，以行其典礼，系辞焉以断其吉凶，是故谓之爻。言天下之至赜赜，惠改作"啧"。而不可恶也，姚补 恶，乌洛反。姚作"落"。《释文》。言天下之至赜而不可乱也。同上。〔注〕"赜"当为"动"。同上。拟之而后言，姚补 仪之而后动，同上。汲古阁、雅雨堂本《释文》并云："郑、姚、桓、元、荀柔之作'仪之'。"他本云"郑、姚、桓、元、荀柔之"，未知孰是。拟议以成其变化。

"鸣鹤在阴，其子和之；我有好爵，吾与尔靡之。"子曰："君子居其室，出其言善，则千里之外应之，况其迩者乎？居其室，出其言不善，则千里之外违之，况其迩者乎？言出乎身，加乎民；行发乎迩，见乎远。言行，君子之枢机，枢机之发，荣辱之主也。〔注〕枢，户枢也。机，弩牙也。《礼记》正义作："枢谓户枢，机谓弩牙。"户枢之发，或明或暗；弩牙之发，或中或否。以譬言语之发，有荣有辱。《礼记》正义作："以喻君子之言，或荣或辱。"《左传·襄二十五年》正义、《礼记·曲礼》正义。臧在东云："《曲礼》'安定辞'注引《易》曰：'言语者，君子之枢机。'正义云：'彼为"言行"，郑证经解无取于"行"，故变文为"语"。'非也。《左传》：'非文辞不为功，慎辞哉！'杜注：'枢机之发，荣辱之主。'正义引郑《易》注云：'以譬言语之发，有荣有辱。'与此注所引经正合，可知郑本经文是'言语'。今作'言行'，为失其真。杜注《左传》时尚作'言语'，孔疏《礼记》时已作'言行'。"丁小疋云："《抱朴子·外篇·疾谬》《正郭》两篇引《易》'枢机'俱专指'言语'。卢景宣《大戴·践祚》篇《机铭》注亦云：'言为荣辱之主。'"言行，君子之所以动天地也，可不慎乎？"

"同人，先号咷而后笑。"子曰："君子之道，或出或处，或默或语。二人同心，其利断金，同心之言，其臭如兰。"〔注〕丁补 兰，香草也。《文选·张平子〈东京赋〉》注。

"初六，藉用白茅，无咎。"子曰："苟错诸地而可矣，藉之用茅，何咎之有？慎之至也。夫茅之为物薄，而用可重也。慎斯术也，丁补 慎，时震反。《释文》。〔注〕术，道。《释文》。以往，其无所失矣。"

"劳谦，君子有终，吉。"子曰："劳而不伐，有功而不置，〔注〕"置"当为"德"。《释文》。王本作"置"当作"誌"。厚之至也。语以其功下人者

· 192 ·

也。德言盛，礼言恭。谦也者，致恭以存其位者也。"

"亢龙有悔。"子曰："贵而无位，高而无名，贤人在下位而无辅，是以动而有悔也。"

"不出户庭，无咎。"子曰："乱之所生也，则言语以为阶。君不密则失臣，臣不密则失身，几事不密则害成。〔注〕惠补 几，微也。密，静也。言不慎乎微，而以动作，则祸变必成。《公羊传·文五年》疏。是以君子慎密而不出也。"

子曰："作《易》者，其知盗乎？《易》曰：'负且乘，致寇至。'负也者，小人之事也；乘也者，君子之器也。小人而乘君子之器，盗思夺之矣；上慢下暴，盗思伐之矣。慢藏诲盗，冶容诲淫。《释文》〔注〕言妖野容仪，教诲淫佚也。王无下句，惠补而删"也"字。《释文》。谓惠删"谓"字。惠补饰其容而见于外，曰冶。当作"野"，惠改。《后汉书·崔骃传》注。《易》曰：'负且乘，致寇至。'盗之招也。"

大衍之数五十，其用四十有九。〔注〕天地之数五十有五，以五行气通。刘牧《钩隐图》引作"以五行气通于万物"。凡五行减五，大衍又减一，故四十九也。《正义》。臧在东云："此即《月令》正义之文约取之。"衍，演也。《释文》。天一生水于北，地二生火于南，天三生木于东，地四生金于西，天五生土于中。阳无耦，阴无配，臧在东云："《周礼·校人》疏云：'阳无匹，阴无耦。'《洪范》正义云：'阳无匹，阴无偶。'二疏虽不称郑，以此疏验之，盖亦郑《易》注。阳曰匹，阴曰耦，此疏误也。"惠言谓："《左传》正义：'地六为天一匹。'是阳称匹。'天七为地二耦。'是阴称耦。臧说是也。"未得相成。地六成水于北，与天一并。天七成火于南，与地二并。地八成木于东，与天三并。天九成金于西，与地四并。地十成土于中，与天五并也。惠删"也"字。大衍之数五十有五，五行各气并，气并而减五，惟有五十。以五十之数不可以为七、八、九、六卜筮之占以用之，故惠无"故"字。更减其一，故四十有九也。《月令》正义。《义海撮要》引作："天地之数五十有五，其六以象六画之数，故减之用四十九。"案：郑无象六画之义，谬妄之甚。分而为二以象两，挂一以象三，揲之以四以象四时，〔注〕揲，取也。《释文》。归奇以扐以象闰，五岁再闰，故再扐而后挂。天数五，地数五，五位相得而各有合。〔注〕天地之气各有五，五行之次：一曰水，天数也；二曰火，地数也；三曰木，天数也；四曰金，地数也；五曰土，天数也。此五者，阴无匹，阳无耦，故又合之。地六为天一匹也，天七为地二耦也，地八为天三匹也，天九为地四耦也，地十为天五匹也。二五阴阳各有合，然后气相得，施化行也。《左传·昭公九年》正义。天数二十有五，地数三十，凡天地之数五十有五，此所以成变化而行鬼神也。乾之策二百一十有六，坤之策百四十有四，凡三百有六十，当期之日。二篇之策，万有一千五百二十，当万物之数也。是故四营而成易，十有八变而成卦，八卦而小成。引而伸之，触类而长之，天下之能事毕矣。显道神德行，是故可与酬酢，可与祐神矣。子曰："知变化之道者，其知神之所为乎？"

《易》有圣人之道四焉：以言者尚其辞，以动者尚其变，以制器者尚其象，以卜筮者尚其占。〔注〕此者，存于器象，可得而用。《春官·太卜》疏。孙颐谷云："'此者'当为'此四者'，字脱也。韩康伯注云：'此四者存乎器象，可得而用也。'盖袭用郑语。王引'一切器物及造立皆是'，而删'此者'二字，非也。"是故君子将有为也，将有行也，问焉而以言，其受命也如响。无有远近幽深，遂知来物。非天下之至精，其孰能与于此？参伍以变，错综其数，通其变，遂成天地之文；极其数，遂定天下之象。非天下之至变，其孰能与于此？《易》无思也，无为也，寂然不动，感而遂通天下之故，非天下之至神，其孰能与于此？夫《易》，圣人之所以极深而研机也，〔注〕丁补研，喻思虑哲。《文选·潘元茂〈册魏公九锡文〉》注。又陆士衡《吊魏武帝文》注引云："喻思虑也。"则此"哲"字当为"也"字之讹。机，当作"几"。几，微也。《释文》。唯深也，故能通天下之志；唯机也，故能成天下之务；唯神也，故不疾而速，不行而至。子曰"《易》有圣人之道四焉"者，此之谓也。

天一地二，天三地四，天五地六，天七地八，天九地十。子曰："夫《易》，何为者也？夫《易》，开物成务，冒天下之道，如斯而已者也。是故圣人以通天下之志，以定天下之业，以断天下之疑。"是故蓍之德圆而神，〔注〕蓍形圆而可以立变化之数，故谓之神也。《仪礼·少牢馈食礼》疏。卦之德方以知，六爻之义易以贡。圣人以此洗心，退藏于密，吉凶与民同患。神以知来，知以藏往，其孰能与于此哉？古之聪明睿知神武而不杀者夫。姚补杀，所戒反。《释文》。〔注〕不意杀也。《晁氏易》。是以明于天之道，而察于民之故，是兴神物以前民用。圣人以此齐戒，以神明其德。《释文》云："众家皆以'夫'字为下句。"夫是故阖户谓之坤，辟户谓之乾，一阖一辟谓之变，往来不穷谓之通，见乃谓之象，形乃谓之器，

· 194 ·

附 录

制而用之谓之法，利用出入、民咸用之谓之神。

是故易有大极，〔注〕极中之道，淳和未分之气也。《文选·张茂先〈励志诗〉》注。是生两仪，两仪生四象，四象生八卦，八卦定吉凶，吉凶生大业。是故法象莫大乎天地，变通莫大乎四时，县象著明莫大乎日月，崇高莫大乎富贵。备物致用，立成器以为天下利，莫大乎圣人；探赜索隐，钩深致远，以定天下之吉凶，成天下之亹亹者，莫大乎蓍龟。《释文》："莫善，本亦作'莫大'。"丁小疋云："《公羊》注引《易》文作'莫善'。徐彦疏云：'今《易》本"善"作"大"，为异。'即引彼注云云，知郑《易》作'大'不作'善'。注文'广大无不包'，正诂'大'字。"〔注〕惠补 凡天下之善恶及没没之众事，皆成定之，言其广大无不包也。《公羊传·定八年》疏。不云郑注。《公羊》疏皆用郑义，此注是郑可知。是故天生神物，圣人则之；天地变化，圣人效之；天垂象，见吉凶，圣人象之；河出图，洛出书，圣人则之。〔注〕《春秋纬》云："河以通乾出天苞，洛以流坤吐地符。河龙图发，洛龟书感。惠误"成"。《河图》有九篇，《洛书》有六篇也。"《集解》《正义》。易有四象，所以示也；系辞焉，所以告也；定之以吉凶，所以断也。

《易》曰："自天祐之，吉无不利。"子曰："祐者，助也。天之所助者顺也，人之所助者信也。履信思乎顺，有以尚贤也。《释文》。是以'自天祐之，吉无不利'也。"

子曰："书不尽言，言不尽意。"然则圣人之意，其不可见乎？子曰："圣人立象以尽意，设卦以尽情伪，系辞焉以尽其言，变而通之以尽利，鼓之舞之以尽神。"乾坤，其易之缊耶？乾坤成列，而易立乎其中矣。乾坤毁，则无以见易，易不可见，则乾坤或几乎息矣。是故形而上者谓之道，形而下者谓之器，化而裁之谓之变，推而行之谓之通，举而错之天下之民谓之事业。是故夫象，圣人有以见天下之赜，而拟诸其形容，象其物宜，是故谓之象。圣人有以见天下之动，而观其会通以行其典礼，系辞焉以断其吉凶，是故谓之爻。极天下之赜者存乎卦，鼓天下之动者存乎辞，化而裁之存乎变，推而行之存乎通，神而明之存乎其人，默而成之、不言而信存乎德行。

系辞下第八

八卦成列，象在其中矣；因而重之，爻在其中矣；刚柔相推，变在其中矣；系辞焉而命之，动在其中矣。吉凶悔吝者，生乎动者也；刚柔者，立本者也；变通者，趣时者也；吉凶者，贞胜者也；天地之道，贞观者也；日月之道，贞明者也；天下之动，贞夫一者也。夫乾，确然示人易矣；夫坤，隤然示人简矣。爻也者，效此者也；象也者，像此者也。爻象动乎内，吉凶见乎外，功业见乎变，圣人之情见乎辞。天地之大德曰生，圣人之大宝曰位。何以守位？曰人。〔注〕丁补持一不惑曰守。《诗·凫鹥》正义。不言何经，丁次之此。案：《诗》守成之义，次此是也。何以聚人？曰财。理财正辞，禁民为非，曰义。

古者包牺氏之王天下也，〔注〕包，取王作"聚"。也。鸟兽全具曰牺。《释文》。仰则观象于天，俯则观法于地，观鸟兽之文与地之宜。近取诸身，远取诸物，于是始作八卦，以通神明之德，以类万物之情。作结绳而为网罟，以佃以渔，盖取诸《离》。包牺氏没，神农氏作，〔注〕臧补女娲修伏羲之道，无改作。《书》正义孔《序》。斫木为耜，揉木为耒，耒耨之利，以教天下，盖取诸《益》。日中为市，致天下之民，聚天下之货，交易而退，各得其所，盖取诸《噬嗑》。神农氏没，黄帝、尧、舜氏作，〔注〕惠补金天、惠多"氏"字。高阳、高辛遵黄帝之道，无所改作，故不述焉。惠删此句。《春官·大司乐》疏。通其变，使民不倦，神而化之，使民宜之。易穷则变，变则通，通则久，是以"自天祐之，吉无不利"。黄帝、尧、舜垂衣裳而天下治，盖取诸《乾》《坤》。〔注〕惠补〔始去羽毛。〕《公羊·桓四年》疏。不云郑注。乾为天，坤为地，天色玄，地色黄，故玄以为衣，黄以为裳。象天在上，地在下，土托位于南方，南方，故云用纁。《诗·七月》正义。又《礼记·王制》正义引注云："土托位南方，南方色赤，黄而兼赤，故为纁也。"又《周礼·春官·司服》疏引注云："乾为天，其色元。坤为地，其色黄。但土无正位，托于南方，南方火，赤色，赤与黄即是纁色，故以纁为名也。"刳木为舟，剡木为楫，舟楫之利，以济不通，致远以利天下，盖取诸《涣》。服牛乘马，引重致远，以利天下，盖取诸《随》。重门击柝，惠并改"檬"。以待惠补虣客，盖取诸《豫》。《释文》。〔注〕《豫》，坤下震上，九四体震，又互体为艮，艮为门。震，日所出，亦为门，重门象。艮又为手，巽爻也。应在四，皆木也，手持二木也。手持二木以相敲，是为击柝。击柝为守备警惠作"惊"。戒也。自"手持"至此，又见《左传·哀七年》疏，不重"击柝"字，又无下"为"字。四又互体为坎，坎为盗。五离爻，为甲胄戈兵。盗谓字误，惠改作"甲胄"二字。持戈兵，是暴当作"虣"，惠改。客也。又以其卦为豫，有守备则不可自逸。《周礼·天官·宫正》疏。断木为杵，掘地为臼，臼杵之利，万民以济，盖取诸《小过》。弦木为弧，剡木为矢，弧矢之利，以威天下，盖取诸《睽》。上古穴居而野处，后世圣人易之以宫室，上栋下宇，以待风雨，盖取诸《大壮》。古之葬者，厚衣之以薪，葬之中野，不封不树，丧期无数，后世圣人易之以棺椁，盖取诸《大过》。〔注〕〔《大过》者，巽下兑上之卦。初六在巽体，巽为木。上六位在巳，巳当巽位，巽又为木。二木在外，以夹四阳，四阳互体为二乾。乾为君原有"为"字，宋本《正义》无之。父，二木夹君父，是棺椁之象。〕《檀弓》正义。不言注文，王附于末，惠次注中，是也。上古结绳而治，〔注〕事大，大结其绳；事小，小结其绳。《正义》。又见《书·孔序》正义，无二"结"字，首有"为约"二字，胡又增"结绳"二字于上为句，妄矣。后世圣人易之以书契，〔注〕书之于木，刻其侧为契。各持其一，后以相考合。《书·孔序》正义。《书·孔序》释文引郑云："以书书木边，言其事，刻其木，谓之书契也。"百官以治，万民以察，盖取诸《夬》。

是故《易》者，象也。象也者，像也。今补 《释文》云："众家皆云：'像，拟也。'"彖者，材也。爻也者，效天下之动者也。是故吉凶生而悔吝著也。

阳卦多阴，阴卦多阳，其故何也？阳卦奇，阴卦耦，其德行何也？阳一君而二民，君子之道也；阴二君而一民，小人之道也。〔注〕一君二民，谓黄帝、尧、舜。谓地方万里，为方千里者百。中国之民居七千里，七七四十九，方千里者四十九。夷狄之民居千里者五十一。是中国、夷狄二民共事一君。二君一民，谓三代之末。以地方五千里一君，有五千里之土，五五二十五，更足以一君。二十五始满千里之方，五十乃当尧、舜一民之地，故云"二君一民"。《礼记·王制》正义。

《易》曰："憧憧往来，朋从尔思。"子曰："天下何思何虑？天下同归而殊途，一致而百虑，天下何思何虑？日往则月来，月往则日来，日月相推而明生焉。寒往则暑来，暑往则寒来，寒暑相推而岁成焉。往者屈也，来者信也，屈信相感而利生焉。尺蠖之屈，以求信也；龙蛇之蛰，以存身也；精义入神，以致用也；利用安身，以崇德也。过此以往，未之或知也。穷神知化，德之盛也。"

《易》曰："困于石，据于蒺藜，入于其宫，不见其妻，凶。"子曰:"非所困而困焉,名必辱;非所据而据焉,身必危。既辱且危,死期将至,妻其可得而见耶?"

《易》曰:"公用射隼于高庸之上,获之,无不利。"子曰:"隼者,禽也;弓矢者,器也;射之者,人也。君子藏器于身,待时而动,何不利之有?动而不括,是以出而有获,语成器而动者也。"

子曰:"小人不耻不仁,不畏不义,不见利不劝,不威不惩。小惩而大诫,此小人之福也。《易》曰:'履校灭趾,无咎。'此之谓也。善不积不足以成名,恶不积不足以灭身。小人以小善为无益而弗为也,以小恶为无伤而弗去也,故恶积而不可掩,罪大而不可解。《易》曰:'何校灭耳,凶。'"

子曰:"危者,安其位者也;亡者,保其存者也;乱者,有其治者也。是故君子安而不忘危,存而不忘亡,治而不忘乱,是以身安而国家可保也。《易》曰:'其亡其亡,系于苞桑。'"

子曰:"德薄而位尊,知小而谋大,力小而任重,鲜不及矣。《易》曰:'鼎折足,覆公𫗧,其形渥,凶。'言不胜其任也。"

子曰:"知几其神乎?君子上交不谄,下交不渎,其知几乎?几者,动之微,吉之先见者也。君子见几而作,不俟终日。《易》曰:'砎于石,不终日,贞吉。'砎如石焉,宁用终日,断可识矣。君子知微知彰,知柔知刚,万夫之望。"

子曰:"颜氏之子,其殆庶几乎?〔注〕藏补 庶,幸也。几,觊也。《诗·兔爰》正义。有不善,未尝不知;知之,未尝复行也。《易》曰:'不远复,无祇悔,元吉。'"

天地絪缊,万物化醇。男女构精,〔注〕构,合也。男女以阴阳合其精气。《诗·草虫》正义。〔富补注〕构,犹会也。①《丙子易学编》。万物化生。《易》曰:"三人行,则损一人;一人行,则得其友。"言致一也。

子曰:"君子安其身而后动,易其心而后语,定其交而后求,君子修此三者,故全也。危以动,则民不与也。惧以语,则民不应也。无交而求,则民不与也。莫之与,则伤之者至矣。《易》曰:'莫益之,或击之,立心勿恒,凶。'"

---

① 此注与上不同,然"会""合"义同,且形近,疑有一误。

子曰："臧补乾坤，其《易》之门户耶？臧在东云："《释文》：'其《易》之门邪，本又作"门户邪"。'案：郑《易赞》引作'门户邪'，是郑本有'户'字。"乾，阳物也；坤，阴物也。阴阳合德而刚柔有体，以体天地之撰，以通神明之德。其称名也，杂而不越，于稽其类，其衰世之意耶？夫《易》，彰往而察来，而微显阐幽。开而当名辩物，正言断辞，则备矣。其称名也小，其取类也大，其旨远，其辞文，其言曲而中，其事肆而隐。因贰以济民行，〔注〕"贰"当为"式"。王误作"式"。《释文》。以明失得之报。"

《易》之兴也，其于中古乎？丁补《集解》。虞氏云："郑君以文王为中古。"作《易》者，其有忧患乎？〔注〕臧补文王因而演《易》。《正义·八论》。是故《履》，德之基也；《谦》，德之柄也；《复》，德之本也；《恒》，德之固也；《损》，德之修也；〔注〕修，治也。《释文》。《益》，德之裕也；《困》，德之辩也；惠讹作"辨"。〔注〕辩，别也。遭困之时，君子固穷，小人穷则滥，德于是别也。《集解》。《井》，德之地也；《巽》，德之制也。《履》和而至，《谦》尊而光，《复》小而辩于物，《恒》杂而不厌，《损》先难而后易，《益》长裕而不设，〔注〕设，大也。《周礼·考工记》曰："中其茎，设其后。""周礼"以下王删，惠补。《周礼·考工记·桃人》疏。《困》穷而通，《井》居其所而迁，《巽》称而隐。《履》以和行，《谦》以制礼，《复》以自知，《恒》以一德，《损》以远害，《益》以兴利，《困》以寡怨，《井》以辩义，《巽》以行权。

《易》之为书也不可远，为道也屡迁，变动不居，周流六虚，上下无常，刚柔相易，不可为典要，唯变所适。其出入以度，外内使知惧，又明于忧患与故，无有师保，如临父母。初率其辞而揆其方，既有典常，苟非其人，道不虚行。

《易》之为书也，原始要终，以为质也；六爻相杂，唯其时物也；其初难知，其上易知，本末也。初辞拟之，卒成之终。若夫杂物算德，《释文》。〔注〕算，数也。同上。辩是与非，则非其中爻不备。噫！亦要存亡吉凶，则居可知矣。居，音基。《释文》。《音训》《会通》云："'居'作'其'。"〔注〕惠补居，辞。惠多"也"字。《释文》。知者观其彖辞，〔注〕彖辞，爻辞也。同上。则思过半矣。二与四，同功而异位，其善不同，二多誉，四多惧，近也。柔之为道，不利远者，其要无咎，其用柔中也。三与五，同功而异位，三多凶，五多功，贵贱之等也。其柔危，其刚胜邪？

《易》之为书也，广大悉备，有天道焉，有人道焉，有地道焉，兼三才而两之，故六。六者，非它也，三才之道也。道有变动，故曰爻。爻有等，故曰物。物相杂，故曰文。文不当，故吉凶生焉。

《易》之兴也，其当殷之末世，周之盛德邪？当文王与纣之事邪？〔注〕惠补据此言，以《易》是惠删"是"字。文王所作，断可知矣。《左传·昭二年》正义。又《左传·序》正义约之云："案据此文，以为《易》是文王所作。"是故其辞危。危者使平，易者使倾，其道甚大，百物不废，惧以终始，其要无咎，此之谓《易》之道也。

夫乾，天下之至健也，德行恒易以知险。夫坤，天下之至顺也，德行恒简以知阻。能说诸心，能研诸侯之虑，定天下之吉凶，成天下之亹亹者。〔注〕亹亹，没没也。《释文》。没没，王作"汲汲"。丁小疋云："郑注前文'亹亹'云：'没没之众事。'已见《公羊》疏，知作'汲汲'者误。"是故变化云为，吉事有祥，象事知器，占事知来。天地设位，圣人成能，人谋鬼谋，〔注〕惠补鬼谋，谓谋卜筮于庙门。惠误连引"是也"二字。《仪礼·士冠礼》疏。百姓与能。八卦以象告，爻彖以情言，刚柔杂居而吉凶可见矣。变动以利言，吉凶以情迁，是以爱恶相攻姚补恶，乌洛反。姚作"落"。《释文》。而吉凶生，远近相取而悔吝生，情伪相感而利害生。凡《易》之情，近而不相得则凶，或害之，悔且吝。将叛者其辞惭，中心疑者其辞枝，吉人之辞寡，躁人之辞多，诬善之人其辞游，失其守者其辞屈。

文言第九

元者，善之长也；亨者，嘉之会也；利者，义之和也；贞者，事之干也。君子体仁足以长人，〔注〕惠补体，生也。《文选·陆机〈赠顾交趾公真诗〉》注。惠言谓："'生仁'不辞，荀爽、京房之本'仁'皆作'信'，或疑郑本'仁'作'人'也。"嘉会足以合礼，利物足以合义，贞固足以干事。君子行此四德者，故曰"乾，元亨利贞"。

初九曰："潜龙勿用。"何谓也？子曰："龙德而隐者也。不易乎世，不成乎名，〔注〕当隐之时，以从世俗，不自殊异，无所成名也。《集解》。遁

附　录

世无闷，不见是而无闷。乐则行之，忧则违之，确乎其不可拔，〔注〕确，坚高之貌。此句 姚补 。拔，移也。《释文》。潜龙也。"

九二曰："见龙在田，利见大人。"何谓也？子曰："龙德而正中者也。庸言之信，庸行之谨。 惠补 闲邪以存其诚，《晁氏易》。善世而不伐，德博而化。《易》曰：'见龙在田，利见大人。'君德也。"

九三曰："君子终日乾乾，夕惕若厉，无咎。"何谓也？子曰："君子进德修业 惠补 及时，故无咎。同上。忠信，所以进德也；修辞立其诚，所以居业也。知至至之，可与几也。知终终之，可与存义也。是故居上位而不骄，在下位而不忧。乾乾因其时而惕，虽危无咎矣。"

九四曰："或跃在渊，无咎。"何谓也？子曰："上下无常，非为邪也；进退无恒，非离群也。君子进德修业，欲及时也，故无咎。"

九五曰："飞龙在天，利见大人。"何谓也？子曰："同声相应，同气相求；水流湿，火就燥，云从龙，风从虎。圣人作〔注〕作，起也。《释文》。而万物睹。本乎天者亲上，本乎地者亲下，则各从其类也。"

上九曰："亢龙有悔。"何谓也？子曰："贵而无位，高而无民，贤人在下位而无辅，是以动而有悔也。"

"潜龙勿用"，下也；"见龙在田"，时舍也；"终日乾乾"，行事也；"或跃在渊"，自试也；"飞龙在天"，上治也；"亢龙有悔"， 惠补 穷志灾也。《晁氏易》。乾元"用九"，天下治也。

"潜龙勿用"，阳气潜藏；"见龙在田"，天下文明；"终日乾乾"，与时偕行；"或跃在渊"，乾道乃革；"飞龙在天"，乃位乎天德；"亢龙有悔"，与时偕极；乾元"用九"，乃见天则。

"乾元"者，始而亨者也；"利贞"者，情性也。 惠补 《晁氏易》《汉上易传》。乾始而以美利利天下，《晁氏易》。不言所利，大矣哉！大哉乾乎！刚健中正，纯粹精也；六爻发挥，旁通情也；时乘六龙，以御天也；云行雨施，天下平也。

君子以成德为行，日可见之行也。潜之为言也，隐而未见，行而未成，是以君子弗用也。

君子学以聚之，问以辩之，宽以居之，仁以行之。《易》曰："见龙在田，利见大人。"君德也。

· 201 ·

九三重刚而不中，上不在天，下不在田，故乾乾因其时而惕，虽危无咎矣。

九四重刚而不中，上不在天，下不在田，中不在人，故"或"之。或之者，疑之也，故无咎。

夫大人者，与天地合其德，与日月合其明，与四时合其序，与鬼神合其吉凶。先天而天弗违，后天而奉天时。天且弗违，而况于人乎？况于鬼神乎？

亢之为言也，知进而不知退，知存而不知亡，知得而不知丧。其唯圣人乎？知进退存亡而不失其正者，其唯圣人乎？

坤至柔而动也刚，至静而德方，后得主而有常，含万物而化光。坤道其顺乎！承天而时行。

积善之家，必有余庆；积不善之家，必有余殃。〔注〕殃，祸恶也。《释文》。臣弑其君，子弑其父，非一朝一夕之故，其所由来者渐矣，由辩之不早辩也。

《易》曰："履霜，坚冰至。"盖言顺也。

直，其正也；方，其义也。君子敬以直内，义以方外，敬义立而德不孤。"直方大，不习无不利。"则不疑其所行也。

阴虽有美含之，以从王事，弗敢成也。地道也，妻道也，臣道也。地道无成而代有终也。

天地变化，草木蕃；天地闭，贤人隐。《易》曰："括囊，无咎无誉。"盖言谨也。

君子黄中通理，正位居体。美在其中，而畅于四支，发于事业，美之至也！

阴疑于阳必战，为其慊于阳也，故称龙焉。《释文》云："嫌，郑作'溓'。"此误以郑读为郑本也。又不言郑无"无"字，亦脱。《汉上易传》云："郑本作'为其兼于阳也'。"其无"无"字得之，而"兼"字又讹。当依《诗》正义定作"为其慊于阳也"。王本误，今依惠。〔注〕"慊"读如"群公溓"之"溓"，古书篆作立心，与"水"相近，读者失之，故作"溓"。溓，杂也。阴，谓此上六也。阳，谓今消息用事，乾也。上六为蛇，得乾气杂似龙。《诗·采薇》正义。今《正义》本"慊""溓"字互易。孔又云："《文言》为心边兼，郑似水边兼。"则今本写误可知。今从惠定本。犹未离其类也，故称血焉。夫玄黄者，天地之杂也，天玄而地黄。

说卦第十

昔者圣人之作《易》也，〔注〕昔者圣人，谓伏牺、文王也。《书·孔序》正义。幽赞于神明而生蓍，参天两地而倚数，〔注〕天地之数备于十，乃三之以天，两之以地，而倚托大演之数五十也。必三之以天、两之以地者，天三覆，地二载，欲王作"必"。极于数，庶惠多"几"字。得吉凶之审也。《正义》。观变于阴阳而立卦，发挥于刚柔〔注〕挥，扬也。《释文》。而生爻，和顺于道德而理于义，穷理尽性以至于命也。〔注〕言穷其义理，尽惠多"其"字。人之情性，惠补以至于命，吉凶所定。《文选·陆士衡〈吊魏武帝文〉》注。

昔者圣人之作《易》也，将以顺性命之理，是以立天之道曰阴与阳，立地之道曰柔与刚，立人之道曰仁与义。兼三才而两之，故《易》六画而成卦。〔注〕惠补三才，天、地、人之道。六画，画六爻。《仪礼·士冠礼》疏。分阴分阳，迭用柔刚，故《易》六位而成章。

天地定位，山泽通气，雷风相薄，〔注〕薄，入也。《释文》。水火不相射，八卦相错。数往者顺，知来者逆，是故《易》逆数也。雷以动之，风以散之，雨以润之，日以烜之，艮以止之，兑以说之，乾以君之，坤以藏之。

帝出乎震，齐乎巽，相见乎离，致役乎坤，说言乎兑，战乎乾，劳乎坎，成言乎艮。万物出乎震，震，东方也。齐乎巽，巽，东南也。齐也者，言万物之絜齐也。离也者，明也，万物皆相见，南方之卦也。圣人南面而听，天下向明而治，盖取诸此也。坤也者，地也，万物皆致养焉，故曰"致役乎坤"。兑，正秋也，万物之所说也，故曰"说言乎兑"。战乎乾，乾，西北之卦也，言阴阳相薄也。坎也者，水也，正北方之卦也，劳卦也，万物之所归也，故曰"劳乎坎"。艮，东北之卦也，万物之所成终而所成始也，故曰"成言乎艮"。〔注〕惠补万物出于震，雷发声以生之也。齐乎《义海撮要》作"于"。巽，相见于离，《义海撮要》无此句。风摇长《义海撮要》作"动"。以齐之也。絜，惠改"絜"。犹新也。《义海撮要》此下有"也"字，又有"相见于离"句。万物皆相见，日照之使光大。万物皆致养焉，《义海撮要》无"焉"字。地气含养使有秀实也。《义海撮要》作"使秀实"也。万物之所说，草木皆老，犹以泽气说成之。战，言阴阳相薄。西北阴也，而乾以纯阳临之，犹君臣对合也。坎，劳卦也，水性劳而不倦，万物之所归也。万物自春出生于

· 203 ·

地，冬气闭藏，还皆入地。万物之所成终而所成始，言万物阴气终，阳气始，皆艮之用事。《义海撮要》有"也"字。《汉上易》《义海撮要》。丁补 坤不言方所者，言地之养物不专一也。《正义》。

神也者，妙万物而为言者也。惠改"妙"为"眇"。案：《释文》："王肃、董遇作'眇'，董云：'眇，成也。'"郑注云："共成万物。"则义与董同。惠改为"眇"，非妄。但以无明据，姑从阙文。〔注〕惠补 共成万物，物不可得而分，故合谓之神。《汉上易》《义海撮要》。动万物者莫疾乎雷，挠万物者莫疾乎风，燥万物者莫熯乎火，说万物者莫说乎泽，润万物者莫润乎水，终万物始万物者莫盛乎艮。盛，音成。《释文》。〔注〕盛，襄也。同上。王本及《音训》《会通》并误作"裹也"。故水火相逮，《释文》云："郑无'不'字。"雷风不相悖，山泽通气，然后能变化，既成万物也。

乾，健也；坤，顺也；震，动也；巽，入也；坎，陷也；离，丽也；艮，止也；兑，说也。

乾为首，坤为腹，震为足，巽为股，坎为耳，离为目，艮为手，兑为口。丁补 《汉上易》云："郑本此章在'乾为马'之前。"〔注〕惠补 兑为口，兑上开似口。《汉上易》。

乾为马，坤为牛，震为龙，巽为鸡，坎为豕，离为雉，艮为狗，《周礼·秋官·序官》疏引《说卦》"艮为狗"："艮卦在丑，艮为止，以能吠守止人则属艮，以能言则属兑，兑为言故也。"此与郑义合，王附卷末。臧在东云："当删'以能''以'字及'则属艮'以下，附于注。"惠言谓："'以能言则属兑'亦必是《易》义，不然贾为《秋官》言，但当云属艮，不当取兑象也。然疏不破注文，唯约义耳。"兑为羊。〔注〕惠补 其畜好刚卤。《周礼·夏官·序官》疏。

乾，天也，故称乎父。坤，地也，故称乎母。震一索而得男，故谓之长男。巽一索而得女，故谓之长女。坎再索而得男，故谓之中男。离再索而得女，故谓之中女。艮三索而得男，故谓之少男。兑三索而得女，故谓之少女。

乾为天，〔注〕惠补 天清明无形。《汉上易》。为圜，为君，为父，为玉，为金，为寒，为冰，为大赤，为良马，为老马，为瘠马，〔注〕凡骨为阳，肉为阴。同上。为驳马，为木果。

坤为地，为母，为布，为釜，为吝啬，为均，丁补 《内则》注云："《易·

说卦》：'坤为均。'今亦或作'旬'也。"《周礼·地官·均人》疏云："《易》坤为均，今书亦有作'旬'者。"为子母牛，为大舆，为文，为众，为柄。其于地也，为黑。

震为雷，为龙，〔注〕惠补"龙"读为"尨"，取日出时色杂也。《汉上易》。为玄黄，为旉，姚补市恋反。市，姚作"专"，惠作"布"。《释文》。为大途，〔注〕惠补国中三道曰途。震上值房、心，途而大者，取房有三途焉。《汉上易》。为长子，为决躁，为苍筤竹，为萑苇。〔注〕惠补竹类。同上。其于马也，为善鸣，为馵足，为作足，为的颡。其于稼也，为反生。〔注〕惠补生而反出也。同上。其究为健，为蕃鲜。

巽为木，为风，为长女，为绳直，惠补为墨，《晁氏易》。为工，为白，为长，为高，为进退，为不果，为臭。其于人也，为寡发，寡，王改作"宣"。《周礼·考工记·车人》："一矩有半谓之宣。"注："巽为宣发。"疏云："《易》作'寡'，不作'宣'者，'宣''寡'义通。"据此疏文，则王改非也。〔注〕寡发，取四月靡草死，发在人体，犹靡草在地。《周礼·考工记·车人》疏。为广颡，《释文》《汉上易丛说》。为多白眼，为近利市三倍。其究为躁卦。

坎为水，为沟渎，为隐伏，为矫輮，《释文》。为弓轮。其于人也，为加忧，为心病，为耳痛，为血卦，为赤。其于马也，为美脊，为亟心，为下首，为薄蹄，为曳。其于舆也，为多眚，为通，为月，〔注〕惠补臣象也。《文选·谢希逸〈月赋〉》注。为盗。其于木也，为坚多心。

离为火，为日，为电，〔注〕惠补取火明也。久明似日，暂明似电也。《集解》。为中女，为甲冑，为戈兵。其于人也，为大腹，为乾卦，〔注〕"乾"当为"幹"，此句又见《汉上易丛说》。《音训》《会通》云："当作'幹'。"阳在外，能幹正也。《释文》。为鳖，为蟹，为蠃，为蚌，为龟。〔注〕惠补骨在外。疏云："注皆云'骨在外'。"惠以"皆"字为注文，非也。《周礼·考工记·梓人》疏。《艺文类聚》九十六及《御览》九百四十一引"离"为"蠃"，注云："刚在外也。"其于木也，为科上槁。惠作"藁"。《释文》。〔注〕惠补科上者，阴在内为疾。《汉上易》。

艮为山，为径路，〔注〕惠补田间之道曰径路。艮为之者，取山间鹿兔之蹊。《初学记》二十四。为小石，为门阙，为果蓏，为阍寺，为小指，《晁氏易》。为狗，为鼠，为黔喙之属。《释文》。《音训》《会通》云："陆作'黚'，并注文二句皆为陆注。"〔注〕谓虎豹之属，贪冒之类。《释文》《汉上易丛说》。惠补取其为山兽。《汉上易丛说》。其于木也，为坚多节。

兑为泽，为少女，为巫，为口舌，为毁折，为附决。其于地也，为刚卤，为妾，为阳。王弼本为"羊"。〔注〕惠补此阳谓为《音训》无"为"字。养。臧在东云："'此阳谓为养'，'谓'当作'读'。《释文》云：'虞作"羔"。'虞注为女使，义与郑同，亦当作'养'。虞云：'旧读为羊，已见上，此为再出，非孔子义也。'使作'羔'为小羊，仍再出矣。盖'旧读为羊'及'郑本作阳'，皆声近之讹。《释文》载虞本为'羔'，则'养'字之脱其下半耳。"无家女行赁炊爨，今时有之，贱于妾也。《晁氏易》《汉上易》。

序卦第十一

有天地然后万物生焉，盈天地之间者惟万物，故受之以《屯》。屯者，盈也。屯者，物之始生也，物生必蒙，故受之以《蒙》。蒙者，蒙也，物之稚也。〔注〕蒙，幼小之貌。齐人谓萌为蒙也。《集解》。凡两见，一《序卦》注，一分附卦前，下云卦前注者，皆仿此。物稚不可不养也，〔注〕言孩稚不养则不长也。同上。故受之以《需》。需者，饮食之道也。饮食必有讼，故受之以《讼》。〔注〕讼，犹争卦前注作"诤"。也。言饮食之会胡、惠讹作"惠"。恒多争也。《集解·序卦》注。讼必有众起，故受之以《师》。师者，众也。众必有所比，① 比者，比也。比必有所畜，故受之以《小畜》。物畜然后有礼，故受之以《履》。惠补履然后安，故受之以《泰》。《晁氏易》云："无'而泰'二字。"泰者，通也，物不可以终通，故受之以《否》。物不可以终否，故受之以《同人》。与人同者，物必归焉，故受之以《大有》。惠补有大有不可以盈，同上。故受之以《谦》。有大而能谦必豫，故受之以《豫》。〔注〕言同卦前注作"国"，惠改"同"从"国"。惠言："谓同既大者，综上《同人》《大有》而言，义无取国，作'国'非也。"既大而有谦德，卦前注作"能谦"，无"德"字。则于政事怡豫。雷出地奋，豫。豫，卦前注不重"豫"字。行出而喜乐之意。《集解·序卦》注。豫必有随，〔注〕喜乐而出，人则随从。《孟子》曰："吾君不游，吾何以休？吾君

---

① 此处当脱"故受之以《比》"五字。

附 录

不豫,吾何以助?"此之谓也。《正义》。故受之以《随》。以喜随人者必有事,故受之以《蛊》。蛊者,事也。有事而后可大,故受之以《临》。临者,大也。物大然后可观,故受之以《观》。可观而后有所合,故受之以《噬嗑》。嗑者,合也。物不可以苟合而已,故受之以《贲》。贲者,饰也。致饰然后亨则尽矣,亨,许两反。《释文》。故受之以《剥》。剥者,剥也。物不可以终剥,剥穷上反下,故受之以《复》。复则不妄矣,故受之以《无妄》。惠补有无妄物然后可畜,故受之以《大畜》。《晁氏易》。物畜然后可养,故受之以《颐》。颐者,养也。不养则不可动,故受之以《大过》。〔注〕以养贤者,宜过于厚。《正义》。物不可以终过,故受之以《坎》。坎者,陷也。陷必有所丽,故受之以《离》。离者,丽也。

有天地然后有万物,有万物然后有男女,有男女然后有夫妇,有夫妇然后有父子,有父子然后有君臣,有君臣然后有上下,有上下然后礼义有所错。夫妇之道不可以不久也,〔注〕言夫妇当有终身之义。夫妇之道,谓《咸》《恒》卦前注作"者"。也。《集解》卦前注。故受之以《恒》。恒者,久也。惠补物不可以终久于其所,故受之以《遯》。《晁氏易》。遯者,退也。物不可以终遯,故受之以《大壮》。物不可以终壮,故受之以《晋》。晋者,进也。进必有所伤,故受之以《明夷》。夷者,伤也。伤于外者必反其家,故受之以《家人》。家道穷必乖,故受之以《睽》。睽者,乖也。乖必有难,故受之以《蹇》。蹇者,难也。物不可以终难,故受之以《解》。解者,缓也。缓必有所失,故受之以《损》。损而不已必益,故受之以《益》。益而不已必决,故受之以《夬》。夬者,决也。决必有所遇,故受之以《姤》。姤者,遇也。物相遇而后聚,故受之以《萃》。萃者,聚也。聚而上者谓之升,故受之以《升》。升而不已必困,故受之以《困》。困乎上者必反下,故受之以《井》。井道不可不革,故受之以《革》。革物者莫若鼎,故受之以《鼎》。主器者莫若长子,〔注〕惠补谓父退居田里,不能备祭宗庙,长子当亲视涤濯鼎俎。《礼记·曲礼》正义。故受之以《震》。震者,动也。物不可以终动,动必止之,故受之以《艮》。艮者,止也。物不可以终止,故受之以《渐》。渐者,进也。进必有所归,故受之以《归妹》。得其所归者必大,故受

·207·

之以《丰》。丰者，大也。穷大者必失其居，故受之以《旅》。旅而无所容，故受之以《巽》。巽者，入也。入而后说之，故受之以《兑》。兑者，说也。说而后散之，故受之以《涣》。涣者，离也，物不可以终离，故受之以《节》。节而信之，故受之以《中孚》。有其信者必行之，故受之以《小过》。有过物者必济，故受之以《既济》。物不可穷也，故受之以《未济》，终焉。

杂卦第十二

《乾》刚《坤》柔。《比》乐《师》忧。《临》《观》之义，或与或求。惠补《屯》见而不失其居。见，如字。《释文》。《蒙》杂而著。《震》，起也。《艮》，止也。惠补《损》《益》，衰盛之始也。《释文》。引见《音训》《会通》，今《释文》无之。《大畜》，时也。《无妄》，灾也。《萃》《聚》而《昇》不来也。《谦》轻而《豫》怠也。《噬嗑》，食也。《贲》，无色也。惠补《兑》说而《巽》伏也。《晁氏易》。《随》，无故也。《蛊》，则饰也。《释文》。王本及《音训》《会通》引《释文》并作"饰"，今本《释文》有作"节"者，误也。《剥》，烂也。《复》，反也。《晋》，昼也。《明夷》，诛也。《井》通而《困》相遇也。《咸》，速也。《恒》，久也。《涣》，离也。《节》，止也。《解》，缓也。《蹇》，难也。《睽》，外也。《家人》，内也。《否》《泰》，反其类也。《大壮》则止。《遁》则退也。《大有》，众也。《同人》，亲也。《革》，去故也。《鼎》，取新也。《小过》，过也。《中孚》，信也。《丰》，今补多故。《释文》云："众家以此绝句。"亲寡，《旅》也。《离》上而《坎》下也。《小畜》，寡也。《履》，不处也。《需》，不进也。《讼》，不亲也。《大过》，颠也。〔注〕惠补自此以下，卦音《会通》作"旨"。不协，似错乱失正，弗敢改耳。《晁氏易》。《姤》，遇也，柔遇刚也。《渐》，女归待男行也。《颐》，养正也。《既济》，定也。《归妹》，女之终也。《未济》，男之穷也。《夬》，决也，刚决柔也，君子道长，惠补小人道消也。《晁氏易》。

附　录

二　易纬郑注[①]

易纬乾凿度[②]

卷　上

孔子曰：易者，易也，变易也，不易也，管三成，为德道苞籥。[③]管，统也。德者，得也。道者，理也。籥者，要也。言易道统此三事，故能成天下之德道，故云包德道之要籥也。[④]齐鲁之间名门户及藏器之管为籥。[⑤]易者，以言其德也。通精无门，[⑥]藏神无内也。㤗易无为，故天下之性，莫不自得也。光明四通，㤗易立节。㤗易者，寂然无为之谓也。天地烂明，日月星辰，布设张列。[⑦]八卦错序，律历调列，五纬顺轨。五纬，五星也。四时和粟，草木

---

① 武英殿聚珍本《易纬八种》，凡收录《易纬乾凿度》二卷、《易纬乾坤凿度》二卷、《易纬稽览图》二卷、《易纬辨终备》一卷、《易纬通卦验》二卷、《易纬乾元序制记》一卷、《易纬是类谋》一卷、《易纬坤灵图》一卷。除此之外，诸书引用，还有《易通统卦验玄图》《易传太初篇》《易内传》《易天人应》等十几种，和郑玄无关，故不在讨论之列。至于《易纬八种》，《易纬乾坤凿度》是后人妄撰，其注亦非郑玄注，故不录。《易纬乾元序制记》则是后人据《是类谋》《坤灵图》两书遗文妄编为一书，然其注仍是郑玄注，故仍辑录之。原书正文、注文皆有讹误，且多错乱，今以《古经解汇函》收武英殿聚珍本为底本，依诸家考正及吾所论重为校定（部分段落改定其序）。关于校定的依据，笔者在《易纬汇辑汇校汇释附考说》一书中有比较详细的考证。本书的目的是用以讨论郑玄注，希望能建立在尽量正确的文本基础上，如果再逐录校定内容，只会导致文本繁杂。所以在此仅简单说一下校定的文字，其校定依据，则参彼书即可。

② 本篇有重出之文，而注全然不同，则亦必有非郑玄注者。

③ 德道，原作"道德"，注先解"德"，后解"道"，是"德"当在"道"前。《初学记》卷二一、《太平御览》卷六〇九引注"以成其德道之苞籥"，亦可证。

④ "故能"两句原作"故能成天下之道德，故云包道之要籥也"，正文既作"德道"，注文亦当同。

⑤ "齐鲁"句原无，据《初学记》卷二一、《太平御览》卷六〇九引补。

⑥ "精"原作"情"，据《周易正义·序》引改。

⑦ "张列"原无，据《周易正义·序》引补。

·209·

孳结。① 孳，育也。结，成也。四渎通精，② 优游信洁。水有信而清洁。根著浮流，根著者，草木也。浮流者，人兼鸟兽也。气更相贯。③ 此皆言易道无为，故天地万物，各得以自通也。虚无感动，清净炤晢。④ 炤，明也。夫惟虚无也，故能感天下之动。唯清净也，故能炤天下之明。移物致耀，至诚专密。移，动也。天确尔至诚，故物得以自动；寂然皆专密，故物得以自专也。不烦不挠，淡泊不失，此其易也。未始有得，夫何失哉？变易也者，其气也。天地不变，不能通气。《否》卦是也。五行迭终，四时更废。天道如之，而况于人乎？君臣取象，变节相和，能消者息，文王是也。必专者败。殷纣是也。君臣不变，不能成朝。纣行酷虐，天地反；不能变节以下贤也。文王下吕，九尾见。文王师吕尚，遂致九尾狐瑞也。夫妇不变，不能成家。妲己擅宠，殷以之破；不变节，以逮众妾也。大任顺季，享国七百。此其变易也。不易也者，其位也：天在上，地在下；君南面，臣北面；父坐子伏，此其不易也。故易者，天地之道也，乾坤之德，万物之宝。⑤ 至哉！易一元以为元纪。天地之元，万物所纪。

孔子曰：方上古之时，人民无别，群物无殊，未有衣食器用之利。天地气淳，人物恬粹，同于自得，故不相殊别。人虽有此而用之，故行而无迹，事而勿传也。于是伏羲乃仰观象于天，俯观法于地，中观万物之宜，始作八卦，以通神明之德，以类万物之情。伏羲之时，物渐流动，是以因别八卦，以镇其动也。故易者，所以断天下，⑥ 理人伦，而明王道。王道，继天地而已。是故八卦以建，五气以立，五常以之行。天地气合而化生五物。象法乾坤，

---

① "草木"二字原无，以意补。《文选·张衡〈思玄赋〉》注、颜延年《三月三日曲水诗序》注引"四时和栗"，陆机《汉高祖功臣颂》注引"四时和肃"，以"肃"解"栗"，则并以"和栗"连读。《思玄赋》注引宋均注："和栗，气和而严正。"亦以"和栗"连读。本文以四言为主，此处独三字成句，上下体例不合。是知此处有脱文。"草木"二字合书，则与"栗"字形近，因以意补。"肃""粟"音同假借，"栗"则"粟"之形讹。
② "精"原作"情"，以意改。《孝经援神契》："五岳之神圣，四渎之精仁。"可证。
③ "贯"原作"实"，以意改。注以"通"解"贯"。
④ "晢"原作"哲"，以意改。注以"明"解"晢"。
⑤ "宝"疑当作"实"，谓《易》乃万物之根本。
⑥ "断天下"原作"经天地"，赵在翰曰："'经天地'，钱本作'继天地'。"孙诒让以为作"继"字是。按：《系辞下》："以断天下之疑。"《京氏易传》卷下："故易所以断天下之理。"《周易正义·序》引此作"断天地"，疑"继"即"断"之形讹，"天地"当作"天下"。今本作"经天地"，恐后人不明其义而改。

顺阴阳，以正君臣、父子、夫妇之义。天地阴阳，尚有尊卑、先后之序，而况人道乎？度时制宜，作为网罟，① 以畋以渔，以赡人用。时有不赡，因制器以宜之。于是人民乃治，君亲以尊，臣子以顺，群生和洽，各安其性，八卦之用。安，犹不失也。顺其度而道之，因其宜而制之，则天下之志通，万类之情得也。② 伏羲氏之王天下也，始作八卦，结绳而为网罟，以畋以渔，盖取诸《离》。质者无文，以天言，此易之意。夫何为哉？亦顺其自通而已耳。当此之时，天气尚淳，物情犹朴，是故伏羲圣亦因以质法化人，故曰以王天下也。夫八卦之变，象感在人。人情变动，因设变动之爻以效之，亦大德之谓也。文王因性情之宜，为之节文。九六之辞是也。

孔子曰：《易》始于太极。气象未分之时，天地之所始也。太极分而为二，七、九、八、六。故生天地。轻清者上为天，重浊者下为地。天地有春、秋、冬、夏之节，故生四时。四时各有阴阳、刚柔之分，故生八卦。八卦成列，天地之道立，雷、风、水、火、山、泽之象定矣。其布散用事也，震生物于东方，位在二月；巽散之于东南，位在四月；离长之于南方，位在五月；坤养之于西南方，位在六月；兑收之于西方，位在八月；乾制之于西北方，位在十月；坎藏之于北方，位在十一月；艮终始之于东北方，位在十二月。八卦之气终，则四正四维之分明，生长收藏之道备。阴阳之体定，神明之德通，而万物各以其类成矣。万物是八卦之象，定其位，则不迁其性，不淫其德矣，故各得自成者也。皆《易》之所包也。至矣哉！《易》之德也。

孔子曰：岁三百六十日而天气周，八卦用事，各四十五日，方备岁事。③ 其中犹自有斗分，此重举大数而已。故艮渐正月，巽渐三月，坤渐七月，乾渐九月，而各以卦之所言为月也。乾御戌亥，在于十月，而渐九月也。乾者，天也，终而为万物始，西北方，④ 万物所始也，故乾位在于十月。艮者，止物者也，故在四时之始终，⑤ 位在十二月。巽者，阴始顺

---

① "为"原无，据《周易正义·序》《通鉴外纪》卷一引补。
② "万类"句承前"类万物之情"，"类"疑当作"物"。
③ "事"原作"焉"，据《北堂书钞》卷一五三、《太平御览》卷一七引改。
④ "西"字原无，以意补。乾居西北。
⑤ "始"字原无，以意补。上文："艮终始之于东北方。"《通卦验》卷上："东北，艮卦也。艮属土，又万物之所终始成也。"并可证当有"始"字。

阳者也，阳始壮于东南方，故位在四月。坤者，地之道也，形正六月。① 四维正纪，经纬仲序度毕矣。四维正四时之纪，则坎、离为经，震、兑为纬，此四正之卦，为四仲之次序也。

孔子曰：乾坤，阴阳之主也。阳始于亥，形于丑，乾位在西北，阳祖微，据始也。阳气始于亥，生于子，形于丑，故乾位在西北也。阴始于巳，形于未，据正立位，故坤位在西南，阴之正也。阴气始于巳，生于午，形于未，阴道卑顺，不敢据始以敌，故立于正形之位。君道倡始，臣道终正。是以乾位在亥，坤位在未，所以明阴阳之职、定君臣之位也。

孔子曰：八卦之序成立，则五气变形。故人生而应八卦之体，得五气，以为五常，仁、义、礼、智、信是也。夫万物始出于震，震，东方之卦也，阳气施生，② 受形之道也，故东方为仁。成于离，离，南方之卦也，阳得正于上，阴得正于下，尊卑之象定，礼之序也，故南方为礼。入于兑，兑，西方之卦也，阴用事而万物得其宜，义之理也，故西方为义。渐于坎，坎，北方之卦也，阴气形盛，阴阳气含闭，信之类也，故北方为信。夫四方之义，皆统于中央，故乾、坤、艮、巽，位在四维。中央所以绳四方行也，智之决也，故中央为智。故道兴于仁，立于礼，理于义，定于信，成于智。五者，道德之分，天人之际也。圣人所以通天意，理人伦，而明至道也。

昔者圣人因阴阳，定消息，立乾坤，以统天地也。夫有形生于无形，乾坤安从生。天地本无形，而得有形，则有形生于无形矣。故《系辞》曰："形而上者谓之道。"夫乾坤者，法天地之象质，然则有天地，则有乾坤矣，将明天地之由，故先设问乾坤安从生也。故曰：有太易，有太初，有太始，有太素也。太易者，未见气也；以其寂然无物，故名之为太易。太初者，气之始也；元气之所本始，太易既自寂然无物矣，焉能生此太初哉？则太初者，亦忽然而自生。太始者，形之始也；形见，此天象之所本始也。③ 太素者，质之始也。地质之所本始也。气、形、质具而未离，故曰浑沦。虽舍此三始，而犹未有分判。老

---

① "形正六月"当有误，疑当作"万物形正，故位在六月"一类文。
② "施"原作"始"，据《公羊传·隐公元年》疏改。阳气始生于十月，震为二月，乃施生以长物之月。
③ "天象"下原有"形见"二字，以意删。"元气之所本始""天象之所本始""地质之所本始"三句并列，"天象"下不当复出"形见"二字。

附　录

子曰："有物浑成，先天地生。"浑沦者，言万物相浑成，而未相离。言万物莫不资此三者也。视之不见，听之不闻，循之不得，故曰易也。易无形畔。此明太易无形之时，虚豁寂寞，不可以视、听、寻。《系辞》曰："易无体。"此之谓也。易变而为一，一主北方，气渐生之始，此则太初气之所生也。一变而为七，七主南方，阳气壮盛之始也，万物皆形见焉，此则太始气之所生者也。七变而为九。西方阳气所终，究之始也，此则太素气之所生也。九者，气变之究也，乃复变而为一。此一则元气形见而未分者。夫阳气内动，周流终始，然后化生一之形气也。一者，形变之始，清轻者上为天，象形见矣。浊重者下为地。质形见矣。①

物有始，有壮，有究，故三画而成乾。象一、七、九也。夫阳则言乾成者，阴则坤成可知矣。乾坤相并俱生，物有阴阳，因而重之，故六画而成卦。阴阳、刚柔之与仁义也。三画已下为地，四画已上为天，物感以动，类相应也。易气从下生。易本无形，自微及著，故气从下生，以下爻为始也。动于地之下，则应于天之下；动于地之中，则应于天之中；动于地之上，则应于天之上。天气下降以感地，故地气升动而应天也。初以四，二以五，三以上，此之谓应。阳动而进，阴动而退。故阳以七，阴以八为象。阳动而进，变七之九，象其气息也。阴动而退，变八之六，象其气消也。易，一阴一阳，合而为十五，之谓道。象者，爻之不变动者。五，象天数奇也。十，象地之数偶也。合天地之数，乃谓之道。阳变七之九，阴变八之六，阳动而进，变七之九，象其气息也。阴动而退，变八之六，象其气消也。亦合于十五，则象变之数，若之一也。九六，爻之变动者。《系》曰："爻，效天下之动也。"然则《连山》《归藏》占象，本其质性也。《周易》占变者，效其流动也。象者，断也。五音六律七宿，② 由此作焉。故大衍之数五十，所以成变化而行鬼神也。衍，犹阖也。③ 日十干者，五音也。甲乙，角也。丙丁，徵也。戊己，宫也。庚辛，商也。壬癸，羽也。辰十二者，六律也。六律益六吕，合十二辰。星二十八者，七宿也。四方各七，四七二十八，周天也。凡五十，所以大阖物而出之者也。阖，亦出也，言辰七变，系于易象也。

---

① 此段及下段，重见于卷下，吾因疑卷上先作，卷下乃后人杂谶纬之书而撰。卷上多与《系辞》《说卦》合，辞义淳古；卷下则多涉谶语，与《尚书纬》《孝经纬》等相近，辞义诡怪。盖先有卷上，后世复据它纬以解《易》，遂有上下卷之分。

② "宿"原作"变"，下文作"七宿"，是。

③ "衍"原作"行"，据钱本改。下以"大阖物"说"大衍"，故郑以"衍，犹阖也"说之。

· 213 ·

孔子曰：阳三阴四，位之正也。三者，东方之数，东方日所出也。又圆者，径一而周三。四者，乃西方之数，西方日所入也。又方者，径一而匝四也。故《易》卦六十四，分而为上下，象阴阳也。夫阳道纯而奇，故上篇三十，所以象阳也。阳道专断，兼统阴事，故曰"纯"也。阴道不纯而偶，故下篇三十四，所以法阴也。乾、坤者，阴阳之根本，万物之祖宗也，为上篇始者，尊之也。离为日，坎为月，日月之道，阴阳之经，所以终始万物，故以坎、离为终。言以日月终天地之道。咸、恒者，男女之始，夫妇之道也。人道之兴，必由夫妇，所以奉承祖宗，为天地主也，故为下篇始者，贵之也。既济、未济为最终者，所以明戒慎而存王道。夫物不可穷，理不可极。故王者亦常则天而行，与时消息，不可安而忘危、存而忘亡。未济者，亦无穷极之谓者也。

孔子曰：《泰》者，天地交通，阴阳用事，长养万物也。《否》者，天地不交通，阴阳不用事，止万物之长也。上经象阳，故以《乾》为首，《坤》为次，先《泰》而后《否》。先尊而后卑，先通而后止者，所以类阳事也。《损》者，阴用事，泽损山而万物损也，下损以事其上。象阳用事之时，阴宜自损，以奉阳者，所以咸阴道以执其顺者也。《益》者，阳用事，而雷风益万物也，上自损以益下。当阳用事之时，阳宜自损以益阴者，所以咸阳道以弘其化也。下经以法阴，故以《咸》为始，《恒》为次，先《损》而后《益》。《咸》则男下女，《恒》则阳上而阴下，先阴而后阳者，以取类阴也。各顺其类也。

孔子曰：《升》者，十二月之卦也。阳气升上，阴气欲承，万物始进，譬犹文王之修积道德，弘开基业，始即升平之路。当此时也，邻国被化，岐民和洽，是以六四蒙泽而承吉，九三可处王位，享于岐山，为报德也。明阴以显阳之化，民臣之顺德也。民臣化顺文王之德。故言无咎。

孔子曰：《益》之六二："或益之十朋之龟，弗克违，永贞，吉。王用享于帝，吉。"《益》者，正月之卦也。天气下施，万物皆益，言王者之法天地，施政教，而天下被阳德，蒙王化，如美宝，莫能违害，永贞其道，咸受吉化，德施四海，能继天道也。王用享于帝者，言祭天也。三王之郊，一用夏正。天气三微而成一著，三著而成一体。五日为一微，十五日为一著，故五日有一候，十五日成一气也。冬至阳始生，积十五日，至小寒为一著，至大寒为二著，至立春为三著，凡四十五日而成一节，故曰三著而成体也。正月则《泰》卦用事，故曰成体而郊也。方知此之时天地交，万物通，故

《泰》《益》之卦，皆夏之正也。此四时之正，不易之道也。故三王之郊，一用夏正，所以顺四时，法天地之道也。

孔子曰：《随》上六："拘系之，乃从维之，王用享于西山。"《随》者，二月之卦，随德施行，藩决难解。《大壮》九三爻主正月，阴气犹在，故羝羊触藩而羸其角也。至于九四，主二月，故藩决不胜羸也。言二月之时，阳气已壮，施生万物，而阴气渐微，不能为难，以障闭阳气，故曰"藩决难解"也。万物随阳而出，故上六欲待九五。拘系之，维持之，明被阳化，而阴欲随之也。譬犹文王之崇至德，显中和之美，拘民以礼，系民以义。当此之时，仁恩所加，靡不随从，咸悦其德，得用道之王，故言王用享于西山。是时纣存，未得东巡，故言西山。

孔子曰：阳消阴言《夬》、阴消阳言《剥》者，万物之祖也。断制除害，全物为务，夬之为言决也。当三月之时，阳盛息消夬阴之气，万物毕生，靡不蒙化。譬犹王者之崇至德，奉承天命，伐决小人，以安百姓，故谓之决。夫阴伤害为行，故剥之为行剥也。当九月之时，阳气衰消而阴终不能尽阳，小人不能决君子也，谓之剥，言不安而已。直剥落伤害，使万物不得安全而已，然不能决君子。是以《夬》之九五，言决小人；《经》曰："苋陆夬夬，中行，无咎。"《剥》之六五，言盛杀万物，皆剥堕落，譬犹君子之道衰，小人之道盛，侵害之行兴，安全之道废。阴贯鱼而欲承君子也。阳衰之时，若能执柔顺以奉承君子，若鱼之序，然后能宠，无不利也。

孔子曰：易有六位三才，天、地、人道之分际也。三才之道，天、地、人也。天有阴阳，地有柔刚，人有仁义，法此三者，故生六位。六位之变，阳爻者，制于天也，阴爻者，系于地也。天动而施曰仁，地静而理曰义。仁成而上，义成而下，上者专制，下者顺从，正形于人，则道德立而尊卑定矣。震主施生，卯为日出，象人道之阳也。兑主入悦，酉为月门，象人道之柔也。夫人者，通之也，德之经也，故曰道德立者也。此天、地、人道之分际也。天地之气，必有终始。六位之设，皆由下上，① 故易始于一，易本无体，气变而为一，故气从下生也。分于二，清、浊，分于二仪。通于三，阴阳气交，人生其中，故为三才。□于四，□□□□□□□□。盛于五，二壮于地，五壮于天，故为盛也。终于上。初为元士，在位卑下。二为大夫，三

---

① "下上"原作"上下"，以意改。此言六爻由下而上。

为三公，四为诸侯，五为天子，上为宗庙。宗庙，人道之终。凡此六者，阴阳所以进退，君臣所以升降，万人所以为象则也。故阴阳有盛衰，人道有得失。圣人因其象，随其变，为之设卦，方盛则托吉，将衰则寄凶。圣人之见物情有得失之故，寄托阴阳之盛衰，以断其吉凶也。阴阳不正，皆为失位。初六，阴不正。九二，阳不正。其应实而有之，皆失义。阴有阳应，阳有阴应，实者也。既非其应，设使得而有之，皆为非义而得也。虽得之，君子所不贵也。善虽微细，必见吉端；恶虽纤芥，必有悔吝，所以极天地之变，尽万物之情，明王事也。王者亦当穷天地之理，类万物之情。丘系之曰："立象以尽意，设卦以尽情伪，以象尽天地之意，重之尽万物之变者也。《系辞》焉以尽其言。"

孔子曰：易六位正，王度见矣。孔子曰：《易》有君人五号也：帝者，天称也；王者，美行也；天子者，爵号也；大君者，与上行异也；《临》之九二，有中和美异之行。应于五位，故曰百姓欲其与上为大君也。大人者，圣明德备也。变文以著名，题德以别操。夫至人一也，应迹不同，而生五号，故百姓变其文名，别其操行。王者，天下所归往。《易》曰："在师中，吉，无咎，王三锡命。"师者，众也，言有盛德，行中和，顺民心，天下归往之，莫不美命为王也。行师以除民害，赐命以长世，德之盛。武王受命行师以除民害，遂享七百之祚，可谓之长世也。天子者，继天理物，改政一统，① 各得其宜。父天母地，以养万民，至尊之号也。《易》曰："公用亨于天子。"《大有》九三曰："公用亨于天子，小人不克。"克，② 害也。文王为纣三公，百姓悦乐文王之德。文王享天子之位，以决罚小人之罪也。大君者，君人之盛者也。《易》曰："知临，大君之宜，吉。"临者，大也，阳气在内，中和之盛，应于盛位，浸大之化，行于万民，故言宜处王位，施大化，为大君矣。臣民欲被化之词也。大人者，圣人之在位者也。夫大人者，与天地合其德。《易》曰："见龙在田，利见大人。"又曰："飞龙在天，利见大人。"言德化施行，天地之和，故曰大人。

孔子曰：《既济》九三："高宗伐鬼方，三年克之。"高宗者，武丁也，汤之后，有德之君也。九月之时，阳失正位。盛德既衰，而九三得正下阴，

---

① "政"字原无，据《初学记》卷九、《太平御览》卷七六引补，《坤灵图》有此文，亦有"政"字，《玉烛宝典》卷一则引作"正"，"政""正"通。

② "克"字原无，以意补。"害"所以解"克"字。

能终其道，济成万物。犹殷道中衰，王道陵迟，至于高宗，内理其国以得民心，扶救衰微，伐征远方，三年而恶消灭，成王道。殷人高而宗之，文王挺以校《易》劝德也。挺出高宗，以言昭《易》义，所以劝人君修德者也。

孔子曰：《易》本阴阳，以譬于物也。掇序帝乙、箕子、高宗著德。《易》者，所以昭天道，定王业也。上术先圣，考诸近世，采美善以见王事，言帝乙、箕子、高宗明有法也。美帝乙之嫁妹，顺天地之道，以立嫁娶之义，义立则妃匹正，妃匹正则王化全。

孔子曰：《泰》者，正月之卦也。阳气始通，阴道执顺，故因此以见汤之嫁妹，能顺天地之道，立教戒之义也。至于《归妹》，八月卦也。阳气归下，阴气方盛，故复以见汤妹之嫁。以天子贵妹，而能自卑，顺从变节，下嫁以从夫，故曰变节也。而欲承阳者，以执汤之戒。此谓教戒之义。是以因时变一用，见帝乙之道，所以彰汤之美，明阴阳之义也。

孔子曰：自成汤，至帝乙。帝乙，汤之玄孙之孙也，此帝乙即汤也。殷录质，以生日为名，顺天性也。玄孙之孙，外绝恩矣。玄孙之孙，五世之末，外绝恩矣。同以乙日生，疏可同名。同以乙日生，天锡之命，疏可同名。汤以乙生，嫁妹，本天地，正夫妇。夫妇正，王道兴矣。故曰："《易》之帝乙为成汤，《书》之帝乙六世王，同名不害以明功。"

孔子曰：绂者，所以别尊卑、彰有德。故朱赤者，盛色也。南方阳盛之时。是以圣人法以为绂服，欲百世不易也。故《困》九五，文王为纣三公，故言"困于赤绂"也。至于九二，周将王，故言"朱绂方来"，不易之法也。

孔子曰：《易》，天子、三公、诸侯绂服皆同色。《困》之九二："困于酒食，朱绂方来。"九五："劓刖，困于赤绂，乃徐有说。"天子、三公、九卿朱绂，诸侯赤绂。朱、赤虽同，而有深浅之差。《困》之九二，有中和，居乱世，交于小人。又困于酒食者，困于禄也。因其禄薄，故无以为酒食。赤绂者，赐大夫之服也。文王方困，而有九二大人之行，将锡之朱绂也，其位在二，故以大夫言之。文王虽纣三公，而为小人所困，且进不得伸其职事也，故遂同于大夫。二为大夫也。至于九五，劓刖不安也。文王在诸侯之位，上困于纣，故曰"困于赤绂"。夫执中和，顺时变，以全王德，通至美矣，故曰"乃徐有说"。丘记诸《象》曰："困而不失其所，亨也，贞，大人吉，以刚中也。"

卷　下

孔子曰：自成汤，至帝乙。帝乙，汤玄孙之孙也。帝乙则汤。殷录质。王者之政，一质一文，以变易从初，殷录相次质也。以生日为名，顺天性也。玄孙五世之末，外绝恩矣。同日以乙，天之锡命，疏可同名。仁恩已绝，则不能避，故小殷以是日同，故曰天之锡命矣。汤以乙生。嫁妹，本天地之义，顺阴阳之道，以正夫妇，夫妇正则王教兴。正夫妇者，乃所以兴王教于天下，非苟也。《易》之帝乙为汤，《书》之帝乙六世王，名同不害以明功。《易》与《尚书》，俱载帝乙，虽同名不相害，各以明其美功也。

孔子曰：《易》，天子、三公、诸侯绂服皆同色。《困》九二："困于酒食，朱绂方来。"九五："劓刖，困于赤绂。"谓朱、绂同为色者，其染法同，以浅深为之差也。夫《困》之九二，有中和，居乱世，交于小人。困于酒食者，困于禄也。朱绂者，天子赐大夫之服，而有九二大人之行，将赐之朱绂，其位在二，故以大夫言之。困于禄者，禄少薄也。至于九五，劓刖者，不安也。文王在诸侯之位，上困于纣也，故曰"劓刖，困于赤绂"。夫执中和，顺时变，所以全王德，通至美也，乃徐有说。赤绂，纣所赐文王，所以喻纣也，以巽顺而变，故终无灾。丘记《象》曰："困而不失其所亨，贞，大人吉，以刚中也。"

文王因阴阳，定消息，立乾坤，统天地。夫有形者生于无形，则乾坤安从生？消息，寒温之气，而阴阳定寒温。此三微至著，而立乾坤以天地之道，则是天地先乾坤生也。天有象可见，地有形可处，若先乾坤，则是乃天地生乾坤。或云有形生于无形，则为反矣，如是则乾坤安从生焉？若怪而问之，欲说其故。故曰：有太易，有太初，有太始，有太素。将说此也，时人不知问，故先张所由以为本，使易陵犹故也。太易者，未见气。太初者，气之始。太始者，形之始。太素者，质之始。太易之始，漠然无气可见者。太初者，气寒温始生也。太始，有兆始萌也。太素者，质始形也。诸所为物，皆成苞裹，元未分别。气、形、质具而未相离，故曰浑沦，言万物相浑沦而未相离。此极说太素浑沦，今人言质率尔，有能散之意。视之不见，听之不闻，循之不得，故曰易也，易无形埒也。此又说上古太易之时，始有声气，曰埒。尚未有声气，恶有形兆乎，又重明之。《礼记·夏小正》："十二月，鸡始乳也。"易变而为一，一变而为七，七变而为九，九者，气变之究也，乃复变而为一。一者形变之始，清轻上为

附　　录

天，浊重下为地。易，太易也。太易变而为一，谓变为太初也。一变而为七，谓变为太始也。七变而为九，谓变为太素也。乃复变为一，一变误耳，当为二。二变而为六，六变而为八，则与上七九意相协。不言如是者，谓足相推明耳。九言气变之究也。二言形之始，亦足以发之耳。又言乃复之一，易之变一也，太易之变，不惟是而已，乃复变而为二，亦谓变而为太初。二变为六，亦谓变而为太始也。六变为八，亦谓变而为太素也。九，阳数也，言气变之终。二，阴数也，言形变之始，则气与形相随此也。初太始之六，见其先后耳。《系辞》："天一，地二，天三，地四，天五，地六，天七，地八，天九，地十，奇者为阳，偶者为阴，奇者得阳而合，偶者得阴而居，言数相偶乃为道也。"孔子于《易系》，著此天地之数，下乃言：子曰：明天地之道，本此者也。一变而为七，是今阳爻之象，七变而为九，是今阳爻之变。二变而为六，是今阴爻之变，六变而为八，是今阴爻之象，七在南方，象火；九在西方，象金；六在北方，象水；八在东方，象木。自太易至太素，气也，形也。既成四象，爻备于是，清轻上而为天，重浊下而为地，于是而开阖也。天地之与乾坤，气形之与质本，同时如表里耳，以有形生于无形，问此时之言，斯为之也。

物有始，有壮，有究，故三画而成乾，乾坤相并俱生。物于太初时如始，太始时如壮，太素时如究，而后天地开辟，乾坤卦象立焉。三画成体，象卦亦然。物有阴阳，因而重之，故六画而成卦。此言人皆所及无苟然。卦者，挂也，挂万物，视而见之。故三画已下为地，四画已上为天。物感以动，类相应也。阳气从下生，动于地之下，则应于天之下。动于地之中，则应于天之中。动于地之上，则应于天之上。故初以四，二以五，三以上，此谓之应。阳动而进，阴动而退，故阳以七，阴以八为象，易一阴一阳，合而为十五，之谓道。阳变七之九，阴变八之六，亦合于十五，则象变之数若一。阳动而进，变七之九，象其气之息也。阴动而退，变八之六，象其气之消也。故太一取其数，以行九宫，四正四维，皆合于十五。太一者，北辰之神名也，居其所曰太帝，[①] 行于八卦日辰之间，曰天一，或曰太一。出入所游，息于紫宫之内外，其星因以为名焉。故《星经》曰："天一，太一，主承神。承，犹侍也。"[②] 四正四维，以八卦神所居，故亦名之曰宫。天一下行，犹天子出巡狩，省

---

①　"帝"原作"一常"，据《五行大义》卷五、《云麓漫钞》卷二引改。下文曰"或曰太一"，此不当重出，"常"盖即"帝"之形讹。
②　"主承神"至此原作"主气之神。行，犹待也"，《云麓漫钞》引作"天一、太一，主承神，犹侍卫也"，《五行大义》卷五引作"天一、太一，主承神。承，犹侍也"，《开元占经》卷六七引《石氏赞》："天一、太一主承神也。"是作"承"字是，因据《五行大义》改。

方岳之事，每卒则复。① 太一下行八卦之宫，每四乃还于中央，中央者，地神，北辰之所居，② 故因谓之九宫。天数大分，以阳出，以阴入，阳起于子，阴起于午，是以太一下九宫，从坎宫始。坎，中男，始亦言通也。③ 自此而从于坤宫，坤，母也。又自此而从震宫，震，长男也。又自此而从巽宫，巽，长女也。所行者半矣，还息于中央之宫，既又自此而从乾宫，乾，父也。自此而从兑宫，兑，少女也。又自此从于艮宫，艮，少男也。又自此从于离宫，离，中女也，行则周矣。上游息于太一、天一之宫，而反于紫宫。行从坎宫始，终于离宫。数自太一行之，坎为名耳。出从中男，入从中女，亦因阴阳男女之偶为终始。云从自坎宫，必先之坤者，母于子养之勤劳者。次之震，又之巽，母从异姓来，此其所以敬为生者。从巽中而复之乾者，④ 父于子教之而已，于事逸也。次之兑，又之艮，父或老顺其心所爱，以为长育，多少大小之行，已亦为施。此数者合十五，言有法也。五音、六律、七宿，由此作焉。作，起也。见八卦行太一之宫，则八卦各有主矣。推此意，则又知日辰及列宿亦有事焉，故曰由此起。日辰及列宿，皆系八卦，是以云也。大衍之数必五十，以成变化而行鬼神也。故曰：日十者，五音也；辰十二者，六律也；星二十八者，七宿也，凡五十，所以大阕物而出之者。⑤

　　八卦之生物也，画六爻之移气，周而从卦。八卦生物，谓其岁之八节，每一卦生三气，则各得十五日。今言画六爻，是则中分之言。太史司刻漏者，每气两箭，犹是生焉。八卦数二十四，以生阴阳，衍之，皆合之于度量。数二十四者，即分八卦各为三气之数。于是复云以生阴阳，则中分为四十八也。衍，推极其数之本，十二而候气，十二而候律，周焉。衍生十二，合二十四气与八卦爻用事之数通。衍之，如是者三，极于六十，乃大备。合于度量推衍之数，可以知政得失，无所苟焉。度，谓用律之长短。量，谓所容之多少也。阳析九，阴析六，阴阳之析，各百九十二，以四时乘之，八而周，三十二而大周，三百八十四爻，万一千五百二十析也。故卦当岁，爻当月，析当日。故六十四卦，三百八十四爻，戒各有所系焉。故阳唱而阴和，男行而女随，天道左旋，地道右迁，二卦十二爻，而期一岁。从"阳析九"至"期一岁"，此爻析之所由，及卦爻析与岁月及日相当之意，而其文亦错乱。阳析九至八而周，律辞不相理，自是脱误。

---

① "卒"原作"率"，张惠言曰："当作'卒'。"是，《五行大义》《云麓漫钞》并作"卒"。
② "地神，北辰"原作"北神"，据《后汉书·张衡传》注引改。
③ "通"原作"无适"，据《云麓漫钞》引改。"通"言自中央通达于四方，作"无适"则义相反。
④ "巽"原作"息"，据《云麓漫钞》引改。
⑤ "大衍之数五十"至此原在下段"析当日"下，据前文移此。

附　录

"三百八十四爻"至"析当日",是一简字;"故六十四卦"至"期一岁",是二简字,而大衍之说杂其间,云是换脱。此皆衍数之事。较其次序,合补其脱,正其误,复其换,得无伤于胁赘败贼。于上言"衍之皆合之度量",因承其"大衍之数五十,所以成变化而行鬼神也。故曰:日十者,五音也;辰十二者,六律也;星二十八宿者,七宿也。凡五十,所以大阆物出之者"也。阳析九,阴析六,阴阳二析合一百九十二爻,故当以阴爻乘阴析,合之,以四时乘之,并合之三百八十四爻,万一千五百二十析也。故卦当岁,爻当月,析当日。天道左旋,地道右迁,二卦十二爻,而期一岁,三十二而大周,如是则合之度量。而至是大周七简适盈,皆合二正,亦可知之。夫八十四戒者,十二消息爻象之变,消息于杂卦为尊。每月者,譬一卦而位属焉,各有所系,是谓八十四戒。必连数之者,见四百五十变而周矣。

《乾》,阳也;《坤》,阴也,并治而交错行。《乾》贞于十一月子,左行,阳时六。《坤》贞于六月未,右行,阴时六,以奉顺成其岁。岁终始于《屯》《蒙》,① 《屯》《蒙》主岁。《屯》为阳,贞于十二月丑,其爻左行,以间时而治六辰。《蒙》为阴,贞于正月寅,其爻右行,亦间时而治六辰。岁终则从其次卦,阳卦以其辰为贞,其爻左行,② 间辰而治六辰。阴卦与阳卦同位者,退一辰以为贞,其爻右行,间辰而治六辰。《泰》《否》之卦,独各贞其辰,其六辰左行相随也。③《中孚》为阳,贞于十一月子;《小过》为阴,贞于六月未,法于《乾》《坤》。三十二岁期而周,六十四卦,三百八十四爻,万一千五百二十析,复从于贞。贞,正也。初爻以此为正,次爻左右者,各从次数之,一岁终则从其次,《屯》《蒙》《需》《讼》也。阴卦与阳卦其位同,谓与同月,④ 若在冲也。阴则退一辰者,为左右交错相避。《泰》《否》独各贞其辰,言不用卦次,《泰》卦当贞于戌,《否》当贞于亥。戌,《乾》体所在,亥,又《坤》消息之月,《泰》《否》,《乾》《坤》,杂体气与之相乱,⑤ 故避之而各贞其辰。谓《泰》贞于正月,《否》贞于七月,六爻皆泰,得《否》之《乾》,《否》得《泰》之《坤》,北辰左行,谓《泰》从正月至六月,皆阳爻,《否》从七月至十二月,皆阴爻,《否》《泰》各自相从。《中孚》贞于十一月,《小过》贞于六月。⑥ 言法《乾》《坤》者,《乾》《坤》尚然,示以承余且有改也。余不

---

① "岁终始"原作"岁终次从",以意改。《蒙》为一年之始,《屯》为一年之终,故云。
② "其爻"原作"丑与",从张惠言说改。
③ "其六辰"原作"共北辰",以意改。张惠言以为当作"共比辰"。
④ "月"原作"日",从张惠言说改。
⑤ "杂"原作"离",以意改。张惠言以为"离"字衍文。
⑥ "六"原作"正",从张惠言说改。

见，为图者备列之矣。期也、周也，皆一岁。匝悟相避，其于此月，唯岁终矣，爻析有余也。历以三百六十五日四分度之一为一岁，《易》以三百六十析，当期之日，此律历数也。五岁再闰，故再扐而后卦，以应律历之数。历以记时，律以候气，气率十五日一转，与律相感，则三百六十日，粗为终也。历之数有余者四分之一，参差不齐，故闰月建四时成岁，令相应也。故乾气合戌亥，① 音受二子之节，阳生秀白之州，载钟名商，② 太乙之精也。其帝一世，纪录事，明期推移，不夺而消焉。音，假借字，读如"鹡鸰"之"鸰"，包覆之意也，"音"与《诗》"奄有九有"同音。此言律历参差，前却无常，故乾居西北，气合戌亥，包覆二子之节，交余不齐，当于断焉。阳，犹象也，人象乾德而生者。秀白之州，字曰州，乾气白，又九月之节，故谓秀白。载，犹植也，齐人《月令》云："乾为金，金于钟律为商。"人象乾德而生殖之一姓也。商，名也，太一之精也。言太一常行乾宫，降感其母而生之耳。其帝一也，其人为天子一世耳。若尧舜者，德圣明达见，能识图书，为君德正者之多少，又知期推移易去之微，故不见代而自消退之。自昔之退者此帝，帝当是世，犹乾在西北，断律历不齐也。

元历无名，握先纪，曰甲子，岁甲寅。③ 推先为历始名，言无前也。求卦主岁术曰：常以太岁纪岁，七十六为一纪，二十纪为一部首，即积置部首岁数，加所入纪、岁数，以三十二除之，余不足者，以《乾》《坤》始数二卦而得一岁，末算即主岁之卦。"部"或为"蔀"。于是为千五百二十岁。时人及它书之纪为部首则反也。④ 即置一岁积日法：二十九日与八十一分日四十三，⑤ 除之得一命曰月，⑥ 得积月十二与十九分月之七一岁。置一岁积日为实，其法必通分乃成，则实亦当通，⑦ 二通六三三，以千五百三十九日，计下分三百八十五，始必通，是则以十九得，乃除之，去约多余，则一岁积月分定矣，此为斗下分门时作法耳。⑧ 计下分以四十一为中，其求一岁积月及以分直，以此记岁，除积日月，亦自得之。今计已多积候，故会稽尉刘洪《乾象法》，已为五百八十九分之日百四十五，而天度有外内，日月从黄道外，则即计下分，从内则下，使

---

① "乾"下原有"坤"字，以意删。乾在西北，十月而渐九月，亥为十月，戌为九月，故云。
② "商"字原无，从孙诒让说补。
③ "握先纪"三句原作"推先纪，曰甲寅"，据《诗经·大雅·文王》正义引改。
④ "纪"原作"记"，"反"原作"及"，从张惠言说改。
⑤ "四十三"原作"四十二"，从张惠言说改。
⑥ "曰"原作"日"，从张惠言说改。
⑦ "当"原作"常"，从张惠言说改。
⑧ "斗"原作"计"，从孙诒让说改。

附　录

外内门狭岐使之然。术家作纯，数家作数，从时而见，故言之者无常，其实一也。一此一彼，唯圣人能正之也矣。以七十六乘之，得积月九百四十，积日二万七千七百五十九，此一纪也。以二十乘之，得积岁千五百二十，积月万八千八百，积日五十五万五千一百八十，此一部首。此法三部首而一元，一元而太岁，复于甲寅。更置一纪，以六十四乘之，得积日百七十七万六千五百七十六。元不与卦当岁、爻当月、析当日之数相得生之。欲求其尽余合之时，故言更以起之。又不与元用合岁月蓂，记月数而已也。又以六十乘之，得积部首百九十二，得积纪三千八百四十纪，再言者，① 又不用于所求，但纪其数而殊之。得积岁二十九万一千八百四十，以三十二除之，得九千一百二十周，此谓卦当岁者。得积月三百六十万九千六百月，其十万七千五百二十月者闰也，即三百八十四爻除之，得九千一百二十周，② 此谓爻当月者。得积日万六百五十九万四千五百六十，③ 万一千五百二十析除之，得九千二百五十三周，此谓析当日者，而《易》一大周律历相得焉。《易》一大周者，数备尽于此。今入天元二百七十五万九千二百八十岁，昌以西伯受命，受《洛书》，命为天子也。入戊午部二十九年，伐崇侯，作灵台，改正朔，布王号于天下，受录应《河图》。受命后五年而为此者。《孝经援神契》所谓"文王优游典部"，即上所纪者，数不可改其名而应图。改，④ 犹如也，如前世圣主，《河图》言之，其数故应也。

　　孔子曰：三万一千九百二十岁，录图受命，易姓三十二纪。一本作"四十二"。纯德有七，⑤ 其三法天，其四法地。王有三十五，⑥ 半圣人君子。消息卦纯者为帝，不纯者为王，六子上不及帝，下有过王，故六子虽纯，不为乾坤。易姓四十二，⑦ 三万一千九百二十岁。中则轨率为七百六十，⑧ 此尧所为。四十二者，消息三十六，六子在其数。其三法天，消息中三乾也。其四法地，消息中四巛。及六子之欲王，有三十六，消息六子也。帝王始起，河洛龙马，

---

① "言"下原有"纪"字，以意删。
② "九千一百二十周"原作"九千四百日之二十周"，从董佑诚说改。
③ "六十"下原有"八"字，从董佑诚说删。
④ "改"字原无，据《诗经·大雅·文王》正义补。
⑤ "纯"原作"轨"，属注文，从张惠言说改。
⑥ "王"上原有"五"字，从张惠言说删。
⑦ "四十二"原作"三十二万三千"，据上改。
⑧ "轨"原作"乾"，从张惠言说改。

皆察其首，蛇亦然。其首黑者人正，其首白者地正，其首赤者天正。谨其爻，生之甲乙丙丁戊己庚辛壬癸，各居其国中，以应动静逆顺。① 此天地神灵佐助之期，吉凶之应。爻者，② 即龙蛇见者非常，故谓爻。爻，犹异也，于众人为异，知者为爻。各居其国者，甲乙属东，于国各有所主，若甲为齐，乙为东夷，王者起于此国中。动谓河洛之水，静谓陵陆之地。以应动静，谓龙蛇见于此为期，③ 龙则用其卦日，蛇则用其卦月。动谓河洛水，静谓陵陆地，各如其迹也。顺逆者，顺之皆君泽，逆之皆扰乱也。迹爻所生，④ 岁三百六十五日四分日之一，以卦用事，一卦六爻，爻一日，凡六日。初用事，一日天王、诸侯也，二日大夫也，三日卿，四日三公也，五日辟，六日宗庙。爻辞善则善，凶则凶。辟，天子也。上既曰爻，见日之起者也，所以于国矣。又本察爻所生，发于卦用事六日七分之中，以知起者之事来诸侯，受其吉凶者，惟天子而已。天子之吉凶，皆仿此者也。一轨享国之法：阳得位以九七，九七者，四九、四七者也。阴得位以六八，六八者，四六、四八也。阳失位，三十六。阴失位，二十四。四九为三十六，四七为二十八，合得六十四。四六为二十四，四八为三十二，合得五十六，此文王推爻为一世，凡七百二十岁。岁轨是其居位年数也，得位者，兼象变而已，有德者重也，故轨七百二十岁。子受父母之位，行父之事，⑤ 年而谓之数，然自免于厄，⑥ 即位不如爻数，即不免于厄，⑦ 中厄绝。⑧ 此谓受命之君，享国之时，当其轨年之初，其子孙亦相承位，六爻之初，位次数然，有功德之继体守文君，则厄于轨，谓竟之。其受命之君，享国之时，不当其轨年之初，其子孙承君值后，不如爻之数，则有不能之政，则不厄于轨，谓不能竟之。此"不能"之下，当复有"不"字，既脱耳。中，犹遭也，不能之君，遭厄则绝死，不嗣也。帝王享年、国，其轨相承，各有定年，有德延期。不若有德，虽有然，至其元未时，则有继体守文之君，虽非真轨，犹自竟其轨。不能之君，值厄则绝矣。延期或绝，作此三与之则。

---

① "应"原在上句"居"下，从孙诒让说移此。
② "爻"原作"天"，从张惠言说改。
③ "谓"下原有"之"字，从张惠言说删。
④ "迹"原作"亦"，从《通卦验》改。张惠言以为"亦"当作"本"，非。
⑤ "父"下原有"母"字，以意删。
⑥ "免"原作"勉"，以意改。下"免"字同。"厄"原作"轨"，从张惠言说改。
⑦ "厄"原作"轨"，从张惠言说改。
⑧ "绝"原作"纪"，从张惠言说改。

附　　录

　　孔子曰：《洛书摘亡辟》曰：① 建纪者，岁也。成姬仓有命在河，圣。孔表雄德，庶人受命，握麟征。《易历》曰：阳纪天心。建纪者，谓大易爻六七八九之数，此道成于文王圣也。孔表雄，著汉当兴，以庶人之有仁德，受命为天子，此谓使以获麟为应。易，犹象也，孔子以历说《易》，名曰《象》也，今《易象》四篇，是纪古说，假借字耳。别序圣人，题录兴亡，州土名号，姓辅芟符。言孔子将此应之，而作谶三十六卷。亡殷者纣，黑期火代，仓精受命，女正昌，效纪承余，以著当。火，戊午部也。午为火，必言火代者，木精将生，为之将相。② 戊，土也。③ 又当为火子，又使其子为木塞水，是助仓精绝殷之象。字或作"之灭动，效承余，以著所当，文王所出，云今入元"者是也。

　　孔子曰：推即位之术，《乾》《坤》三，上中下。《坤》变初六，《复》，曰正阳在下，为圣人。故一圣，二庸，三君子，四庸，五圣，六庸，七小人，八君子，九小人，十君子，十一小人，十二君子，十三圣人，十四庸人，十五君子，十六庸人，十七圣人，十八庸人，十九小人，二十君子，二十一小人，二十二君子，二十三小人，二十四君子，二十五圣人，二十六庸人，二十七君子，二十八庸人，二十九圣人，三十庸人，三十一小人，三十二君子，三十三小人，三十四君子，三十五小人，三十六君子，三十七圣人，三十八庸人，三十九君子，四十庸人，④ 四十一圣人，四十二庸人。三爻有三变，⑤《乾》《坤》之体，上极三，从下起如是。至有消息卦三十六。⑥ 六子《坎》《离》《震》《巽》《艮》《兑》，以次承之，故录图受命，易姓者三十四，⑦ 而一终也。六子之坤坎灵图也。

　　孔子曰：极至德之世，不过此。《乾》三十二世消，《坤》三十六世消。《乾》《坤》之君，德之至盛，为其子孙相承之世，如此而已，数之已消也。代圣人者仁，继之者庸人，仁世淫，庸世狠。⑧ 四十二君之率：⑨ 阳得正为圣

---

① "亡"原作"六"，从孙诒让说改。
② "相"原作"粗"，据《诗经·大雅·文王》正义引改。
③ "戊"原作"代"，据《诗经·大雅·文王》正义引改。
④ "庸人"原作"小人"，从张惠言说改。
⑤ "三爻有三变"原作"三已上者三变"，以意改。
⑥ "六"原无，从张惠言说补。
⑦ "四"原作"二"，从张惠言说改。
⑧ "代圣"四句，疑当作"代圣人者小人，继之者庸人，小人世淫，庸人世狠"，惟据注，原文即有误，因不改。
⑨ "四"原作"三"，以意改。

人，失正为庸人。阴失正为小人，得正为君子。今此之言似误，四十二君，① 又无仁人，此宜言小人。上云继圣人者庸，言仁者，是相发耳。既其字非小辟字，又易若"代圣人者庸，继之者小人"相协，其然乎？小人之世淫，庸则其世狠，会其性矣。二阴之精射三阳，当卦自扫。二阴，金、水也；三阳，火、土、木。其王之末也，② 皆失其德，阴则起，大而强，阳则柔，劣而弱，当各以所宜八卦之德扫，更正其正也。知命守录，其可防钩铃，解命图兴。孔子曰：丘文以候，授明之出，莫能雍。钩铃二星，近防上，将去疏阔，为解之者，遇除祸之图，更兴之也。

孔子曰：《复》十八世消，以三六也。《临》十二世消，以二六也。《泰》三十世消，以二九、二六也。《大壮》二十四世消，以二九、一五也。《夬》三十二世消，以三九、一四也。皆以爻正为之世数也。《复》及《临》，③ 不以一九数者，《复》初九无据。二正，正数中自《泰》以上卦数，则壮矣。《坤灵图》云："孔子以位三不正，是谓兴也。"

孔子曰：《姤》一世消，无所据也。《遁》一世消，据不正也。《否》十世消，以二五也。《观》二十世消，以二五、四六也。《剥》十二世消，以三四也。《复》，变数也，更以爻位变相发，《姤》《遁》变一爻世二爻世，④ 阴少故也。

孔子曰：⑤ 以七百六十为世轨者，尧以甲子受天元，为推术。甲子为部，起十一月朔日，每一部者七十六岁，如是世积一千五百二十岁后复。然则七十六岁之时，十一月朔旦甲子，尧既以此为一阴一阳，而中分，推以为轨度也。以往六来八、往九来七为世轨者文王，推爻四，乃术数。《易》有四象，文王用之焉。往六于北方，⑥ 以象水；布八于东方，以象木；布九于西方，以象金；布七于南方，以象火。如是备为一爻，而正为四营而成。由是故生四八、四九、四七、四六之数，爻倍之，则每卦率得七百六十岁。言往来者，外阳内阴也。

孔子曰：以爻正月，⑦ 为享国数，存六期者天子。"正月"误字，当"正

---

① "四十二君"原作"三十二君子"，以意改。
② "之"原作"也"，以意改。
③ "及"原作"反"，从张惠言说改。
④ "姤"原作"始"，从张惠言说改。
⑤ "曰"原作"轨"，从张惠言说改。
⑥ "往"下原有"布"字，从张惠言说删。
⑦ 注以"正月"为误字，云当作"正云一轨国之法"，张惠言曰注当作"当'正云一轨，为享国之法'"，疑此文当作"以爻正一轨，为享国数"，言以爻算一轨享国之法，下论其法也。然此原文即如此，故不改。

附　录

云一轨，国之法"，其术意如此乃终。存六期者，谓与符厄所遭者，言天子者，不为四位之人也。欲求水旱之厄，以位入轨年数，除轨筭尽，则厄所遭也。甲乙为饥，丙丁为旱，戊己为中兴，庚辛为兵，壬癸为水。卧算为年，立算为日。此术谓之意，先置今所得值轨卦消息。① 君六，天子之轨数。《乾》也，则七百六十八，《复》也，六百八十八，《坎》则七百四，② 以作入轨年数。除之者，阳爻则除其六十四，③ 阴爻则除五十六。从初至止，④ 如是再，如轨意矣。每除识其数于侧，至于求时而上，则厄之所遭耳。筭者为轨，余年不足，复除所识。卧筭与立，皆年数也。今所求者，主于日不用，故分别之。必除先入轨年数，水旱兵饥得矣。先入轨数，前代值之。轨除其入年数者七百二十岁，四十二岁者大周，万三百四十岁。以除灭上九，上九咸自处，其余一。欲得余一，⑤ 常卦者，⑥ 以次除之，数有多少。欲得除日，求之也。如是乃救灾度厄矣。防之法。⑦ 言防，推法术之将有，求厄而为之备也。

孔子曰：天之将降嘉瑞，应河水清三日，青变白，⑧ 白变为赤，⑨ 赤变为黑，黑变为黄，各各三日。河中水安如井，⑩ 天乃清明，《图》乃见，见必南向，仰天言。嘉，善美也。应者圣王，为政治平之所致。水色每变，其为所长一明，时治平，无相胜害之者，乾为冰为寒，⑪《河图》将出，故先清。南向，□也。⑫ 天者，龙也。《图》有受而言，谓乎兴者也。见三日以三日，见六日以六日，见九日以九日，见十二日以十二日，见十五日以十五日，见皆言其余日。"余"字误也，⑬ 当为"陵"之误。⑭ 圣王闻河清知天，⑮ 必下美德于

---

① "得"原作"复"，以意改。
② "四"原无，以意补。
③ "六"原无，以意补。
④ "止"原作"上"，以意改。
⑤ "余"原作"除"，以意改。
⑥ "常"原作"帝"，以意改。
⑦ "防"原作"阳"，以意改。注"备"字即承此"防"字来。注"防"亦原作"阳"。
⑧ "青变白"原作"青十日"，据《开元占经》卷一〇〇引改。
⑨ "白"原作"青"，据《开元占经》卷一〇〇引改。
⑩ "如"字原无，以意补。
⑪ "冰"原作"水"，从张惠言说改。
⑫ "南向"二句原作"南之向天者"，以意改。
⑬ "误"原在"余"上，以意移。
⑭ "误"原无，以意补。
⑮ "清"原无，"知"原作"如"，从张惠言说改。

· 227 ·

已前，齐往受焉，龙乃以《图》受之。其时不闻，则不知往期，龙则至陵而授焉。陵，平地。河水变日，以备龙图。当以青三日为龙见日，无受之者，①则后三日龙至陵。当以白六日为龙见日，②无受之者，则后六日龙至陵。自此为期验，故著之云"陵日"，皆言龙者于陵授之时，③亦扶同。

孔子曰：帝德之应，洛水先温，九日乃寒，④后五日变为五色玄黄。天地之安静，⑤《书》见矣，负《图》出午。圣人坤主处暑之气，⑥洛水出焉，后寒，俱降嘉应，效乾也。安静，犹安井。⑦午者，龟畏人，今而一人，故以午言。见五日以五日，见十日以十日，见十五日以十五日，见二十日以二十日，见二十五日以二十五日，见三十日以三十日。亦谓洛水变日，⑧以备《龟书》，当以月五日，龟见日，而无受之者，⑨龟五日见，⑩如就龙陵而受期之意，⑪与上同也。

孔子曰：君子亦于静。若龙而无角，河二日清，二日白，二日赤，二日黑，二日黄。君子，次圣德者。又降嘉瑞，应河水，亦为变其日，从其应之与见于清静。若龙无角，神蛇也。蛇见水中用日也，一日辰为法，以一辰二辰，以三辰，以四五辰，以六七辰，以八九辰，以十辰，以十一辰，以十二辰。此言河水为变，蛇将出，⑫变而已备。而无受之者，蛇亦出水，⑬就陵而授之。⑭君子之德，不能致于此期，⑮从不用二日为数者，⑯不累日也。而当见而无受者，以一日辰为法，谓用其明日期也。"辰"当为"期"也。一日十二辰，为一丑辰，

---

① "当以"两句原作"当以月三日，时无受之"，以意改。
② "当以"句原作"当以一月六日，龙见日"，以意改。
③ "龙"原作"就"，"授"原作"受"，以意改。
④ "乃寒"原无，据《白氏六贴》卷二、《初学记》卷九、《太平御览》卷六二引补。
⑤ "安"原无，据注补。
⑥ "暑"原作"置"，从张惠言说改。
⑦ "犹"原作"由"，以意改。
⑧ "变"原作"辛"，从张惠言说改。
⑨ "以备"四句原作"以备而无受之者"，以意改。
⑩ "五日"原作"六口"，以意改。
⑪ "如就"句原作"就龙陵而受焉期之意"，以意改。
⑫ "此言"两句原作"以言河水为蛇，将出而变"，以意改。
⑬ "亦"原作"不"，从张惠言说改。
⑭ "授"原作"受"，以意改。
⑮ "能"下原有"不"字，以意删。
⑯ "二日"原作"日十二"，以意改。

而无受者，明日丑辰，① 蛇亦见陵。② 此有其期明验也。夜不可见，水中赤煌煌，如火英、图、书、蛇皆然也。英，犹华也。龙、龟之见水中同耳。③ 于是水中见之者三，皆应且使同。④

孔子曰：《复》，表日角。表者，人形体之章识也。⑤ 名《复》者，初震爻也。震之体在卯，日于出焉。又初应在六四，于辰在丑，为牛，牛有角。《复》，人表象。《临》，表龙颜。名《临》者，二爻而互体震，震为龙，应在六五，六五离爻也，体南方为上，故《临》人表在颜也。《泰》，表载干。干，楯也。名《泰》者，三爻也而体艮，艮为山，山为石体，又似拒难之器，⑥ 云应在上六，于人体俱须。《泰》，⑦ 表载于干上也。⑧ 《大壮》，表握诉、龙角、大唇。⑨ 艮卦至《大壮》而立体，此为乾，其四则艮爻，艮为手，⑩ 握诉者艮也。井上则坎，⑪ 为水有唇。《诗》云："置之河之唇。"四名卦而震为龙，故《大壮》，人之表其象也。《夬》，表斗骨、履文。⑫ 名《夬》者，五立于辰，在斗魁所指者。又五于人体当《艮》卦，于《夬》亦手，体成其四，则震爻也。为足，其三犹艮爻，于十十次，值本于析，七耀之行起焉。七者属文，北斗在骨，足履文。《夬》，人之表象明也。《姤》，表耳参漏，足履王，知多权。《姤》初爻在巽，巽为风，风有声而无形也。九窍之分，目视形，耳听声。《夬》卦属坎，⑬ 坎为水，水为孔穴象，消卦，其道五事，曰听耳而三漏，听之至。巽为股，初爻最在下，足象，消卦其《姤》《离》为明，人君南面而治焉，足行于其上。《姤》，人表覆王，是由然。王，人君最尊者。离又为火，火者，土寄位焉。土数五，当加《姤》气于其上，⑭ 故八，兼更得性耳。巽为进退，又为近利，有知而以进退求利，此谓之《姤》焉者，阴气之始，故因其表，遂见其情。⑮ 《遁》，表日

---

① "明"原作"期"，从张惠言说改。"辰"下原有"见"字，以意删。
② "陵"原作"水中"，从张惠言说改。
③ "龙"原作"光"，以意改。
④ "于是"二句原作"于是水中言之者二，皆应且便也"，以意改。
⑤ "识"原作"诚"，从张惠言说改。
⑥ "又似"句原作"有以行惧难之器"，以意改。孙诒让以为当作"有似扞难之器"。
⑦ "泰"原作"参"，从张惠言说改。
⑧ "表载"句原作"人表载于干土也"，以意改。
⑨ "唇"原作"辰"，从张惠言说改。
⑩ "艮"上原有"井"，以意删。
⑪ "上"原作"二"，以意改。
⑫ "斗"原作"升"，从孙诒让说改。
⑬ "夬"原作"八"，以意改。
⑭ "加"原作"如"，以意改。
⑮ "表遂"原作"逐表"，从张惠言说改。

角、衡连理。① 名《遁》者，以离爻也，离为日。消卦《遁》主六月，于辰未，未为羊，有角。离，南方之卦也，五均，南方为衡，人之眉上曰衡。衡者，平也。② 连理或谓连珠。衡连珠者，其眉上衡平如连珠。③《遁》，人表象然。④《诗含神雾》云："四角主张，荧惑司过也。"《否》，表□二时、好文。⑤ 细或谓之时，名《否》卦者三也。三在互体艮之中，⑥ 艮为手多节。⑦《否》，人之表，二时象之，与三艮卦，体五坤，坤为文，故性亦好文也。《观》，表山准、虎唇。⑧ 名《观》者，亦在五，艮之中而位上，艮为山泽，山通气，其于人体则鼻也。艮又门阙，观谓之阙，准在鼻上而高显。《观》，人表出之象。艮为禽喙之属，而当兑之上，兑为口，虎唇又象焉。《剥》，表重童、明历元。名《剥》者，五也。⑨ 五离爻，离为目。⑩ 童，目子。六五于辰又在卯，卯，酉属也。《剥》，人表重焉。离，⑪ 五月卦，体在艮，终万物，始万物，莫盛乎艮，历数以有终始。《剥》，人兼之性自然，表象参差，神实为之，难得继耳，所闻差也。此皆律历运期相，一匡之神也，欲所按合诚。主正月不三者，此人心之合诚，《春秋谶》卷名也。

《洛书灵准听》曰："气五，机七，八合提，九宫结，⑫ 八九七十二，录图起。"气五，禹之五行。机七，二十七里也，二十八宿以存焉。二者用事，以卦相提，得一岁俱终。而太一行九宫，及位游相结，每宫如卦之日，则参差矣。八九相乘七十二岁，而七百二十岁，复于冬至甲子生，象其数，以为轨焉，故曰录图起之。初世者，戏也。姬通纪，《河图》龙出，《洛书》龟予，演六八，⑬ 著七九也。⑭ 伏羲，⑮ 初

---

① "衡"字原无，以意补。注中出"衡"字，《孝经援神契》："伏羲大目、虎鼻、山准，日角而衡连珠。"宋均注："珠衡，中有骨表，如连珠，象玉衡有星也。"衡连理即衡连珠。
② "也"原作"地"，从孙诒让说改。
③ "连理"三句原作"连理或谓连珠者，其骨起衡之"，以意改。
④ "人表"句原作"人表亦少少然"，以意改。
⑤ "□二时"原作"二"，据注及例改。
⑥ "互"原作"五"，以意改。
⑦ "手"原作"木"，以意改。
⑧ "山"原作"出"，从孙诒让说改。"唇"原无，从张惠言说补。
⑨ "五"下原有"色"字，以意删。
⑩ "目"原作"日"，以意改。
⑪ "离"原在上句"人表"上，以意移。离乃五月卦，《剥》非。
⑫ "宫"原作"爻"，据注改。
⑬ "六"原作"亦"，以意改。
⑭ "著"原作"者"，据注改。
⑮ "伏羲"原无，据正文补。

附　录

世也。《周礼》曰："凡日行水逆也，①功为之不行，或勒伏羲初遗十言之教，而画八卦。至文王，乃通其教，演著阴阳变象之言者也。"②始仓甄节，五七受命。伏羲、文王，皆仓精也。始次言《易》之法度，而五七三十五，君位在后，爻受文，始甄纪也。数运不俗守，③录以次第，相改七九度，变命失宝。俗，犹从也，顺之。后世之君子，不顺行易道，次第有名录也者，将起代变，满七九六千三百，则其王命也。合八八，④命毕升，⑤渐喜，六十四精。圣性象，有录第，以所变，承运动。⑥毕，犹悉、尽也。⑦八八六十四之人，于有天命也者，即悉喜于将升进也，其性各有象，谓若《复》表日角之属，录次以象所变，如其世数。《姤》《复》去，《遁》《临》起，此谓君臣，则不然，王命臣位俱列也。日者提，不者殆易物之慎命不在。殆，犹止也，⑧此言卦也。虽有录图，所当王，必待日旁有气提之者，乃复可起也。无此气者，且当止。虽有录图，第且勿顺，天命在今。《春秋元命包》曰："精出于天，提日而西北之也。"仵者霸，横者距，命历掘执并。投者上，契辅摘亡，⑨推失排绁者，咸名纪，所错卓，⑩举用材毁苴。⑪仵及横与错者三，⑫皆旁气名。投摘亡排绁，盖为反气投天役力之属。摘亡，微也。排绁，纳也。伯者，若齐桓、晋文者。⑬距之，若秦始皇者。契辅，推契而辅之也，若夏太康之昆弟。苴始毁者，当任用贤才之臣。毁者，八风之时，所行之见异，皆有云为，下材则此毁。⑭苴，

---

① "也"原作"地"，属下读，以意改。
② "变"原作"人"，以意改。又其引《周礼》与今本差距较大，孙诒让曰："此正文及注，范本、卢本皆残缺，文不缀属。惟官本略完备，然亦脱误不可读。《考工记·匠人》云：'凡沟逆地阞谓之不行。'郑盖即引彼文。以文义推校纬文，'初世'当为'阞世'，注当作：'阞世者，《周礼》曰："凡沟行水逆地阞谓之不行。"或作"勒"。'谓正文'阞'字或作'勒'。伏羲初造十言之教而画八卦，郑意戏即伏义，阞世即指画卦之事。今本正文及注'阞'并讹'初'。注引《考工记》又讹'功'，'者'讹'也'，'沟'讹'日'，'谓'讹'为'，'造'讹'遗'，又'或'下脱'作'，字遂不可通。'人象'疑'爻象'之误。"
③ "数"上原有"德"字，从钱本删。
④ "合"下原有"七"字，据注删。
⑤ "命"原作"名"，据注改。
⑥ "运"原作"动"，据四库本、赵本改。
⑦ "尽"原作"令"，以意改。
⑧ "犹止"原作"于正"，以意改。
⑨ "亡"原无，据注补。
⑩ "卓"原作"中"，注"见异"解此，《广雅·释训》："卓，异也。"因改。
⑪ "举"原作"与"，注"皆"解此，以意改。
⑫ "及"原作"乃"，以意改。
⑬ "若"字原无，据下"若秦始皇者"补。
⑭ "材"原作"行"，据正文改。

· 231 ·

或改作"直"也。①

五行旋代出，转运相拒，②与更用事，终始相迓，③期有从至，有余运，有迓除，④更有知衔，⑤合七八，以视旋机审矣。接距，相错之言也，或作"拒"。讫，除。衔，言命长短在改之也。孔子曰：至德之数，先立木、金、水、火、土德，合三百四岁，五德备，凡一千五百二十岁，大终复初。其求金、木、水、火、土德日名之法，道一纪七十六岁，因而四之，为三百四岁，以一岁三百六十五日四分之一乘之，⑥凡为十一万一千三十六，以甲为法除之，余三十六，甲子始数立。立算皆为甲，旁算亦为甲，以日次次之。母算者，乃木、金、火、水、土德之日也。德益三十六，五德而止。六日名：甲子木德，主春，春生三百四岁。庚子金德，主秋，成收三百四岁。丙子火德，主夏，长三百四岁。壬子水德，主冬，藏三百四岁。戊子土德，主季夏，至养三百四岁。六子德四正，四正：子、午、卯、酉也，而期四时，凡一千五百二十岁，终一纪。五德者，所以立尊号、论天弗、志长久。六日名甲子，谓五德，竟至于六，其号名为甲子，故林德后，是六甲子故。"弗"误字，当作"常"。"志"古字与"识"同，今时变作"职"者也。⑦

孔子曰：丘按录谶，论国定符，以春秋西狩，题刘表命，⑧予亦握嬉。帝之十世，⑨当兴平嗣，出妃妾，妾得乱。十世，孝明字也。不勤竭承，维表循符，当至者塞，政在枢。害时失命缺寿，以符瑞伏代灾，持录握藉，⑩成年剟衰。当至寒林徽之应，闭不来也。为政如此，塞必在枢，谓不用七政则害四时之气，既失年命以当致瑞，⑪反代，或为佐之也。期凶敕候，修身练缺邮。专兑兑，德始克，免延期。上以至深道之故，以此言劝协掖之，言圣人

---

① "苴""直"二字原乙，据正文改。
② "转"原作"辅"，以意改。
③ "迓"原作"讨"，以意改。
④ "迓"原作"托"，以意改。
⑤ "更"原作"要"，以意改。
⑥ "之一"原无，以意补。
⑦ "变"原作"受"，以意改。
⑧ "刘"原作"钊"，从孙诒让说改。
⑨ "世"原作"二"，据注改。
⑩ "持"原作"七"，以意改。
⑪ "失"原作"元"，以意改。

承天意也。殷勤然练，犹泽邮过也。"兑"或为"说"也。自然之谶，推引相拘，沮思愈知命不或世，帝思图也。

夫天道三微而成一著，三著而体成。三微而成一著，自冬至至正月中，为《泰》卦，三著成体，则四月为《乾》卦。以三微一著之义，则与三著成体不协，盖写之误也。原经之义，三而成一著，一爻也，三著成体，乃《泰》卦也。是则十日为微，一月为著矣。十有八变而成卦之数，恐未尽注意，故不改。《随》上六："拘系之，乃从维之。"言六二欲九五拘之，推六既为正应，又非其事。"六二"盖当作"上六"，先师不改，故亦不改。主岁之卦，注以为《泰》《否》之卦，宜贞戌亥，盖据《屯》《蒙》推之也。为其图者，以为贞戌酉，按注则违图，按图违经，则失图之矣。而注亦又错，今以经义推之，同位阴阳，退一辰相避也。按图位无同时，又何避焉，不合一也。又《屯》《蒙》之贞，违经失义，不合二也。《否》《泰》不比及月，不合三也。经曰：《乾》贞于子，《坤》贞于未，《乾》《坤》阴阳之主也，阴退一辰，故贞于未，至于《屯》《蒙》，则各贞其日，言岁终则各从卦次是也。且《屯》《蒙》为法也，《泰》《否》言独各贞于辰，《中孚》《小过》，言法《乾》《坤》，盖诸异者，《否》《泰》于卦位，属为衡，法宜相避，故言独贞辰也，北辰共者，《否》贞申，右行则三阴在西，三阳在北。《泰》贞寅，左行则三阳在东，三阴在南，是则阴阳相比，共复《乾》《坤》之体也。《中孚》贞于十一月子，《小过》正月之卦也，宜贞于母二月卯，而贞于六月，非其次，故言象法《乾》《坤》，其余众卦，则自贞于其同位，仍相避可知也。谨撰所闻，其余君子为胧赘而非之，问其余君子庸人，求乎免也。

补　遗

1. 统者在上，方物常在五位，应时群物遂性。《文选·束晰〈补亡诗〉》注。

2. 帝王将兴，必察八部，观卦之符，物之应动。八部者，八部之方。候将兴以孟月，候将亡以季月，观非卦之符，如震则有龙、巽则有鸡之类。物，谓云物也。《太平御览》卷七六。

3. 开辟至获麟二百七十六万岁。《后汉书·律历志》、《玉烛宝典》卷一二。

4. 二百七十六万岁，每纪为一十六万七千年。《路史》卷二。

5. 垂皇策者羲，益卦演德者文，成命者孔也。《史记·周本纪》正义。

6. 至德之数，先立金、木、水、火、土五，凡各三百四岁。五德运行，日月开辟。甲子为蔀首七十六岁，次得癸卯蔀七十六岁，次壬午蔀七十六岁，次辛酉蔀七十六岁，凡三百四岁，木德也，主春生。次庚子蔀七十六岁，次己卯蔀七十六岁，次戊午蔀七十六岁，次丁酉蔀七十六岁，凡三百四岁，金德也，主秋成。次丙子蔀七十六岁，次乙卯蔀七十六岁，次甲午蔀七十六岁，次癸酉蔀七十六岁，凡三百四岁，火德也，主夏长。次壬子蔀七十六岁，次辛卯蔀七十六岁，次庚午蔀七十六岁，次巳酉蔀七十六岁，凡三百四岁，水德也，主冬藏。次戊子蔀七十六岁，次丁卯蔀七十六岁，次丙午蔀七十六岁，次乙酉蔀七十六岁，凡三百四岁，土德也，主致养。其德四正，子、午、卯、酉而朝四时焉，凡一千五百二十岁，终一纪，复甲子，故谓之遂也。求五德日名之法：置一蔀者七十六岁，德四蔀因而四之，为三百四岁，以一岁三百六十五日四分日之一乘之，为十一万一千三十六，以六十去之，余三十六命。甲子算外，得庚子金德也。求次德加三十六去之，命如前，则次德日也。求算蔀名：置一章岁数，以周天分乘之，得二万七千七百五十九，以六十去之，余三十九命。以甲子算外，得癸卯蔀，求蔀加三十九，满六十去之，命如前得次蔀。《周髀算经》卷下。

7. 古者田渔而食，因衣其皮，先知蔽前，后知蔽后，后王易之以布帛，而独存其蔽前者，重古道而不忘本也。《左传·桓公二年》正义。

易纬稽览图[①]

卷 上

推天元甲子之术：置天元已来年数，以六十去之，不满六十者，以甲子始数算尽之，上所得之日，即生岁之卦，诸变皆如卦。十所年岁月朔、日辰直子日者，即主今月之卦。今日辰直五子之日，即是今日之卦也。诸改变异，并与岁同占。至岁之卦，当随太岁而移之行一子，终则反始，无有穷也。

推《易》天地人之元术：先置天元太初癸巳元年，一百九十万八千八百五十三岁，乃始太初元年已来载数，至所求年岁上，以六十除之。不满六十者，以从甲子所数算尽者之上，即今岁用事。《易》天地人道元。至宋元嘉元年，一百九十万六千三百八十算外。从元年至今大

---

① 本书乃后人辑本，顺序多错乱，今据《玉海》引及文义重调其序，下不俱论。

附　　录

唐上元二年乙亥，又积三百三十八年。①

　　非太平而杂卦用事，② 以其度效一辰，则可矣。杂卦九三、上六决温，九三、上九微温，六三、上九决寒，六三、上六微寒，六日七分中一辰效则可也。③ 唯消息及四时卦，当尽其日。寒温之气，消息尽六日七分，四时七十三分也。太平之时，太阴用事，谓从《否》至《临》也。而少阳卦当效时，至则于效分上一时。杂卦用事，至于三爻上爻，④ 九三、上六决温，九三、上九微温，《临》分上辰也。非太平，以其卦分效则可。以其六日七分，一分效则可矣。未可责时，至立效也。太阳用事，谓从《泰》至《遁》。少阴卦爻亦如之。杂卦用事，效六三、上九决寒，六三、上六微寒，亦如效少阳也。

　　消息及四时卦，各尽其日。消息尽六日七分，四时尽七十三分。卦身效弱也。五弱于道德。四时卦，身效为兵，以寒侵，为兵气所起。兵所致也，以温为夷狄相攻之道也。左为右，前为后。东方为左，西方为右，南方为前，北方为后。

　　太阴用事，如少阳卦之效也，一辰；其阴效也，尽日。太阴，谓消息卦也，⑤ 从《否》卦至《临》为太阴。杂卦九三，为少阳之效，杂卦九三，行于太阴之中，效微温一辰，其余皆当随太阴为寒。其阴效也尽日，谓杂卦六三，⑥ 行于太阴中，尽六日七分也。太阳用事，而少阴卦之效也，一辰；其阳效也，⑦ 尽日。太阳，谓息也，⑧ 从《泰卦》至《遁》为太阳。《杂卦》六三，行于太阳之日中，效微寒一辰，其余皆当随太阳为温效，尽六日七分也。

　　《小畜》，《乾》位比，比九三阳爻，故言比。然息之卦当胜杂卦也。九三俱当温，《乾》之温当有不效者，至冲事发矣，盛气行也。何以夷狄来朝？消息效，四时效，乃来朝也。一曰：少阳卦不效为水，太温甚者为旱，为秋荣冬雪。少阴不效，

---

① 以上两段，四库本原注："以上推衍天元岁数，乃后世术士所加，非《易纬》本经。据冯椅引《中兴馆阁书目》，有李淳风续注《易纬》，其一'推天元甲子之术'，其二'推易天地人之元术'，与此相合，疑即出淳风续注本也。原本此文，与'甲子卦起《中孚》'句相连属，乃传写淆混。黄震《日抄》谓此书言'至今大唐上元二年乙亥，卦起《中孚》'，亦误连正文读。盖南宋写本已然。今退二字书之，以别于正文。"其说是。

② "用事"原无，以意补。

③ "六"原无，从张惠言说补。

④ "上爻"原作"三初"，以意改。

⑤ "息"原无，从张惠言说补。

⑥ "谓"原作"为"，从张惠言说改。"六"下原有"十"字，以意删。

⑦ "效"原无，以意补。

⑧ "息"上原有"消"字，以意删。

为旱为贼为兵。虽消息及四时，卦效各尽其日，息卦主禄，消卦主刑。四时，四方主刑兵，故曰左右前后。

甲子卦气起《中孚》。卦气，阳气也。《中孚》，卦名也。中者，和也。孚者，信也。经言"中孚豚鱼"，言庶人养也。举庶人言之，其所养微也。言微阳生于《坎》。阳生于《坎》，气尚微。寒温未知，万物变形律气。先得《中孚》卦气，乃信爱而养之，故言卦气起《中孚》也。**六日八十分之七，**六以候也。八十分为一日。之七者，一卦六日七分也。**而从。**从，得一卦。**四时卦十一辰余而从。**四时卦者，谓四正卦，《坎》《离》《震》《兑》四时方伯之卦也。十一辰余者，七十三分。而从者，得一日之卦也。①**《坎》常以冬至日始效，**《坎》，北方卦名，微阳所生，卦以寒效，为夷狄来朝；②以温效，为四夷来侵也。**《复》生《坎》七日。**《复》，卦名。③生《坎》七日，《复》时一阳生于阴之下，阳气交，故经言"七日来复"，一正之者也。**消息及杂卦，传相去各如《中孚》。**消息六日七分，四时卦七十三分。

降阳为风，上九用事，卦效后一百二十日，降为卒风。其不效也，后九十一日，降为灾风。天恶气不得上天中，九十一日为灾风，其阴不时，卦四方生形也，④故曰降阳必为其风。**降阴为雨。**上六用事，⑤卦效后一百二十日，降阴为雨。**升气上，降气微，君弱臣强，不得以时升降。**升气喻君，降气喻臣也。**是故阳还，其风必暴。**君弱臣强，君令不得行，降气积后，一百三十日内，阳得同类并下，⑥故薄，故必暴也。**阴还，其雨亦暴。**臣强君弱，君泽不得行，降气道积后，一百三十日内，得同类并下，故薄也。一曰：升降气为阴阳，卦升于九三、六三，寒温过，暴疾起时，降气而上也。降气盛至十日七日，近三日四日。其降也，有鸣风之口，发屋折木之风，是一百三十日，故曰还也。**降阳之风，动不鸣条。**动摇万物，和适，不迅疾鸣条也。**降阴之雨，润不破块。**润泽和适，不疾沛破块也。⑦**阳还风者，**⑧**善令还也。**还，暴也。君出善令，盖者若百姓，君弱臣强，还而不

---

① "日"原无，以意补。
② "卦以"两句原作"卦效为夷不侵"，以意改。
③ "名"原作"各"，从张惠言说改。
④ 四库本注："注文'其阴不时'句，疑有脱误，'生形'疑当作'主形'。"疑当作"其阳不时，卦四方生风"。
⑤ "六"原作"九"，从四库本注改。
⑥ "阳"原作"阴"，从张惠言说改。
⑦ "也"字原无，依例补。
⑧ "阳"字原无，以意补。

行，阳气道积，不以时降，后得同类并下，故暴也，故曰令还也。阴还雨者，①阴威也。②还，暴也。阴，臣也。③臣强作咸者，使临作反皆盗贼，诛杀暴罪，威行于下，君得不降，气道积，以时降，后得同类并下，故暴。④

上六用事，一百二十日，降为卒雨。上九用事，后一百二十日，降为卒风。⑤

还风雨起消息，则阳诛罚妄。还风雨起于消息卦中者，君妄诛罚无罪。居消息卦分中，已自为；出分，⑥则他卦为之。还风雨自居卦分中，则君自所为也。出卦分，⑦他卦人教君为主。消息所为，无害物也。卦人教君为之，则风雨害物，以此别之。一曰：还风雨从公入消息者，⑧臣率君为非也。从消息入侯卦者，⑨君率臣为非也。⑩上侵下侵等卦。上有阴百二十日为雨。上六用事后。胜《小畜》温也。⑪

太平时，阴阳和合，风雨咸同，海内不偏。地有险易，⑫故风有迟疾，虽太平之政，犹有不能均同也。唯平均乃不鸣条，故欲风于亳。亳者，陈留也。⑬

《剥》，阴气上达，陨霜以降。《剥》，九月之卦，阴气上达于五，霜始降，副杀万物。寒气以杀，万物成刑。寒气当杀落。万物岁成熟，其长大而刑之，万物成也。不至则太阴不强，霜不以时降，万物必有不成刑者，则有伤年

---

① "者"字原无，依例补。
② "也"原作"色"，从四库本注改。又"阴威"疑当作"臣作威"，据注可知。
③ "还"字至此原作"还暴阴"，以意改。
④ "臣强"以下原在"少阳时并而声微"句注"泰气得用，并"之下，张惠言《易纬略义》移"还暴"下，今从之。
⑤ "上六"句至此原作"一百二十日，降为卒雨，其有阳。一百二十日而风，谓上九用事，后一百二十日，降为卒风"，以意改。"其有阳一百二十日而风"即上"降阳为风"即注"卦效后一百二十日，降为卒风"之误合者。
⑥ "居消"至此原作"消息居卦中，卦而已；不分"，以意改。
⑦ "卦"原作"节"，以意改。四库本、四库荟要本、黄奭本作"即"。
⑧ "雨"原无，以意补。
⑨ "侯"原作"候"，以意改。
⑩ "也"字原无，以意补。
⑪ "上有"句正文、注文皆不当在此处，"上有阴百二十日为雨"当在前"降阴为雨"处，注"上六用事后"下有脱文，前文注作"上六用事，卦效后一百二十日，降阴为雨"，即此句。"胜小畜温也"当在前"《小畜》，《乾》位比，然息之卦当胜杂卦也"处。
⑫ "险易"原作"阻险"，据《太平御览》卷九引改。
⑬ "故欲风于亳"至"陈留"也，此句当有误，鸣条乃风名，疑旧本有与地名相混淆者。《尚书·伊训》："造攻自鸣条，朕哉自亳。"疑"故欲风"下有引《尚书》以说"鸣条"者，遂误合正文为一。

之灾。此君弱、刑罚法度废不行之象也。伤年者，霜当伤生物也。① 一曰：太阴不强，则其日蚀微，则其旱为霜，发于冲日，其无赤但霜。②

贼阴逆陨者霜，贼阴者，言人忍坏贼治人也。逆者，非其时。陨者，从上也。霜者，霜以非时杀物，无霜而杀物，亦贼之阴。故阳虐之应，旱陨霜，以杀万物，万物终岁不复生。君行暴虐，诛杀无罪，③ 天应其行，旱霜杀万物，则终岁不复生也。阴假威之应，亦旱陨霜而杀物。假威者，言君使臣按问，则臣反假君威而杀之也。④ 天应其行，亦旱霜杀万物。不言"终岁不复生"何？庶几君能觉悟诛之也，君所杀下无复望，故不言"终岁不复生"也。⑤ 至陨霜时，根生荣不死。至九月《剥》用事时，当陨霜杀万物。今陨霜，⑥ 万物皆复荣不死也。斯阳威假于阴之效。⑦ 贼阴、阴假威阳诛，⑧ 而阴不能诛。好行大虐，则旱陨霜；好行小虐，则水害物，杂卦各如之。⑨ 当陨霜者法废。九月《剥》用事，当陨霜杀物化成，今不陨者也。⑩ 阳无得，则旱害物；阴僭阳，⑪ 亦旱害物。

观其政以别之，阳之以水为灾也，⑫ 于春夏水而杀万物，阴作之以水为害也，于秋冬降阳不行。⑬ 君施不行。而迎阴独起为雨，雨少必杀。旱异者，旱而不害物也。⑭ 斯禄去公室，福由下施，故阳虽不施，而阴通行之，德以成物也。水异者，水而不害物也。⑮ 斯阳欲诛而不能，故降阳不时，雨并合也。降阳见南，迎阴见北，北不能雨，白直黑而后

---

① "霜"上原有"伤"字，以意删。
② "一曰"至此，张惠言曰："有错误。"是。此文论太阴强弱与霜寒之征，当为下文某处之注而误于此。
③ "无"原作"暴"，从张惠言说改。
④ "之"下原有"心"字，从四库本注删。
⑤ 首"不"字原无，以意补。
⑥ "今"下原有"不"字，以意删。
⑦ "斯阳"句原作"斯假与阴威之烈"，以意改。
⑧ "贼阴"据原作"责阴假威诛"，以意改。
⑨ "杂卦"原作"离"，从四库本注改。
⑩ 此注与上"至九月《剥》用事时，当陨霜杀万物。今不陨霜"相复，而不及"法废"二字，恐系彼注而误在此者。
⑪ "僭"原作"潜"，据《后汉书·郎𫖮传》引改。
⑫ "水"原作"木"，从张惠言说改。
⑬ "阳"原作"阴"，以意改。
⑭ "而"上原有"之"字，从张惠言说删。
⑮ "水"原无，从四库本注补。

雨。或先迎而后降，阳不下时，① 迎阴不起，承阳迎阴，气久阴不雨，乱云之起也。② 《观》本所起卦，人为之。

其入消息曰围。③ 杂卦用事以风雨，若寒温入消息卦，一二分一二日尽，后见此前后，名曰"求"。杂卦用事以寒温，若暴风雨径出入消息卦，一二分若一二侵，径出消息，下历杂卦，名曰"陵"，此皆臣侵之象渐也。先犯之，君不觉悟，则围；君复不觉悟，则侵；此臣威令行也。气所发，陵所止，共谋者也。气消息卦中出，历杂卦，名曰"乘"。及诸侯卦以寒温风雨而尊卑侵相乘，皆如此，故曰"消息曰围"也。《观》本所起卦，人为之。《观》寒温若风雨本从何卦，所起卦，人为之也。一则围三年，一围后，消息常不效三年，则日蚀之兆也。以风雨济止时为期，昼止则昼蚀，夜止则夜蚀。昼则为蚀既，暮则为星亡之蚀。昼不蚀既，暮不星亡，不能成灾，为异而已矣。三则围。三蚀三既，若三星亡则围者亡，已灭之象也，河出《图》，洛出《书》，更有所命也。

太阳霓出地上，少阳时并而声微，太阳，正月《泰》卦。霓出地上者，阴散始出，④ 霓与地平。少阳得时，并而当雷。少阳，谓杂卦也。⑤ 用事于正月，《泰》气得用，并。

而为雷声，尚未闻于人，而知于律历俞助作也。若言天子出耕，诸侯当而耕也，故以言之。太阳三以上自雷，⑥ 雷声，⑦ 太阳，谓一月《大壮》。三者，⑧ 阳爻在上，雷声盛闻于人，得自雷。其卦中是消息，臣强君弱。雷从《解》起。当雷不雷，太阳弱。春分之后，当雷不雷，君弱于道德也。不当雷而雷，太阳弱。秋分之后，不当雷而雷，此君弱于度，⑨ 诛罚不行，邪臣跋扈于下，阳气放泄，则雷。冬行

---

① "阳"原作"阴"，以意改。
② "乱"下原有"气"字，以意删。
③ "曰"原作"日"，注同，以意改。又此段正文、注文并有脱误，似论气与杂卦、消息卦之关系。杂卦有风雨之效者，其寒温入消息卦，则曰"求"；杂卦有寒温之效者，其风雨入消息卦，则曰"陵"。气从消息卦而入杂卦者，则曰"乘"。诸卦效皆有之者，则曰"围"。正文前当有脱误。
④ "阴"原作"阳"，以意改。
⑤ "杂"原作"泰"，以意改。
⑥ "三"原作"一二"，以意改。
⑦ "雷声"下当有脱误，据注"雷从《解》起"，《解》卦下坎上震，自《解》而之《大壮》而之《震》，雷倡成，故以《解》为《雷》始，犹冬至为《坎》，阳气生，而以甲子卦起《中孚》也。
⑧ "三"原作"一二"，以意改。
⑨ "于"原作"干"，从黄奭说改。

乱，冬伤阳也。少阳为雷，① 上侵之比也。杂卦九三用事而雷，② 臣欲侵其君之比也。③ 先白乃当雷。至秋分日，色先白，则知秋分后必当雷，不雷者，刺其君。④ 春分之后雷，秋分之后不当雷，若反雷，必逆也。降阴下迎，阴起合和，⑤ 而阳气用上，薄之则为雷。阳气，风也。雷有声，名曰雷；有光，名曰电。迎阴独起，阳上薄之，其电炎炎也，漫漫也，其电淳淳也。此君臣不和之象也。阴阳和合，其雷燿燿也，⑥ 其光长，而雷殷殷也。此君臣道和，谓三气合也。三气者：降气下迎，阴气起风，气上薄之。和合，电为之，雷空虚，有贤人之当其实者也，故曰"殷殷"也。

蒙者，⑦ 气也。蒙气起，而太阳强而明者，阳觉瘖。其色悖辱异，⑧ 乃行黄之色悖如曲尘，白青之色如缥。太阳色白青，状如缥青也。黑之异，在日中分分也。黑色分分在日中，若见，⑨ 臣有害杀君，⑩ 不过三日。白之色，白而不照，其色悖。太阳白无明，但阳体存悖。"悖"读如"废"。⑪ 赤之色辉辉也。太阳色无明赤然，但体在赤中。赤不过为疾病，其色明者，无能也。霓者，气也，霓气起在日侧，其色赤青白黄在日旁。震者，地动也。阴不静之象。⑫ 风之为异，东西南北嘿无度。其逆者，触也。水者，雨也。雨或不生。寒者，非其寒也。燠，温也，其时节不温也。⑬ 逆隂者，旱霜，一曰贼阴也。雺者，雾也。一曰久阴不雨，雾之比也。

日食之比，阴得阳。蒙之比也，阴冒阳也。蒙，气也。比，非一也。邪臣谋覆冒其君，先雾从夜昏起，或从夜半或平旦，君不觉悟，日中不解，遂成蒙；君复不觉悟，下为雾也。黄之比，知善不举。青白之比，疑也。黑之比，不

---

① "少"上原有"不"字，从四库本注删。
② "杂"原作"离"，从张惠言说改。
③ "比"原作"否"，从张惠言说改。
④ "不雷"两句原为注文，以意改为正文。
⑤ "阴起"句原为正文，以意改为注文。
⑥ "雷"原作"电"，据四库本、四库荟要本改。
⑦ "蒙"原作"象"，以意改。下"蒙"字同。
⑧ "色"原作"危"，以意改。"辱"字亦似有误，未明。
⑨ "若"原作"恶"，以意改。
⑩ "害"原作"戒"，以意改。
⑪ "读"原作"状"，以意改。
⑫ "阴"原作"阳"，以意改。
⑬ "不"原无，以意补。

附 录

掩恶也。① 白之比，弱也。赤之比，色无也。② 霓之比，无德以色亲也。霓，邪气也。阴无德，以好色得亲幸于阳也。震之比，阴不静。风逆之比，阴假作也。旱之比，阴潜阳起也。寒燠之比，乱。水比，阴赏诛逆。陨霜之比，阴假威。雾之比，阴乱阳。臣乱其君政事。黑一日，黄满五日，赤三日，皆太阳色，蒙亦然也。过乃为异象。八十二日变下为青白雾。③ 白者，象物气白也。青者，象幼稚任事。④ 象于消息者，一日后六日，雾极六日，为三十六日雾，杂卦各以日。君不觉，复七十二日，⑤ 变为赤黄。君复不改，⑥ 三年，蚀于正阳。二三四月也。⑦ 蚀一辰，蚀者，日食。辰者，辰间。⑧ 寒、燠、水、旱一时，风、雨、逆、陨发旬中。

蚀于正阳，蚀者，日蚀，⑨ 阴侵阳，臣杀君之应。正阳者，二月至四月，阳气用事时也。三月之末，四月之本。于是蚀日者，世子所杀也。或一月之末，二月之本；二月之末，三月之本，⑩ 于是蚀日，人君所杀也。蚀于上者伤君上也，⑪ 蚀于下者伤民下也。蚀日月相薄之，日在前后。各乡阴之地侵之，或不从阴所来者，有行事，师不载。

侵消息者，温卦以温侵，寒卦以寒侵。或阴专政，或阴侵阳，阳者君，阴者臣，臣专君政事，亦阴侵阳，臣谋杀其君，亦阴侵阳也。侵之比，先蒙，蒙之比，非一也。先蒙者，臣将欲侵其君，乱气起而雾冒之，⑫ 故先蒙。止则震。⑬ 消息比三卦，蒙尽六日七分，则震。⑭ 震者，地动，阴止蒙也。⑮ 阴不静，臣气盛，故地

---

① "不"原无，据四库本、四库荟要本、黄奭本补。
② "无"原作"元"，以意改。上文："赤之色辉辉也。赤不过为疾病，其色明者，无能也。"
③ "八"疑当作"七"，消息卦一爻一日，一卦六日，十二消息卦则七十二日。
④ "任"原作"在"，据四库本、四库荟要本、黄奭本改。"稚"原作"杂"以意改。
⑤ "复"原作"后"，以意改。
⑥ "改"原作"政"，以意改。
⑦ "月"原无，从张惠言说补。
⑧ "间"原作"开"，从张惠言说改。
⑨ "日"原作"月"，从张惠言说改。
⑩ "或一"四句原作"或二月之末，三月之末，四月之本"，以意改。
⑪ "蚀于"句原作"蚀必以怒上者伤君"，以意改。
⑫ "起而"原作"而起"，从张惠言说改。
⑬ "止"原作"三"，以意改。注"止则震"之"止"同。
⑭ "震"原无，以意补。
⑮ "止"原作"正"，以意改。

动,故曰"三则震"。专政者,言阴为之,虽政不得专也,① 犹当归之于阳。臣当为而后为之,君复行之也。② 专之一则震,臣专君政,甚则,非其必待三也,一则震矣。甚者,一卦六日以寒阴,加以还风而温,蒙侵消息,后九十日,则震还矣,以风雨止时为期。③ 侵甚则蚀矣,其加寒温,食非必待三也,一侵则食矣。其加温寒,谓春夏寒太过,秋冬温。疾风发屋折木,太阳无光,有影无形。④ 原其剧易之道。⑤ 一则震,一则蚀,易乃三震,三日乃蚀,故曰"原其剧易之道"也。

虫食木实曰高,谓食木颠。斯割上唊下之异。⑥ 食心曰内,比下掩恶,⑦ 适足以害民。食外曰叶,⑧ 食下曰根,斯教令烦扰,不任职也,以政别之。各以虫所居,别知其吏。非真而直,虫子生人,畜生人也,其非人也,必害良臣。爱命者,小人也,故必害良臣也。虫子生人者,言阴以更生阳。其非人也者,物虫子生人,支体有不具者,若人生六畜物也。然必害良臣,犹紫夺朱。⑨

诸卦气,温寒清浊,各如其所。诸卦,谓六十卦也。⑩ 气,谓用事所当效气。温寒清浊,各如其所者,九三、上六清净决温,九三、上九微温,六三、上九白浊决寒,六三、上六微寒,故曰"温寒清浊,各如其所"也。如,之也。寒则当白浊,

---

① "政"原作"正",以意改。
② "君"原无,以意补。
③ "专一"下正文、注文相混乱,注文亦有错乱。注中"甚则"二字、"加以还风"四字皆似正文,"甚则"下有脱文。该文涉三灾,曰震,曰还风,曰蒙,正文当言三灾之变。又"以风雨止时为期"亦与上不应,前文:"一则围三年,以风雨济止时为期,昼则为蚀既,暮则为星亡之蚀。三则围。"注:"昼止则昼蚀,夜止则夜蚀。"彼文"三则围",此文"三则震",文例一致,或当在一处。
④ "侵甚"下正文、注文亦有脱误,"侵甚则蚀矣,其加寒温"旧作注文,四库本调为正文,是。然注"其加温寒,谓春夏寒太过,秋冬温"注"其加寒温"句,其下"疾风"云云,乃加寒温而有疾风,"太阳无光"云云,乃加寒温而日蚀之状,则正文当有相对应之句。注"食非必待三也"之"三"下原有"时"字,以意删。
⑤ "之道"原无,据注补。
⑥ "上""下"原互易,以意乙。虫食木颠,是为"割上";虫居下,是为"唊下"。
⑦ "比下"原作"下比",以意乙。
⑧ "叶"原作"莘",从孙诒让说改。
⑨ "非真"下,四库本注:"(注'各以虫所居,别知其吏'),此九字当为注,原本混入正文,今订正。(非真而直),此四字疑有误。(注'物虫子生人'),'虫子生人'者以下当为注,原本混入正文,今改正。"按:此文仍有错乱,"非真而直"句,下"其非人也"即说"非真","支体有不具者"似与"而直"有关,"支"与"直"音近,"具"与"真""直"并形近。注"爱命"者无所承。
⑩ "十"下原有"四"字,以意删。此但言消息卦与杂卦,不含《坎》《离》《震》《兑》四卦。

温则当清净，此四时气候也，各当得其正也。①

阴阳升，所谓应罔者。② 地上有阴而天上有阳曰应，六三应上九，阴阳相应。③ **寒白浊**④ **俱阴曰罔。**六三应上六，两阴无相见之意，故无应者，天郁然而罔也。地上有阳而天上有阴曰应，九三应上六，阴阳相应，清净温⑤ **俱阳曰罔。**九三应上九，两阳无相见之意曰罔。罔，故亡应也。⑥

凡形、体不相应，形谓白浊清净，可得而见，故言形。体者，以身体寒温也。⑦ 不相应者，温不清净，寒不白浊也。⑧ **皆有其事而不成也。其在位者，有德而不行也。**德者，帝王之道。其在位者，废而不行，故不相应之道也。**有貌无实，**白浊清净效，寒温不效，此佞人之类也。**有实无貌，**寒温效，白浊清净不效，此贤者之类，屈道仕也。**故言从其类也。白浊清净为貌，**⑨ **寒温为实。**白浊清净，是为貌。⑩ 寒温者，是为实。

别相侵，则以实气不以貌。⑪ 寒温为实，白浊清净为貌。别相侵，不以白浊清净也。⑫ **有实无貌，屈道人也。**有寒温，无白浊清净，此贤者屈道仕于不肖之君也。**有貌无实，佞人也。**有白浊清净，无寒温，此佞人以便巧仕于世也。⑬ 贤者有美道，上屈不肖君，⑭ 但实气效耳。⑮ 佞人无美道，可以便巧仕，故但貌气效之。**消息无为屈，故无貌效也。**⑯ 消息至尊无上，但效寒温，不效貌气也。一说：⑰ 消息上无所屈，但貌皆相应也，故无貌矣。

---

① "九三、上六"下原作"九三、上九清浊微，九三、上六当温，其微白浊，故名。各如之其所也，说寒则当白浊则净消，此四时气候也。各当得其正也"，以意改。
② "所谓"句原作正文，从张惠言说改。"罔"原无，以意补。
③ "阴阳"原作"寒"，从张惠言说改。
④ "寒"下原有"温"字，从张惠言说删。
⑤ "温"上原有"寒"字，从张惠言说删。
⑥ "故亡"句原作"故为亡也"，以意改。"亡"读作"无"。
⑦ "温"原作"浊"，从张惠言说改。
⑧ "不"原无，从张惠言说补。
⑨ "白浊"句原作"上为貌也"，以意改。
⑩ "是为"原作"其上"，以意改。
⑪ "以"原作"一"，从张惠言说改。
⑫ "不"原无，从张惠言说补。
⑬ "此"原作"比"，从张惠言说改。
⑭ "君"原作"若"，据四库本、四库荟要本、黄奭本改。
⑮ "实"上原有"无"字，以意删。
⑯ "貌"原无，以意补。
⑰ "一"原无，以意补。

温为尊，寒为卑。温喻君，寒喻臣。君当施生，臣当奉命，尊卑不等也。① 故尊见卑，益自尊；卑见尊，益自卑，则寒温决绝矣。九三应上六，六三应上九，则寒温决绝可知。两尊两卑无所别，君臣尊卑无别，② 不能相使。则寒温微不绝决。六三应上六，九三应上九，③ 寒温不绝决，④ 难别知也。

十一月微温，比十月，十月杂卦，⑤ 九三、上九效温，⑥ 如十月之气也。其决温，比九月。九三、上六效温，⑦ 如九月之气。⑧ 三月微寒，比二月，以决寒，比正月。三月杂卦，六三、上六微寒，如二月之气；六三、上九决寒，如正月之气。冬至之后，三十日极寒。三十日后大寒，过正为温实。⑨ 夏至之后，⑩ 三十日极温。三十日后大暑，⑪ 过正为寒实。⑫ 仲春之后，微温却三十日。仲春者，春分也。决温却六十日。⑬ 至，夏至也。微者则知于身决绝者可知。冬寒过甚，有所害，亦贼阴也，贼阴亦为围。

《噬嗑》反，则有曰实之变。治道得，则阴物变为阳物。葱变为韭，亦是。其反也，则阳物变为阴物。枯断复生，⑭ 若以死象生。苇生不过一岁，竹生不过四岁，他物比之。竹、苇九禁，为人辟也，木知比也。⑮

阳感天不旋日，诸侯不旋时，大夫不旋期。阳者，天子，为善一日，天立应以善；为恶一日，天立应以恶。诸侯为善一时，天立应以善；为恶一时，天立应以恶。大夫为善一岁，天立应以善；为恶一岁，天亦立应以恶。一说云：不旋日，立

---

① "不"原无，以意补。
② "尊"原作"道"，从张惠言说改。"无别"原无，以意补。
③ "九三"句原无，以意补。
④ "温"原无，从张惠言说补。
⑤ "杂"原作"离"，从张惠言说改。
⑥ "上九"原作"上六"，从张惠言说改。
⑦ "上六"原作"六二"，从四库本注改。
⑧ "之"原无，以意补。
⑨ "温"原无，以意补。
⑩ "至"下原有"日"字，以意删。
⑪ "暑"原作"温"，以意改。
⑫ "寒"原无，以意补。
⑬ 四库本注："据注，'决温'上当有脱文。"是。注中解"至"字，则正文必有"至"字。自仲春之后，其季候后推六十日，则至小满，亦不至夏至。正文当言夏至之后，决温却六十日，自夏至之后，杂卦上六侵息卦九三者，其季候后推六十日，则至于处暑。
⑭ "枯"原作"祐"，从四库本注改。
⑮ "竹、苇"以下原作正文，以意改为注文。"竹、苇九禁"说"苇生不过一岁，竹生不过四岁"，"为人辟也，木知比也"说"他物比之"。

附　　录

应之；不过时，三辰间；不过期，从今日至明日也。阳，即指天子也。凡异所生，灾所起，各以其政变之，则除；其不可变，则施之亦除。改其政者，谓失火令则行水令，失土令则行木令，失金令则行火令，则灾除去也。不可变，谓杀贤者也。施之者，死者不可复生，封禄其子孙，使得血食，则灾除也。禄之除也，无以成，三必败。或不改不禄而灾日除者，观本所起，以知存亡。有此灾异，不改政，① 不封禄，② 天更光明，阴阳和，列星不失度，乃贤者持政也。③ 明天之意去此，卿来者常，故得政卦人存，常不无失者，卦人亡。

于中录，于七经。

《乾》，十月，④ 小君、贤臣佐上。天下有作谋九录之文，天下风雨偃禾，⑤ 威政复，圣人自西北立。

《坤》，六月，有女子任政，一年转为后。⑥ 五月有贫之从东北来立，⑦ 大起土邑，西南地动，⑧ 星坠，阳卫。

《屯》，十二月，⑨ 神人从中山出，赵地动北方。三十日，千里马数至。

《蒙》，正月，天下，东北经颜色阳国，水大溢，阳泉。

《需》，二月，⑩ 帝从西北方进阳来，⑪ 名来公，东海移北三里，夏雨宁□阳阴二十三日，易君三年。

《讼》，三月，下与上讼争，设行三月，河水不流三，有德者祀之，水乃西行，兵甲事河。十年，有大水。古讼牛出领北，山东北。

《师》，四月，师动兵临晋，及谋于吴，兵还太山，东南、西北。二十日，⑫ 民死，惊死生之忧三宫。⑬ 地动，大星下，民惊于水。元师坤下，

---

① "政"原作"禄"，以意改。
② "不封"原作"三不"，以意改。
③ "持"原作"时"，以意改。
④ "十"下原有"一"字，据后文改。
⑤ "偃"原作"握"，以意改。《尚书·金縢》："天大雷电以风，禾尽偃，大木斯拔。"
⑥ "转为后"原作"传为复"，以意改。
⑦ 《隋书·王劭传》："'贫之'当为'真人'，字之误也。"疑"贫之"当作"贤者"，"贫"为"贤"之形讹，"之"为"者"之音讹。然原文即如此，今不改。
⑧ "南"原作"北"，以意改。坤位西南。
⑨ "二"原作"一"，据后文改。
⑩ "二"原作"四"，据后文改。
⑪ "帝"原作"常"，以意改。
⑫ "日"原无，以意补。
⑬ "宫"原作"官"，以意改。

故受流坤,师号曰齐,① 戒秋分。

《比》,四月,骨肉之亲争,周文王武。当有女子立,六年三死。

《小畜》,四月,多风雨,小民苦。② 有三牛青三角,出东南河海之滨,杜卫侍兵之矣。

《履》,六月,人民清系,扁逆赏八尺二寸,戒并易乐,少雨。西北神绝祝,日在贵人。

《泰》,正月,③ 天生女子,④ 用政八九年,中子要有未疵代之。兵起西北、东南,三年解。天久阴。贤赵陵为佐典,日再中食,戒。

《否》,七月,⑤ 天地分为国定。⑥ 无贤人,政乱,大风扬,名三阳。晋、中山、赵、秦承之,⑦ 两月,民尽见之。

《同人》,七月,□炎帝与天同光,其赵起及困未开,上守下,为民贼,天下马数下山东。三年,天下大乐。戒,充烦戒之。六年,雨未,黄龙下东北。

《大有》,五月,⑧ 天下甘露,神雀出咸阳,名上百兽,官抚其上,安。

《谦》,十二月,地大喊列名肥,西南有坏山侵道。⑨ 大通天均光,三日去,有兵。一年,死女子家。

《豫》,三月,⑩ 天气神龟出,室三牧侯。一年,东海济南垣上戊巳莫见,九曹政不均,三出。

《随》,二月,四年,天下地,泽中有雷,⑪ 在王庭,国家大惊,易君,如有出。虫在市中,白虹贯日,蚀三。

---

① "齐"原作"跻",以意改。前言"大山",属齐,晋在齐西北,吴在齐东南,故知兴师者,齐国也。
② "小"原作"少",以意改。
③ "正"原作"十",据后文改。
④ "生"下原有"死"字,以意删。
⑤ "七"原作"六",据后文改。
⑥ "天地"句原作"天下分而国足",以意改。
⑦ "中"原作"书",以意改。
⑧ "五"原作"四",据后文改。
⑨ "坏"上原有"壤"字,以意删。
⑩ "三"原作"二",据后文改。
⑪ "泽"原无,以意补。

附　录

《蛊》，三月，① 六年二月，有外国来。见神于国，王以杀，名臣见。其年，风雨折木疾水，② 兵西方。

《临》，十二月，③ 三年，兵谋阴。言从事南阴地。④ 是头后有冲骨，西方名牧卉夏属。

《观》，八月，外国从西方来。宠物王吕女后大乱，⑤ 变法乘马。⑥ 天下皆伤大风，女子贵。

《噬嗑》，十月，⑦ 小人任政，狱讼众，⑧ 兵大行，备矣至。二月，⑨ 名尸尸。

《贲》，八月，师国家本吕上二月死。有神往来，王合神战，⑩ 下东海。

《剥》，九月，小人复君子。三年，大道□通于正，吉，东北、西南。

《复》，十一月，初气元，有年，死君。二年，小邦王为正月。六年，大得削，王复反国，⑪ 其祠武夷。天久阴不雨，⑫ 九月解。

《无妄》，九月，天无云而雷，⑬ 三十日之外雷行夜，从西南正东北，位济邑。有中国周用上宫武在第。

《大畜》，八月，天德明，王侯人去城。十二年，天下大昌，女子立政，三年去。此地大神兽来见，至堂，三年大兽出东北台邑、河邑。

《颐》，十一月，⑭ 有三君相敌。⑮ 三年，葵丘兴，颐养民年。⑯ 西南

---

① "三"原作"四"，据后文改。
② "风雨"原作"并禹"，以意改。
③ "十二"原作"三"，据后文改。
④ "地"原作"池"，以意改。
⑤ "宠"原作"龙"，以意改。
⑥ "变"原作"受"，以意改。
⑦ "十"原作"五"，据后文改。
⑧ "众"上原有"象"字，以意删。
⑨ "月"原作"有"，以意改。
⑩ "战"上原有"兽"字，以意删。
⑪ "反"原作"及"，以意改。
⑫ "久阴"原作"下临"，以意改。
⑬ "天"下原有"下"字，以意删。
⑭ "一"原作"二"，据后文改。
⑮ "三君相"原作"君王自"，以意改。
⑯ "颐"原作"临"，以意改。

· 247 ·

有坏山,① 立三国,去禹高官故遗人,马生角。六年,三日并出。

《大过》,十月,② 子无下父,去死东野泽,海滨若坏在咸市。众民西台上地中,及年天下忧众死者。

《习坎》,十一月,不冻,二破燕坏齐,小国外不节,贤人于西来佐王,年之大昌。

《离》,五月,天下大旱,女子淫,男子淫,各持其兵,外乡,三年尽,小儿出,十二年内乡。③ 邑在南西端仓邑。

《咸》,五月,④ 天子去小人,老是得。⑤ 天下之元易,官西南,华为重重代,六年昌,大维来见。

《恒》,七月,⑥ 小人胜君子,夺其爱。六年,天下魁若代成,曰乌卯郡鸣邑上。是年,百川反行尽不通。⑦

《遁》,六月。⑧

《大壮》,二月,⑨ 小人用事,君子夺之。女子为政,九年后,后来立,五帝出。五帝出,白帝见黑山北。

《晋》,二月,⑩ 有明搜之王喜进出,用者众,天下东行西南北,侯至,列先四年。

《明夷》,九月,⑪ 赤大生属阳若,阳若在邑东百三十里。五常夷,⑫ 中国生大魃,⑬ 七月大水出,其下见。

《家人》,五月,小家子出之井山之阳,宗室乱,不辜人刑,⑭ 败

---

① "坏"原作"怀",以意改。
② "十"下原有"二"字,据后文改。
③ "内"原作"合",以意改。"内乡"与上"外乡"相对。
④ "月"下原有"者"字,依例删。
⑤ "老是得"或当作"耆老得",谓得其老成之人,三老之类也。
⑥ "七"原作"六",据后文改。
⑦ "反"原作"及",以意改。
⑧ 此原文仅"《遁》卦"二字,今例补此。后复有脱文。
⑨ "二"原作"三",据后文改。
⑩ "二"原作"四",据后文改。
⑪ "九"原作"十二",据后文改。
⑫ "五常夷"原作"五帝弟",以意改。
⑬ "魃"原作"拔",以意改。
⑭ "不辜"原作"孤",以意改。

政,① 堂当生蓬蒿,四年复。

《睽》,十二月,改正朔,易服色。② 国子南大淫。四月,大行殊,高阳元武,王之起南方。

《蹇》,十一月,③ 大鸟在,蛟龙戏深渊北。王天下命,生元武乐,三大山变易。

《解》,二月,大旱,下民东北丘台。二年,元受易,刑名绝。④ 三年,王嗣民司,无名民思。

《损》,七月,⑤ 兵贼重,三年自与。天下水逆流,⑥ 大鸟下其邑,天蒙北背白出西北方。

《益》,正月,⑦ 上下相益,民。年,天下疾,龙起邑东南,维北军山东于上,大风坏屋。

《夬》,三月,⑧ 天下。四月,水生在邑北,⑨ 替邑城南。水上,江河逆。⑩ 三年,⑪ 小人用事。

《姤》,五月,天下女尽堂正,一女五夫,王家淫,天下不治,三年。

《萃》,八月,⑫ 天下聚众,相谋兵起,车驰人骤。来人西方,白色,天下昌,其见杨生堂下。⑬

《升》,十二月,女子守。十年,下邑东北来立,易变政治,天地有心,士众贤,争养不死。二侯三人,女子杀之,正北左行第一。

《困》,九月,小人来,君子去,小国破,贤人亡,兵行诛,⑭ 免之

---

① "败"原作"寇",以意改。
② "改正"两句原作"始王易服邑",以意改。
③ "一"原作"二",据后文改。
④ "绝"上原有"嗣"字,以意删。
⑤ "七"原作"十二",据后文改。
⑥ "水"原作"小",以意改。
⑦ "正"原作"十",据后文改。
⑧ "三"原作"五",据后文改。
⑨ "水"原作"人",以意改。
⑩ "江"原作"汪",据四库本、四库荟要本、黄奭本改。
⑪ "年"原作"月",以意改。
⑫ "八"原作"九",据后文改。
⑬ "杨"原作"阳",以意改。
⑭ "诛"原作"自",以意改。四库本、四库荟要本、黄奭本作"诸"。

生。六年，不义，血兵刃小，起东北，取立死。

《井》，五月，① 水众通，出地凉，东兵河梁大名，杞在北右。白怀绝，爱汉家祸。

《革》，八月，② 五谷伤，及草木，旱热，赤地千里，大宫失火。③

《鼎》，六月，④ 圣人君，天与延年齿，东北水中，庶人王，高得之。⑤

《震》，二月，大海跃地至，水之汭于上，兵得起。⑥ 六年，⑦ 女子立政八年。⑧

《艮》，十二月，君臣仁，兵不行。⑨ 三月，地动，其年旱，有人从东北来，长眉、偻周郑。

《渐》，一月，⑩ 有侯少仁，疆外有兵。⑪ 四方不死，地变，有大鸟东南归。

《归妹》，九月，⑫ 成威立王二十七，妇及小国，与神水芒，成汤兵。

《丰》，六月，⑬ 空无人，大忧，死小人，无兵革。

《旅》，四月，⑭ 五谷伤，⑮ 旱忧，秋冬旱，兵忧，死。泰。

《巽》，四月，春生大风折木，⑯ 伤五谷，风死，秋风死。

《兑》，八月，秋分，⑰ 女子荣其家，蔑大将，养任易君，二世夷，

---

① "五"原作"四"，据后文改。
② "八"原作"六"，据后文改。
③ "宫失"原作"官炊"，以意改。
④ "六"原作"五"，据后文改。
⑤ "圣人"五句原作"吴人君，天与延年齿。东北中，庶人王，高德之"，据《北齐书·方伎·宋景业传》引改。
⑥ "兵"原作"度"，以意改。
⑦ "六"原作"天"，以意改。
⑧ "子"原无，以意补。
⑨ "不"原无，以意补。
⑩ "一"原作"二"，据后文改。
⑪ "疆外有"原作"疆有外"，以意改。
⑫ "九"原作"十一"，以意改。
⑬ "六月"原无，以意补。
⑭ "四月"原无，以意补。
⑮ "五谷"原无，以意补。
⑯ "大"原作"火"，以意改。
⑰ "秋分"原作"立秋"，以意改。

附　录

四国来归。① 西水大出,② 东向齐,③ 南不分。

《涣》,六月,④ 有诸侯离邑为民,欲得将兵,水复旱,金铁贵,高者兴晋,千邑武侯。

《节》,七月,⑤ 安国。有恶君,天下鸟,多白兔,纬狗见,⑥ 天下甘泉、神露。⑦ 天下大山,出蒙之处,有移河,不死。

《中孚》,十一月,⑧ 人君之世安宁。中孚,女子乱世于外,天不信,地数动中国,祖绝嗣,上君惊于兵,北夷卫隗。

《小过》,正月,水过洫于中,⑨ 兵起于夷南,故邑牛牂贵,⑩ 乡侯不胜。是年有大水,死王三人,东北大动,昼昏,日再中,北方有贵人子,走于纣。

《既济》,十月,⑪ 年大水,地临,三年不绝,六世多血。

《未济》,十一月,⑫ 有故都破,北国来兵。⑬ 四年九月,有分国阳殊邑。

卷　下

《小过》《蒙》《益》《渐》《泰》,寅。《需》《随》《晋》《解》《大壮》,卯。《豫》《讼》《蛊》《革》《夬》,辰。《旅》《师》《比》《小畜》《乾》,巳。《大有》《家人》《井》《咸》《姤》,午。《鼎》《丰》《涣》《履》《遁》,未。《恒》《节》《同人》《损》《否》,申。《巽》《萃》《大畜》《贲》《观》,酉。《归妹》《无妄》《明夷》《困》《剥》,戌。《艮》

---

① "国"原作"图",以意改。
② "西"原作"偏",以意改。
③ "向"原作"同",以意改。
④ "六"原作"五",据后文改。
⑤ "七"原作"六",据后文改。
⑥ "狗"原作"拘",以意改。
⑦ "甘"原作"日","露"原作"路",以意改。
⑧ "一"原作"二",据后文改。
⑨ "水"原作"小",以意改。
⑩ "贵"原作"归",以意改。
⑪ "十"原作"九",据后文改。
⑫ "十一月"原无,据后文补。
⑬ "北"原作"水",以意改。

《既济》《噬嗑》《大过》《坤》，亥。《未济》《蹇》《颐》《中孚》《复》，子。《屯》《谦》《睽》《升》《临》。丑。

《坎》，六。《震》，八。《离》，七。《兑》。九。

已上四卦者，四正卦，为四象。每岁十二月，每月五卦，① 卦六日七分，每期三百六十五日每四分日之一。②

甲寅伏羲氏，至无怀氏，五万七千八百八十二年。神农五百四十年。黄帝一千五百二十年。少昊四百年。颛顼五百年。帝喾三百五十年。尧一百年。舜五十年。禹四百三十一年。殷四百九十六年。周八百六十七年。秦十五年。③

已上六万三千六百一十二年，庚戌年四百九十一年算上。

右总六万四千一百三年，相期加二年。④

推轨当日。术曰：置轨以其岁之日除之，得轨不尽日每分，即日之分也。

推析当日。⑤ 术曰：以二十四除，析数所得，是日轨析，皆当岁之析，有余如上。

《复》一	十三	二十五
《临》二	十四	二十六
《泰》三	十五	二十七
《大壮》四	十六	二十八
《夬》五	十七	二十九
《乾》六	十八	三十
《姤》七	十九	三十一
《遁》八	二十	三十二

---

① "卦"原作"月"，从四库本注改。
② "三百六十五日每四分日之一"原作"三百六十六日每四分"，从四库本注改。
③ "十五"原作"五十"，以意改。又按：本文数字相加凡六万三千一百八十六年，与下"六万三千六百一十二年"不合。《容斋笔记》引此，后人校改"殷四百九十六年"为六百四十四年，改"周八百六十七年"为八百七十三年，则为六万三千三百四十年，亦少于六万三千六百一十二年。下六万四千一百〇三年，乃六万三千六百一十二年加四百九十一年所得，则六万三千六百一十二年数无误，而此文有脱误也。
④ "期"原作"基"，从四库本注改。
⑤ "析"原作"折"，以意改。"析"即古"策"字。下文径改，不俱论。

《否》九　　　　二十一　　　　三十三
《观》十　　　　二十二　　　　三十四
《剥》十一　　　二十三　　　　三十五
《坤》十二　　　二十四　　　　三十六
《震》三十七
《巽》三十八
《坎》三十九
《离》四十
《艮》四十一
《兑》四十二

　　已上勾者，是勘铭轨加之，本经并无，只有单数不勾耳。①

　　右易姓四十二，消息三十六，六子在其数，② 合八十四戒，各有所系而出之。

　　纯德有七，其三法天，其四法地。天三者，三六十八。地四者，四六二十四。

　　六十四卦策。术曰：阳爻九，以四时乘之，得三十六。阴爻六。以四时乘之，得二十四。

　　轨术曰：阳爻九、七，各以四时乘之，而并倍之，得一百二十八。阴爻八、六。各以四时乘之，而并倍之，得一百一十二。假令《乾》六位，老阳爻九，四时乘之，四九三十六。以三十六乘六爻，得二百一十六。少阳爻七，以四时乘之，四七二十八。以二十八乘之六爻，得一百六十八。已上二数，合得三百八十四，因而倍之，有七百六十八。假令《坤》六位，老阴爻六，四时乘之，四六二十四。以二十四乘六爻，得一百四十四。少阴爻八，四时乘之，四八三十二。以三十二乘之六爻，得一百九十二，已上二数，③ 合得三百三十六，因而倍之，有六百七十二。《乾》《坤》二轨数，合有一千四百四十。他卦随阴阳爻倍之，凡阳爻用六十四为法，乘得数倍之，④ 凡阴爻用五十六为法，乘得数倍之。

---

① 四库本注："此条乃后人标识之辞，原本混入正文。"
② "在"原作"左"，据四库本、四库荟要本、黄奭本改。
③ "二"原作"三"，据四库本、四库荟要本、黄奭本改。
④ "数"原无，以意补。

推三百八十四爻。① 术曰：置六十四卦，折半有三十二，以六乘之，得阳爻一百九十二，阴爻亦一百九十二，合二数，得三百八十四。又法：六爻，以八乘之，得四十八，又八乘四十八，得三百八十四爻也。

从伏羲天元甲寅已来，至大唐贞元十一年乙亥，② 积二百七十六万一千二百二十二算，③ 至元和元年三月，④ 二百七十六万一千二百三十三算。⑤

一：《乾》世戌初子。《坤》。世酉初未。

二合析，三百六十。分各《乾》二百一十六。《坤》。一百四十四。

二轨合，一千四百四十。分各《乾》七百六十八。《坤》。六百七十二。⑥

二：《屯》世寅初寅。《蒙》。世戌初巳。

二合析，三百三十六。分各《屯》一百六十八。《蒙》。一百六十八。

二轨合，一千四百八。分各《屯》七百四。《蒙》。七百四。

三：《需》世申初辰。《讼》。世午初卯。

二合析，三百八十四。分各《需》一百九十二。《讼》。一百九十二。

二轨合，一千四百七十二。⑦ 分各《需》七百三十六。⑧《讼》。七百三十六。⑨

四：《师》世午初午。《比》。世卯初丑。

二合析，三百一十二。分各《师》一百五十六。《比》。一百五十六。

二轨合，一千三百七十六。分各《师》六百八十八。《比》。六百八十八。

五：《小畜》世子初申。《履》。世申初亥。

二合析，四百八。分各《小畜》二百四。《履》。二百四。

---

① "三百八十四"原作"一百九十二"，以意改。
② "十一"原无，以意补。
③ "二十二"原作"二十"，以意补。
④ 次"元"原无，以意补。
⑤ "三十三"原作"三十一"，以意改。又四库本注："此文'至唐元和年'，当亦后人所加，今退二字，附书之。"
⑥ "七"原作"六"，以意改。《乾》六阳爻，一爻三十六策，六爻二百一十六策。《坤》六阴爻，一爻二十四策，六爻一百四十四策。《乾》《坤》合策三百六十。《乾》六阳爻，一爻一百二十八轨，六爻七百六十八轨。《坤》六阴爻，一爻六百七十二轨。《乾》《坤》合轨一千四百四十。下俱用此法推之，以正其文，不俱论。
⑦ "二"原作"四"，以意改。
⑧ "六"原作"七"，以意改。
⑨ "六"原作"七"，以意改。

二轨合，一千五百四。分各《小畜》七百五十二。《履》。七百五十二。

六：《泰》世申初戌。① 《否》。世卯初酉。

二合析，三百六十。② 分各《泰》一百八十。③ 《否》。一百八十。④

二轨合，一千四百四十。分各《泰》七百二十。《否》。七百二十。

七：《同人》世亥初子。《大有》。世辰初未。

二合析，四百八。分各《同人》二百四。《大有》。二百四。

二轨合，一千五百四。⑤ 分各《同人》七百五十二。《大有》。七百五十二。

八：《谦》世亥初寅。《豫》。世未初巳。

二合析，三百一十二。分各《谦》一百五十六。《豫》。一百五十六。

二轨合，一千三百七十六。⑥ 分各《谦》六百八十八。《豫》。六百八十八。

九：《随》世辰初辰。《蛊》。世酉初卯。

二合析，三百六十。分各《随》一百八十。《蛊》。一百八十。

二轨合，一千四百四十。分各《随》七百二十。《蛊》。七百二十。

十：《临》世卯初午。《观》。世未初丑。

二合析，三百三十六。分各《临》一百六十八。《观》。一百六十八。

二轨合，一千四百八。分各《临》七百四。《观》。七百四。

十一：《噬嗑》世未初申。《贲》。世卯初亥。

二合析，三百六十。分各《噬嗑》一百八十。《贲》。一百八十。

二轨合，一千四百四十。分各《噬嗑》七百二十。《贲》。七百二十。

十二：《剥》世子初戌。《复》。世子初酉。

二合析，三百一十二。分各《剥》一百五十六。《复》。一百五十六。

二轨合，一千三百七十六。分各《剥》六百八十八。《复》。六百八十八。

十三：《无妄》世午初子。《大畜》。世寅初未。

二合析，三百八十四。分各《无妄》一百九十二。《大畜》。一百九十二。

---

① "戌"原作"戊"，以意改。
② "三"原作"五"，以意改。
③ "一"原作"二"，以意改。
④ "一"原作"二"，以意改。
⑤ "一"原作"二"，以意改。
⑥ "三"原作"二"，以意改。

二轨合，一千四百七十二。① 分各《无妄》七百三十六。②《大畜》。七百三十六。③

十四：《颐》世戌初寅。《大过》。世亥初巳。

二合析，三百六十。分各《颐》一百六十八。《大过》。一百九十二。

二轨合，一千四百四十。分各《颐》七百四。《大过》。七百三十六。

十五：《坎》世子初辰。《离》。世子初卯。

二合析，三百六十。分各《坎》一百六十八。《离》。一百九十二。

二轨合，一千四百四十。分各《坎》七百四。《离》。七百三十六。

十六：《咸》世申初午。《恒》。世酉初丑。

二合析，三百六十。分各《咸》一百八十。《恒》。一百八十。

二轨合，一千四百四十。分各《咸》七百二十。《恒》。七百二十。

十七：《遁》世午初申。《大壮》。世午初亥。

二合析，三百八十四。分各《遁》一百九十二。《大壮》。一百九十二。

二轨合，一千四百七十二。分各《遁》七百三十六。《大壮》。七百三十六。

十八：《晋》世酉初戌。《明夷》。世丑初酉。

二合析，三百三十六。分各《晋》一百六十八。《明夷》。一百六十八。

二轨合，一千四百八。分各《晋》七百四。《明夷》。七百四。

十九：《家人》世丑初子。《睽》。世丑初未。

二合析，三百八十四。分各《家人》一百九十二。《睽》。一百九十二。

二轨合，一千四百七十二。分各《家人》七百三十六。《睽》。七百三十六。

二十：《蹇》世申初寅。《解》。世辰初巳。

二合析，三百三十六。分各《蹇》一百六十八。《解》。一百六十八。

二轨合，一千四百八。分各《蹇》七百四。《解》。七百四。

二十一：《损》世丑初辰。《益》。世辰初卯。

二合析，三百六十。分各《损》一百八十。《益》一百八十。

二轨合，一千四百四十。④ 分各《损》七百二十。《益》。七百二十。

二十二：《夬》世酉初午。《姤》。世酉初丑。

---

① "七"原作"九"，以意改。
② "三"原作"四"，以意改。
③ "三十六"原作"四十九"，以意改。
④ 次"四"原作"二"，以意改。

二合析，四百八。分各《夬》二百四。《姤》。二百四。

二轨合，一千五百四。分各《夬》七百五十二。《姤》。七百五十二。

二十三：《萃》世巳初申。《升》。世丑初亥。

二合析，三百三十六。分各《萃》一百六十八。《升》。一百六十八。

二轨合，一千四百八。分各《萃》七百四。《升》。七百四。

二十四：《困》世寅初戌。《井》。世戌初酉。

二合析，三百六十。分各《困》一百八十。《井》。一百八十。

二轨合，一千四百四十。分各《困》七百二十。《井》。七百二十。

二十五：《革》世亥初子。①《鼎》。世亥初未。②

二合析，三百八十四。分各《革》一百九十二。《鼎》。一百九十二。

二轨合，一千四百七十二。分各《革》七百三十六。《鼎》。七百三十六。

二十六：《震》世戌初寅。《艮》。世寅初巳。

二合析，三百三十六。分各《震》一百六十八。《艮》。一百六十八。

二轨合，一千四百八。分各《震》七百四。《艮》。七百四。

二十七：《渐》世申初辰。③《归妹》。世丑初卯。

二合析，三百六十。分各《渐》一百八十。《归妹》。一百八十。

二轨合，一千四百四十。分各《渐》七百二十。《归妹》。七百二十。

二十八：《丰》世申初午。《旅》。世辰初丑。

二合析，三百六十。分各《丰》一百八十。《旅》。一百八十。

二轨合，一千四百四十。分各《丰》七百二十。《旅》。七百二十。

二十九：《巽》世卯初申。《兑》。世未初亥。

二合析，三百八十四。分各《巽》一百九十二。《兑》。一百九十二。

二轨合，一千四百七十二。分各《巽》七百三十六。《兑》。七百三十六。

三十：《涣》世巳初戌。《节》。世巳初酉。

二合析，三百六十。分各《涣》一百八十。《节》。一百八十。

二轨合，一千四百四十。分各《涣》七百二十。《节》。七百二十。

三十一：《中孚》世未初子。《小过》。世午初未。

---

① "子"原作"未"，以意改。
② "未"原作"寅"，以意改。
③ "辰"原作"午"，以意改。

二合析，三百六十。分各《中孚》一百九十二。① 《小过》。一百六十八。②

二轨合，一千四百四十。分各《中孚》七百三十六。《小过》。七百四。

三十二：《既济》世亥初寅。《未济》。世未初巳。

二合析，三百六十。分各《既济》一百八十。《未济》。一百八十。

二轨合，一千四百四十。分各《既济》七百二十。《未济》。七百二十。

其下初合六十四卦流转。

推之术：置天元甲寅已来至受命，以三十二除之，余不足除者，从《乾》《坤》始数算外主卦，而取世阴阳断之，世阳从阳，阳爻三十六。世阴从阴，阴爻二十四。阳从九除，阴从六除，商得数阳以三乘之，阴以二乘之，因而半之，即是忌耳。每取卦月乘之。

假令《贲》卦世在初亥、十一月，③ 卦世属阳，阳爻三十六，以九除之，商得四，以三乘之，得十二，因而半之，是忌耳。

假令《遁》卦世在初申、七月，④ 卦世属阴，阴之爻二十四，以六除之，商得四。以二乘之得八，⑤ 因而半之，是忌耳。⑥

推厄法：以入位年数，除之轨合数，算尽，厄也。甲乙饥，丙丁为旱，戊己为中兴，庚辛为兵，壬癸为水。⑦

父相甲寅，景云元年庚戌，积六万四千三年算上，至开元九年辛酉，加上十一年算上。以三十二除之，余不尽三，⑧ 名入位年。合入《需》轨卦，阴爻二十四，以六除之，商得四，二乘之得八，因而半之四，是忌。《需》卦轨合数一千四百七十二，以入位年三，至甲寅，加四算七，除《需》合数，余二。⑨ 从父相庚戌，⑩ 命之得辛兵。推子厄，用父轨，凡子受位，但不得别立轨，乃可救

---

① "九十二"原作"八十"，以意改。
② "六十八"原作"八十"，以意改。
③ "亥"原无，以意补。
④ "初申、七月"原作"三、六月"，以意改。
⑤ "八"原作"六"，据黄奭本改。
⑥ 四库本注："以上二节，阐明世卦推算之法，当是后人所附益，今退二字书之。"
⑦ 四库本注："此节别见后文，疑有重出。"
⑧ "余"原无，以意补。
⑨ "余"原作"除"，以意改。
⑩ "戌"原作"申"，以意改。

附　　录

灾耳。甲寅先天元年壬子，积六万四千五年算上，至开元九年辛酉，加九算上，三十二除之，余五，十尽五，合入《小畜》，轨卦十一月，阳爻三十六，以九除之，商得四，以三乘之，十二，因而半之，得六，忌。《大畜》卦轨合数一千四百七十二，以入位年三，至甲寅，加六算十，除《大畜》合数，余二。从父相辛酉，命之得壬水。①

右六十四卦流转注十二之辰。②

《乾》初子，《坤》初未。阳爻析数，一爻三十六，计六千九百一十二。阳爻轨数，一爻一百二十八，计二万四千五百七十六。阴爻析数，一爻二十四，③计四千六百八。阴爻轨数，一爻一百一十二，计二万一千五百四。阴阳爻又合二析一万一千五百二十，④合二轨四万六千八十。⑤

于《易》即位年数。术曰：已上各三十二除之，⑥即得其数。

求轨、析之术：⑦世属阳卦者，以九除之，以三乘之，所得，因而半之，则是即位期也。能过此者，加所得，即中期也；复能过此者，⑧三乘所半之数，即终矣。世属阴卦者，以六除之，以二乘之，所得，因而半之，则得即位期也。能过此者，加所得，即中期也。复能过此者，以三乘所半之数，⑨即终矣。以九除之，皆尽无余者，阳以三乘，因而半之，所得则其年当数也。以六除之，皆尽无余者，阴以二乘，因而半之，所得则其年当数也。⑩有余者，以所得乘之，阳得正位，增九于所

---

① "《大畜》卦"至此原无，以意补。又四库本注："上推算至唐开元九年，亦唐时术士所加也。"
② 四库本注："此句为总题'坼轨三十六卦位'之文，不应在此处，盖后人以他文阑入，遂将原文移向后耳。"
③ "十"下原有"之"字，从张惠言说删。
④ "阳"原无，从张惠言说补。首"二"字原无，以意补。
⑤ "六"原作"一"，从张惠言说改。
⑥ "除"原作"乘"，以意改。
⑦ "求轨"句原作"乘轨、折之数"，以意改。
⑧ "能过"至"复"十二字原无，以意补。
⑨ "三"原作"二"，以意改。
⑩ "阳以三乘"至此原作"阳以三乘，所则其年当数也。以九、六除之"，以意增改。

· 259 ·

乘，阴得正位，增六于所乘，则是位之数也。用阳月者，①属阳卦，用阴月者，②属阴卦。

《乾》初以六乘者，谓《姤》也，阴失位在初。《坤》初以九乘者，谓《复》也，阳得正位在初。《震》《兑》《离》之象，阴所乘之数也。《巽》《艮》《坎》之象，③四所乘之数，是即位之时年数也。卦轨，④阳爻九、七，⑤以四时乘之，各倍之，爻百二十八；阴爻八、六，以四时乘之，各倍之，爻百十二。必用即位年，以即位时太岁呼之，尽算之上，则位之终岁也，算外是未入之年。孔子曰：终始之义，在外内焉。进退在二年，观其政，以别知其泰延与否也。

推之术曰：置天元甲寅以来年数，⑥至受命即位之年数，⑦以三十二数除之，不足除者，以《乾》《坤》始数算，末即得主岁之卦，知直事之爻在何辰。谓《乾》直事于十一月子，左行阳辰六；《坤》直事于六月未，右行阴辰六，阴阳交错，行于十二辰，一岁十二月而周也。当以即主立时月为政，故曰"知直事之爻在何辰"也，所属阴阳交者也。阳爻三十六，阴爻二十四者，皆世所属阴阳者也。

推之法。阴卦。推世之所属阴卦者，假令即位之年得《遁》卦，七月申也，《遁》初阴爻二十四，⑧以六除之得四，以二乘之得八，因而半之，则得四，⑨则是即位之期也。⑩能过此者，加所乘，得八岁，则中期也。⑪复能过此者，三乘所半四，⑫得十二

---

① "月"原作"日"，以意改。
② "月"原作"日"，以意改。
③ "坎"原无，以意补。
④ "轨"下原有"轨"字，从张惠言说删。
⑤ "九"原作"六"，从黄奭说改。
⑥ "年"原无，以意补。
⑦ "即"原无，以意补。
⑧ "《遁》初"句原作"《遁》六月二阴爻，阴爻二十四"，以意改。
⑨ "则"原无，以意补。
⑩ "是"原无，以意补。
⑪ "加所"三句原作"所乘八岁之中期也"，以意改。
⑫ "四"原无，以意补。

附　　录

岁,① 终矣。阴得正位,增六于所乘,为三十六年,终矣。

推之法。阳卦。推世之所属阳卦者,假令即位之年得《贲》卦,十月亥也,《贲》初阳爻三十六,以九除之得四,以三乘之得十二,因而半之,则得六,则是即位之期也。能过此者,加所乘,② 得一十,则中期也。复能过此者,三乘所半六,得十八年,终矣。阳得正位,增九于所乘,③ 为五十四年,终矣。④《巽》《艮》之象,四所乘得三十六。

远期算天元甲寅岁以来,至宋高祖刘裕禅晋,岁在庚申,⑤ 号为永初元年,凡得积年二百七十六万八百四十七年算上,以三十二⑥ 半六十四卦,得三十二以为法。⑦ 除之,不尽十五,入《坎》《离》轨。以宋辛酉至周宣帝宣政元年戊戌岁,有一百五十八年,元嘉元年,即当魏氏世祖太武皇帝始光元年,以三十二除之,不尽七,命之入《大有》轨。一本云:不尽十三,为入《无妄》《大畜》轨,六月未也。

假令失位阴者,阴在八,⑧ 以四乘之,⑨ 得三十二,以六除之,得五,余不尽二。以二乘之,得十,因而半之,得五,初忌。能过此者,加所乘得十,⑩ 中忌。⑪ 复能过此者,三乘所半五,得十五,终矣。下忌,⑫ 失位阴增八,于所乘得四十八,⑬ 厄所遭。有余算,福之也。⑭

假令失位阳者,阳在七,⑮ 四七二十八,以九除之得三,余不

① "得"原无,以意补。
② "加"原作"如",以意改。
③ "于"原作"以",以意改。
④ "年终矣"原无,以意补。
⑤ "申"原作"辰",以意改。
⑥ "二"原作"一",据四库本、四库荟要本、黄奭本改。
⑦ "半六"两句原为正文,以意改为注文。
⑧ "假令"二句原作"六月位阴爻八",以意改。
⑨ "之"下原有"八"字,以意删。
⑩ "加"原作"如",以意改。
⑪ "中忌"原无,以意补。
⑫ "下"原作"不",以意改。
⑬ "失位"二句原作"失位阴增入,终二十三,除之得四十七",以意改。
⑭ "厄所"三句原作"丙午岁,天下忧重侵逼也,有余福也",以意改。
⑮ "阳在七"原无,以意补。

· 261 ·

尽一，以三乘所得九，因而半之，得四，余不尽一，① 初忌。② 能过此者，得九，中忌。③ 复能过此者，④ 得十三，⑤ 终矣。下忌，⑥ 失位阳增七，⑦ 于所乘，得四十二，厄所遭，有余算，福之也。

假令得位阴在六，四六二十四，以六除之得四，无余，以二乘之得八，因而半之，得四，初忌。能过此者得八，中忌。复能过此者，得十二，终矣。下忌，得位阴增六，于所乘得三十六，⑧ 厄所遭也。

假令得位阳在九，四九三十六，以九除之得四，⑨ 无余，以三乘之得十二，因而半之，得六，初忌。⑩ 能过此者，中忌也。复能过此者，得十八，忌终也。得位阳增九，于所乘得五十四，⑪ 厄所遭也。⑫

推厄所遭法：以入位年数余轨数，算尽，厄所遭，甲乙为饥，丙丁为旱，戊己为中兴，庚辛为兵，壬癸为水，元算为月。⑬

宋轨七百三十六，庚申岁，至于甲子岁，⑭ 宋元嘉元年甲子，宋高祖第三息文帝义隆年号，⑮ 为入位五年，以五除轨数，上所得积周一百四十七，余所一，厄所遭也。

丙寅岁，入位七年，以七除轨数，上得积周一百五，轨命得庚申，⑯ 庚主兵，⑰ 其年起兵荆州，谢晦也。

癸未岁，入位二十四年，以除轨数，上得积周三十，余十六不尽，以庚申命之，

---

① "得四"二句原作"得四有余"，以意改。
② "初"上原有"则是即位"四字，以意删。"忌"原作"期"，以意改。
③ "忌"原作"期"，以意改。"忌"下原有"也"字，以意删。
④ "复"上原有"增"，以意删。
⑤ "三"下原有"年"，以意删。
⑥ "忌"原作"期"，以意改。
⑦ "增"原无，以意补。
⑧ "所"原无，以意补。
⑨ "以"原无，以意补。
⑩ "初"上原有"六"字，以意删。
⑪ "得"下原有"九"，以意删。
⑫ "厄"原作"忌"，以意改。又四库本注："以上自'推之术'以下，皆后人因卦轨之义而阐衍其法，故推至南北朝年数，非《易纬》本文也。"
⑬ 四库本注："此文已见前，此处疑复见，或亦后人所引耳。"按：此正文及下注文，当是有人引此段，然后以宋轨解之，后辑录者，一并录入耳。
⑭ "于"原作"今"，以意改。
⑮ "三"原作"二"，以意改。
⑯ "申"原作"寅"，以意改。
⑰ "庚"原无，以意补。

得乙亥，乙主饥，其年河南大饥，豫州人相食。

甲申岁，入位二十五年，除轨数，上得积周二十九，①余不尽十一，以庚申命之，得庚午，庚主兵马，其年九州发兵征蛮。

乙酉岁，入位二十六年，除轨数，上得积周二十八，不尽八，以庚申命之，得丁卯，丁主旱，其年大旱，不收豆麦，豫州禾粟皆旱死。

丙戌岁，入位二十七年，除轨数，上得积周二十七，余不尽七，以庚申命之，得丙寅，②丙主旱，其年淮北二州春旱，不能种稻。

丁亥岁，入位二十八年，除轨数，上得积周二十六，③余不尽八，以庚申命之，得丁卯，丁主旱，其年大旱。

戊子岁，入位二十九年，除轨数，上得积周二十五，不尽十一，以庚申命之，得庚午，庚主兵，其年大兵。

己丑岁，入位三十年，除轨数，上得积周二十四，余不尽十六，以庚申命之，得乙亥，乙主饥，其年荒，籴贵。

庚寅岁，入位三十一年，除轨数，上得积周二十三，不尽二十三，以庚申命之，得壬午，④壬主水，其年徐、兖州大水，官军因势泛舟至滑台，房走，后果失利也。

辛卯岁，入位三十二年，除轨数，即算死。所遭厄，以不尽法，二十二，于上方余三十二，⑤以庚申命之，得辛卯，辛主兵，其年魏兵至江淮。

壬辰岁，入位三十三年，除轨数，上得积周二十二，⑥余不尽十，⑦以庚申命之，得己巳，己主中兴。

癸巳岁，入位三十四年，除轨数，上得积周二十一，余不尽二十二，以庚申命之，得辛巳，辛主兵，其年二月二十日甲子，东宫大逆。

推轨之术：以天元甲寅已来至今受命位之年，以三十二除之，余不尽，从《乾》《坤》始数算，则得主岁之卦，知直事之辰在何辰。以甲寅年至大唐先天元年壬子，积二百七十六万一千一百三十九，以三十六或云"三十二"。⑧除之，积八万六千二百八十五周，不

---

① "得积周"原作"积得"，以意改。
② "寅"原无，以意补。
③ "得"原无，"二"原作"三"，以意增改。
④ "午"原无，以意补。
⑤ "除轨"至此原作"除轨，即算死。所遭也，以不尽法二十三，于上方除，余三十二"，以意改。
⑥ 次"二"原无，以意补。
⑦ "十"原无，以意补。
⑧ "三"原作"以"，以意改。此作"三十二"是。

尽十九,入《家人》《睽》轨。至元和十四年壬子,① 合二百七十六万一千二百四十六,② 元和十五年庚午,或云"庚子"。③ 积二百七十六万一千二百四十七。

法:阳爻以老阳数乘之,阴爻以老阴数乘之,随六爻阴阳多少乘讫,并之为分各数,倍分各为析合数也。④

《中孚》	纯《坎》		一	初九	冬至	十一月中	广漠风
《解》	纯《震》	公	--	初六	春分	二月中	明庶风
《咸》	纯《离》		--	初六	夏至	五月中	凯风
《贲》	纯《兑》		初九	秋分	八月中	阊阖风
《屯》			--	六二	小寒	十二月节	
《豫》		侯	--	六二	清明	三月节	
《鼎》			一	九二	小暑	六月节	
《归妹》			一	九二	寒露	九月节	
《升》			一	九三	大寒	十二月中	日在《坎》
《革》		公	一	九三	谷雨	三月中	日在《震》
《履》			--	六三	大暑	六月中	日在《离》
《困》			--	六三	霜降	九月中	日在《兑》
《小过》			一	九四	立春	正月节	条风
《旅》		侯	一	九四	立夏	四月节	温风
《恒》			一	九四	立秋	七月节	凉风
《艮》			--	六四	立冬	十月节	不周风
《渐》			一	九五	雨水	正月中	
《小畜》		公	一	九五	小满	四月中	
《损》			--	六五	处暑	七月中	
《大过》			一	九五	小雪	十月中	

---

① "壬子"原无,以意补。
② "四"原作"三",以意改。
③ 此作"庚子"是。
④ 四库本注:"上推轨之术,与前文略同,而重复错见者,盖前为南北朝术士所发明,而此推至元和十五年,则又唐人所附益也。"

续表

《需》		--	上六	惊蛰	二月节	
《大有》	侯	—	上九	芒种	五月节	
《巽》		—	上九	白露	八月节	
《未济》		—	上九	大雪	十一月节	①

冬至日在《坎》，春分日在《震》。

夏至日在《离》，秋分日在《兑》。

《易纬是类谋》以此四正之卦，卦有六爻，爻主一气，余六十卦，卦主六日七分。八十分日之七。② 正岁三百六十五日四分日之一，③ 六十而一周。《乾》气始《中孚》，④ 当十一月，六十中气后十五日，⑤ 准两卦，强可得十二月，余少三日，当取十二月，卦日也。

右各以六日于决次，乃不可简取其孤如此，非是验也。以《易纬》推之，无劳更算二十四气，以成六日七分，⑥ 正五日准四分之一，未消息，即为善矣。⑦

八百诸侯	正月	三月	五月	七月	九月	十一月
	《小过》	《豫》	《大有》	《恒》	《归妹》	《未济》
	立春	清明	芒种	立秋	寒露	大雪
	--	--	—	—	--	—
	初六	六二	九三	九四	六五	上九
	一日	六日	十一日	十六日	二十一日	二十六日
	䷼	䷏	䷍	䷟	䷵	䷿

---

① 此表原为文字形式，原文、卦爻多有错乱，今径正之，不俱说。
② "八十"句原为正文，今以意改为注文。
③ "百"原作"岁"，以意改。
④ "气始"原作"象以"，以意改。
⑤ "六十"未明，似与上"六十而一周"有关，"中气"似当作"中孚"。
⑥ "六"原作"五"，以意改。
⑦ 四库本注："以上亦当为后人所加。"

续表

	正月	三月	五月	七月	九月	十一月
二十七大夫	《蒙》	《讼》	《家人》	《节》	《无妄》	《蹇》
	--	—	—	--	—	--
	初六	九二	九三	六四	九五	上六
	二日	七日	十二日	十七日	二十二日	二十七日
	䷃	䷅	䷤	䷻	䷘	䷦
	正月	三月	五月	七月	九月	十一月
九卿	《益》	《蛊》	《井》	《同人》	《明夷》	《颐》
	—	—	—	—	--	—
	初九	九二	九三	九四	六五	上九
	三日	八日	十三日	十八日	二十三日	二十八日
	䷩	䷑	䷯	䷌	䷣	䷚
	正月	三月	五月	七月	九月	十一月
三公	《渐》	《革》	《咸》	《损》	《困》	《中孚》
	--	--	—	--	—	—
	初六	六二	九三	六四	九五	上九
	四日	九日	十四日	十九日	二十四日	二十九日
	䷴	䷰	䷞	䷨	䷮	䷼
	正月	三月	五月	七月	九月	十一月
天子	《泰》	《夬》	《姤》	《否》	《剥》	《复》
	—	—	—	—	--	--
	初九	九二	九三	九四	六五	上六
	五日	十日	十五日	二十日	二十五日	三十日
	䷊	䷪	䷫	䷋	䷖	䷗

右是六阳月三十卦，直事日，依气定，日主一爻。

	二月	四月	六月	八月	十月	十二月
八百诸侯	《需》	《旅》	《鼎》	《巽》	《艮》	《屯》
	惊蛰	立夏	小暑	白露	立冬	小寒
	—	--	—	--	--	--
	初九	六二	九三	六四	六五	上六

续表

八百诸侯	一日	六日	十一日	十六日	二十一日	二十六日
	䷿	䷿	䷿	䷿	䷿	䷿
二十七大夫	二月	四月	六月	八月	十月	十二月
	《随》	《师》	《丰》	《萃》	《既济》	《谦》
	—	—	—	—	—	--
	初九	九二	九三	九四	九五	上六
	二日	七日	十二日	十七日	二十二日	二十七日
	䷿	䷿	䷿	䷿	䷿	䷿
九卿	二月	四月	六月	八月	十月	十二月
	《晋》	《比》	《涣》	《大畜》	《噬嗑》	《睽》
	--	--	--	--	--	—
	初六	六二	六三	六四	六五	上九
	三日	八日	十三日	十八日	二十三日	二十八日
	䷿	䷿	䷿	䷿	䷿	䷿
三公	二月	四月	六月	八月	十月	十二月
	《解》	《小畜》	《履》	《贲》	《大过》	《升》
	--	—	--	—	—	--
	初六	九二	六三	六四	九五	上六
	四日	九日	十四日	十九日	二十四日	二十九日
	䷿	䷿	䷿	䷿	䷿	䷿
天子	二月	四月	六月	八月	十月	十二月
	《大壮》	《乾》	《遁》	《观》	《坤》	《临》
	—	—	—	--	--	--
	初九	九二	九三	六四	六五	上六
	五日	十日	十五日	二十日	二十五日	三十日
	䷿	䷿	䷿	䷿	䷿	䷿

应以上尽卦爻日，并上一同。

右是六阴月三十卦，直事日，依气定，日主一爻。①

---

① 上两表原为文字形式，原文、卦爻多有错乱，今径正之，不俱说。

候法：① 甲子日中寒暑风雨，记其日占，发时方来，万不失一。② 幽、冀、赵，③《坎》初六候之；兖，郑，《坎》六四候之。青，齐，《震》初九候之；徐，鲁，《震》九四候之。扬，吴、越，《离》初九候之。荆，楚，《离》九四候之。④ 凉、益，卫，《兑》初九候之；并、雍，秦，《兑》九四候之。

推四正：寒不侵，公者夷兵；若和气者，解入方伯；寒气凶，和吉；风盛雨者，坐刑杀；雾将死，若有和气，王相三十日当渗，妖气为贼盗。⑤

《艮》游魂《中孚》云："豚鱼吉，利涉大川，利贞。"孚，信也。两阴在内，应以五，⑥ 以中和之气候之。两阴犹民，于君在上矣。臣在下候，行中正之道，政教信于民，故谓之"中孚"。两阴者，三辰在亥，为豕，爻失正，故变而为小，名言"豚"。四辰在丑，为鳖，鳖，鱼之微者，爻为正，变以为大，⑦ 即言"鱼"。⑧ 三体兑，为泽。四上值天渊。⑨ 二五皆坎爻，如水，水以水度，浸泽所养，故吉。互体是震，震为木。二爻巽为风，木在水上，而风行之，济大川，象君能济于难也。⑩

补　遗

1. 无以教天下曰蒙。《经典释文·周易·蒙》。

---

① "法"原作"六"，以意改。
② "失"原作"夫"，据四库本、四库荟要本、黄奭本改。
③ "赵"原作"起"，以意改。
④ 自"荆"至下七字原无，以意补。
⑤ "推四正"下错讹严重，不可校。此下原有"右是六阴卦月三十卦，直事日，依气定，日主一爻"，四库本注："此句已见前，此处重出。"今删。
⑥ "应"原作"亦"，以意改。
⑦ "为"原作"其"，以意改。
⑧ "即"原作"节"，以意改。
⑨ "上"原无，据《诗经·小雅·无羊》正义补。
⑩ 四库本注："以上乃郑氏《易》义之文，《毛诗·无羊》篇《正义》亦引此文，惟缺首尾数语，而《正义》自'浸泽'以下，尚有'五亦以水灌渊则鱼利。豚、鱼，以喻小民也。而为明君贤臣恩意所供养，故吉'云云，此亦缺而未载，疑脱落也。《稽览图》内有此文者，盖后人以此书专论'卦气起《中孚》'之义，故引郑氏《易》说附入，以相阐发，并非《易纬》本文。今退二字附书之。其字之脱误，则依《诗》疏互为校定云。"

附　　录

易纬辨终备

　　孔子表《河图皇参持》曰：天以斗视，日月发明。皇戏始卦，以□□□。①《皇参持》，《河图》名也。言以北斗之星视听，而以日月发其明，以昭示天地。天皇伏戏始卦，②以示后世之人，谓使观见之矣。煌煌之燿，乾为之冈。③合凝之类，坤握其方。煌煌，光辉之貌。燿，日、月、五星也，皆以乾冈圆，④言尽系于天也。方，道也。合凝为首形之类，坤则握其道，皆系于地也。雄雌呿吟，六节摇通。雄雌，天地。呿吟，阖闭也。六节，六子也。摇通，言六子动行天地之气。《系》曰："闭户谓之坤，辟户谓之乾。"又曰："天地定位，山泽通气也。"万物孳甲，日营始东。⑤孳，生也。甲，东方之孟，⑥物所生，故数以始也。三五环复，七十六载，闰反常。三五，千五百二十岁，⑦历历复其本，七十六载则余分尽，言天终则复始者耳。⑧旋出枢乾，机据参，衡出坤，离授，提巽，招震卯。⑨乾正。旋、枢、衡、招，皆北星，值乾君之象。旋星出枢之政教。机，正机之发动，故其位据。参，西方之宿。五事，五方为言，⑩犹君出政之言也。玉衡之星，言主布天之手法于坤。离授明。提巽。招震之职，权君平事之臣。卯，东方也。⑪纬赢缩，辰中效当，纬，五纬，盈缩，行有进退也。辰星仲谓卯、酉、子、午。⑫候辰星之常，以四仲之月，视其效当与不也。⑬必视荧惑，所在时殃。荧惑主理天下，故必候之，以知时祸。循岁德，⑭镇之光。镇

---

① "日月"下原作"日发明皇。以戏招始，挂八卦谈"，以意改。
② "天"原作"三"，以意改。
③ 孙诒让曰："正文及注'冈'并当作'纲'，《古微书》引正文不误。"按："冈""纲"通。
④ "圆"原作"图"，以意改。
⑤ "日"原作"曰"，据《古微书》改。
⑥ "孟"原作"行"，以意改。《说文》："甲，东方之孟。"
⑦ "五"原无，以意补。
⑧ "复"原作"后"，"耳"下原有"也"，从孙诒让说改删。
⑨ 据注，"衡出坤"上当有"五事"一句，"招震"下当有涉"权"一句。
⑩ 四库本注："'五事五方'与正文不相应，疑有脱文。"
⑪ "也"上原有"之宿"二字，以意删。
⑫ "辰星"原作"星辰"，据四库本、四库荟要本、黄奭本改。下"辰星"同。
⑬ "效"原作"劾"，据正文及四库本、四库荟要本、黄奭本改。
⑭ "德"原作"得"，据注改。

·269·

主章存德，故候星之光，以故德之所在也。拒白甄商金，大谋兵。拒白，太白也，①主杀罚，而金宿，故甄。商，金声。言太白大为众之候元武兵大谋之也。雪霜，冰疾旱饥丧，②地动山崩沦，慧陨，物怪日昂，③悖淫。④崩沦，若山水数崩者也。⑤慧，彗。陨，陨石也。踊起物怪，踊跃出见，以日昂冲望之，日乘阴气。⑥立社稷之类，悖见淫散也。负之傍，⑦洪水决，⑧江德溃，河空，移徙赤黄。负之，未闻。⑨傍，水决貌。江德溃，亦谓决乱而出也。空，竭之。移徙，地震之类也。箕风飘石、折树，⑩酷深。酷，暴也。飘石折树，言暴深也。⑪暴深，害物甚也。长大卒嬉，暴大杨杨。⑫暴大，言不以渐。杨杨，大貌也。解裂，珥璃虹蜺，⑬孽行。解，陷也，沦也。裂，地坼。珥偶虹蜺，皆日傍气，名妖。沉藏桐射，⑭水渍滂滂。⑮沉藏，当藏以物。"桐"当为"相"。⑯射，发立也。滂滂，水貌也。日之既，阳德消，月之毁，刑将将。日既，日蚀明尽，故阳消。月之毁，亦谓月蚀常过也。阴将将，大也，阴主刑。"阴"似脱之。大怪土蒙，群鸟趋，⑰野兽群，游人挚。来济，其气不效，黄雾满，朝方阳埃，寇将来，十仞之芒四出，虹牛招尸，益土与之开。麟出有王，坐生光。⑱来济者，来成也。其气不效，君不能修德，杜渐防萌。黄雾满者，乱气起也。朝方阳埃，

---

① "也"原作"之"，以意改。
② "冰"原作"水"，以意改。下文有水害，此不当重出。
③ "怪"原作"恠"，从孙诒让说改。"日昂"原无，据注补。
④ "雪"至此及下"移徙赤黄"皆言灾异，然文有脱谬。后文"傍""江""黄"相韵，尚可约略观之。此文"霜""丧"韵，而"丧"韵五字，其下不韵，则必有错谬。
⑤ "若山"句原作"若步庶崩者也"，以意改。
⑥ "踊起"四句原在下注"地震之类也"下，从孙诒让说移。"日乘"之"日"原作"曰"，据四库荟要本改。
⑦ "负之傍"疑当作"雨之滂"，然据注，原文即如此，因不改。
⑧ "洪"原作"害"，以意改。
⑨ "未"原作"示"，从孙诒让说改。
⑩ "折"下原有"拔"，据注及《文选·鲍照〈舞鹤赋〉》注引删。
⑪ "暴深"原作"系夹"，以意改。
⑫ "杨杨"原不重，从孙诒让说补。
⑬ "璃"原作"偶"，以意改。
⑭ "桐射"原作"相桐"，据注改。"桐"乃"相"之误，然原文即如此，因不改。
⑮ "渍"上原有"害"，以意删。
⑯ "桐""相"原互易，以意乙。
⑰ "趋"原作"却"，以意改。
⑱ "来济"至此原无，据注补。

寇将来，十仞之芒四出，①蛇牛招尸，益土与之开，皆离、坎之异也。鳞出者，圣人将起，授之符纬。有王者，则聚生五帝之坐，其帝将王，则其坐生光也。②按录视天，比象由起。③按录，按《河图》之录，又按视天光之异。④比其象，以观其光由起也。神灵悉存，八八通时。存，⑤察也。神灵，三光异及符瑞也。既按三光之异及符瑞，以知起者所由，以六十四卦通其谓以何。小辨终备无遗戒，郄知亿察世邮。世邮，郄变也。帝王奉命，永安治。命，犹书也。至哉《易》，三圣谋专密，恶必孰思。三圣：伏羲、文王、孔子。自伏羲已来，汉永和元年，凡四十万九千三百八十九岁。⑥

补 遗

1. 日夜出，月昼见，枉矢流，隐谋合，国雄逃亡，徙处易主。⑦《开元占经》卷六、卷一一、卷八六。

2. 奔星入三能，天下感兵，祸聚隅感动也。《开元占经》卷七四。

3. 星昼见，虹不藏，臣人生，海失常，主淫于色，酒湎沈慎失职，出游遨。《开元占经》卷七六。

4. 彗入北斗，帝宫空。《开元占经》卷九〇。

5. 蛙聚，大盗出。《开元占经》卷一二〇。

6. 日再中，乌连嬉，仁圣出，握知时。《玉海》卷一九五。

易纬通卦验

卷 上

孔子曰：太皇之先，与耀合元，精五帝期，以序七神。皇，君也。

---

① "仞"原作"刃"，"芒"原作"莫"，以意改。
② "生"原作"亡"，以意改。
③ "起"原无，据注补。
④ "按视"原作"视按"，"天"原作"王"，以意改。
⑤ "存"原作"在"，从孙诒让说改。
⑥ "自伏羲"三句，四库本注："此为后人所加，非《易纬》本文。"
⑦ 《占经》卷六作"日夜出，隐谋合，国雄逃亡，从处易主"，卷一一作"月昼见，隐谋合，国雄逃"，卷八六作"枉矢流，隐谋合，国雄逃"，今缀补作此文。

先，犹本也。耀者，耀魄宝，北辰帝名也。此言太微之帝，本与北辰之帝同元。元，天之始也。其精有五，谓苍帝灵威仰之属也。其布列用事，各有期，期各七十二日，主叙七神、二十八舍、北斗也。① 天地成位，君臣道生。君五期，辅三名，以建德，通万灵。成，犹定也。言天地尊卑已定，乃后有君臣也。君之用事五行，代王亦有期，如太微之君。辅臣三名：公、卿、大夫。主气者人君，亦以此主其德于天下，通于万物之灵，因之致其符，长为瑞应。遂皇始出，握机矩，表《斗冥》，② 其刻曰：③ "苍牙通灵，昌之成，孔演命，明道经。"④ 矩，法也。遂皇，谓燧人，风姓，⑤ 在虙羲前，始王天下。言遂皇持斗机运转之法，指天以施政教，⑥ 作其图纬之计，演时无书。刻，谓刻石而记识之。⑦ 刻曰："苍精牙肩之人，能通神灵之意。"谓虙羲将作《易》也。昌，文王名也，又将成之。谓观《象》而作《系辞》也。⑧ 燧人之皇没，虙戏生本，尚芒芒，开矩听八。苍灵唯精，不慎明之，害类远振。听，犹顺也。⑨ 虙戏作八本，尚芒芒然，开燧皇握机矩所作计演之图，思其所言，作八卦之象。仓渠即巳也，当通灵。唯之言专也。观象于天地，取鸟兽万物之具，专精于此，而作八卦。卦既成，令以行，恶类远去，唯善者存也。撙度出表，挺俊名知，⑩ 命陈效睹，三万一千一终。⑪ 虙羲牙肩苍精，⑫ 作《易》无书，以画序，⑬ 验曰："矩衡神五铃兴象，出亡征应。"矩，法也。法玉衡之神。⑭ 铃，犹要也。虙戏时质道朴，作《易》以为政令而不书，但以画见其事之形象而已矣。后执期仲之岁，有人候牙渠，⑮ 苍姬演步，⑯ 有鸟

---

① "七"原作"十"，据正文改。
② "斗冥"原作"计宜"，据后文注改。
③ "曰"原作"白"，据《尚书·序》疏、《太平御览》卷七八引改，注同。
④ "道经"原作"经道"，据《尚书·序》疏、《周易正义·序》引改。
⑤ "风姓"原无，据《周礼·序》疏引补。
⑥ "言遂"两句原作"但持斗机运之法，指天以施教令"，据《周礼·序》疏引改。
⑦ "刻"二句原无，据《尚书·序》疏引补。
⑧ "作"原无，以意补。
⑨ "顺"原作"慎"，以意改。
⑩ "俊"原作"后"，以意改。
⑪ "千"下或脱"九百二十"。
⑫ "虙羲"句原作"一名虙方牙苍精"，以意改。
⑬ "画"原作"尽"，从孙诒让说改。
⑭ "法玉"句原无，据《隋书·王劭传》引补。
⑮ "候"原作"侯"，以意改。"牙渠"当衍一。
⑯ "苍"原作"仓"，以意改。"姬"原作"躯"，从孙诒让、黄奭说改。

附　录

将顾。① 执期者，五期三名也。有人侯牙者，② 牙肩之表，必为侯者也。是谓文王演《易》而步之。步，③ 行也。时有赤鸟，衔丹书授之。④ 一角期偶，水精得括考备，虙推授，⑤ 赤戴胜。一角，谓麟也。文王得赤鸟书而演《易》，孔子获麟而作《彖》《象》及《系辞》以下十篇，故谓麟应期而来。⑥ 偶，赤鸟也。水精者，孔子也。得，⑦ 获。括考备者，《易》道也。赤为汉也，汉火精，高帝之表戴胜。自虙戏"苍牙"讫此，⑧ 皆《斗冥图》之言也。⑨ 得，或作"将"。⑩

法曰：艮，四季之势，纽斗机，孤南角奎而观之，其行明，其表知，兴雷气感，亡钩铃跃。⑪ 季气逆于奎，群雄入，⑫ 庶桀争，狼斗牛连，龙怪见，大臣反，阳摇不静。七九摘亡，行之名合重沉。⑬ 代者起西北，以木为姓。木胜土也。四卦四卦，四季，乾、艮、巽、坤。气乱也。提白者强盛杀仓，⑭ 乃见谋正也，其世式视。此谋者，金精之人也。⑮ 性断割，故谋必正也。

法曰：兑，其表握矩，⑯ 化土候授，兴星纪感，⑰ 亡五残、蚩尤旗、枉矢见。⑱ 震气逆乎昂，⑲ 震系苍精，泄鸟祥之妖，入效不义也。⑳ 乱起势多。

---

① 此文"有鸟"下旧与后"衡雌始"至"类黑而圣"相连，"将顾"及注文在坎法"鬼夜哭"之下。今参孙诒让说及己意调整如此。
② "者"原作"眉"，以意改。
③ "步"原无，从孙诒让说补。
④ "授"原作"受"，以意改。
⑤ "虙推"原作"据谁"，以意改。
⑥ "谓"原作"为"，据四库本、四库荟要本、黄奭本改。
⑦ "得"原作"德"，据正文及四库本、四库荟要本、黄奭本改。
⑧ "苍牙"原作"方宋"，以意改。"讫"原作"记"，从孙诒让说改。
⑨ "之言"原作"言之"，从孙诒让说改。
⑩ "作"原无，以意补。
⑪ "亡"原作"上"，从孙诒让说改。
⑫ "雄"原无，以意补。
⑬ "七九"两句原作"上之名行合"，在"以木为姓"下，以意改移。
⑭ "盛"原作"圣"，以意改。
⑮ "人也"原无，以意补。
⑯ "其表"句原作"其握规矩"，以意改。
⑰ "纪感"原作"感纪"，从孙诒让说改。
⑱ "亡"原作"土"，"蚩尤"原作"无"，从孙诒让说改。
⑲ "逆乎"原作"于"，从孙诒让说改。
⑳ "震系"三句原为正文，今以意改作注文。

七九摘亡,① 行之名合胡谁。胡,犹何也。秦,赤金精也,乃筑长城以扞羌,故名胡亥也。② 代者起西北,③ 名有□。④ 房其谋,何谋也,恃功之臣反。⑤ 气乱,放杀,⑥ 赤乃至。

法曰:坎,其表握权,⑦ 执纪,其精信,其行道,含宝。⑧ 北方为坎。权,秤锤。权在北方,北方主闭藏,故曰"含宝"也。⑨ 坎失命,乱在土地之长。坎体互有震艮,震者动山,艮为山动。⑩ 高如山,土地之长之象也。此坎气乱,亦黑衰之时也。兴月感,坎为月,黑帝将兴,其母感于月而生之。⑪ 亡则地裂山沦,鬼夜哭。七九摘亡,⑫ 行之名合蒙孙。⑬ 其谋正也,⑭ 代者起东北,名有土。⑮ 此谋者,土精之人也。东北,艮卦也,⑯ 艮属土,又万物之所终始成也,故黄精起焉,⑰ 名有土者胜水。⑱ 离气乱,火蛮,⑲ 石陨,⑳ 黄神盛,杀黑而圣。㉑

法曰:乾,其表握规,㉒ 合元斗,执机运。元为灵根,其德挺仁,㉓

---

① "七九摘"原无,以意补。孙诒让以为"亡"乃"七九摘亡"之省。
② "乃筑"二句原作"及筑长城以扞,故羌义名字胡亥也",以意改。
③ "西北"原作"东南",以意改。
④ "名有"句原作"若",以意改。
⑤ "恃功"原作"执明",以意改。
⑥ "放"原作"假",以意改。
⑦ "握"原无,以意补。
⑧ "含"原作"宝",据《玉烛宝典》卷一一引改。又"执纪"下八字原在"权"字之前。据它法,所握之后言星纪,此似言执某星宿之纪。
⑨ "北方为权"至此原无,据《玉烛宝典》卷一一引补。"也"上原有"之"字,从孙诒让说删。
⑩ "震者"两句疑当作"震者动,艮者山,震艮为山动"。
⑪ "于"下原有"丁"字,以意删。
⑫ 此句至末原在离法"冰妖效"之下,以意移。
⑬ "名合"原在"行"上,从孙诒让说移。
⑭ "正"原作"争",以意改。
⑮ "土"原作"水",以意改。
⑯ "卦"原作"封",据四库本、四库荟要本、黄奭本改。
⑰ "焉"原作"鸟",以意改。
⑱ "土者胜水"原作"水者腾火",以意改。
⑲ "火"原作"祸",以意改。
⑳ "陨"原无,以意补。
㉑ "杀"原作"类",以意改。
㉒ "规"原无,以意补。
㉓ "仁"原作"文",以意改。

其理持义，招神、布节、建君。君道应因，秉命权巽、布震。乾为君，君不亲执事，臣言之则应，臣行之则因。震与巽为乾后，① 是秉权也。震为长子，布政于震，② 使代己也。易故君，道德庆，荷黄瑞出，③ 龙见岱宗，名辅主。岱，东岳也。君乾德纯，④ 或传贤不与子，黄龙见岱宗，震人将兴也。人有俊才曰名。河出《龙图》，授帝戒曰："帝迹术感。"其兴侯。⑤ 房精谋，⑥ 震为足，故苍帝之兴，多以迹感，⑦ 后稷之生则然。其起委曲为诸侯，金水及火据上也。⑧ 其征又五星聚房。亡蒯刺心斗，日之宿巽。巽气逆于乾，⑨ 大臣女子谋事，⑩ 成蜺虹，⑪ 皆金妖之变杀。⑫ 七九摘亡，名合晚伀。代者起□□，⑬ 赤兑姓，兑姓有金，其人谋谪，明机七，杰仁出，黄佐命，苍辅术。此赤兑者，谓汉高帝也，代周苍，故为赤。赤，火色也。黄者，火之子。佐命，⑭ 张良是也。苍，火之母，故辅术也。震气乱，石陨山亡，长人出。震体互有艮，艮为山、小石。庶圣东南，巽气杀白金，⑮ 帝详而废，⑯ 乾道失君，上之变一，而五德异节。

　　法曰：离，其表握衡，合提翼，⑰ 太微理天廷，⑱ 赤兑宣体。坎候野，十刃之鱼四射。衡雌始，感龙凤。⑲ 兴昌光提，亡鸟龟排。相推移也。鸟，南方之象。龟，北方之象也。今赤将亡，故鸟与龟相排移，⑳ 水沴火也。坎

---

① "后"原在下句"是"下，以意移。
② "政"原作"杀"，以意改。
③ "黄"原作"皇"，据注改。
④ "君"原作"名"，以意改。
⑤ "兴"原作"与"，从孙诒让说改。
⑥ "房"上疑脱"兴"字，然据注，原即如此，因不改。
⑦ "感"原作"戏"，据四库荟要本、黄奭本改。
⑧ "水"原作"木"，以意改。
⑨ "逆"下原有"风"，以意删。
⑩ "女子"原作"文宰"，以意改。
⑪ "蜺"原作"日"，以意改。
⑫ "杀"原作"亲"，以意改。
⑬ "起□□"原无，以意补。
⑭ "佐"上原有"故"字，据《后汉书·朱景王杜马刘傅坚马列传·赞》注引删。
⑮ "白"原作"自"，以意改。
⑯ "废"原作"发"，以意改。
⑰ "合"原作"令"，据四库本、四库荟要本、黄奭本改。
⑱ "廷"原作"题"，以意改。
⑲ 上"坎候野"乃凶兆，而"感龙凤"乃吉兆，则中间似尚有阙文。
⑳ "排"原作"推"，据正文改。

气逆乎阳，衡晦象昧，见斗狗、斗鸡，① 谁谋者，水宰之臣，冰妖效。七九摘亡，名合讨吾。代者起西南，以火为姓。西南，坤卦也。坤为土，土消水。以火姓似误，北方之宜为土。② 气逆，火变，放杀，黄而起，天下静。

法曰：坤。③ 文演曰："牝马之贞，信坤形。"④ 坤形者，谓地也。⑤ 坤为地，其形信矣，文王又因信之者。"牝马地类，行地无疆"，是以孔子亦因而信之，将有取于事，此时故先云然。黑白系名，摇命子据其题，由乾成黄赤苍，道之贞。贞，犹信。黄赤苍，谓木火土之君者。信遵不系于一，其王天下也，其当录运即得与子孙，不当即禅位，此又东北丧朋之事。⑥《象》曰："东北丧朋，乃终有庆。"亦握庆七九，九还复受赏之意也。《尚书中候》："黄仓七禅，自黑不。"黑南，故曰"狼相为听"。听，犹治也。《说卦》曰："圣人南面而听。"尧禅位，则后人录运当矣。臣禹之录，孽子孙，桀为无道，天灭其纪。汤之起也，⑦ 此又卜安贞之事。知命卜符于名人。此符谓天子之命禄也。以尧舜论之，⑧ 以位相禅，夏灭绝而授汤，则知天命。卜符以有所与者，要于号名人耳，谓贤圣也。震、离、艮、兑、坎而五行备矣。⑨ 著六法，则以乾为始，坤为终者，四十二君，纯德有七，其三法天，其四法地。凡下用事作轨，名过轨之大数，三万一千九百二十岁而一终。其未终也，得自知其轨，各七百六十，天数终，而君不备，则天地各以纯德禅位。⑩ 不然世所谓遭七纯德禅位，不然世所谓遭七纯德当禅者也。⑪ 当七者，或独乾，或及坤，故此六法以乾坤为终始，极厚王命之气。

孔子表《洛书摘亡辟》曰："亡秦者，胡也。"丘以推秦白精也，

---

① "狗"原作"句"，以意改。
② "土"原作"上"，据四库本、四库荟要本、黄奭本改。"北方之宜"亦似有误，坤在西南，不得谓北方。
③ 孙诒让曰："六法例说其表德及兴亡所感，又亡之名所合及代者所起之方，其谋之人，诸法或备或否，惟坤则一切无之，必有佚脱。"按：上五法以艮为土，乾应木，加兑、坎、离而五行备矣。以艮为四季，兑秋、坎冬、乾春、离夏而五行备矣。其孽有五，而五法亦已备（艮法原无，以意补之）。依此论之，是坤法恐本不在上五法之例，即有脱文，亦未必如上之例。
④ "坤"原作"神"，以意改。注中"坤"字同。
⑤ "地"原作"神"，以意改。
⑥ "北"原作"方"，据下改。
⑦ "汤"原作"阳"，以意改。
⑧ "论"原作"遭"，以意改。
⑨ "坎"原无，以意补。
⑩ "以"原作"一"，以意改。"纯"原作"统"，据四库本、四库荟要本、黄奭本改。
⑪ 张惠言曰："'纯德'重出，当衍。"

附　录

其先星感，河出《图》，挺白以胡谁亡。胡之名，行之名，行之萌。秦为赤驱，① 非命王，故帝表有七五命。秦以水德王，② 以火代黑，黑畏黄精之起，因威萌。

　虙羲作《易》，③ 仲命德，维纪冲。④ 仲谓四仲之卦，⑤ 震、兑、坎、离也。命德者，震也，则命之曰木德；兑也，则命之曰金德；坎也，则命之曰水德；离也，则命之曰火德。维者，四角之卦，艮、巽、坤、乾也。纪，犹数也。冲，犹当也。维者，⑥ 起数之所当，谓若艮于四时之数当立春。⑦ 周文增通八八之节，转序三百八十四爻，以系王命之瑞，谋三十五君。常其一也，兴亡殊方，各有其祥。八八之节，六十四卦，于节气各有王也，以系王命之瑞。此《乾凿度》迹妭所生，每卦六爻，爻曰一日之术也。封于太山，禅于梁阴，易姓之起，刻石明号。封坛，皆谓祭之时筑土为其神位。《孝经钩命决》曰："封太山，考绩燔燎，⑧ 禅于梁父，⑨ 刻石纪号。"此亦王者易姓而兴之一方，故承上言而云。然梁阴，梁父也，山名，字误。丘表大命，谋天皇。巽、乾、坤、艮，⑩ 出亡兴之术。⑪ 仲者帝命所保，行文出，加政拨臣。阳候七，阴候八，皆行子午，视卯酉相违远，期冲六千三百变，排摘亡据兴，⑫ 尽在文昌所会。增卦爻，可以先知珍瑞之类、妭孽之将，审其《系》《彖》，⑬ 通神明。此言文王推演卦爻之象，而嘉瑞应，变怪诸物，备宇于其中焉。⑭ 明者类视七若九。撰拨。

　八卦以推七九之征，⑮ 录图准命，略为世题萌表试，故十二月至日，⑯

---

① "驱"原作"躯"，从孙诒让说改。
② "秦以"句原作"七以永庆王"，以意改。
③ "易"下原有"仲"字，据《玉烛宝典》卷一二引删。
④ "冲"原作"衡"，据《玉烛宝典》卷一二引改。注"冲"同。
⑤ "谓"原作"为"，据四库本、四库荟要本、黄奭本改。
⑥ "者"原作"卦"，据《玉烛宝典》卷一二引改。
⑦ "立"原作"上"，据《玉烛宝典》卷一二引改。
⑧ "绩"原作"续"，从黄奭本改。
⑨ "禅"原无，以意补。
⑩ "乾"原作"奎"，以意改。
⑪ "术"原作"街"，以意改。
⑫ "排"原作"非"，以意改。
⑬ "彖"原作"象"，以意改。
⑭ "宇"原作"字"，以意改。
⑮ "征"原作"微"，以意改。
⑯ "至"原作"十二"，以意改。

· 277 ·

政八风、二十四气，其相应之验，犹影响之应人动作言语也。① 十二月者，夏正，② 夏有小正，则王居明堂礼也。"气"或为"节"也。故正其本而万物理，失之毫厘，差以千里。厘，马尾也。正此之道，以日冬至日始，人主不出宫室、商贾人众不行者五日，③ 兵革伏匿不起。冬至日时，④ 阳气生微，⑤ 事欲静，以待其著定也。⑥ 必五日者，五，土数也，土静，故以其数焉。革，甲也。人主与群臣左右从乐五日，天下人众亦家家从乐五日，以迎日至之大礼。从，犹就也。日旦冬至，君臣俱就大司乐之官，临其肄乐，祭天圜丘之乐，以为祭事莫大此焉，重之也。天下众人亦家家往者，时宜学乐，此之谓。⑦ 人主致八能之士，或调黄钟，或调六律，或调五音，或调五声，⑧ 或调五行，或调律历，或调阴阳，或调政德所行。⑨ 致八能之士者，谓选于天下人众之中，取其习晓者而使之调。调焉者，谓和调之。黄钟者，县黄钟于子，其以大小之差，展其声调。六律者，六律，管阳也，又有六吕为之合，管有长短，吹之以调乐器之声。调五音者，金为钟，革为鼓，石为磬，竹为管，丝为弦，皆有声变舒疾也。匏也，木也，土也，不言调者，声少变，故不调。调五声者，宫商角徵羽，声弘杀缓急。凡黄钟六律之声，五音之动，与神灵之气通，人君听之，可以察己之得失，而知群臣贤否。调五行者，五行谓《五英》。调律历者，律历谓《六茎》也。调阴阳者，谓《云门》《咸池》。调正德所行者，谓之《大韶》《大夏》《大濩》《大武》。⑩ 八能以备，人主乃纵八能之士，击黄钟之钟，⑪ 人主敬称善言以相之。⑫ 八能以备选之，⑬ 人数足也。纵，

---

① "响"原作"飨"，以意改。
② "夏"原无，以意补。
③ "室"原无，据《玉烛宝典》卷一一、《开元占经》卷五引补。
④ "日"原无，据《玉烛宝典》卷一一引补。
⑤ "生"原无，据《玉烛宝典》卷一一引补。
⑥ "待"原作"得"，据《玉烛宝典》卷一一引改。
⑦ "从，犹就也"至此，据《玉烛宝典》卷一一引补。原文有改动，孙诒让曰："《宝典》引注云：'从，犹就也。日旦冬至，君臣俱就大司乐之官，临其肄乐（"肄"与"肆"通），祭天圜丘之乐，以为祭事莫大此焉，重之也。天下众人亦家家往者，时宜学乐，此之谓。'今本注全脱，当据补。"今日本古钞卷子本"从"作"溦"，"旦"作"且"，"俱"作"但"，"大司乐"之"大"作"太"，并当从孙说改正。
⑧ "或调五音，或调五声"原作"或调五声"，据《玉烛宝典》卷一一改。
⑨ "或调"原无，据《玉烛宝典》卷一一引补。
⑩ "致八能之士者"至此原无，据《礼记·月令》正义、《玉烛宝典》卷一一引补。
⑪ "击"原作"系"，据四库本、四库荟要本、黄奭本改。
⑫ "主"原无，据《北堂书钞》卷一〇八、《太平御览》卷五七五引补。
⑬ "选"原作"巽"，以意改。

附　　录

就也。谓人主就八能之士，于习乐之处而观之。① 八能之士，各欲诚其事，人君于是听之，为之击黄钟之钟，则乐事作矣，所谓金奏也。相，助也。善君言助之，明心和，此之谓也。② 乃权水轻重，击黄钟之鼓，撞黄钟之钟，③ 然后击黄钟之磬。④ 公、卿、大夫、列士乃使八能之士击黄钟之鼓。鼓用马革，⑤ 鼓员径八尺一寸。鼓黄钟之瑟，⑥ 瑟用槐木，瑟长八尺一寸。⑦ 吹黄钟之律，间音以竽补，竽长四尺二寸。⑧ 鼓必用马革者，冬至坎气也，于马为美脊。坎为棘心也，瑟用槐之棘，丑桥取撩，象气上也。上下代作谓之间，间则音声有空时，空时则补之以吹竽也。⑨ 竽，管类，用竹为之，形参差，象鸟翼，鸟，火禽，⑩ 火数七。于冬至之时吹之，冬至水用事，水数六，六七四十二，竽之长，盖取于此也。⑪ 天地以和应，⑫ 黄钟之音得，蕤宾之律应，则公、卿、大夫、列士以德贺于人主。因诸政所行，请五官之府各受其当。⑬ 声调者，诸气和，则人主以礼赐公、卿、大夫、列士。和，谓声也。天地以和应，神先见也。五府各受其职，所当之事，爱敬之至，无侵官也。⑭ 磬也，鼓也，瑟也，竽也，四者之调而诸气和，群臣之功也，故当以礼差赐也。五日仪定，天地之气和，⑮ 人主、公、卿、大夫、列士之意得，则阴阳之晷如度数。君臣相与，冬至将祭天于圆丘，而肄此乐及其礼，积五日而后定，定则可用矣。君臣之意皆和而自得，⑯ 冬至、夏至日晷长短期数也。夏日至之礼，如冬日至之礼，舞八乐，皆以肃敬为戒。如者，如其从乐五日，致八能之士，鼓黄钟，然后击黄钟之磬。舞八乐者，《云门》《五

---

① "纵，就也"至此原无，据《礼记·月令》正义引补。
② "相，助也"至此原作"相，助。差若言助之明心扣"，《玉烛宝典》卷一一引作"相，助也。善言助之，明心和此之谓也"，今参《宝典》改作此文。
③ "击黄钟"两句原作"释黄钟之公，称黄钟之重"，以意改。
④ "后"原无，据《玉烛宝典》卷一一引补。
⑤ "马革"原作"革焉"，从孙诒让说改。
⑥ "瑟"原作"琴"，据《通典》卷一四四、《乐书》卷一四三等引改。
⑦ "一寸"原无，据《玉烛宝典》卷一一、《通典》卷一四四等引补。
⑧ "寸"下原有"者"字，据《玉烛宝典》卷一一、《太平御览》卷五八一等引删。
⑨ "鼓必用"至此原无，据《玉烛宝典》卷一一引补。
⑩ "竽，管类"至此原无，据《周礼·春官·笙师》疏引补。
⑪ "于此也"原作"之"，据《周礼·春官·笙师》疏引改。
⑫ "和"原作"扣"，从孙诒让说改。注"和，谓声也"之"和"同。
⑬ "请"原在"行"上，据《太平御览》卷五六五引《春秋感精符》改。
⑭ "天地以和"至此原无，据《玉烛宝典》卷一一引补。
⑮ "天"原无，据《太平御览》卷五六五引《春秋感精符》补。
⑯ "君"原无，以意补。

· 279 ·

英》《六茎》《大卷》《大韶》《大夏》《大濩》《大武》也。乃舞八乐，备至德。黄钟之音调，诸气和，人主之音顺，①则蕤宾之律应。人主之音顺，"音"字似误，②近是"意"之残。③磬声和，则公、卿、大夫、列士诚信，林钟之律应。上言声而已，此言磬声者，④但言磬以合鼓、瑟及竽也。若三者不能然，磬则可知矣。此谓冬日至成天文，夏日至成地理。天文者，谓三光也。地理者，谓五土也。三光运行照天下，⑤冬至而数讫；五土以生万物、养人民，⑥夏至而功定。于是时祭而成之，所以报之也。行有参差，生有先后，大时不齐，但人以此为正焉。鼓用黄牛皮，鼓员径五尺七寸。瑟用桑木，瑟长五尺七寸。间音以箫补，⑦箫长尺四寸。⑧鼓必以牛皮者，夏至离气，离为黄牛。径五尺七寸者，取于十乘，蕤宾之律也。此律必以九与十者，天地数终焉。瑟用桑木者，桑柳丑条取其垂，⑨象气下也。箫亦以管，形似鸟翼，鸟为火禽，火数七也。于此夏至之时吹之，⑩夏至，⑪火用事，数又有七，二七一四，⑫箫之长由此。

故曰：冬至之日，立八神，树八尺之表。日中视其晷，⑬晷如度者，⑭则其岁美，⑮人民和顺。晷不如度者，则其岁恶，人民为讹言，政令为之不平。"神"读如"引题丧渐"之"引"，书字从音耳。立八引者，栻杙于地，四维四仲，引绳以正之，故因名之曰引。必立引者，先正方面，以视日晷，审也。讹言，使政令不平，人主闻之，不能不或为表、或为木也。⑯晷进则水，晷退

---

① "顺"原作"慎"，据《太平御览》卷五六五引《春秋感精符》改。注"顺"同。
② "音"原作"气"，从孙诒让说改。
③ "近是"句原作"是近意之戋"，从孙诒让说改。
④ "磬声"原无，以意补。
⑤ "运"原无，据《玉烛宝典》卷一一、《初学记》卷四等引补。
⑥ "民"原无，据《玉烛宝典》卷一一引补。
⑦ "补"原无，据《玉烛宝典》卷一一、《太平御览》卷五八一等引补。
⑧ "箫"原无，据《玉烛宝典》卷一一、《太平御览》卷五八一等引补。
⑨ "桑"原无，"丑"原作"槐"，从孙诒让说改。
⑩ "夏"上原有"与"字，以意删。"吹"原作"改"，以意改。
⑪ "夏至"原无，以意补。
⑫ "数又"二句原作"数文有二七西"，以意改。
⑬ "视"原作"规"，据《周礼·春官·冯相氏》疏、《后汉书·律历志上》注、《玉烛宝典》卷一一等引改。
⑭ "晷"原作"之"，据《后汉书·律历志上》注、《玉烛宝典》卷一一等引改。
⑮ "其"原无，据《后汉书·律历志上》注、《开元占经》卷五等引补。
⑯ "'神'读"至此原无，据《周礼·春官·冯相氏》疏、《玉烛宝典》卷一一引补。原文略有误，径正之，不俱论。

则旱。进尺二寸则月食，退尺则日食。晷进，谓长于度也。日之行黄道外则晷长，晷长者阴胜，故水。晷短于度者，日之行入进黄道内，故晷短，晷短者阳胜，是以旱。进尺二寸则月食者，月以十二为数也，以势言之，宜为月食。退尺二寸则日食者，日之数备于十也。① 月食则籴贵，② 臣下不忠；日食则害命，王道倾侧，③ 故月食则正臣下之行，日食则正人主之道。晷不如度数，则阴阳不和，举措不得。④ 发号出令，置官立吏，使民不得其时，则晷为之进退，风雨寒暑为之不时。此言人君之政令不可不慎也，不慎则变异如此。天之应人，象其事也。晷进为赢，晷退为缩，撦为扶。⑤ 赢者赏无功，富民重有余；缩者罚无罪，贫民重不足；扶者谀臣进，忠臣退。扶，疑作"扶"字。⑥ "扶""扶"声相近，⑦ 字因然。世云："谀之言裕也，臣为裕君，使政不行。"是故邪气数至，度数不得，日月薄食，列星失其次，而水旱代昌，谀谀日进，忠臣日亡，万物不成，诸神不享，终不变之，则殃祸日章。是故岁恶，人民多不和之征。

谨候曰：冬至之日，见云送迎，从北乡来，⑧ 岁美，人民和，不疾疫。无云送迎，德薄岁恶。故其云青者饥，赤者旱，黑者水，白者为兵，黄者有土功，诸从日气送迎，此其征也。岁恶之后推之，⑨ 故又以此验之尔。是故人主动而得天地之道，则万物之精尽矣。诸精微难知者，于是尽矣，⑩ 言皆如此。

卷　下

曰：⑪ 凡《易》八卦之气，验应各如其法度，则阴阳和，六律调，

---

① "晷进，谓"至此原无，据《周礼·春官·冯相氏》疏、《玉烛宝典》卷一一引补。原文略有误，径正之，不俱论。
② "则"原无，据《开元占经》卷一七引补。
③ "王"原在"命"上，据《开元占经》卷一九引移。
④ "举"原作"与"，据四库本、四库荟要本、黄奭本改。
⑤ "撦"原作"稽"，以意改。《汉书·天文志》作"奢"。
⑥ "疑"原作"亦"，以意改。"作"下原有"此"字，以意删。又"扶，疑"二句原在"重不足"下，以意移。
⑦ "扶"原无，以意补。
⑧ "北"原作"下"，以意改。
⑨ "推"原作"难"，以意改。
⑩ "是"原作"见"，据四库本、四库荟要本、黄奭本改。
⑪ 此前当有脱文。

· 281 ·

风雨时，五谷成熟，人民取昌，此圣帝明王所以致太平法。取昌，众富之言。① 故设卦观象，以知存亡。② 夫八卦缪乱，则纲纪坏败，日月星辰失其行，阴阳不和，四时易政。纲纪，以喻数之大小，谓如八卦主八气，③ 是大也；为之四气，则小。八卦气不效，则灾异气臻，天地气应失常。④ 臻，至也。八卦之气，不于时见于天地，⑤ 是非其常，故灾异多至。⑥ 夫八卦气验，⑦ 常不在望，⑧ 以今入月八日，⑨ 不尽八日，候诸卦气，各以用事，时气著明而见。入月八日、尽八日者，⑩ 月弦日也。弦者，阴气得正而平，此候气在地属阴，故八日弦时用事者，若乾主立冬、坎主冬至之谓也。⑪ 自冬至四十五日，⑫ 以次周天三百六十五日，复当卦之气，进则先时，退则后时，皆八卦之效也。卦气进则先时，谓见其时之前，乾气见于冬至之分是也。退则后时，谓见于其时之后，乾气见于秋分之分是也。⑬ 夫卦之效也，皆指时卦当应他卦气，及至其灾，各以其冲应之，此天所以示告于人君也。⑭

乾，西北也，主立冬，人定，白气出直乾，⑮ 此正气也。气出右，万物半死；气出左，万物伤。立冬之右，霜降之地；左，⑯ 小雪之地。霜降物未遍收，⑰ 故其灾物半死；小雪则杀物矣，故其灾为伤。乾气不至，则立夏有寒，伤禾稼，万物多死，人民疾疫，应在其冲。不至，不见，气微不见，而对受其灾。至疾疫，乾气重。乾气见于冬至之分，则阳气火盛，当藏不藏，蛰

---

① "言"疑为"谓""意"等字之误。
② "存"原作"有"，以意改。
③ "气"原作"卦"，以意改。
④ "天地"原作"八卦"，以意改。
⑤ "天地"原作"他"，以意改。
⑥ "灾"原无，以意补。
⑦ "气"原无，据《周礼·春官·冯相氏》疏引补。
⑧ "常不"句原作"常在不亡"，据《周礼·春官·冯相氏》疏引改。
⑨ "入"原作"八"，据《周礼·春官·冯相氏》疏引改。
⑩ "入"原作"八"，"不"原无，据《周礼·春官·冯相氏》疏引改补。
⑪ "乾"下"主"原无，以意补。
⑫ "自"原无，以意补。
⑬ "乾气见于秋分之分是"原无，以意补。
⑭ "君"原作"者"，以意改。又此句原有"卦气进则先时，谓见其时之前，乾气见于冬至之分是也。退即后时，谓见于其时之后也"，已见于上，今删。
⑮ "白"原作"曰"，据四库本、四库荟要本、黄奭本改。《玉烛宝典》卷一〇引亦作"白"。
⑯ "左"与上"右"原互易，以意移。
⑰ "降"原无，据《玉烛宝典》卷一〇引补。

虫冬行。乾为君为父、为寒为冰、为金为玉。① 于是岁，则立夏蚤蛰，夏至寒，乾得坎之寒，② 则夏雨雪水冰。冬至之分，大雪、小寒之地，分属于坎，乾气见，为四阳相得，故为火盛。当藏者，蛰虫冬行。阳生出之夏，夏至即灾行矣。为君为父，言或有尊。③ 为金为玉，宝物将用也。立夏蚤蛰，灾发将奇。乾气退，伤万物。谓见于秋分之分也。

坎，北方也，主冬至，夜半，黑气出直坎，此正气也。气出右，天下旱；气出左，涌水出。冬至之右，大雪之地；左，小寒之地。大雪，雨气方凝，其下难，故旱；小寒，水方盛，水行而出，涌之象也。④ 坎气不至，则夏至大寒雨雪，涌泉出，岁多大水，应在其冲。亦寒不见，对受其灾。坎气见立春之分，则水气乘出。坎为沟渎，于是岁多水灾，江河决，山水涌出。立春之分，大寒、雨水之地，⑤ 分属于艮，坎气见焉，是谓水气乘出，故岁多水灾，江河决，沟渎坏也。坎气退，则天下旱。谓见于立冬之分，霜降、小雪，乾又为冰，皆凝而下难之象。⑥

艮，东北也，主立春，鸡鸣，黄气出直艮，此正气也。气出右，万物霜；气出左，山崩，涌水出。立春之右，大寒之地；左，雨水之地也。⑦ 万物之生，而艮气见于大寒之地，故霜；艮气见于雨水之地，山崩之像也。⑧ 山崩，涌水则出也。艮气不至，则立秋山陵多崩，万物华实不成，五谷不入，应在其冲。微温，微不见，亦对受其灾也矣。华实之成，本其生气虚命然。艮气见于春分之分，则万物不成。艮为山为止，不止，则气过山崩。春分之分，惊蛰、清明之地，⑨ 分属于震，艮气见焉，过而动，是以崩也。艮气退，则数有云雾霜。谓见于冬至之分，坎为云，云之出，必由山，艮气退则云大兴。⑩ 雾霜者，⑪ 其

---

① "为父"之"为"原无，以意补。
② "寒"原作"塞"，据《开元占经》卷一〇一引改。
③ "尊"原作"偶"，以意改。
④ "冬至之右"至此原作"冬至右，小雪之地，大小雪二气方疑，其下难，故旱；小寒水方盛，水行而出，涌之象也"，错乱甚重，今依张惠言、孙诒让说并《玉烛宝典》卷一一引改定如此。
⑤ "雨水"原作"惊蛰"，以意改。
⑥ "凝"原作"疑"，据四库本、四库荟要本、黄奭本改。"而"原作"雨"，以意改。
⑦ "雨水"原作"惊蛰"，以意改。下"雨水"同。
⑧ "山崩"句原无，据《玉烛宝典》卷一引补。
⑨ "惊蛰"原作"雨水"，以意改。
⑩ "大"原作"不"，以意改。
⑪ "雾"上原有"云"字，以意删。

转散所为。

震，东方也，主春分，日出，青气出直震，此正气也。气出右，万物半死；气出左，蛟龙出。春分之右，惊蛰之地；①左，清明之地。惊蛰之时，②物未可尽生，故半死；震为龙，③震气前，故见蛟龙之类矣。震气不至，则岁中少雷，万物不实，人民疾热，应在其冲。亦微温，微不见，对受其灾也。气当见不见，推而晚，暑气加于秋分，④人则病。震气见立夏之分，则雷气盛，⑤万物蒙而死，不实，龙蛇数见，不云而雷，夏至乃止。⑥立春之分，谷雨、小满之地。秀实当成之时，推而加焉，故令之不盈而死。阴阳之相薄者为雷，雷者必待云，⑦雷气盈，⑧故独行，又过其节。震气退，则岁中少雷，⑨万物不茂。见立春之分，万物又过其节。

巽，东南也，主立夏，食时，青气出直巽，此正气也。气出右，风橛木；气出左，万物伤，人民疾湿。立夏之右，谷雨之地；左，小满之地。谷雨之地，有震跌躁之气，⑩而巽气见焉，故风橛木；风者爱养万物，⑪今失其位，故为伤物之风也。⑫又乾物失位，则不能庚之，人则病湿。⑬巽气不至，则岁中多大风，发屋扬砂，禾稼尽卧，⑭应在其冲。始暑，万物不见气，气以对受其灾。巽气见夏至之分，则风，气过折木。夏至之分，芒种、小暑。巽气退，则时风不至，⑮万物不成，人民伤湿。⑯谓见于春分之地。时风者，应八节之风，而

---

① "惊蛰"原作"雨水"，以意改。
② "惊蛰"句原无，据《玉烛宝典》卷二引补。《宝典》"惊蛰"原作"雨水"，以意改。
③ "震"原作"辰"，以意改。
④ "暑"原作"景"，以意改。"加"原作"如"，从张惠言说改。
⑤ "则"原无，以意补。
⑥ "夏"原作"冬"，以意改。
⑦ "阴阳"二句原作"阴阳之常审者，必待云"，以意改。
⑧ "气"原作"盈"，据四库本、四库荟要本、黄奭本改。
⑨ "则"原无，以意补。
⑩ "跌"原作"跌"，据《玉烛宝典》卷四引改。
⑪ "爱"原作"摇"，以意改。《淮南子·要略》："使人爱养其精神。"《汉书·张骞列传》："匈奴单于爱养之。"
⑫ "故为"句原作"为之风"，据《玉烛宝典》卷四引改。
⑬ "湿"原无，据正文补。
⑭ "卧"原无，据《北堂书钞》卷一五九引补。
⑮ "时"原作"盲"，"不"原无，据《后汉书·文苑列传》注引改补。注"时"同。
⑯ "人民"句原作"湿伤人民"，以意改。

附　录

不至也。①

离，南方也，主夏至，日中，赤气出直离，此正气也。气出右，万物半死；气出左，赤地千里。夏至之右，芒种之地；左，小暑之地。芒种之时，可稼泽地。离者，煤物，而见于芒种之地，则泽稼独生，陵陆死矣；赤地千里，言旱甚且广千里，穿井，②乃得泉也。③离气不至，则无日光，五谷不荣，人民病目痛，冬无冰，应在其冲。暑，微不见，亦对受其灾也，离为目，④目痛，离气失故也。荣，光明类。离气见于立秋之分，则岁大热，兵戈起，大旱。⑤立秋之分，⑥大暑、处暑之地。离为戈兵，失气，故兵起也。离气退，则其岁日无光，阴必害之。谓见于立夏之分也。阴必害之，有薄食者。

坤，西南也，主立秋，晡时，黄气出直坤，此正气也。气出右，万物半死；气出左，地动。立秋之右，大暑之地；左，处暑之地也。坤为地，地主养物，而气见大暑之地旱，故物半死；地气失位，则地动也。坤气不至，则万物不成，⑦地数震，牛羊多死，应在其冲。始凉，⑧微不见，⑨亦对受其灾也。坤为牛为羊。⑩坤气见于秋分之分，则其岁地动摇，江湖河水乍存乍亡。⑪秋分之分，白露、寒露之地。巛，土地也，⑫其道静，坤气失位，故动摇。见于秋分之分，⑬得兑毁折附决之气，故小大之水，或存或亡。坤气退，则地分裂，水泉大涌。⑭谓见于夏之分。夏者离，主为日，日中之暑，先王以土地建邦国，坤气失位而见焉，故为地分裂之异。地分裂，水放逸，势自然也。

---

① "应八"二句原作"应八节而至也"，以意改。
② "井"原重，据《玉烛宝典》卷五引删。
③ "也"原无，据《玉烛宝典》卷五引补。
④ "目"原作"日月"，以意改。
⑤ "则岁"三句原无，据《北堂书钞》卷一五六引补。"兵戈起"原作"兵革"，以意改。
⑥ "立秋"句原无，以意补。
⑦ "成"原作"茂"，以意改。
⑧ "凉"原作"陈"，从张惠言说改。
⑨ "不"原无，从张惠言说补。
⑩ "坤"原作"地"，以意改。
⑪ "湖"原无，以意补。《太平御览》卷二五引《月令占候图》曰："坤气见于河水江湖，乍存乍亡。"
⑫ "巛，土地也"原作"此灾物"，以意改。
⑬ 两"分"字原无，以意补。
⑭ "大涌"原作"不泯"，以意改。

· 285 ·

兑，西方也，主秋分，日入，① 白气出直兑，此正气也。气出右，万物不生；气出左，则虎害人。秋分之右，白露之地；左，寒露之地。兑主八月，其所生物唯荠与麦，② 白露始杀，故使万物不生；寒露杀气浸盛，兑失位，虎则为害。兑气不至，则岁中多霜，草木枯落，人民疥瘙，应在其冲。凉，微不见，亦对受其灾也。霜气加于枝叶，故草木枯落。……③ 故人为疥瘙也。兑气见于立冬之分，则万物不成，虎狼为灾，在泽中。立冬之分，霜降、小雪之地。虎狼，毛虫，属金。兑气退，则泽枯，万物不成。谓见于立秋之分。兑气失位，④ 而见于坤，坤为地，故于泽则枯也。

春三月，候卦气，比不至，则日食无光，君失政，臣有谋，期在其冲。上既著八卦气之得失，此又重以消息之候，所以详《易》道失气。⑤ 春三月候卦气者，《泰》也，《大壮》也，《夬》也，皆九三、上六，实气决温而不至者，⑥ 君不明之征也，故日为之变。白气应之，期百日二旬。⑦ 期本在冲，白气应之，⑧ 金沴木，则更位。臣有诛者，则各降。在内谋者，奸也，觉故诛，诛已，天各降之。

夏三月，候卦气，比不至，则大风折木发屋，⑨ 期百日二旬。地动，应之大风，期在其冲。夏三月候卦气者，《乾》也，《姤》也，《遯》也，皆九三、上九。实气微温而不至者，⑩ 君教令失中之征也，⑪ 故风为之变，期本百二十日。君教令失中甚，则臣欲叛，致地动，重于大风，故有地动，则其处察舒之。多死臣，黑气应之。黑气应之，水沴火也。凡气黑者，为臣死者，君无辅之咎也矣。

秋三月，候卦气，比不至，则君私外家，中不慎刑，臣不尽职，大旱而荒，期在其冲。秋三月候卦气者，《否》也，《观》也，《剥》也，皆六三、

---

① "入"原无，据《玉烛宝典》卷八引补。
② "物"原无，据《玉烛宝典》卷八引补。
③ "故草"二句原无，以意补。
④ "气"原作"能"，从张惠言说改。
⑤ "失"原作"天"，以意改。
⑥ "而"原无，以意补。
⑦ "白气"二句原为注文，今以意改为正文。
⑧ "白"原作"自"，据四库本、四库荟要本、黄奭本改。
⑨ "折木"原作"析水"，据四库本、四库荟要本、黄奭本改。
⑩ "实气微"以下，旧有注"赤气应之，有兵，期三百二十日，此冬三月卦也，各以其冲，为兵期"二十五字，从张惠言说删。
⑪ "君"原作"若"，从张惠言说改。

附　录

上九,实气决寒而不至者,①当君倒赏之征也。②君之赏,宜先远,今私外家,是其倒也。臣不尽力于其职,私外家使之然。大早时,有赏赐也。荒,虚也,岁不熟曰荒。青气应之,期百日二旬。期本在冲,木沴之则失位。③

冬三月,候卦气,比不至,则赤气应之,期在百二十日,内有兵。日食之灾,期三百六旬也。冬三月候卦气者,《坤》也,《复》也,《临》也,皆六三、上六,实气微寒而不至,君政荼缓之征也。④而火沴之,百二十日内有兵,臣下欲弑之兵也。⑤间有日食,⑥则君灾兵远,故期更远也。三公有免者,期在其冲,则已无兵。日食之后,卦气不至之征,大臣之谋觉之,故即以三公免,⑦故各除无兵。⑧

春三月,一卦不至,则秋蚤霜;二卦不至,则雷不发蛰;三卦不至,则三公有忧,在八月。

夏三月,一卦不至,则秋草木早死;二卦不至,则冬无冰,人民病;三卦不至,则臣内杀,三公有缞绖之服,崩,以三月为期。

秋三月,一卦不至,则中臣有用事者,春下霜;二卦不至,则霜著木,在二月;三卦不至,则臣专政,草木春落,臣有免者则已。

冬三月,一卦不至,则夏雨雪;二卦不至,则水;三卦不至,则涌水出,人君之政所致之。故各以其卦用事候之。

甲日见者青,乙日见者青白,丙日见者赤,丁日见者赤黑,戊日见者黄,己日见者青黄,庚日见者白,辛日见者赤白,壬日见者黑,癸日见者黄黑。各以其气候之,其云不应,以其用事占吉凶。⑨假令坎气不至,艮而见,坎乘艮,山上有水之象也,其用事时,日甲八也,其卦事坎乘艮,其比类也。是章之事,与上相依,象似写者得异家,并存于此耳。又卦

---

① "者"原无,以意补。
② "也"原无,以意补。
③ "木"原作"水",从张惠言说改。
④ "荼"原作"茶",以意改。
⑤ "弑"原作"试",从孙诒让说改。
⑥ "间"原作"闻",从张惠言说改。
⑦ "三公"原作"无兵",以意改。
⑧ 从夏三月注"实气微"至此,旧在"故曰八卦变象,皆在于己"注"而为灾异者"下,从张惠言说移。
⑨ "用"原无,以意补。

气各有色，不用甲八，亦进于平错也。余下皆放之此类也。①

不顺天地，君臣职废，则乾、坤应变，天为不改，②地为不化，终而不改，则地动而五谷伤死。上及君位，不敬宗庙社稷，则震、巽应变，飘风发屋折木，水浮梁，雷电杀人，此或出人暴应之也。不改，不改，补脱误耳，当承此或下也。入山泽。③不顺时卦，失□山之礼，则艮应变期，云不出，则山崩；恩泽不下，则兑应变期，④则泽涸，物枯槁不生。不顺时卦，"卦"误字也，当为"气"耳。夫妇无别，大臣不良，则四时易政，⑤政令不行，白黑不别，愚智同位，则日月无光，虹蜺五色。⑥此离、坎之应也。皆八卦变之效也，故曰八卦变象，皆在于己。己，人君也。上列八卦气之非常，而为灾异者。⑦

欲求其日期，阴与阴相应，上六三之，三六十八，百八十。阳与阳相应，上九三之，三七二十一，二百一十。⑧灾异之期，爻得正，阳为九，阴为六；失正，阳为七，阴为八。得正者，则期促；失正者，则期迟。故上六者，三六；上九者，三九也。⑨下阴应上阳，七其阳，八其阴，以为日数；下阳应上阴，九其阳，六其阴，以为日数。⑩此一阳一阴，期其变于纯阴之数，异术也。其异术也，七其阳，八其阴，九其阳，六其阴，此则各自乘，并之，以为日数。

冬至，广莫风至，兰射干生，麋角解，曷旦不鸣。四者，群物气至之应也。晷长丈三尺，阴气去，阳云出其，茎末如树木之状。二者天气应政之征也。晷者，所立八尺之表之阴也，⑪长丈三尺，长之极也，⑫后则日有减矣。⑬阳

---

① "此"原作"次"，以意改。
② "改"原作"放"，以意改。
③ "不改，入山泽"当有脱误，依上体例，当言不改则人民疾热之类。
④ "失□"至此原作"失山泽之礼，则艮不应变期，云不出，则山崩；恩泽不下灾"，以意改。
⑤ "政"原无，以意补。
⑥ "虹蜺"原作"精见"，以意改。
⑦ "灾异者"原作"交异而著"，从孙诒让说改。
⑧ "上六三之"至此原作"不三之三六十八百八十，阳与阳相应"，从张惠言说改。
⑨ "三九"原无，以意补。
⑩ "以为"句原无，以意补。
⑪ "之阴也"原无，据《玉烛宝典》卷一一引补。
⑫ "也"原无，据《玉烛宝典》卷一一、《太平御览》卷四引补。
⑬ "则日"原无，据《玉烛宝典》卷一一引补。

附　录

始也起，故阴气去于天，不复见，而阳云出箕焉。二十四气，冬至至芒种为阳，① 其位在天汉之南；夏至至大雪为阴，② 其位在天汉之北。术候阳云于阳位，而以夜；候阴云于阴位，而以昼。夜则司之于星，昼则视于其位，而以其率尔云之形貌，亦如《说卦》之后象也。冬至，坎始用事，而主六气，初六巽爻也。巽为木，如树木之状，巽象。故其当至不至，则万物大旱，大豆不为，人足太阴脉虚，多温病、振寒。③ 万物藏气。大旱，阴不足也。未当至而至，则人足太阴脉盛，多病暴逆、胪张、心痛、大寒，④ 应在夏至。冲受也。灾期在齐。

小寒，合冻，虎始交，豺祭，⑤ 蛇垂首，曷旦入穴。⑥ 交，合牝牡也。祭，祭兽也。垂首、入穴，寒之征也。晷长丈二尺四分，仓阳云出平，南仓北黑。二者亦天应政之征也。晷减于冬至，九寸六分者率也。⑦ 小寒于《坎》直九二，九二得寅气，木也，为南仓；犹坎，坎，水也，⑧ 为北黑。宿次当为出尾，而言"平"，似误者也。当至不至，则先小旱，后小水，人手太阴脉虚，一作"灵"。人多病喉脾。阴气不至，故小旱，后则并小水。《坎》九二，阳爻也，为手，⑨ 气不至，故令脉虚。"喉脾"字误也，当为"喉痹"。时方阴，阴闭塞，人气不通。⑩ 人之通气者喉，⑪ 喉病为痹。手太阴脉起手大指内侧，上贯，咒唾散鼻中。未当至而至，则人手太阴脉盛，人多病身热，⑫ 来年麻不为，寒气失而转生热，病多热。麻以皮为用，孚甲之类，藏失必伤，故禁种。应在小暑。⑬ 灾期在□。⑭

大寒，雪隆，⑮ 草木多生心，鹊始巢。三者，群物应气至之候。隆，⑯ 盛

---

① "至"原不重，据《玉烛宝典》卷一一引补。
② "至"原无，据《玉烛宝典》卷一一引补。
③ "温"原无，据《后汉书·律历志》注、《开元占经》卷五引补。
④ "寒"原作"旱"，以意改。
⑤ "豺"原无，从孙诒让说补。
⑥ "穴"原作"空"，从孙诒让、黄奭说改。
⑦ "六"原作"二"，以意改。
⑧ "犹坎"五字原作"从坎也"，据《玉烛宝典》卷一二引改。
⑨ "手"原作"午"，从张惠言说改。
⑩ "不"原无，从张惠言说补。
⑪ "通气"原作"气气通"，以意改。
⑫ "病身"原无，据《后汉书·律历志》注补。
⑬ "应在"句原无，据四库本注补。
⑭ "灾期"句原无，以意补。
⑮ "雪隆"原作"霜降"，据《玉烛宝典》卷一二引改。
⑯ "隆"原作"阴"，据《玉烛宝典》卷一二引改。

· 289 ·

也。多生心，阳气起也。晷长丈一尺八分，黑阳云出心，南黑北黄。大寒于《坎》直六三，六三得亥气，亥，① 水也，为南黑；季冬，土也，为北黄。当至不至，则先大旱，后大水，② 麦不成，人足少阴脉虚，多病蹶逆、惕善惊。小寒气不至，为小旱小水。大寒不至，有加势也。稼合养于阳气，③ 气失即伤矣。《坎》六三，阴爻也，属足，不至，故令人脉虚，虚则足烦气逆，舌本为病。④ 此六三在震中，⑤ 震为惊恐也，足少阴脉，起于足上系。未当至而至，则人足少阴脉盛，人多病上气、嗌肿，嗌者，水谷所由通。今初未当来而来，上气嗌，嗌肿受其病，以少阴盛也。应在大暑。灾期在周。

　　立春，雨水降，条风至，雉雊鸡乳，冰解，杨柳梯。⑥ 降，下也。雊，⑦ 鸣相呼也。柳，青杨也。⑧ "梯"读如"枯杨生稊"之"稊"，⑨ 状如女桑秀然也。晷长丈一寸二分，⑩ 青阳云出房，如积水。立春于《坎》直六四，六四巽爻，得木气，故青；⑪ 从坎也，故如积水。⑫ 当至不至，则兵起，大旱，⑬ 来年麦不成，人足少阳脉虚，多病疫疟。立春，木始王，气不至兵起者，金沴之也，大旱，似多雷。麦，立春麦也。春不至者，阳气出，当小雨以泽之，⑭ 气失，故麦不成。"来年"羡字。《坎》六四，阴爻也，属足也，气不足，故令足脉虚。立春不至者，寒得其节也。疫疟亦寒病。⑮ 此当与大寒同，⑯ 为足少阴脉，言阳非。未当至而至，则人足少阳脉盛，人多病瘭疾疫，⑰ 瘭，痤肿也。春气早成，脉盛而结，⑱ 生此病焉。

---

① "亥"原无，据《玉烛宝典》卷一二引补。
② "则先"二句原作"则旱后水"，据《后汉书·律历志》注、《开元占经》卷五引改。
③ "阳"原无，以意补。
④ "舌本"原作"本舌"，以意改。
⑤ "六三"原作"三平"，以意改。
⑥ "杨"原作"扬"，"梯"原作"柿"，据《玉烛宝典》卷一引改。
⑦ "雊"原作"鸲"，据正文改。
⑧ "杨"下原有"色"字，据《玉烛宝典》卷一引删。
⑨ "'梯'读"句原作"柿读如柘杨梯"，据《玉烛宝典》卷一、孙诒让说并参以己意改。
⑩ "寸"原作"尺"，据《玉烛宝典》卷一、《开元占经》卷五引改。
⑪ "故青"原无，以意补。
⑫ "从坎"二句原作"之云如积水似误"，以意改。
⑬ "大旱"原无，据注补。
⑭ "泽"原作"释"，以意改。
⑮ "亦寒"原作"寒亦"，从张惠言说改。
⑯ "大寒"原作"火"，从张惠言说改。
⑰ "瘭"原作"粟"，以意改。注"瘭"同。
⑱ "脉"原作"麦"，从张惠言说改。

附　录

生气早阴，① 则伤之。人疾疫者，受其害也。脉亦当为足少阴矣。应在立秋。灾期在赵。②

雨水，冻释，③ 猛风至，獭祭鱼，仓鹒鸣，④ 蝙蝠出。猛风动摇，树木有声。仓鹒，仓状也。⑤ 蝙蝠，服翼。晷长九尺一寸六分，黄阳云出亢，南黄北黑。雨水于《坎》直九五，九五辰在申，得坤气，为南黄；犹坎也，故北黑也。⑥ 当至不至则旱，麦不为，人手少阳脉虚，⑦ 人多病心痛。雨水气不至，则转为旱，旱故禁种。春《坎》九五阳爻，于脉宜为手太阳，云少阳似误。心痛，坎，水也。⑧ 手太阳脉，起为手小指端，上颐下目，内皆雨水，以后为阳者。未当至而至，则人手少阳脉盛，人多病暓，⑨ 雨水，木气也，其盛为肝，肝候在目，木气于目则劳，劳故病。言脉亦当为手太阳也。⑩ 应在处暑。灾期在魏。

惊蛰，雷电候，⑪ 雁北。⑫ 电者，雷之光，⑬ 雷有光而未发声。晷长八尺二寸，赤阳云出翼，南赤北白。惊蛰于《坎》直上六，上六得巳气，巳，火也，为南赤；又得兑气，⑭ 故北白也。当至不至，则雾，稚禾不为，人足太阳脉虚，老人多疫病疟。⑮ 惊蛰气不至，是余寒乘之也，后则推暑气命。⑯ 稚禾之熟，在八月，其时蛰虫则有害，故禁种之尔。《坎》上六，阴爻，属足，气不至，故人足之脉虚，⑰ 寒气乘。病疟，寒也。上六得兑之气，⑱ 为白，又为寡发而白，⑲ 是老人也。

---

① "生"原作"王"，以意改。
② "赵"原作"道"，以意改。
③ "冻"下原有"冰"，以意删。
④ "仓"原作"鸧"，以意改。
⑤ "仓鹒"五字原作"仓庚鸣伏地"，以意改。
⑥ "也"原无，据《玉烛宝典》卷一引补。
⑦ "阳"当作"阴"，手少阴之脉属心，起于心中，下膈，络小肠，故不至而有心痛之疾。然据注，原文即如此，因不改。
⑧ "水"原无，以意补。
⑨ "暓"原作"目"，据黄奭引《开元占经》改。
⑩ "手"原作"于"，从张惠言说改。
⑪ "电"原无，据《玉烛宝典》卷二引补。
⑫ "雁"原作"应"，据《玉烛宝典》卷二引改。
⑬ "电""雷"原互易，从张惠言说乙。
⑭ "兑"原作"巽"，以意改。
⑮ "老"原无，据《后汉书·律历志》注、《开元占经》卷五引补。
⑯ "惊蛰"三句说"雾"字，而不及雾，当有讹误。
⑰ "人足"原作"命"，以意改。
⑱ "兑"原作"巽"，以意改。
⑲ "白"原作"自"，从黄奭说改。

太阳脉起足小指端，至前两板齿。未当至而至，则人足太阳脉盛，① 多病痈疽、胫肿，雷气蚤至，动人肌肤。病痈疽者，肌肤不堪也，气结生病也。足太阳脉起于下，其气盛，合胫肿。应在白露。灾期在宋。②

春分，明庶风至，雷雨行，桃始花，日月同道。明庶，照达庶物之风。雷雨，所以解释孚甲。日月二分，③ 则同道也。晷长七尺二寸四分，正阳云出张，如积白鹄。④ 春分于《震》直初九，初九辰在子，震爻也，如积鹄之象。当至不至，先旱后水，岁恶，重来不为，人手太阳脉虚，人多病痹痛。未当至而至，人手太阳脉盛，人多病疠疥、身养，应在秋分。灾期在周秦。⑤

清明，雷鸣雨下，清明风至，元鸟来。清明，雷雨下，⑥ 万物新解孚甲，⑦ 令之鲜洁。⑧ 清明，明净清洁之风也。⑨ 元鸟，阳气和乃至。⑩ 晷长六尺二寸八分，白阳云出奎，⑪ 南白北黄。清明于《震》直六二，⑫ 六二辰在酉，⑬ 得兑气，为南白，互体有艮，故北黄也。⑭ 当至不至，菽豆不为，人足阳明脉虚，人多病疥疟、振寒、洞泄。⑮ 震为禾稼，⑯ 乃主豆菽之类。⑰ 未当至而至，人足阳明脉盛，人多病温、暴死，应在寒露。灾期在宋。⑱

谷雨，田鼠化为駕。駕，鹌母也。晷长五尺三寸二分，太阳云出张，

---

① "阳"原作"阴"，从张惠言说改。
② "宋"原作"灾"，以意改。
③ "二"原作"一"，从张惠言说改。
④ "白"原无，据《玉烛宝典》卷二、《北堂书钞》卷一五二等引补。
⑤ "在"原无，据文例补。
⑥ "雷雨下"原无，以意补。
⑦ "物"下原有"杂"字，从张惠言、黄奭说删。
⑧ "令"原作"合"，"洁"原作"解"，从黄奭说改。
⑨ "净"原无，以意补。
⑩ "阳"原作"随"，据《玉烛宝典》卷三引改。
⑪ "奎"原无，据《太平御览》卷八引补。
⑫ "于"原无，据《玉烛宝典》卷三引补。
⑬ "辰"原作"震"，从黄奭说改。
⑭ "北"原作"地"，据四库本、四库荟要本、黄奭本及《玉烛宝典》卷三引改。
⑮ "疟"原作"虚"，据《开元占经》卷五改。
⑯ "震为"句原作"震于稼为"，以意改。
⑰ "乃主"原作"反生"，以意改。
⑱ "灾期"句原作"灾在宋也"，据文例改。

附　　录

上如车盖，下如薄。① 谷雨于《震》直六三，六三辰在亥，② 得乾气，形似车盖。震为萑苇，故下如薄也。当至不至，水物杂稻等不为，③ 人足阳明脉虚，人多病痈疽疟、振寒、霍乱。六三，兑爻也，互体坎，气不至，故水泽之物不为。痈疽疟、振寒、霍乱，亦在足之病。④ 未当至而至，人足阳明脉盛，老人多病温、气肿，⑤ 凡阳以养少，阴以养老。应在霜降。灾期在宋。

立夏，清明风至而暑，鹄鸣声，搏鼛蜚，⑥ 电见早出，龙升天。清明风，明净清洁之风。⑦ 鹄鸣声，搏鼛蜚，⑧ 皆鸟兽应时候。电见者，自惊蛰始候至此而著。早出，未闻。⑨ 龙，心星也。《诗》云："绸缪束薪，三星在天。"亦谓此时也。晷长四尺三寸六分，当阳云出觜，紫赤如珠。立夏于《震》直九四，⑩ 九四辰在午也，午为火，互体坎，⑪ 气相乱也，故紫赤色。如珠者，如连珠也。⑫ 当至不至则旱，五谷大伤，牛畜病，人手阳明脉虚，多病寒热、齿龋。盛阳之气不至，则后为旱。阳气乘之，故五谷大伤也。四互体艮，艮在丑，故牛畜病也。阳气不至，其冲更温，故人病寒热也。齿龋者，阳生龋，于时为害也。未当至而至，人手阳明脉盛，多病头、肿嗌、喉痹，应在立冬。灾期在燕。

小满，小雨，⑬ 雀子蜚，蝼蛄鸣。于此更言"雀子蜚"者，鸣鸟之类，皆光大之。⑭ 晷长三尺四寸，上阳云出七星，⑮ 赤而饶饶。⑯ 小满于《震》直六五，六五辰在卯，与震木同位，木可曲可直。⑰ 六五离爻，⑱ 故赤也。又互体坎，坎为

---

① "下"原作"不"，据《玉烛宝典》卷三引改。注"下"同。
② "亥"原作"辰"，据《玉烛宝典》卷三引改。
③ "杂"原无，据《后汉书·律历志》注、《开元占经》卷五引补。
④ "在足"原作"姤兑"，以意改。
⑤ "老"原无，"气"原作"黑"，据《后汉书·律历志》注、《开元占经》卷五引补改。
⑥ "鹄鸣"二句原作"鹄声蜚"，据《玉烛宝典》卷四引改。
⑦ "明净"原作"景"，以意改。
⑧ "鹄鸣"二句原作"鹄鸣声蜚"，以意改。
⑨ "电见者"至此原无，据《玉烛宝典》卷四引补。"此"原无，从孙诒让说补。
⑩ "夏"原作"春"，从孙诒让、黄奭说改。
⑪ "坎"原作"次"，据四库本、四库荟要本、黄奭本改。
⑫ "故紫"三句原作"故紫赤色皆如珠也"，参《玉烛宝典》卷四引改。
⑬ "小雨"原无，据《玉烛宝典》卷五引补。
⑭ "鸣鸟"二句原作"鸣鸟类也，有先大人之"，以意改。
⑮ "云"原作"霍"，"出"原无，据《玉烛宝典》卷五、《太平御览》卷八引改补。
⑯ "饶饶"原不重，据《玉烛宝典》卷五引补。
⑰ "木"上原有"震"，以意删。
⑱ "六五"原作"五六"，从张惠言说改。

郑玄注《易》表说

弓轮也。① 饶饶，言其刑纡曲者也。② 当至不至，多凶言，国有大丧，③ 先水后旱，人足太阳脉虚，人多病筋急、痹痛。④ 小满太阳用事，其气不至，故多凶言、大丧也。阴气不退，乘阳气，故先水也；积阳发，⑤ 则旱也。人病筋急，寒暴暑，气转相加。未当至而至，人足太阳脉盛，人多病燻气、嗌肿。⑥ 太阳气早至，⑦ 过度为病也。应在小雪。⑧ 灾期在□。⑨

芒种，蚯蚓出。旧说蚯蚓阴物也。⑩ 晷长二尺四寸四分，⑪ 长阳云出，⑫ 集赤如曼曼。芒种于《震》直上六，上六辰在巳，巳为火；⑬ 又得巽气，故集赤不纯；巽又为长，⑭ 故曼曼也。⑮ 当至不至，多凶言，国有狂令，人足太阳脉虚，多病嗌痹。⑯ 太阳用事，而巽不至，故多凶言、国有狂令也。痹者，气不达为病。未当至而至，人足太阳脉盛，多蹶眩、头痛，⑰ 太阳之气也，过盛病也。应在大雪。灾期在齐。

夏至，景风至，暑且湿，蝉始鸣，⑱ 螳螂生，鹿角解，⑲ 木堇荣。⑳ 景风，长大万物之风也。蝉，蜩也。㉑ 木堇，椴梼也。㉒ 荣，华也。晷长尺四寸八

---

① "故赤"三句原作"亦有互体坎之为轮也"，参《玉烛宝典》卷五引而改。
② "饶饶"二句原作"饶言其刑行四也"，参《玉烛宝典》卷五引而改。
③ "国"原无，据《后汉书·律历志》注引补。
④ "病"下原有"满"字，据《后汉书·律历志》注、《开元占经》卷五引删。
⑤ "积"原作"精"，从张惠言说改。
⑥ "燻气、嗌肿"原作"冲、气肿"，参《开元占经》卷五引改。
⑦ "早"原作"旱"，据四库本、黄奭本改。
⑧ "应在"句原无，据四库本注改。
⑨ "灾期"句原无，以意补。
⑩ "阴物也"原作"淫邪"，以意改。
⑪ "四寸"原无，据《后汉书·律历志》注、《玉烛宝典》卷五、《开元占经》卷五引补。
⑫ "出"原无，据《玉烛宝典》卷五、《开元占经》卷五引补。
⑬ "巳为"句原无，以意补。
⑭ "为"原无，据《玉烛宝典》卷五引补。
⑮ 次"曼"原作"之"，从张惠言说改。
⑯ "嗌"原作"血"，以意改。
⑰ "痛"下原有"痹"字，从四库本注删。
⑱ "始"原无，据《初学记》卷三、《太平御览》卷二三引补。
⑲ "角解"原作"解角"，据《玉烛宝典》卷五、《太平御览》卷二三引改。
⑳ "堇"原作"茎"，据《玉烛宝典》卷五引改。注"堇"同。
㉑ "也"原无，以意补。
㉒ "椴"原作"柳"，"也"原无，以意改补。

附　　录

分,① 少阴云出,如水波祟祟。夏至,离始用事,② 位直初九,初九辰在子,③ 故如水波。④ 祟祟,微轮转出也。当至不至,邦有大殃,旱,⑤ 阴阳并伤,草木夏落,有大寒,人手□阳脉虚,⑥ 口干嗌痛。阳气泄极,而微阴不至,阳功不成,故国有大殃,臣废。阴阳并伤,日月俱食,夏至气不至,则冲气乘之,故多大寒,令草木夏落也。口干嗌痛,皆燥病。阴不润阳,谓之燥也。未当至而至,人手阳脉盛,多病肩痛,阴气过多,以为病也。应在冬至。灾期在齐。

小暑,云五色出,伯劳鸣,虾蟆无声。云五色出,盖象雉。⑦ 伯劳,䴗也。⑧ 虾蟆无声,早出者,不复鸣。晷长二尺四寸四分,黑阴云出,南黄北黑。小暑于《离》直六二,⑨ 六二离交也,为南黄;互体巽,巽为黑,⑩ 故北黑也。当至不至,前小水,后小旱,有兵,人足阳明脉虚,多病泄注、腹痛。离气不至,故小水后小旱。有少兵,兵无少者。泄注、腹痛,皆离气不至之病也。未当至而至,人足阳明脉盛,多病胪肿,离气早至,则后多伤性也。应在小寒。灾期在齐。

大暑,雨湿,半夏生。半夏,草名。晷长三尺四寸,阴云出,南赤北仓。大暑于《离》直九三,九三辰在辰,得巽气,离为火,故南赤;巽木,故北仓。当至不至,外兵作,来年饥,人手太阴脉虚,⑪ 多病筋痹、胸痛。大暑之气不至,后亦寒,暴害。《离》九三互体兑,⑫ 上直毕,毕为边兵,⑬ 故外兵作也。兑又为刚卤,刚卤不生物。⑭ 大暑应在大寒,害地之萌,⑮ 故来年饥。筋痹,暑湿之疾,

---

① "尺"原无,据《周髀算经》卷上注、《玉烛宝典》卷五等引补。
② "始"原无,据《玉烛宝典》卷五引补。
③ "初九"句原作"辰子也",据《玉烛宝典》卷五引改。
④ "如"原无,据《玉烛宝典》卷五引补。
⑤ "旱"原无,据《后汉书·律历志》注、《开元占经》卷五引补。
⑥ "草木"三句原无,参《后汉书·律历志》注、《开元占经》卷五引补。
⑦ "象"原作"众",据《玉烛宝典》卷六引改。
⑧ "䴗"原作"咀",从张惠言说改。
⑨ "直"原作"有",据四库本、四库荟要本、黄奭本改。
⑩ "黑"原无,据《玉烛宝典》卷六引补。
⑪ "太阴"原作"少阳",以意改。手太阴之脉在手掌中,循筋上连,入心中,故阴气绝而有筋痹胸痛之疾。阳气绝则无此症。下"太阴"同。
⑫ "离"原无,以意补。
⑬ "边兵"原无,从张惠言说补。
⑭ "刚卤"原作"当国",从黄奭说改。
⑮ "害"原作"容",以意改。

· 295 ·

盛暑湿而气不至，于人主筋痹之病也。未当至而至，人手太阴脉盛，多病胫痛、恶气，阴气早至，亦为此病。应在大寒。灾期在燕。

立秋，凉风至，白露下，虎始啸，① 腐草化为萤，② 蜻蛚鸣。③ 凉风，风有寒气。白露，露得寒气，始转白。虎啸始盛，秋气有猛意。旧说"腐草为蠲"，④ 今言"萤"，其物异名乎？蜻蛚，蟋蟀之名也。晷长四尺三寸六分，浊阴云出，上如赤缯，列下黄弊。立秋于《离》直九四，九四辰在午，⑤ 又互体巽，故上如赤缯。列，齐平也。立秋直坤，黄色，故名黄弊也。当至不至，暴风为灾，年岁不入，人足少阳脉虚，⑥ 多病疠，少阳气中寒，目芒芒。⑦ 立秋之气不至，后亦暴风为灾也。四互体巽，巽为风灾也。风又散物，⑧ 故年不入也。立秋应立春，孚甲将解，而更寒，故人病疠。阴乘阳，故少阳气中寒也。目芒芒者，离以非时见也。人足者，例宜言手。未当至而至，人足少阳脉盛，多病咳嗽、上气、咽喉肿，立秋则阴气胁，阳气未服，故咳嗽、咽喉肿也。应在立春。灾期在卫。⑨

处暑，雨水，寒蝉鸣。雨水，多雨。寒蝉，秋蝉也。⑩ 晷长五尺三寸二分，赤阴云出，南黄北苍。⑪ 处暑于《离》直六五，六五辰在卯，⑫ 得震气，震为玄黄，⑬ 故南黄也。当至不至，国有淫令，四方兵起，来年麦不为。⑭ 人足太阴脉虚，⑮

---

① "始"原无，据《五行大义》卷五、《太平御览》卷八九一等引补。
② "化"原无，据《玉烛宝典》卷七、《初学记》卷三等引补。
③ "蛚"原作"蚓"，据《文选·张载〈七哀诗〉》注、张载《杂诗》注、王褒《圣主得贤臣颂》注、王褒《四子讲德论》注引改。注"蛚"同。
④ "蠲"原作"鸣"，以意改。
⑤ "九四"原无，参《玉烛宝典》卷七引补。
⑥ "足少阳"当作"足少阴"，注言当作"手少阳"非，《灵枢经·经脉》言足少阴："是动则病，饥不欲食，面如漆柴，咳唾则有血，喝喝而喘，坐而欲起，目𥄉𥄉如无所见，心如悬，若饥状。"然原即如此，因不改。
⑦ "目"原作"白"，以意改。注"目"同。
⑧ "又"原作"有"，以意改。
⑨ "灾期"句原作"灾期亦在卫也"，据本书体例改。
⑩ "也"原无，据《玉烛宝典》卷七引补。
⑪ "苍"原作"黑"，据《初学记》卷一引改。
⑫ "卯"原作"即"，据四库本、四库荟要本、黄奭本改。
⑬ "玄黄"原无，据《玉烛宝典》卷七引补。
⑭ "来年"句原在"身热"下，据《后汉书·律历志》注引移。
⑮ "足"原作"手"，从张惠言说改。

附　录

多病胀，身热，① 来年麦不为。未当至而至，人足太阴脉盛，② 多病胀，身热不汗出，阴气早至，即寒气盛，故病胀，身热不汗。应在雨水。灾期在郑。

白露，云气五色，蜻蚓上堂，鹰祭鸟，燕子去室，鸟雌雄别。云气五色，象物皆成，③ 尽气候。蜻蚓上堂，④ 始避寒也。鹰将食鸟，先以祭也。⑤ 燕子去室，不复在于巢，习飞腾也。鸟雌雄别，生乳之气止也。⑥ 晷长六尺二寸八分，黄阴云出，南黑北黄。白露于《离》直上九，上九艮交也，故北黄；辰在戌，得乾气，子居戌上，⑦ 故南黑也。当至不至，六畜多伤，人足太阴脉虚，⑧ 人多病痤疽、泄。白露应在惊蛰，阳气大泄，万物新出，而寒伤之，故六畜多伤。⑨……⑩故痤疽也。阳气发泄故也，故泄之。未当至而至，人足太阴脉盛，多病水腹闭、疝瘕，⑪ 阳气未尽，强阴胁之为病。人足，于例宜为手也。⑫ 应在惊蛰。灾期在鲁。⑬

秋分，凉惨，⑭ 雷始收，鸷鸟击，元鸟归，昌盍风至。收，藏也。鸷鸟，鹰鹯之属也。元鸟随阳，故南归也。昌盍，藏万物之风也。⑮ 晷长七尺二寸四分，白阴云出，⑯ 南黄北白。秋分于《兑》直初九，初九震爻，为南黄；犹兑，故北白。⑰ 当至不至，草木复荣，人手少阳脉虚，多病温悲、心痛。未当至而至，人手少阳脉盛，多病胸胁鬲痛，⑱ 心气盛，故胸胁鬲痛。应在春分。灾期在周。

---

① 足太阴脉虚、盛皆有腹胀之疾，唯身热应在气盛，疑本处"身热"不当有。
② "足"原作"手"，从张惠言说改。"太"原作"大"，据体例改。
③ "象"原作"众"，以意改。
④ "蜻蚓"原作"精列"，据正文改。
⑤ "云气五色"至此七句原无，据《玉烛宝典》卷八引补。
⑥ "止也"原作"上者"，据《玉烛宝典》卷八引改。
⑦ "子居"句原作"君成"，以意改。
⑧ 注言"足太阴"当作"手太阴"，非。
⑨ "故六"句原无，以意补。
⑩ "……"原无，以意改。此乃解"痤疽"之文。
⑪ "水腹闭、疝瘕"原作"心胀闭、症瘕"，据《后汉书·律历志》注引改。
⑫ "宜"原作"亦"，以意改。
⑬ "灾期"句原作"灾在鲁也"，据本书体例改。
⑭ "凉"上原有"风"，据《玉烛宝典》卷八引删。
⑮ "万"原作"盖"，在"藏"上，据《玉烛宝典》卷八引改移。
⑯ "阴"原作"阳"，据《玉烛宝典》卷八、《太平御览》卷八引改。
⑰ "北"原作"此"，据四库本、四库荟要本、黄奭本改。
⑱ "胸"原作"疠"，据《后汉书·律历志》注、《开元占经》卷五引改。注"胸"同。

· 297 ·

寒露，霜小下，秋草死，众鸟去。① 霜小下，阴微著也。秋草死……② 众鸟去，③ 众鸟暑来寒去。晷长八尺二寸，正阴云出，④ 如冠缨。寒露于《兑》直九二，九二辰在寅，得艮气，形似冠缨者，艮象也。当至不至，来年谷不成，六畜鸟兽被殃，人足蹶阴脉虚，⑤ 多病疝瘕、腰痛。⑥ 九二，坎爻也，为脊，⑦ 气不至，疝瘕、腰痛也。⑧ 人足于例宜为手也。不当至而至，人足蹶阴脉盛，多病痛胸、热中，⑨ 强阴胁衰阳，⑩ 故多病胸、热中也。应在清明。灾期在秦。⑪

霜降，候雁南向，豺祭兽，霜大下，草禾死。候雁南向，⑫ 阳气尽之候也。豺将食兽，必先祭也。草禾，或为"草木"。晷长九尺一寸六分，太阴云出，⑬ 上如羊，下如礛石。霜降于《兑》直六三，六三兑爻，为羊，又上直砺石之星，故上如羊，下如礛石。⑭ 当至不至，万物大耗，来年多大风，人手蹶阴脉虚，⑮ 多病胸痛。⑯ 霜降，阴气不至，⑰ 则阳气不伏，当死更生，故令万物虚

---

① "众鸟去"者，此句似有误，大雁、玄鸟乃随阳之鸟而南归者，若鹰鹯、鹦雀之属则不去，不当言众鸟皆去。此句疑应《礼记·月令》仲秋之月"群鸟养羞"，郑玄注："羞，谓所食也。《夏小正》曰：'九月丹鸟羞白鸟。'说曰：'丹鸟也者，谓丹良也。白鸟也者，谓闽蚋也。其谓之鸟者，重其养者也，有翼为鸟养也者，不尽食也。'二者文异，群鸟、丹良，未闻孰是。"《吕氏春秋·仲秋纪》高诱注："寒气将至，群鸟养进其毛羽御寒也，故曰'群鸟养'。"唯注即作"众鸟去"，则郑氏所见即如此，因不改。
② "……"原无，以意改。此乃解"秋草死"之文。
③ "众鸟"句原无，以意补。
④ "阴"原作"阳"，据《艺文类聚》卷一、《初学记》卷一、《太平御览》卷八等引改。
⑤ 注言"足厥阴"当作"手厥阴"，非。马王堆帛书《阴阳十一脉灸经》足厥阴所产病有热中、癃疝、偏疝，其动则病有腰痛，与此相同。
⑥ "疝瘕"原作"疝疼"，据《后汉书·律历志》注、《开元占经》卷五引改。注"疝瘕"同。
⑦ "脊"原作"春"，据四库本、四库荟要本、黄奭本改。
⑧ "腰痛"原无，据正文补。
⑨ "胸"原作"疴"，以意改。"热中"原作"中热"，据《后汉书·律历志》注、《开元占经》卷五引改。注"胸""热中"同。
⑩ "阳"原无，从张惠言说补。
⑪ "灾期"句原作"灾在秦也"，据本书体例改。
⑫ "雁"原作"鹰"，据四库本、四库荟要本改。
⑬ "阴"原作"阳"，据《北堂书钞》卷一五〇、《艺文类聚》卷一、《初学记》卷一等引改。
⑭ "石"原作"气"，据四库本、四库荟要本、黄奭本改。
⑮ "手"原作"足"，以意改。下"手"同。
⑯ "胸"原作"腰"，以意改。注"胸"同。
⑰ "阴"原无，以意补。

耗。① 六三互体巽,② 则暴发,来年即为大风也。又挠屈万物,③ 故令人患胸痛也。④ 未当至而至,人手蹶阴脉盛,多病胸胁支满、风肿,⑤ 阴气早至,而胁阳也。⑥ 又互体离,离为火,⑦ 得风肿。应在谷雨。灾期在赵。

立冬,不周风至,水始冰,⑧ 荠麦生,宾爵入水为蛤。立冬,阴用事,⑨ 阳气生毕,⑩ 故不周风至,周达万物之不及时者。时草死尽,惟荠麦生耳。宾爵入水为蛤,亦物应时之变候。晷长丈一寸二分,阴云出,上接之。⑪ 立冬于《兑》直九四,九四辰在午,火性炎上,故上接之也。⑫ 当至不至,地气不藏,来年立夏反寒,⑬ 早旱晚水,万物不成,人手少阴脉虚,⑭ 多病温、心烦。未当至而至,人手少阴脉盛,多病臂掌痛,阴脉在内,故气早至为病,令人掌及臂痛也。应在立夏。灾期在魏。

小雪,阴寒,熊罴入穴,雉入水为蜃。雉入水,亦化为蜃蛤。⑮ 晷长丈一尺八分,阴云出,而黑。小雪于《兑》直九五,九五坎爻,⑯ 得坎气,故黑。当至不至,来年五谷伤,蚕麦不为,人心主脉虚,多病肘腋痛。未当至而至,人心主脉盛,人多病耳、腹痛,⑰ 九五坎爻,故耳病也。辰在申,得坤气,⑱ 故腹痛。应在小满。灾期在鲁。

---

① "万"原无,以意补。
② "三"原作"又",从张惠言说改。
③ "屈"原作"屋",据四库本、四库荟要本、黄奭本改。
④ "患"下原有"其",从张惠言说删。
⑤ "胸胁支满"原无,据《后汉书·律历志》注引补。
⑥ "阴气"二句说"胸胁支满",而有脱误。
⑦ "为"原作"巽",以意改。
⑧ "水"原无,据《艺文类聚》卷三、《太平御览》卷二八引补。
⑨ "阴"原作"应",据《玉烛宝典》卷一〇引改。
⑩ "毕"原作"异",据《玉烛宝典》卷一〇引改。
⑪ "上接之"原作"接",参《玉烛宝典》卷一〇引改。
⑫ "故上"句原作"故接",参《玉烛宝典》卷一〇引改。
⑬ "来年"原无,据《后汉书·律历志》注引补。
⑭ "阴"原作"阳",以意改。下"阴"同。
⑮ "化"原无,据《玉烛宝典》卷一〇引补。
⑯ "坎"原作"兑",据《玉烛宝典》卷一〇引改。
⑰ "耳腹"原作"腹耳",据注改。此文当复有误,手厥阴之脉不经腹、耳,不得有此疾。《后汉书·律历志》注引作"亦为多肘腋痛",《开元占经》卷五引作"亦为肘腋痛",为上。然据注,原文即如此,因不改。
⑱ "得坤气"原作"气得",以意改。

大雪，鱼负冰，雨雪。鱼负冰，①上近冰也。雨雪者，明不复雨水。晷长丈二尺四分，长阴云出，②黑如分。③大雪于《兑》直上六，上六辰在巳，得巽气，为长。如分，④或如介，未闻。当至不至，温气泄，夏蝗生，大水，人手心主脉虚，多病少气、五疽、水肿。未当至而至，人手心主脉盛，多病痈疽痛，⑤盛阴之气早至，⑥结则为痈疽。冬万物孚甲，气早至，故多疽而痛。应在芒种。灾期在卫。

凡此阴阳之云，天之云，天之便气也，坎、震、离、兑为之，每卦六爻，既通于四时二十四气、人之四支二十四脉，亦存于期。形犹不从五行之状。⑦

圣人仰取象于天，俯取法于地，以知阴阳、精微所应。精微，晷及云气也。应者，应人君政之进退。故日者，众阳之精也，天所以照四方，因以立定二十四气，始于冬至，终于大雪，周天三百六十五日四分日之一。⑧一阴一阳，分之各得百八十二日有奇；⑨分为时，⑩得九十一日有奇；四正分而成八节，节四十五日二十一分；八节各三分，各得十五日七分，而为一气也。分满三十二为一日，各备。⑪或为"复"。言阴阳、四时、八节、二十四气，各如其分之日数，合备为一岁。人自以为法度焉。⑫备，足也。"复""备"同义，说者以为疑字耳，言"备"或为"复"。二十四气，其复合于晷，应其法，皆先复之二日。左同右。

补　遗

1. 鹊不始巢，春不东风。鹊者，阳鸟，先物而动，先事而应，见于未风之

---

① "负"原无，据《初学记》卷三、《太平御览》卷二六等引补。
② "阴"原无，据《玉烛宝典》卷一一、《太平御览》卷八引补。
③ "分"原作"介"，据《玉烛宝典》卷一一引改。
④ "如"原作"始"，从孙诒让说改。
⑤ "痛"上原有"肿"字，据《后汉书·律历志》注引删。
⑥ "阴"原作"阳"，从张惠言说改。
⑦ 此文旧在冬至"故其当至不至"上，以"凡此阴阳之云"观之，乃总上二十四气云之文，故今移于此。
⑧ "四分日之一"原作"分之"，据《玉烛宝典》卷一二引改。
⑨ "百"原无，以意补。
⑩ "时"原作"普"，以意改。
⑪ "各"原作"令"，据注改。
⑫ "人自"句原在注末，以意移。

附　录

象。今失节不巢，癸气不通，故言春不东风也。①

2. 雨水，《泰》□□候，獭祭鱼。獭不祭鱼，国多盗贼。正月启蛰为中气，此时鱼肥美，獭将食之，先以祭也。今失节不祭者……故国多盗贼。②

3. 惊蛰，《大壮》初九候，桃始华。桃不华，仓库多火。《太平御览》卷九六七。

4. 玄鸟不来，□□□□。玄鸟，阳鸟也。③

5. 虹不始见，女谒乱宫。虹者，阴阳交接之气，阳唱阴和之象。今失节不见者，似人君心在房内，不修外事，废礼失义，夫人淫恣而不敢制，故曰女谒乱宫。④

6. 《遘》上九候，蝉始鸣。蝉不始鸣，国多妖言。蝉应期鸣，言语之象。今失节不鸣，鸣则失时，故多妖言。⑤

7. 螳蜋不生，奸猾事发。螳蜋，拊蝉蜌之虫，乘虚而杀物，自隐蔽而有所害，捕搏之象也。奸人性阴邪行，今失节不生，武官不务诘奸，故为奸猾事发。⑥

8. 鹿不解角，贵臣作奸。鹿者，兽中阳也，兽者阳，贵臣之象。鹿，应阴解角者也。夏至太阳始屈，阴气始升，阴阳相向，君臣之象。今失节不解，阴不变阳，臣不承君之象，故为贵臣作奸也。⑦

9. 博劳性好单栖，其飞矮，其声嗅嗅。夏至应阴而鸣，冬至而止。《尔雅翼》卷十四。

10. 芒种之月，反舌无声，反舌有声，佞人在侧。反舌者，今百舌鸟也，能反覆其口，依百鸟之音。⑧

11. 鹰不……远人不服。鹰生边垂，得阴阳之气，动流天地间。今失时不来，故知远人不服。⑨

12. 鹰不……多盗贼。鹰者，鸷杀之鸟，德气不施，小人不就之象，故多盗贼。⑩

---

① 据《初学记》卷三〇、《太平御览》卷九二一等引订补。
② 据《天地瑞祥志》卷一九、《开元占经》卷一一六引订补。
③ 据《五行大义》卷五引订补。
④ 据《开元占经》卷九八、《太平御览》卷一四引订补。
⑤ 据《开元占经》卷一二〇、《太平御览》卷九四四引订补。
⑥ 据《开元占经》卷一二〇、《太平御览》卷九四六引订补。
⑦ 据《开元占经》卷一一六、《天地瑞祥志》卷一九、《太平御览》卷二三引订补。
⑧ 据《纬书集成》载《五行类事占》卷四、《天地瑞祥志》卷一八、《艺文类聚》卷九二引订补。
⑨ 据《天地瑞祥志》卷一八引订补。
⑩ 据《天地瑞祥志》卷一八引订补。

· 301 ·

13. 蟋蟀不居壁，门户夜开。蟋蟀之虫，随阴迎阳，居壁向外，趣妇女织绩，女工之象。今失节不居壁，似女事不成，有淫佚之行，因夜为奸，故为门户夜开。门户，人之所由出入，今夜不闭，明非也。①

14. 爵不入水为蛤，民多淫祀。……今失节不入水为蛤，故民多淫祀也。②

15. 正月初，物生黑。③《玉烛宝典》卷一。

16. 十一月，物生赤。《玉烛宝典》卷十一。

17. 十二月，④ 物生白。《玉烛宝典》卷十二。

18. 王者必改正朔，易服色，以应天地三气三色。《宋书·礼志》。

19. 冬至，广莫风至，诛有罪，断大刑。立春，条风至，赦小罪，出稽留。春分，明庶风至，正封疆，修田畴。立夏，清明风至，出币帛，礼诸侯。夏至，景风至，辩大将，封有功。立秋，凉风至，报土功，祀四乡。秋分，阊阖风至，解悬垂，琴瑟不张。立冬，不周风至，修宫室，完边城。八风以时至，则阴阳变化道成，万物得以育生。王者当顺八风，行八政，当八卦也。《事类赋》卷二。

20. 太阴奋于上，青阳萌于下。冬至日，日减大分六，小分四，一气之间增减九寸也。⑤

21. 冬至四十五日，以次周天三百六十五日，复当故卦。乾，西北也，主立冬。坎，北方也，主冬至。艮，东北也，主立春。震，东方也，主春分。巽，东南也，主立夏。离，南方也，主夏至。坤，西南也，主立秋。兑，西方也，主秋分。《六经天文编》卷上。

22. 乾受坎之阴，则有妖星出。《黄氏逸书考》载《开元占经·妖星占一》。

23. 坤比于坎，重阴之气变为彗。《黄氏逸书考》载《开元占经·慧星占一》。

24. 土精为石，石者，气之核也，犹人筋络之生爪牙也，故艮之义为小石。《黄氏逸书考》载《开元占经·石怪井冰占》。

25. 十马尾为一分。《隋书·律历志上》。

---

① 据《太平御览》卷九四九引订补。
② 据《天地瑞祥志》卷一八引订补。
③ "物"原无，以意补。
④ "月"原作"因"，以意改。
⑤ 据陈禹谟刻本《北堂书钞》卷一五六、光绪十四年万卷堂刻本《北堂书钞》卷一五六引订补。

26. 鸡，阳鸟也，以为人候四时，使人得以翘首结带，正衣裳也。《礼·内则》云："子事父母，妇事舅姑，鸡初鸣，咸盥漱，栉縰笄。"则惟其常，非独此日，但元正之朝，存亡庆吊，官有朝贺，私有祭享，虔恭复位，宜早于余辰，所以标而异焉。《荆楚岁时记》。

27. 正旦五更，整衣冠于家庭中，燃爆竹，帖画鸡，或镂五色土于户上，厌不祥也。《岁时广记》卷五。

易纬乾元序制记[①]

"《乾》：元亨利贞。"道之用也，微萌所接，德由备也。道之用者，道之所起也。微，[②] 乾为天，天幽微。萌，明也。[③] 道之所交也，德由是故备，谓《经》称"元亨利贞"也。文王比隆兴，始霸，文王比德于乾之隆盛，谓其隆德，[④] 长人以善，通其嘉会、利贞之义。乾之以正，始霸四方，被江汉之土。伐崇，作灵台，受赤雀丹书，称王制命，示王意。入戊午蔀二十九年，时有赤雀衔丹书而授之。序录著卦，科合谋，序录，序王录。著卦，为六十四卦经。科，设天令之卦。[⑤] 言道深虚恢。[⑥] 深，微幽。虚，言纯精无形。恢，大也。乾一言，纠图侯，此一言，"乾"一字。[⑦] 纠，犹正。侯，要终也。神烂天地塞。塞，满。

[①] 《四库提要》曰："《乾元序制记》，《后汉书》注七纬名并无其目。马氏《经籍考》始见一卷，陈振孙疑为后世术士附益之书。今考此篇首简'文王比隆兴，始霸'云云，孔颖达《诗》疏引之，作《是类谋》。疏又引《坤灵图》'法地之瑞'云云，今《坤灵图》亦无其文，而与此篇文义相合。又《隋书·王劭传》引《坤灵图》'泰姓商名宫'之文，亦在此篇，至其所言风雨寒温消息之术，乃与《稽览图》相近，疑本古纬所无，而后人于各纬中分析以成此书者。晁公武谓其本出于李淑，当亦唐宋闲人所妄题耳。"孙诒让"三圣首乾德"一段注曰："此盖《是类谋》佚文。"又小注曰："此纬晚出，唐以前未有著录者，以古书援引之文推校之，前半当为《是类谋》，后半当为《坤灵图》。盖宋人得两纬残本合编之，而妄题《乾元序制记》之名也。"两说并是。然此书虽后人妄缀而成，其注固是郑玄旧注，故仍录之。

[②] "微"原作"备"，以意改。

[③] "也"原作"之"，以意改。

[④] "隆"原作"龙"，以意改。

[⑤] "天"原作"王"，以意改。

[⑥] "深"下原有"微幽"二字，以意删。

[⑦] "字"原作"守"，以意改。

言乾之神明烂然，满天地之间也。文王用其不倦，武发循其质素，① 周公用其节厚。② 三圣首乾德，各就"乾元利贞"，毋悔；③ 依"夕惕若厉"，④ 惧复戒。⑤ 言三圣俱首乾德，而所用同也。⑥ "厚"当为"亨"。文王自朝，至于日昃，不遑暇食，是乾之不倦。⑦ 武王承而行之，不敢有加，是乾之质素。周公制礼作乐，光文武之业，是乾之节厚。其长人以善，⑧ 嘉会通礼，利慎于义，干事能正。其德靡悔，⑨ 战战兢兢，三圣同之也。是类摘表，甄符应合，明命精，⑩ 克慎不合。甄，继。⑪ 三圣俱知天命，能挺兴衰之表象，继瑞之所应合，⑫ 明天命精微之道，极慎不合道也。钩效纪，录兴亡，受度，⑬ 效，验。言乾能钩验五精，⑭ 记其次第兴亡，天人皆受法度。或为"授"。天子必思《易》，先知万世，为国著柄。柄，本要也。察之在，失之去，每云天命在，要主操。⑮ 在，存。⑯ 去，亡。操，行。天命主王之存亡，⑰ 要主之所行，用道兴王也。

六十四卦，各括精受节，以历纪道。括，从。括精受节，⑱ 谓各用事于诸月以应。纪明天道，谓寒温之节、兴藏者也。⑲ 因象著命取佐，书以州土之运，次衡伍。因象著命，谓叙其世数及名姓。取佐，捉下辄。书以州土之运，⑳ 以之卦于

---

① "循"原作"修"，以意改。
② "厚"原作"序"，据四库本注改。
③ "毋悔"原作"每"，以意改。
④ "依"原作"遗"，以意改。
⑤ "复"原作"后"，以意改。
⑥ "而所"句原作"而所有同异"，以意改。
⑦ "之"原作"乾"，以意改。
⑧ "其"原作"六"，以意改。
⑨ "其"原作"六"，以意改。
⑩ "明"原无，据注补。
⑪ "继"原作"绝"，以意改。
⑫ "继"原作"及"，以意改。
⑬ "受"原作"授"，从孙诒让说改。
⑭ "乾"原作"天"，以意改。
⑮ "要"原作"摽"，据注改。"主"原在"要"上，以意移。
⑯ "在""存"原互易，以意乙。
⑰ "天命"原在"要"上，以意移。
⑱ "括"原作"䄖"，以意改。
⑲ "兴"原作"与"，以意改。
⑳ "书"原作"皆"，据正文改。

· 304 ·

附　　录

土，各有卦分相当。衡音行，① 谓位也。② 一岁十二月，三百六十五日四分度之一，文宜言"四分日之一"，一日行一度，因言度。余二十。余，小余，即上四分度之一分数。四分一日，以为八十分二十为之。四分一日，以为大分则八十，以为小分则二十。小分四为一大分。

　　消息十二月，月居六日七分，十二月居七十三日有八十分居四分。③ 消息十二月，正居七十三日，④ 通计余分八十有四分，⑤ 则七十三日八十分之四也。三公十二月，月居六日七分，十二月居七十三日有八十分居四分。⑥ 九卿十二月，月居六日七分，十二月居七十三日有八十分居四分。⑦ 二十七大夫十二月，月居六日七分，十二月居七十三日有八十分居四分。⑧ 八百诸侯十二月，⑨ 月居六日七分，十二月居七十三日有八十分居四分。⑩ 五德之分，⑪ 五德，辟、公、卿、大夫、诸侯也。三十日余三十五分。⑫ 此则五卦之余。⑬ 三十五，⑭ 尽十二月，六十卦余分适四百二十分，五日四分有一。⑮ 其法以余分来乘卦，得四百二十，以八十除之，⑯ 则五日四分有一矣。此则方伯不与余之也矣。

　　辟卦：温气不效，六卦阳物不生，土功起。六卦，谓《泰》《大壮》《夬》《乾》《姤》《遁》也。⑰ 盛阳时温气不效，故阳物不生，土功起也。三卦阳气不至，辟忧疾伤，⑱ 日蚀既。三卦，谓《泰》《大壮》《夬》。此阳气盛息，其候

---

① "音"原作"亭"，以意改。
② "谓位也"原作"为位之"，以意改。
③ "有"原作"一百"，以意改。"有"读作"又"。
④ "三"原作"二"，以意改。
⑤ "有"原作"日"，从张惠言说改。
⑥ "有"原作"一百"，以意改。
⑦ "九卿"三句原无，以意补。
⑧ "有"原作"一百"，以意改。
⑨ "八百"下原有"一十二"，以意删。
⑩ "有"原作"一百"，以意改。
⑪ "五"原作"合"，从张惠言说改。
⑫ "余"原作"得"，以意改。
⑬ "此则"句原在"分"上，以意移。
⑭ "五"原无，以意补。
⑮ "有"原作"日"，以意改。注"有"同。
⑯ "除之"原作"余己"，从张惠言说改。
⑰ "泰"下原有"卦"，"壮"下原有"也"，"遁"原无，以意删补。
⑱ "辟忧"原无，以意补。

决温，其气不至，故辟忧疾伤，①日蚀既矣。②六卦不至，地震水涌，③其上三卦不效，后三卦又不效，于是阴乘其阳，故地震水涌也。寒气不效，六卦不至，冬荣，实物不成，夏寒伤生。④六卦，谓《否》《观》《剥》《坤》《复》《临》。⑤盛阴用事，而寒气不效，万物冬荣，实物不成。其冲必有大寒，伤生物者也。辟卦七十三日，日八十分之四，⑥常风乱先王之法度。⑦常风，每卦不用事有暴风也。⑧寒不时所威，⑨不得其人。谓春夏有寒效也。秋不霜，行春令，缓刑罚。冬不冰，行秋令，免有罪。春冻不解，行秋令，执无罪也。⑩亦谓温效于秋初也。必有受命所亡。谓受命之君所诛灭。奢侈过度，刑罚妄行，百姓急不足，困饥作奢，此受命所行。言王者虽有际会，安在其行之会。⑪

辟杀之法：十二卦常蒙，三十六年杀，非受命所亡也。常不清明，非受命所亡，言此君为臣所杀之候。⑫一卦不至，⑬为三年。二卦不至，为六年。三卦不至，为九年。四卦不至，为十二年。五卦不至，为十五年。六卦不至，为十八年。七卦不至，为二十一年。八卦不至，为二十四年。九卦不至，为二十七年。十卦不至，为三十年。十一卦不至，为三十三年。十二卦不至，为三十六年。不至，谓寒温不效，⑭及不清明也。⑮

---

① "伤"原无，据正文补。
② "既"下原有"日"，从张惠言说删。
③ "地"原无，据注补。
④ "生"下原有"冬温伤成，日月不明，四时失序，万物散去"四句，以意删。
⑤ "否"原无，以意补。
⑥ "八十"原无，从张惠言说补。
⑦ "度"下原有"常风"，从四库本注删。
⑧ "不"原无，以意补。
⑨ 张惠言曰"寒不时"有阙文，近是。此论十二消息卦之效，则当有"温不时"之文，又有注"谓秋冬有温效也"。"所威"以下亦有误，后文作"有受者常寒作藏也"，"威"盖即"藏"之形讹。大义谓寒气不效，应在其冲，则万物春夏不得其长，故秋冬不得收藏。
⑩ "行秋"二句原无，据后文补。
⑪ "安在"句，张惠言曰："字有误。"
⑫ "言此"句原作"言此君臣自相杀之候"，以意改。
⑬ "一"原无，从张惠言说补。
⑭ "寒"原无，从张惠言说补。
⑮ "及"原作"乃"，从张惠言说改。

附　录

卦始用事象：东风至，① 象不施予也。② 西风至，③ 象不作威也。④ 南风至，⑤ 免有罪也。⑥ 北风至，执无罪也。⑦ 东北为雨，西南为正。东南为温，西北为寒。皆谓卦之不效逆四时。⑧

用事：东北为雨，西南为风。⑨ 东北南西皆风。⑩ 东南为温，⑪ 西北为寒。皆谓始用事日也。⑫ 观其四，⑬ 知其正。此候及四正之卦，⑭ 非独辟卦也。⑮

候卦要法：谨察卦用事日分数，当寒者寒，当暑者暑，当风者风，当雨者雨，此平法。三为升气，⑯ 上为降气，⑰ 升阳为暑，升阴为寒，降阳为风，降阴为雨也。谨司其月中寒温风雨，⑱ 记其日与时，发时以验方来，万全不失一。降，效验也。⑲ 夏升阴降阳，寒；谓六三、上九也，当决寒，而过度，其败宜为风也。三过度，涌水为败。谓六三、上六也，当微寒，而过度，故为败也。夏升阳降阴，温；谓九三、上六也，当决温，而过度，其败宜为雨也。三过度，降雨为败。谓九三、上九也，当微温，而过度，故为败也。⑳

《坎》初，冬至，广莫。《震》初，春分，明庶。《离》初，夏至，景风。《兑》初，秋分，霜下。卦候至占法。㉑ 此四卦者，始效分、至，二十

---

① "至"原作"雨"，从张惠言说改。
② "不"原无，以意补。"予"原作"于"，从张惠言说改。
③ "风"原作"方"，从张惠言说改。
④ "不"原无，以意补。
⑤ "至"原无，从张惠言说补。
⑥ "免"原无，从张惠言说补。
⑦ "执"原作"熟"，从张惠言说改。
⑧ "皆谓"句原作"谓始用事也"，以意改。
⑨ "风"原作"正"，下又有"也"，以意改删。
⑩ "东北"句原为正文，以意改为注文。
⑪ "为"原无，以意补。
⑫ "始"原无，以意补。
⑬ "其"原作"六"，以意改。
⑭ "四正之卦"原作"四位之人"，以意改。
⑮ "卦也"原作"之"，以意改。又"此候"二句原作正文，以意改作注文。
⑯ "三"原作"二"，从张惠言说改。
⑰ "上"原作"五"，从张惠言说改。
⑱ "其"原作"六"，以意改。
⑲ "降，效验也"当有误，正文无"降"字，"效验"亦与"降"不相关。
⑳ "夏升阴降阳"至此正文原作"夏升降寒阴；三过度，涌水为败。夏升阳降阴，温；三过度，降雨为败"，注文原作"谓六三、上六也，当微寒过，故为败也"，以意改。
㉑ "至"原作"到"，以意改。

· 307 ·

四气之主，故候其初用事，以占得失。①

《复》姓角名宫，苍黄色，② 长八尺一寸，三十六世。《临》姓商名宫，黄白色，长八尺三寸一分，七十二世。《泰》姓商名宫，黄白色，长七尺六寸，三十六世。《大壮》姓商名角，苍白色，长七尺三寸九分，百三十一世。《夬》姓商名商，白色，长……世。③ 右圣人受命，瑞应之至，圣人杀龙。圣人兴起，《河图》出之者。④

《姤》姓角名商，苍白色，长六尺三寸，二十八世。《遁》姓宫名商，黄白色，长五尺九寸八分，五十六世。《否》姓宫名商，黄白色，长五尺六寸一分，七十二世。《观》姓宫名角，苍黄色，⑤ 长五尺三寸二分，百三十世。《剥》姓宫名宫，⑥ 黄色，⑦ 长五尺九寸九分，百二十世。右君子得众人所助，⑧ 帝王兴起，⑨ 必乾土，故大人动得中，君子受命，法地蛇。帝王兴起必乾土之中者，言必择土中，而王天下也。⑩ 此在下简析，⑪ 预在此章载之。⑫

《乾》姓商名商，白色，享国百二十。《坤》姓宫名宫，⑬ 黄色，享国百二十。《震》姓角名角，⑭ 苍色，享国七十二。《巽》姓角名角，苍色，享国六十四。《离》姓徵名徵，赤色，享国六十四。《兑》姓商名商，白色，享国六十四。《坎》姓羽名羽，黑色，享国七十二。《艮》姓宫名宫，⑮ 黄

---

① "得"原作"之"，从张惠言说改。又此文上当与前"卦始用事象"相接，下当与后"《坎》初六，冬至，广莫风"相接。以四正卦论气候之得失也。

② "苍"原作"赤"，以意改。

③ "《夬》姓"至此原无，以意补。

④ "圣人"二句原为正文，以意改为注文。

⑤ "黄"原作"白"，以意改。

⑥ 首"宫"原作"商"，以意改。

⑦ "黄"下原有"白"，以意删。

⑧ "右"原作"古"，从张惠言说改。

⑨ "帝王"原作"圣人"，以意改。注"帝王"同。

⑩ "王"原无，以意补。

⑪ "下"原无，"析"原作"折"，以意补改。

⑫ "载之"原作"之载"，以意改。又此当在下段，然据注所见本如此，因不改。

⑬ 首"宫"原作"商"，以意改。

⑭ 次"角"原无，以意补。

⑮ "姓宫"原无，以意补。

色，享国七十二。帝者，①《雒书》居处法。亦宜有"右"字，以脱耳。

夏，②始祖受命，而子孙入其元百六岁，③当阳旱不生。此天下故灾之常也。王者受命，皆有灾会，但言夏者，举一隅，小示之也。不生，物无生者也。灾期推以入轨年，④除轨数，算尽，则厄也。甲乙为饥，丙丁为旱，率如此也。贤子继世而立，有灾方来，豫畜而待之，此所谓转祸为福，天灾虽至，万民无饥寒之色。

冬温伤藏，日月不明，四时失序，万民散失。有受者常寒作藏也。霜深也，温赏予也。雨不时，特妄赏赐也。霜不时，杀无罪。风不时，令妄出也。冬不冰，行春令，免有罪也。春冻不解，行冬令，执无罪也。西风至，作威也。南风至，免有罪也。北风至，执无罪。皆谓卦之不效逆四时。夏升阳降温，三过度，雨为败。谓九三、上九也，当征而遇过度，其败宜为风也。⑤

《坎》初六，冬至，广莫风至；⑥九二，小寒；六三，大寒；六四，立春，条风至；⑦九五，雨水；上六，惊蛰。《震》初九，春分，明庶风至；⑧六二，清明；六三，谷雨；九四，立夏，温风至；⑨六五，小满；上六，芒种。《离》初九，夏至，景风至；⑩六二，小暑；九三，大暑；九四，立秋，凉风至；六五，处暑；上九，白露。《兑》初九，秋分，阊阖风至；⑪霜下；九二，寒露；六三，霜降；九四，立冬，始冰，不周风至；⑫九五，小雪；上六，大雪也。⑬

---

① "帝"上当有"右"，注说是，然原文即如此，因不改。
② "夏"原作"复"，从四库本注改。
③ "而"下原有"王"，以意删。
④ "期"原作"其"，"推"原作"惟"，以意改。
⑤ 此文即前"卦始用事象"三段而重出者，正文、注文并有错乱，参前，今不详校。
⑥ "至"原无，以意补。
⑦ "至"原无，以意补。
⑧ "至"原无，以意补。
⑨ "至"原无，以意补。
⑩ "至"原无，以意补。
⑪ "至"原无，以意补。
⑫ "至"原无，以意补。
⑬ 此文当与前"《坎》初，冬至，广莫"在一处。彼文曰"卦候到（至）占法"，则是占七十二候之法，原文当有七十二候。后世引此文，其候多删之，而《兑》初九之"霜下"、九四之"始冰"二候，则其删而未尽者。

易纬是类谋

《雒书灵准听》曰："类萌枢，提纪时。黄牙出子，十运检期也。"类，五精之类。枢，枢星位乾。故五精之萌，皆于此。摄提值巽，故主纪时。① 黄牙出子，谓《复》卦所在。检，法。子出，王道之始，十则为运之法期。② 岁星，亦曰摄提也。阳孽有七妖，阴怪有八灾，③ 布命九、六。机衡准时，④ 经持错序，七、九通符。阳孽，谓《复》至《夬》之世。阴怪，谓《姤》至《剥》之世。七、八，阴阳之象，妖灾之数，起于七、八，九、六受而行之。枢机玉衡□时，□持其进退之节。⑤ 经以七、八为象，九、六为爻，明其□□。⑥ 通者，著也。天以变化，地以纪州，人以受图，三节共本，同出元苞。变化，谓见妖异。纪州，别所兴之地。受图，⑦ 受图书。三节，天、地、人。⑧ 同出元苞，谓太极混沦之义也矣。乾建度，坤拒谋，人育治，八卦交通以阊舒。建度，立法度。拒，亦法。坤为土，土性智，故谋属焉。生则育。治，⑨ 谓六子体正也。⑩ 是故建乾为法度，法坤为智谋，⑪ 六子则生其事而行之。交通，亦阊舒也，⑫ 故曰"交通以阊舒"。⑬

皇象承；帝撣思；王伦图圣乾，考神摘期；⑭ 守文师哲仁，祖《雒书》；假驱掇渐；霸考龟：兴之物瑞骒骊。象承，谓承天以政教。撣，犹秉持也，

---

① "主纪时"原作"王绝纪"，以意改。
② "为运"原作"运为"，以意改。
③ "怪"原作"怡"，以意改。注"怪"同。
④ "准时"原作"维持"，从孙诒让说改。
⑤ "枢机"二句原作"枢机玉衡，有时其进退之节"，以意改。
⑥ "□□"原无，以意补。
⑦ "受图"原无，以意补。
⑧ "人"原无，以意补。
⑨ "治"原作"法"，据正文改。
⑩ "六子体"原作"宰礼"，以意改。
⑪ "是故"二句原作"事故见为乾法度"，以意改。
⑫ "交通"二句原作"公后道亦开舒也"，以意改。
⑬ "通"下原有"道"字，据正文删。
⑭ "期"原作"且"，以意改。

附　录

言五帝秉持黄道，而思行之。伦，理。圣，通。三王理国之言而通乾污，考其神王之录验，① 以捤将兴之期。② 守文承世之君，③ 上不及圣人伦图之义，故师哲仁之人、祖《雒书》之言以为法。假驱，谓在际代之间若秦者。④ 掇渐，言皆有国录，不能纯耳。名犹在尧河洛，⑤ 穆公授白雀之书。是霸，若周之齐桓。⑥ 考龟者，谓有名在《洛书》。䮮骊，犹踟蹰，⑦ 言将兴之人，皆有瑞应，无苟然者也。皇观钩、堂，考房、斗、能；帝视河、洛，纬合谋；王察可异，⑧ 一角九尾，众善入都；假驱隶浮，⑨ 耀类害孽；⑩ 霸维经象，卒明绝：精转移，⑪ 鱼贯之符。⑫ 钩、堂、房、斗、能，皆星名。言三皇观此宿而动作。五帝则视河、洛、五纬而合谋。一角，麟也。九尾，九尾狐也。⑬ 众善，百瑞及休征。⑭ 入都，人所归。谓及麟，有九尾狐，有因及人所归。三王尽察可异之物，谓若武王东至孟津，诸侯不召而至，又白鱼、赤乌之异，⑮ 皆思而行之，是谓谷见也。⑯ 假驱，见上。浮，□也。⑰ 耀，日月五星之众，害叛于此。孽，生。经象，天道常兴衰之数，若周文王之旅尽。霸者，在武王之穆也。卒，终也。⑱ 言霸者之兴所修王者之轨，明其亡绝之期也。天精之则，转而更移，若仓精衰，而赤帝起。鱼贯之符，⑲ 谓次第当起也。⑳ 踵际督迹，㉑ 巺、艮主期，㉒

---

① "考其"句原作"考其神之王录敛"，以意改。
② "捤"原作"䘏"，以意改。
③ "文"原无，以意补。
④ "代之"原作"之代"，以意改。
⑤ "名犹"原作"各繇"，以意改。
⑥ "周"原作"因"，以意改。
⑦ "踟"原作"蹶"，从孙诒让说改。
⑧ "异"原作"错"，据注改。
⑨ "驱"原作"类"，以意改。
⑩ "类害"原作"害类"，以意改。
⑪ "精"原无，以意补。
⑫ "鱼贯"原作"涣磔"，以意改。
⑬ "麟也"三句原无，以意补。
⑭ "百瑞"句原作"百端及休微"，以意改。
⑮ "赤乌"原作"谷鸟"，以意改。
⑯ "是谓"句未明，正文中无此文。
⑰ "见上"三句原作"见净"，以意改。
⑱ "卒，终也"原作"本终者"，以意改。
⑲ "贯"原作"异"，以意改。
⑳ "第"原无，以意补。
㉑ "际"原作"察"，据注改。
㉒ "主"原作"土"，以意改。注"主"同。

震、兑附合化，①离、坎招嬉，集节谨纬，②动视存神昴、街、门、五侯。③踵际，后也，④谓上精所移之人。督迹，循理之人。巽当《升》卦之本，⑤艮时止则止，时行则行，故主期。震为雷，动万物。兑为泽，泽以说之，故卦立附合其化作。⑥离为日，坎为月，故主招而嬉兴之。⑦集节，谓进止之期。存，察。神昴、街、门、五侯，皆星名。⑧明王进止，慎五纬而候之，又察四宿之兴。

摄提招纪，[格如别甲子寅岁]，⑨离枢推，以却步历，谶自苞者。⑩摄提招纪，天元甲寅之岁。离，当作"历"。枢，本。⑪却步，谓推来岁之数。谶自苞在其中矣。候终，以季月入月八日，⑫考经纬用事之气。不效，立五德二十蔀之期。⑬算其节，以吹律卜名，以纠胥。必视荧惑所在，以知亡象，所次之失。⑭到逆灾，见乱象者。⑮候终，⑯将亡之气。季月，亦四时之终。入月八日，⑰闭阴数。经纬，《震》《兑》《离》《坎》。考下之气以为准，苍盖候之于春，赤盖候之于夏，白盖候之于秋，黑盖候之于冬。断之以五德更王之二十蔀之期。⑱千五百二十岁，历终之数，亦所当之节。吹律以定其名，若晼俀、蒙孙者。⑲纠，□。胥，⑳相。视荧惑所在，观其宿，以是知其亡绝之象，及所次之失也。㉑到逆，谓荧惑到逆其度。乱象，乱为灾。㉒其

---

① "附"原作"扶"，据注改。
② "谨"原作"繥"，以意改。
③ "存"原作"在"，"神"原作"拣"，"侯"原作"候"，以意改。
④ "踵际"二句原作"踵后际"，以意改。
⑤ "卦"原作"初"，"本"原作"未"，以意改。
⑥ "化作"原作"作化"，以意改。
⑦ "兴之"原作"之兴"，以意改。
⑧ "星名"原无，以意补。
⑨ 此句似旧注之文误入者，本作"摄提，摄提格，始列于甲寅之岁"，"如"似为"始"之形讹，"列"即"别"之形讹。注不说此句，且其解亦与此句相同，是以疑之。
⑩ "谶"原作"试"，据注改。
⑪ "当作"至此原作"历枢卒"，以意改。
⑫ "入月"原无，以意补。
⑬ "二十蔀"原作"鄯"，以意改。
⑭ "之失"原作"失之"，以意改。
⑮ "象者"原作"相屠"，以意改。
⑯ "终"原无，据正文补。
⑰ "入月"句原作"月八者"，以意改。
⑱ "蔀"原作"鄯"，以意改。
⑲ "若晼俀"原作"丢俛仰"，以意改。
⑳ "□胥"原无，以意补。
㉑ "之失"原作"失之"，以意改。
㉒ "乱象"二句原作"乱为威"，以意改。

附　　录

占非一,举一隅以示人。图未发,徼幸谋,朦气错,风飘箕,① 千里惊动,水逆雒,② 负老趣,山崩,泉涌,③ 地裂。主有所据,④ 图侯元德,⑤ 天下归邮。图,图书也。⑥ 发,出。图未出者,⑦ 圣人未兴,此轨未尽者。图书之出,皆当其轨,然后圣人起而奉行之。徼幸之人,不知天命,则欲谋,故天为变异焉。朦,昏不明。⑧ 错,冒于太阳。⑨ 风飘箕。⑩ 箕星好风,千里惊动。水逆雒,⑪ 争。负老趣,⑫ 避兵乱。山崩、泉涌、地裂,⑬ 阴见。天为此者,欲有所溃败耳。⑭ 据图之侯为元德之正者,⑮ 免其祸。⑯ 天下人亦归之邮然也。心有所惟,⑰ 意有所虑,未发颜色,莫之渐射出。天地灾,怪挺患。⑱ 无刑之外,推明纤微之初,⑲ 先见吉凶,为帝演谋,忽之可也,勿之无也。夫天道之精微,⑳ 人事之善恶,乃在其心意,㉑ 常未见于颜色,而莫朦昧之渐以射出见也。天地为吐灾,有变怪之挺出患祸。无刑之外、纤微之初,㉒ 皆谓事未形之象兆。而先见吉凶之象,㉓ □天道,㉔ 为帝王豫

---

① "飘"原无,以意补。
② "水逆"句原无,参注补。
③ "泉涌"原作"涌泉",以意改。
④ "据"原作"贵",以意改。
⑤ "图"原作"王",以意改。
⑥ "图"原无,以意补。
⑦ "出"原作"由",以意改。
⑧ "明"原作"相",以意改。
⑨ "于"原作"干",以意改。
⑩ "箕"原作"飘",以意改。
⑪ "水"原无,以意补。
⑫ "老"原无,据正文补。
⑬ "山崩、泉涌"原作"山者、泉漏",以意改。
⑭ "欲有"句原作"有欲所溃败耳",以意改。
⑮ "图"原作"土","德"原作"暴",以意改。
⑯ "免"原作"受",以意改。
⑰ "惟"原作"维",以意改。
⑱ "怪"原作"捉",以意改。
⑲ "推明"原作"准萌",以意改。
⑳ "夫"原作"主",以意改。
㉑ "意"原无,据正文补。
㉒ "刑"原无,据正文补。
㉓ "见"原无,以意补。
㉔ 缺字原无,以意补。盖"顺""法""应"一类字,言承顺天道,为帝豫谋。

· 313 ·

谋也。忽，① 谓不急用也。可也，未便有凶祸。勿之无也，② 谓发之无忘之矣也。

建世度者戏，黄帝之新定录图。③ 有由帝颛顼，④ 纪世谶，别五符，元元之威冥，因著灾。⑤ 建世度，谓五世之法度。虙戏氏始作八卦，以为后世轩辕黄帝之表。⑥ 黄帝定录图，黄帝始受《河图》而定录。⑦ 由帝颛顼，又为世谶，⑧ 别五帝之符，黑精元冥，⑨ 又因著众灾也。颛顼氏标水德，⑩ 王天下，于五帝次黄帝，⑪ 故言"有由"者矣。甄玑立功者尧，⑫ 放德之名者虞。与同射放，赤黄配枢。乾坤合斗，十以分治。⑬ 甄，纪。玑，璇玑也。⑭ 尧纪璇玑玉衡，以齐七政，舜继成其德。⑮ 与同，谓尧、舜。射，犹放也。⑯ 应期俱出。⑰ 尧赤而舜黄，尧受火精，⑱ 舜应地德，在中央配枢星也。⑲ 十，天地之终始也。尧、舜祖乾巛而行合北斗，⑳ 天地数分而以治。㉑ "十"或为"七"也。候兴之，表孟月，七月合八，㉒ 岁填所居，日之营，月之昴。类耀汭，㉓ 提含珠，㉔ 河龙图，雒龟书，㉕

---

① "忽"原作"勿"，以意改。
② "勿之"句原作"天之"，据正文改。
③ "黄帝"原作"重瞳"，以意改。
④ "由"原作"白"，以意改。注"由"同。
⑤ "著"原无，据注改。
⑥ "辕"原无，以意补。
⑦ "黄帝"原作"重瞳"，以意改。
⑧ "又"原作"有"，以意改。
⑨ "黑"原作"异"，以意改。
⑩ "标水"原作"水摽"，以意改。
⑪ "黄帝"原作"冥"，以意改。
⑫ "玑"原作"机"，以意改。
⑬ "十"原作"七"，从孙诒让说改。
⑭ "甄"至此原作"甄，纪机也"，以意改。
⑮ "舜"原无，以意补。
⑯ "放"原作"应"，以意改。
⑰ "应"原作"却"，以意改。
⑱ "火"原作"天"，以意改。
⑲ "央"原作"安"，从孙诒让说改。
⑳ "巛"原作"水"，从孙诒让说改。
㉑ "分"原无，以意补。
㉒ "七月合八"疑当作"入月八日"，然注以"七月"说之，则所见即如此，因不改。
㉓ "类"原作"横"，以意改。"汭"原作"溢"，据注改。
㉔ "含"原作"舍"，据《玉烛宝典》卷四引改。注"含"同。
㉕ "图雒"原作"雒图"，据四库本注改。

圣人受道德图者也。① 孟月，亦四时之始，故候兴之焉。七月，用阳数也。七月合八，岁星、填星所居，将兴则聚。今日之营、月之昴，孟春、七月也。"洫"当为"溢"，"德"为"得"，字之误也。耀溢、舍珠，皆谓光明。是明河出《图》、洛出《书》，圣人受命得道图也。必题起，② 天下扶。言图书必题起者之名姓，③ 及所出之地，天下之人扶而助之也矣。④ 在主殆用，⑤ 接兴惟。⑥ 辟虽不味道，辅公晓思。守鼎之足，掘三能，⑦ 持斗，辅堂藩信，毋堕怠。⑧ 图不限世，录可却期，在主所由。在主，存世之主。殆用，⑨ 庶几用图书。接兴衰之君，⑩ 惟思而行之也。辟虽不味道，⑪ 谓凡平之君不能思用图书，⑫ 其存亡则由于辅公之晓思耳。守鼎之足，言任重。握持三能，⑬ 持斗，辅正之要。"堂"当为"尚"。言辅公任重，秉图之正，⑭ 尚屏藩忠信之道，⑮ 不可以堕怠。能然则《河图》不限其世，⑯ 王录复却期。⑰ 明臣当辅，不限君之过，则可却度。⑱ 在主所由，⑲ 从臣也。⑳

有文之王，四乳是舒，有文之王，周文王。文王之表，四乳是舒也。出岐鄙，东抚州也。岐，山名。㉑ 鄙，邑名。子乙世丑，㉒ 天予姬昌，㉓ 赤雀丹

---

① "德"原作"真"，据孙诒让说改。
② "题"原作"提"，以意改。
③ "题"原作"显"，以意改。
④ "扶"上"人"原无，以意补。
⑤ "殆"原作"盬"，以意改。注"殆"同。
⑥ "惟"原作"维"，以意改。注"惟"同。
⑦ "三"原作"天"，以意改。
⑧ "毋"原作"每"，从孙诒让说改。
⑨ "殆"上原有"彊"，以意删。
⑩ "君"原作"居"，以意改。
⑪ "道"原无，以意补。
⑫ "之"原无，以意补。
⑬ "握持"句原作"接掘能"，以意改。
⑭ "图"原作"国"，从孙诒让说改。
⑮ "屏"原作"秉"，以意改。
⑯ "世"原作"正"，以意改。
⑰ "王"原作"三"，"后"原作"复"，以意改。
⑱ "却"原无，以意补。
⑲ "在主"句原作"有文也由"，据正文改。
⑳ "从臣"原作"淡者"，以意改。
㉑ "山名"原无，以意补。
㉒ "丑"上原有"配"，以意删。
㉓ "天"原作"子"，以意改。

书，① 而演恢命，② 著纪元苞。子乙，子阳。③ 阳世为无道，故天以其王命予文王也。文王受丹赤雀书，④ 而演，谓作《易》。以大天命，⑤ 著纪其元苞。苞，本也。德之所，耀焕孳，震之煌煌。耀，七耀。有德之人所在，则七耀焕然为之孳。⑥ 日月有耀，精光煌煌，⑦ 若圣人合天之震动。⑧ 七耀焕然，⑨ 四方必谋。知命者与神嬉，不知圣人生在邹。⑩ 言后君能知天命，修德以度于际会，⑪ 则可与神嬉。嬉，兴。若无知者，⑫ 将有圣人生之邹。⑬ 邹，孔子父叔梁纥所治邑也矣。其触耀而出，⑭ 其师旷历枢，⑮ 推音算律，如以度知且。触耀而出者，谓师旷者得圣人之一体，故触耀而生。其人能知历数枢机之事，又能推五音之清浊，⑯ 算律之长短，以度知将来之事也。⑰ 集纪攸录，括要，题记备，⑱ 命者孔丘。攸，远。录，⑲ 三十五君之王录。括，法。要，□。⑳ 题记，㉑ 题其录之所记，故备。㉒ 天命孔子，以上至德在文王演赤雀之书言也。㉓ 斗佾之世，卯金刀用治，谟修六史，宗术孔书。斗佾，太平。卯金刀，谓汉。用治，以为政教。六史，㉔ 六代之书，谓今

---

① "雀丹"原作"丹雀"，以意乙。
② "而"原作"也"，据注改。
③ "子"原作"乙"，以意改。
④ "赤雀"原在"丹"下，以意移。
⑤ "天"原作"夫"，以意改。
⑥ "为"原作"谓"，以意改。
⑦ "精光"句原作"精光之异"，以意改。
⑧ "动"原无，以意补。
⑨ "七"原无，以意补。
⑩ "生"原作"姓"，以意改。
⑪ "于际"原作"际于"，以意乙。
⑫ "无"原作"元"，以意改。
⑬ "生"原作"姓"，在"之"字下，以意改乙。
⑭ "其"原无，"而"原作"世"，据《太平御览》卷一六引补改。
⑮ "历"原无，据《太平御览》卷一六引补。
⑯ "又"原作"有"，以意改。
⑰ "度"原无，据正文补。
⑱ "记"原作"讫"，据注改。
⑲ "录"原作"远"，以意改。
⑳ "括"四字原作"垂要法"，以意改。
㉑ "题"原作"须"，据正文改。下"题"同。
㉒ "故备"原作"备故"，以意乙。
㉓ "王"原作"玉"，而与"演"为正文，以意改。然此句亦不通，尚有误。
㉔ "六史"原无，据正文补。

附　录

《书》，①汉兴，伏生传焉。②宗，尊。术，循。③孔书，④孔子所定之书也。⑤皇政毁道，散命名胡。皇政，秦始皇。毁道，焚烧《诗》《书》。散，亡者。⑥胡，胡亥也。秘之隐在天，⑦未消于乱。秘，谓河洛之书及五经。⑧隐在天，毁道者不一，得藏于天。未消于乱，未毁败也。⑨藏设世表，待人味思。世表，帝王之图录也。待贤圣之人，而味思之也。⑩帝必有察，握神嬉，世主永味，神以知来。言后世之帝，必察图书之言，则可与神嬉。永味，味思。⑪味思有道，则如神知来也。

命机之运，由孔出，天心表际悉如，河洛合纪，⑫通终命苞。机，转者。纪，数。天之运，皆自孔子出。⑬天之心意，及表际之事，亦悉如之，故能与河洛合其数，⑭通终始，⑮知王命之苞本也矣。七录摘亡，⑯去恶降灾，变动七、九，斗衡谋。七录者，⑰著三十五君之王录。摘亡，《摘亡辟》。⑱辟，君，为恶君之名。去恶，原其为恶者之亡征。⑲降灾，亦灾祸之期。变动七九，则所谓"七、九通符"者，有北斗玉衡之星，以知其谋也。税象断命，六千三百，七九之维，⑳八八错效，考纪提昴。税，犹视、见。㉑象，八卦之象。㉒断命，断其吉凶灾异。

---

① "今"原作"金"，据武英殿本改。
② "传"原作"得"，以意改。
③ "循"原作"修"，以意改。
④ "孔书"原无，据正文补。
⑤ "子"原无，以意补。
⑥ "亡"原作"已"，从黄奭说改。
⑦ "天"原作"文"，以意改。
⑧ "河"原无，以意补。
⑨ "隐在"至此原作"隐在，毁道者不一，得成。消于乱，未郵败也"，以意改。
⑩ "而味"原作"味而"，以意乙。
⑪ "永味"二句原作"有味之"，以意改。
⑫ "合"原作"命"，据注改。
⑬ "自"原无，以意补。
⑭ "与"原作"兴"，以意改。
⑮ "通"原作"运"，据正文改。
⑯ "七"原作"乙"，以意改。
⑰ "七"原作"乙"，以意改。
⑱ "摘亡"二句原作"摘其"，以意改。
⑲ "征"原作"微"，以意改。
⑳ "七九"句原作"天纠邮"，据注改。
㉑ "视"原作"提"，以意改。
㉒ "象"原无，以意补。

累其数六千三百，①七九之维。八八，六十四卦。错效，谓九三、六三候寒温：六三、上六，则候微寒；六三、上九，则候决寒；九三、上九，则候微温，九三、上六，则候决温。又考其纪于提昴者也。②**易姓代出，辅左应期**。易姓者，四十二姓，更王代出。辅，相。应期者，若赤王则黄佐命辅术也。**房、心招拒，虚、张舍持**。③房、心，④东方宿名，⑤虚、张，南北宿名。五精更王，此四者宿为之护卫。⑥舍，出也。**轩辕挺变**，⑦**文昌理时**。挺变，见灾异。理时，理护其兴之节也。⑧**太微合诚，紫极合苞**。太微，五精之宫。⑨紫极，紫微。书言太微五帝，合其诚信。紫微北极，则帝坐也。⑩**钩铃持纽，候五纠灾**。纽，结，要。纠，见也。⑪**能提无乖，狼弧谋兵**。⑫无乖，无违其在位者。⑬谋兵，谋去王。⑭**纬缩合宿，日月毁珥**，⑮**浮气怪出**，⑯**篝第蚩尤**。纬，五纬。缩，行进退。合，聚。毁，散。珥，日月傍气。诸以光、气为怪者。篝第，妖星。蚩尤，妖星。昔蚩尤为无道，⑰作五虐之刑，黄帝起而诛之，盖有此旗邪？⑱未闻也。**孔子演曰："天子亡征七，⑲圣人起有八符。七、八，亦阳爻阴爻之象数也。⑳运之以斗，税之以昴，五七布舒，河出录图，雒授赤书。"**㉑运之以斗，则上"类萌枢"及"机衡准时"也。

---

① "累"原作"星"，以意改。
② "错效"至此原作"错效，谓九三、上六维微温：六三、上六，则候决寒；六三、上九，则候微寒；九三、上九，则候次温；六三、上六，则决寒。又考其纪于提卯者也"，以意改。
③ "舍"原作"合"，以意改。注"舍"同。
④ "心"下原有"招拒"，以意删。
⑤ "方"原作"西"，以意改。
⑥ "此四"句原作"此四宿名为之衡卸"，以意改。
⑦ "变"原无，从孙诒让说补。
⑧ "护"原作"获"，以意改。
⑨ "宫"原作"官"，以意改。
⑩ "帝坐"原作"东平"，以意改。
⑪ "纠见"原作"见纠"，以意乙。
⑫ "狼弧"句原作"猥狐谋"，以意改。
⑬ "无乖"二句原作"无为之正立者"，以意改。
⑭ "王"原无，以意补。
⑮ "毁"原在"日"上，以意移。
⑯ "怪"原作"恲"，从孙诒让说改。注"怪"同。
⑰ "昔"上原有"玄恲"，以意删。
⑱ "旗"原作"其"，从孙诒让说改。
⑲ "七"原作"九"，以意改。注"七"同。
⑳ "亦阳"句原作"亦阳爻阴象之数也"，以意改。
㉑ "赤"原作"变"，以意改。

附　　录

税之以昴，则上所谓"视存神昴"。① 七五，三十五，君名以次第王录。受命之时，② 亦河出《图》，洛出《书》，受之以王录。

王亡征：③ 一曰震气不效，仓帝之世，周晚之名。当之候在兑，④ 鼠啮食人，⑤ 菟群临，⑥ 虎龙怪出，⑦ 箸守大辰，东方失度，⑧ 天下亡。周晚，疑为"同晓"。候苍帝亡征，震气不效，又有此名号，与之相当。当此亡征，又候其冲，⑨ 兑往用事之时，⑩ 以观其灾。鼠啮食人，⑪ 震为噬，⑫ 是盗贼将起之征。菟、龙、虎，东方之禽，而皆为灾怪。⑬ 苍青之龙，大火，处房心。⑭ 箸，⑮ 扫故致新，⑯ 而守大火，去苍精之命，秉维不守。大辰在东方之度、七宿之中，⑰ 皆□。⑱ 昔周之衰，有星守于房，⑲ 有星茀于东方，此其验之一隅。二曰离气不效，赤帝之世，⑳ 蒙孙之名。㉑ 当之候在坎，女讹诬，虹蜺数兴，石蜚，㉒ 山崩，天拔刀，蛇马怪出，天下甚危。蒙孙，亦亡主之名号。㉓ 亦又候其冲。出在南方，为太阳征，阴类灾也，故女子为讹诬。虹蜺，日旁气也，皆阴，故蔽阳。石蜚、山崩，皆阴，阳类为灾。天抈戈兵而杀戮之，㉔

---

① "存神昴"原作"在栋星"，据前文改。
② "君名"二句原作"有名以第录，王受命之时"，以意改。
③ "王亡征"原作"征王亡"，以意改。
④ "当"原作"曾"，以意改。本段"当之"之"当"原皆作"曾"，后不俱说。
⑤ "啮"原作"孽"，以意改。
⑥ "临"原作"开"，据《天地祥瑞志》卷一九引改。
⑦ "怪"原作"悇"，以意改。
⑧ "失"原作"之"，以意改。
⑨ "冲"原作"行"，以意改。
⑩ "兑"原无，以意补。
⑪ "啮"原作"气"，以意改。
⑫ "为噬"原作"之世"，以意改。
⑬ "怪"原作"悇"，以意改。
⑭ "处房心"原作"虎所以"，以意改。
⑮ "箸"原无，以意补。
⑯ "扫"原作"归"，以意改。
⑰ "方"原无，以意补。
⑱ "□"原无，以意补。
⑲ "房"原作"户"，以意改。
⑳ "之"原无，以意补。
㉑ "蒙孙"原作"属轶"，以意改。注"蒙孙"同。
㉒ "蜚"原作"飞"，据注改。
㉓ "之"原作"人"，以意改。
㉔ "天抈"句原作"为戈兵而没随之"，以意改。

是将去赤精之命。蛇马，南方之虫，故必乱败危主也。① 能改者存，② 质石蜇、拔刀、虹蜺、蛇马、女讹、山崩之凶消，③ 卒贵巅，将悔知师，缘出反善，可令命章衎滑。④ 能改者存，五帝俱然。孔子生苍之际，应为赤制，昔尧有盛德，⑤ 其苗应期，当先用己道，将可宁之。质，犹致。言自改固可存，石蜇、拔刀、虹蜺、蛇马、女讹、山崩之凶皆消，⑥ 德以复之。卒贵巅，⑦ 贱人暴贵，复倒逆。贤愚能自改悔，知师贤人，缘以自出于己，故更德言道则善。⑧ 令其王命章，⑨ 衎其滑奸也。⑩ 三曰坤气不效，黄帝之世，⑪ 沉迟之名。⑫ 当之候在艮，名水赤，大鱼出，斗拨纪，天下亡。坤为地，⑬ 地性重迟，亡主为名号。⑭ 亦候其灾于其冲。⑮ 名水，河、洛。大鱼，鲸。土精乱不能伏水，故今为坎、为血、为水，而河洛位在中，故"名水赤"。土震则生水，鱼有成，⑯ 故"大鱼出"。斗出拨纪，⑰ 臣不如常法也。四曰兑气不效，白帝之世，⑱ 讨吾之名。当之候在震，曚气错，⑲ 昼昏，地裂，大霆横作，天下亡。亦又候其冲也。曚气，亦谓曚于太阳，故昼昏。⑳ 兑为金，金性清明，故乱则昏也。土者金之母，故乱则裂。又大霆横作，亦不制木之异者也。五曰坎气不效，黑帝之世，㉑ 胡谁之名。当之候在离，五角禽出，山崩，日

---

① "败危"原作"则为"，以意改。
② "能改"句原作"有能改之之"，以意改。
③ "质石"句原作"质石蜇、复、蛇马、女讹之凶多"，以意改。
④ "命"原无，以意补。
⑤ "昔"原作"有"，以意改。
⑥ "石蜇"至此原作"石蜇，言自改固可存，复、蛇马、女讹之凶皆消"，以意改。
⑦ "巅"原无，据正文补。
⑧ "故更"句原作"路更也值言道则善"，以意改。
⑨ "令"原作"今"，以意改。
⑩ "衎其"句原作"仿其蜀奸也"，以意改。
⑪ "之"原无，以意补。
⑫ "沉"原作"次"，以意改。
⑬ "地"原作"兆"，以意改。下"地"同。
⑭ "主"原无，以意补。
⑮ "冲"原作"行"，以意改。
⑯ "故名"至此原作"故土里则土水，土有成"，以意改。
⑰ "出"原作"再"，据正文改。
⑱ "之"原无，以意补。
⑲ "曚"原作"嗦"，以意改。注二"曚"同。
⑳ "昼"原作"尽"，从黄奭说改。
㉑ "之"原无，以意补。

附　　录

既为月既，① 天下亡。亦候之于其冲。北方禽牛，土数五，五角禽出，土将灭水之象。山崩，亦土为灾。水精为月，月者日之妃，月既者，象妃夹居之，② 明日既为月既也。六曰巽气不效，霸主之世，③ 名巫动。④ 当之效在乾，⑤ 大水竭，⑥ 名川移，霸者亡。巫动，若于放日，乃以为名号者，⑦ 巽为风，雩动万物之类也。⑧ 亦候之于其冲。大水、名川流通，地德若衰，则或竭或移。七曰艮气不效，假驱之世，名淫柔。⑨ 当之候在坤，⑩ 长人出，星亡，殒石，怪刺之主亡。⑪ 艮为土，⑫ 性安静，淫荒柔逸，⑬ 比为小人，若以为名号者也。候之亦于其冲。长人出者，象天下将有圣人起也。星，阴类，殒而兴在天光，犹诸侯盗行天子之政。名类验之，主将亡者，皆星亡石殒。春秋之时，殒石于宋五，《传》："殒星也。"霸在王者之间，故其异，不以五行之数也矣。八曰乾气不效，天下耀空，乾为天，而其气也不效，故有光耀者空，谓三精、五星及群宿皆无光明。⑭《春秋传》曰"恒星不见"也。将无君，⑮ 州毋王，⑯ 雌擅权，国失雄，乾为君，其气不致，故将无君，州无王。⑰ 雌，臣。雄，君。臣擅权，⑱ 故因知其忮君也。⑲ 陪孽领威，君若赘流。陪，臣。孽，庶子。威气内心。⑳ 赘如流，皆不得于事。赘流，或曰为间小治也

---

① "月既"原无，据注补。
② "夹"原作"刺"，以意改。
③ "霸主"句原作"霸世之主"，以意改。
④ "巫动"原作"筮喜"，以意改。
⑤ "效"依例当作"候"，唯注"放"字似即说"效"，则所见或本即作"效"，故不改。
⑥ "竭"原无，据注补。
⑦ "巫动"三句原作"喜若于放日及以名号者"，以意改。
⑧ "雩"原作"鄠"，以意改。
⑨ "名淫柔"原作"若檐柔之比"。
⑩ "候"上原有"以"，据文例删。
⑪ "刺"原作"辞"，以意改。
⑫ "土"原作"七"，以意改。
⑬ "性安"二句原作"性安，皆为荒子央逸"，以意改。
⑭ "三精"原作"五县"，以意改。
⑮ "无"原作"元"，以意改。注"无"同。
⑯ "毋"原作"每"，以意改。
⑰ "州无王"原作"明元之"，以意改。
⑱ "臣擅权"原作"擅"，以意补。
⑲ "忮"原作"朽"，以意改。
⑳ 此句未明，此说"领威"二字，与义不相符，当有误。言"内心"，则与"藏"有关，或正文、注文"威"皆当作"藏"。

矣。^① 当之候在巽，众变立，地陷。众变立，^② 六千三百变立见。^③ 地陷，沦下。斗机绝纲，^④ 玉衡拨，摄提亡。绝纲、拨，皆谓不如常。亡，不见之也。^⑤ [斗机绝纲，斗者，天中之精，天失其平，故斗机绝纲。玉衡拨也。摄提者，斗前之星，为斗施政教，布之八野，今斗失其正，故摄提亦为之亡不见。]^⑥ 五星合，狼弧张。^⑦ 五星合，灾在君。^⑧ 狼弧张，兵宿动。昼视无日，虹蜺煌煌，夜视无月，彗箒将将。无日无月，谓妖气应期明。[此皆属乾，乾为天，^⑨ 失其主，故著天者皆失其正也。] 当藏者出，当出者消，佹处易期。^⑩ 当藏者出，蛰物以非时见。当出者消，时见之物今无有。^⑪ 佹处，易地而生。^⑫ 易期，亦然也。^⑬ [当藏者出，解"虹蜺煌煌""彗孛蒋蒋"也。^⑭ 当出者消，解"昼视无日""夜视无月"也。^⑮ 是为危处易期。] 太山失金鸡，西岳亡玉羊。金鸡、玉羊，二岳之精为金鸡、玉羊，^⑯

---

① "曰为"原作"为曰"，以意乙。
② "立"原作"地"，据正文改。
③ "六千"句原作"其千三日变立见"，以意改。
④ "纲"原作"绳"，据《太平御览》卷八七四引改。
⑤ "绝纲、拨"至此原作"绝绳及机，皆谓拨不如常，亡见之也"，以意改。
⑥ 此注原无，据《太平御览》卷八七四引补。下同。孙诒让曰："自此句至'出坐玉床'，《御览》别引郑注甚详，与今本注殊异，则此注非郑注也。"按：言非郑注，恐未必是。《御览》所引注文，与此差异较大，以后"太山失金鸡，西岳亡玉羊"者论之，《御览》卷八七四注作："太山失金鸡者，箕星亡也。箕者为风，风动鸡鸣。今期侯者亡，故鸡亦亡。西岳亡玉羊者，狼星亡。狼在于未为羊也。"今本作："金鸡、玉羊，二岳之精。为玉羊，推义宜然，未尝闻也。"今本曰"推义宜然，未尝闻也"，是未闻其说，以义推之也。而《御览》引注以箕、狼二星说之，截然相反。考《初学记》卷二九、《白氏六贴》卷二九、《御览》卷九〇二、《事类赋》卷二二引与今本注同；《北堂书钞》卷一五〇则与《御览》卷八七四同，《开元占经》卷一五引此下有"箕星明大"云云，虽或为他书之文，是亦以星名说之，与《御览》卷八七四同。则旧本固有两家注文，且恐并出唐前。以意推之，今本之注或所出较早，若先有箕星、狼星之说，则是已有其解，后世不得复云"推义宜然，未昔闻也"；唯其前曰未尝闻之，后人方别为解说耳。故今两存之。
⑦ "弧"原作"狐"，以意改。注"弧"同。
⑧ "灾在君"原作"聚在谷"，以意改。
⑨ "乾"下原有"多"，以意删。
⑩ "处"原无，据《太平御览》卷八七四引补。据注亦当有。
⑪ "时见"句原作"见物令无元有"，以意改。
⑫ "易"原无，以意补。
⑬ "亦"原作"主"，以意改。
⑭ "解昼"句原作"解'昼视无日，虹蜺煌煌'也"，以意改。
⑮ "解夜"句原作"解'夜视无月'也"，以意改。
⑯ "金鸡"原无，据正文补。

推义宜然,未尝闻也。①[太山失金鸡者,箕星亡也。箕者为风,风动鸡鸣。今期侯者亡,故鸡亦亡也。② 西岳亡玉羊者,狼星亡。狼在于未,未为羊也。③]鸡失羊亡,臣从恣,主方佯。五岳之灵,主生贤佐,以因王者,故《诗》云:"嵩高维岳,峻极于天。维岳降神,生甫及申。维申及甫,维周之翰。"鸡失羊亡,谓不复生贤辅佐,故臣放恣其欲,而至方佯无所主之也。天下愁,山泉扬,志射溃,地裂山崩。君臣道乱,则天下之人皆怀愁,故山泉发扬。志射而出,④《国语》曰:"川壅而溃。"⑤民亦如然。山崩地裂,民愁之异也。谁之过,望侯女灾。言天下之灾,由于孽。望幸之侯,⑥若纣时崇侯。女灾,元妃之党。丧乱之本,率由此作也。⑦ 蒙孙之名,生众妖,非单斯,乱由横。蒙孙,童蒙之孙也。由,从也。言此童蒙之人生众妖,⑧非单尽于此,⑨乱从而纵横也。⑩ 四野扰扰,郁怏芒芒,⑪ 天卑地高,雷虹行,⑫[天下雷同。谨,哗。公行,无所畏也。]天星昼奔。扰扰,□貌。⑬ 芒芒,⑭气衰错。天卑地高,神人杂扰,⑮《书》曰:"乃命重黎,绝地天通。"四时方□,民神不扰。⑯ 虹,螮蝀。⑰ 雷虹冬行,非时出。无"冬"字,⑱ 盖脱之也。下无气,上无帝星,⑲ 天地昧昧,履践冰。下无气,候不见。上无帝星,⑳ 天帝之星无光明。昧昧,不别。履践冰,阴气无传,行当冰寒也。[上无乾,乾气不正,故下无常。天地昧昧,喻不正也。昼视无日,夜视无月,何明之有乎?履践冰者,峻急之

---

① "尝"原作"昔",以意改。
② "也"原无,据《太平御览》卷五引补。
③ "未"原无,据《太平御览》卷五引补。
④ "志射"原作"主心昳",据正文改。
⑤ "川"上原有"山"字,据《国语·周语上》删。
⑥ "望"原作"孽",以意改。
⑦ "率"原作"卒",据四库本改。
⑧ "蒙"原无,据正文补。
⑨ "单"原作"但",据正文改。
⑩ "从"原无,以意补。
⑪ "怏"原作"快",以意改。
⑫ "雷"下原有"谨",据注删。
⑬ "□"原无,以意补。
⑭ "芒"原不重,以意补。
⑮ "杂"原作"难",从孙诒让说改。
⑯ "四时"二句原作"四时方民神扰",以意改。
⑰ "螮蝀"原作"蜺东",以意改。
⑱ "无'冬'字"原作"元冬季",从孙诒让说改。
⑲ "下无"二句原作"上无乾,下无星",以意改。
⑳ "星"上原有"无",以意删。

法行，被其刑也。] 民衣雾，主吸霜，[民衣雾，佞政行，被其毒也。主吸霜，被阴毒，将害躬也。] 间可倚杵，于何藏。民衣雾，主吸霜，卑夺尊之服。间可倚杵，言相近。于何藏，无所自逃藏者也。[解上"天卑地高"，天地相去，其间才可倚一杵耳。或言"枚"，其意同。] 不知夏，不知冬。无复气之常也。不见父，不见兄。无复父兄之恩也。① [所以然者，以天卑地高，高卑无别，② 故卑以父兄、尊为子弟也。] 望之莫莫，视之盲盲。天地之间，无复可以别识也。贤人顿踬，③ 咽舌吟。④ 顿踬，⑤ 遇危厄也。⑥ 咽舌吟，不复语之者。⑦ 虎感号，群党假威，出坐玉床。虎感，感白虎之宿而生者。《诗泛历枢》曰："参为大辰，霸者持正，感虎之覆号。"⑧ 党，众。群类假天之威出。⑨ 坐玉床，处天子位也。[小人群党，假王者威权。坐于玉床者，王之床也。]

马弓人，子孙推遵，⑩ 佐父兄。八八六十四节，为之期冲。马弓人，当者之名号。子孙推遵，佐父兄，始伤正道，推正统而尊任其子孙，⑪ 父兄皆为之佐。⑫ 以六十四卦之候为之期冲也。⑬ 五九之数，顿道之维。五九者，四百五十年，于九百岁之轨为半，故主之道至此以为际会也。维，纲。⑭ 害之效，⑮ 慎蒙孙期，防萌萌之动，⑯ 携幼千里，负老山逃。害，谓将亡之征。⑰ 效，验。当慎童蒙之孙，若以为名号，至其当期，⑱ 防其萌萌之始动，必先有兵中之，故携幼千里，

---

① "也"原无，以意补。
② "无别"原作"列"，以意改。
③ "顿踬"原作"颉顼"，以意改。
④ 此句下原有"或席喘"，以意删。
⑤ "踬"原作"锁"，以意改。
⑥ "危"原作"扇"，以意改。
⑦ "语"原作"与"，以意改。
⑧ "感虎"原作"咸席"，以意改。
⑨ "假"下原有"威"，以意删。
⑩ "子孙"句原作"二孙推适"，以意改。注"子孙"句同。
⑪ "其"原作"之"，以意改。
⑫ "父兄"原无，以意补。
⑬ "候为"原作"后"，以意改。
⑭ "维，纲"原无，以意补。
⑮ "害"上原有"网"，以意删。
⑯ "动"原作"冲"，以意改。
⑰ "征"原作"微"，从黄奭说改。
⑱ "至其"原作"其至"，以意乙。

附　　录

负老山逃也。兵关寒，河朔强，① 钩钤灭，鸡羊亡。② 此四宿之异，皆兵加人，③ 当察以为候。治世师，④ 忠出人。⑤ 治世之人师，⑥ 谓能度王者于厄难，⑦ 出于忠信之人也。其王可谏者全，不移者亡。言遇厄之君，思在忠信之言，则可以全其命，不推移则灭亡。"王"或为"主"也。录图世谶，曷尝去诚，味思孔子，循丧责，帝逢正。⑧ 曷，何也。丧，亡也。录图谶之言，何尝可去致诚也。味思孔子，能思孔子所作谶书，循之以亡责。⑨ 帝王逢依此道，则可以自正也。有可以道消，力正救德行，仁义臧。⑩ 有可以道消，有灾害兴可以道消之意。修其德行。⑪ 仁义最为臧善。去世淫嬉，佞谄勿行。淫嬉，游。度厄难，即当力正救，又去淫嬉之行，佞谄逭之。⑫

仓世慎倪伬之声，⑬ 赤世慎蒙孙之祥，⑭ 触名是工。⑮ 倪伬、蒙孙，仓、赤孽君之名号。⑯ 触，推。工，官也。推求亡者之名及其氏姓、官号为也。黄世慎胡谁之凶，⑰ 白世慎讨吾之名，黑世慎重沉之□。⑱ 胡谁、讨吾、重沉，⑲ 黄、白、黑孽君之名。皆所以危亡之象也，国君名号、氏号及党、官、邦。⑳ 皆上五孽

---

① "朔"原作"数"，以意改。
② "鸡"原作"祺"，"亡"原作"明"，以意改。
③ "加"原作"家"，以意改。
④ "治"原作"伦"，以意改。
⑤ "忠"原作"惠"，以意改。
⑥ "治世"句原作"伦之世人师"，以意改。
⑦ "厄"原作"辰"，从孙诒让说改。
⑧ "曷尝"四句原作"易尝丧责，帝逢臣"，以意改。
⑨ "曷，何也"至此原作"注：易，何也。丧，亡也。录图谶之言，何尝可法致诚也，味思孔子，能思孔子所作谶书之修以责己"，以意改。
⑩ "臧"原作"藏"，据注改。
⑪ "有可"三句原作"有之，有灾害兴，可消之意。修以责也已德"，以意改。
⑫ "又去"二句原作"又去淫佞之行，功行绾之"，以意改。
⑬ "慎"原作"顺"，以意改。
⑭ "慎"原作"顺"，"祥"原作"详"，以意改。
⑮ "触名"句，文义不相接。疑此句当在"皆所以危亡之象也"之下，而"或名好字号及党官邦"即此句之旧注。然据注，则原本即已误作此，故今仍从其旧。
⑯ "仓、赤"句原作"仓、赤之孽。名，号"，以意改。
⑰ "黄世"句原作"黄世填顿诈吉凶"，以意改。
⑱ "黑世"句原作"黑世慎嘿沉"，以意改。
⑲ "胡谁"句原作"顿诈、讨吾、嘿沉"，以意改。
⑳ "国君"句原作"或名好字号及党官邦"，以意改。

· 325 ·

君之名。党，部曲。名号、字号以及部曲、官号。① 邦，所出之地名也。喜好不同，悉杜阏、去弃、斥堕，② 望贵之侯、得幸之臣萌。③ 喜好不同，谓人偏颇迥异不忠乎君。④ 悉，尽也。尽有所阏绝，尽有所去弃，尽有所斥堕。⑤ 望贵之侯，⑥ 得幸之臣，由此萌。抑斯反纲，⑦ 用哲之良，⑧ 牧州误放，乃知道常。⑨ 抑，止。斯，此。⑩ 反纲，王道之纲。⑪ 用哲之良，用之贤哲、良善之人。⑫ "误"当作"谈"。牧州，诸侯之为州牧，当禁谈其为非法令之事，乃得道之常也。赤世遭斯蒙孙，当冲幸贵，⑬ 大嬉道，侍主之游。⑭ 嬉，戏。⑮ 言赤世之末，⑯ 有幸贵之人，大戏于道。⑰ 侍游之人，⑱ 若黄门常侍者。⑲ 灾孽屡出，归罪贤，桀徙移陵。⑳ 屡，数。侍游之人，㉑ 见灾孽。孽数出，反归罪于贤。桀，俊桀。㉒ "陵"盖衍字。黄世之责，咎主康，月珥指房，四方烦苦，以土之功。二百岁赤，言其中央黄，言其终明乾是半，与皆尽，为除罪责。康，安。罪，若主安不知有危亡忧。书月时害丧气，皆类月珥。指房，其时候也。四方烦苦于土功，天时生黄精，㉓ 令天下厌

---

① "皆上"至此原作"皆上吾事文，行合党部曲，名号本以为官号"，以意改。
② "悉杜"句原作"杜阏，悉去，斥堕"，以意改。
③ "贵"下"之"原无，以意补。
④ "谓人"句原作"谓人偏颇同意不忠乎"，以意改。
⑤ "悉，尽也"至此原作"悉有所阏绝，尽有去叶，尽有序堕"，以意改。
⑥ "望"原作"淫"，以意改。
⑦ "斯"原作"期"，从孙诒让说改。"刚"原作"纲"，以意改。
⑧ "用"原作"同"，从孙诒让说改。注"用"同。
⑨ "道常"原作"常道"，从孙诒让说改。
⑩ "此"下原有"偏颇之意"四字，以意删。
⑪ "反纲"二句二"纲"字原并作"刚"，以意改。
⑫ "之贤"原作"贤之"，以意乙。
⑬ "幸"原作"卒"，以意改。注"幸"同。
⑭ "侍"原无，据注补。
⑮ "戏"原作"咸"，以意改。
⑯ "末"原作"未有"，以意改。
⑰ "大戏"句原作"道"，以意补。
⑱ "侍"原作"为"，以意改。
⑲ "若"原无，以意补。
⑳ "归罪"二句原作"归辜徙桀移陵"，以意改。
㉑ "侍"原作"待"，以意改。
㉒ "俊"原作"后"，以意改。
㉓ "生"原作"去"，以意改。

之也。不知在心，幸灭淫名，出贤退卿，① 白之黑，天报祥。② 言黄之孽君，内有不知之心，幸其亲戚，大其名号，使居上位，出贤退卿③ 白之黑，④ 乱奸忠也。天报祥，天终报进之妖祥之事也。⑤ 帝世者，⑥ 必省敕，惟躬是类，⑦ 参当以阔。帝世，当世处帝位者。惟，思。言若能自省敕，⑧ 以思其躬，⑨ 是别其可行之类，参稽其所当为之际，⑩ 则所以阔绝乱谋，消息将来之祸。则乾坤定，五德七拱明。⑪ 乾坤定，不为灾。五德，五行。七拱，五七之王录。⑫ 明，不衰之也。⑬

补 遗

1. 文王比隆兴，始霸，伐崇，作灵台，受赤雀丹书，称王制命，示王意。入戊午蔀，二十九年时，赤雀衔丹书而命之。《诗经·大雅·文王》正义。

2. 圣人兴起，不知姓名，当吹律听声，⑭ 以别其姓。黄帝吹律定姓是也。律，六律也。《路史》卷十四。

3. 张、王、李、赵，皆黄帝之所赐姓。《路史》卷二四。

4. 冬至日在《坎》，春分日在《震》，夏至日在《离》，秋分日在《兑》。《易纬是类谋》以此四正之卦，卦有六爻，爻主一气，余六十卦，卦主六日七分八十分日之七。正岁三岁六十五日四分日之一，六十而一周。《乾》象以《中孚》，当十一月，六十中气后十五日，准两卦，强可得十二月，余少三日，当取十二月，卦日也。《易纬稽览图》卷下。

---

① "出贤"句原作"曰即"，以意改。
② "天报"句原作"无报详"，以意改。
③ "退卿"原作"遇乡"，以意改。
④ "黑"原作"异"，以意改。
⑤ "天报"二句原作"天终无复有报进之道详之尽也"，以意改。
⑥ 上文曰"黄世之责"，又注"黄之孽君"，此承上而来，疑"帝"即"黄"之形讹。唯据注，原文即已如此，因不改。
⑦ "惟"原作"维"，以意改。注"惟"同。
⑧ "省敕"原作"敕省"，据正文乙。
⑨ "思"原作"责"，以意改。
⑩ "稽"原作"错"，以意改。
⑪ "七"原作"九"，以意改。
⑫ "七拱"二句原作"九之王录"，以意改。
⑬ "不"原无，以意补。
⑭ "声"原无，据《太平御览》卷一六引补。

易纬坤灵图

丘序曰：《天经》曰："《乾》：元亨利贞。"爻曰："飞龙在天，利见大人。"谓《易》为《天经》者，圣人所制作。乾有四德。飞龙在天，此圣人以至德居天子位也。序此之言，说之也。帝者，天号也，① 德配天地，② 在政不私公位，③ 称之曰帝。古者圣人德如此也。不私公位，不传之子孙，禅于能者，与天地同，④ 故以帝称之也。⑤ 天子者，继天治物，改政一统，各得其宜，父天母地，以养生人，至尊之号也。王者，天下所归往。大君者，君人之盛也。大人者，圣人之在位者也。夫大人者，与天地合其德。⑥ 《彖》曰："大哉乾元，万物资始，乃统天。"⑦ 故尧，天之阳精，万物莫不从者。立天之道，曰阴与阳。言尧乃天之阳精所生，所以能为明君，而能假人也。⑧ 帝必有洪水之灾，天生圣人，使救之，⑨ 故言"乃统天"也。初九震，在子值坎，⑩ 坎为水，九三与艮同体，⑪ 艮为山，水而渐山，是大水，为人害。天故生圣君尧，命救之，⑫ 是亦尧功也，⑬ 与乾统天之功同。⑭ 故乾居西北，乾用事，万物蛰伏，致乎万物蛰伏，故能致乎万人之化。万物蛰伏，象施化功成，人人化，故然也。《经》曰："用九。"尧时贤圣为圣德，化于天下故耳。天之所首之，故

---

① "帝者"二句，据《初学记》卷八、《太平御览》卷七六引补。
② "德"上原有"故"字，据《初学记》卷八、《太平御览》卷七六引删。
③ "在政"原作"天地"，据《太平御览》卷七六引改。《礼记·曲礼上》正义、《史记·五帝本纪》正义引作"在正"。
④ "地"原无，以意补。
⑤ "帝"原作"天"，以意改。
⑥ "天子者"至此原无，参《易纬乾凿度》之文补。
⑦ "《彖》曰"四句原无，以意补。
⑧ "立天"五句原与后注"万物蛰伏"相接，以意移。
⑨ "救"原作"杀"，以意改。
⑩ "值坎"原无，以意补。
⑪ "九三"原作"又年"，以意改。
⑫ "命救"原作"求命"，以意改。
⑬ "功"原作"辜"，以意改。
⑭ "帝必"至此正文、注文原在后"丘括义"之前，以意移。

《经》以明之。《经》曰："☰,① 震下乾上,《无妄》。"天精起。起,犹立。乾为天,震为长子,天生长子,圣人立为天子,天下之人各得所,无所获妄(望)也。② 丘括义,因象助类。《辞》曰："天无云而雷,先王以茂对时育万物。"茂,勉也。对,遂。育,养也。③ 天之将雨,先必兴云而后雷。今乾在上,下无坎而有震,是以雷行天下,无云而雷。洪水之时,人苦雨之多,故尧于是茂勉,遂其教令,以养万物,以是众庶艰食,得以糊口焉。《经》曰："☰,乾下艮上,《大畜》,元亨利贞。"④ 天灾将至,预畜而待之,人免于饥,故曰"元亨"。上下皆通,各载其性,故曰"利贞"。载之者,⑤ 言得值也。言待尧养万物,荒岁不饥,⑥ 长幼情性,人自各得如此也。至德之萌,至德之萌,谓将兴之时。⑦ 五星若连珠,谓聚一舍,以德得天下之象也。⑧ 日月如合璧。合璧,谓无朔望之异也。⑨ 天精起,斗口有位,鸡鸣斗运,行复始,莫敢当之。黄星第于北斗,必以戊己日,其先无芒,行文元武动事,莫之敢距。

补 遗

1. 圣人受命,瑞应先见于河。⑩ 瑞应之至,圣人杀龙,龙不可得而杀,⑪ 皆感气也。君子得众人之助,瑞应先见于陆。瑞应之至,君子发蛇。蛇不如龙,陆不如河。《太平御览》卷五五。

2. 法地之瑞,黄龙中流,见于雒。法地之瑞者,《洛书》也。《诗经·大雅·文王》正义。

3. 《泰》姓商名宫,苍黄色,⑫ 长八尺,六十世。《隋书·王劭传》《北史·王劭传》。

---

① 卦画原无,以意补。后卦画同。
② "无所"句原作"天所获无妄也",以意改。
③ "养"原作"长",以意改。
④ "元亨"句原无,以意补。
⑤ "者"原作"时",以意改。
⑥ "荒"原作"将",以意改。
⑦ "至德"二句原无,据《开元占经》卷五引补。
⑧ "谓聚"二句原无,据《开元占经》卷一九引补。
⑨ "合璧"二句原无,据《开元占经》卷五引补。
⑩ "见"原无,据《隋书·王劭传》引补。
⑪ "得而"原无,据《隋书·王劭传》引补。
⑫ "苍"原无,以意补。

4. 五胜迭用事，各七十二日，合三百六十日为岁。五胜，五行也。此不计月小，及五度耳。《玉烛宝典》卷十二。

5. 五帝：东方木色苍，七十二日。《礼记·礼器》正义。

6. 宓牺时，立九部，① 民易理。《太平御览》卷七八。

7. 其母萌之，玄云入户，蛟龙守门。母谓庆都也，② 天皇之女，天帝以玄云覆卫之。③ 故曰"时乘六龙以御天"也。《太平御览》卷八十。

8. 汤臣伊尹，振鸟陵。《文选·班彪〈王命论〉》注。

9. 孔子以位三不正，是谓兴也。《易纬乾凿度》注。

10. 汉之臣李阳也。《后汉书·光武帝纪上》注。

11. 摄天之业使之理。天业得其理。《文选·谢瞻〈张子房诗〉》注。

12. 地大动，摇世主之宫，国不安。《开元占经》卷四。

13. 黄之人精，兵起，地大裂，土化为人。《开元占经》卷四。

14. 彗星自东方出，苍萌动功。《开元占经》卷八八。

15. 彗星自北方出，黑萌动功。④《开元占经》卷八八。

16. 彗星自西方出，白萌动功。《开元占经》卷八八。

17. 彗星自南方出，赤萌动功。《开元占经》卷八八。

---

① "九"原作"元"，据《路史》卷一〇引改。
② "谓"原作"为"，据《初学记》卷一〇、《锦绣万花谷后集》卷八引改。
③ "天""卫"原无，据《初学记》卷一〇、《锦绣万花谷后集》卷八引补。
④ "黑萌"原作"色黑"，以意改。

参考文献

一　著作类

卜商：《子夏易传》，中国书店出版社2018年版。
陈立：《白虎通疏证》，中华书局1997年版。
陈曦译注：《六韬》，中华书局2016年版。
董治安、郑杰文、魏代富：《荀子汇校汇注附考说》，凤凰出版社2018年版。
杜台卿：《玉烛宝典》，《丛书集成初编》本，商务印书馆1939年版。
顾炎武撰，黄汝成集释，栾保群校点：《日知录集释》，中华书局2020年版。
何宁：《淮南子集释》，中华书局1998年版。
洪兴祖：《楚辞补注》，中华书局1983年版。
胡一桂著，谷继明点校：《周易本义启蒙翼传》，中华书局2019年版。
胡自逢：《周易郑氏学》，文史哲出版社1990年版。
黄奭：《汉学堂经解》，广陵书社2004年版。
惠栋著，谷继明点校：《易汉学新校注》，中国社会科学出版社2020年版。
京房：《京氏易传》，中州古籍出版社2013年版。
李道平：《周易集解纂疏》，中华书局2013年版。
李鼎祚：《周易集解》，中华书局2016年版。
李昉：《太平御览》，中华书局1960年版。
李零：《中国方术考》（修订本），东方出版社2000年版。
李零：《中国方术续考》，东方出版社第2001年版。
黎翔凤：《管子校注》，中华书局2004年版。
林忠军：《周易郑氏学阐微》，上海古籍出版社2019年版。

刘大钧：《周易概论》，巴蜀书社 2016 年版。

刘黎明：《焦氏易林校注》，巴蜀书社 2011 年版。

裘锡圭主编：《长沙马王堆汉墓帛书集成》，中华书局 2014 年版。

阮元刊刻：《十三经注疏·周易注疏》，中华书局 1980 年版。

睡虎地秦墓竹简整理小组编：《睡虎地秦墓竹简》，文物出版社 1990 年版。

四库馆臣辑：《易纬八种》，《古经解汇函》本，广陵书社 2012 年版。

孙诒让：《札迻》，中华书局 1989 年版。

王利器：《郑康成年谱》，齐鲁书社 1983 年版。

王应麟：《周易郑注》，《续修四库全书·经部·易类》第 1 册，上海古籍出版社 2002 年版。

向宗鲁：《说苑校证》，中华书局 1987 年版。

萧洪恩：《易纬今注今译》，武汉大学出版社 2016 年版。

萧吉著，钱杭点校：《五行大义》，上海书店出版社 2001 年版。

徐坚：《初学记》，中华书局 2004 年版。

许维遹：《吕氏春秋集释》，中华书局 2009 年版。

徐元诰：《国语集解》，中华书局 2002 年版。

张惠言：《易纬略义》，清道光元年刻本。

郑玄撰，林忠军导读：《周易郑注导读》，华龄出版社 2019 年版。

中国简牍集成编辑委员会编：《中国简牍集成》，敦煌文艺出版社 2001 年版。

二　论文类

李学勤：《谈安阳小屯以外出土的有字甲骨》，《文物参考资料》1956 年第 11 期。

席泽宗：《敦煌星图》，《文物》1966 年第 3 期。

张政烺：《殷墟甲骨文中所见的一种筮卦》，《文史》1985 年第 24 辑。

后　记

　　我在写作此书过程中，一直思考着三个问题。第一，在此基础上继续延展的问题。向上追溯，郑玄和京房易学既有相同之处，又有不同之处，是否在相同之处的基础上，进一步研究京房易学。《京氏易传》一书历来号称难读，目前所见最早的注本是三国吴绩注。易学与其他经学相比，最大的特点就是新理论、新方法不断产生，在传承基础上不断变化。郑玄注《易》就已经和京氏说《易》有很大的不同，吴绩即使传承的京房易学，在他所处的时代，也必然和京氏原思想有很大不同。故观吴绩之注，与正文往往有龃龉之处。因此我想，是否可以在汇集历代说京氏易基础上，作一本《京氏易传疏证》。向下延伸，《周易集解》中征引了《九家易》、荀爽、虞翻、王肃、宋衷、干宝、何妥、侯果、崔觐等人之注，以及李鼎祚自注的内容，是否可以将每人注《易》皆用表格的形式表现出来，以了解诸人的易学思想及其传承？

　　第二，关于此书的价值问题。我在前《自序》中就已经表明我对郑玄的注解是不相信的，而且对于历来以此法说《周易》者皆不相信，那么该书的价值又何在？其实我每写一书均思考此问题，这也是别人经常问我的问题，同时也是世人经常问研究文学、史学、哲学之人的问题。许多人在书前或书后总是说其书对某某研究取得了突破性进展、推动了某某的研究、推动了某某的进步，甚至是对中国文明的传播起到了重要作用。我深深地思考了下，此书除了对了解郑玄注《易》有点作用外，唯一的价值就是写完之后我本人的愉悦了。

　　第三，关于《周易》的价值问题。我否认郑玄注《易》的成就，但我并不否认《周易》一书的价值。《周易》分象数、义理两派，象数之学既不可信，则其价值当在义理一方。《系辞下》曰："善不积不足以成名，恶不积不足以灭身。小人以小善为无益而弗为也，以小恶为无伤而弗去也，故恶积而不可掩，罪大而不可解。《易》曰：'何校灭耳，凶。'"观此可知人当为善而黜恶也。又曰："子曰：危者，安其位者也；亡者，保其存者也；乱者，有其治者也。是故君子安而不忘危，存而不忘亡，治而不忘乱，是以身安而国家可保也。《易》曰：'其亡其亡，系于苞桑。'"观此可知人当居安思危也。又曰："子曰：德薄而位尊，知小而谋大，力少而任重，鲜不及矣。《易》曰：'鼎折足，覆公餗，其形渥，凶。'言不胜其任也。"观此可知行事当堪其任也。"善不积"句又见《大戴礼记·礼察》，"危者"句与《左传·襄公十一年》引《书》"居安思危"相近，"德薄"句与《管子·立政》"君之所审者三"相近，吾因疑先秦之众多思想，或许有衍自《周易》者。倘此说成立，则《周易》对诸家思想之形成、中国文化之发展是有裨益的；倘此说不成立，观《周易》之思想以陶铸性灵，培养节操，于个人之修养也是极有帮助的。

  因为计划18日回老家，所以需要在此之前完成是书，故写得有些仓促，部分问题没有得到满意的解决。当然还有另外一个原因，即郑玄之前解《易》的内容太少，目前所见成系统而可据的有四种：《易》经十《传》，马王堆帛书《二三子》《缪和》《衷》《昭力》，《京氏易传》，《易纬》。这四种系统性较强的则只有《京氏易传》，故在探讨一些郑玄注《易》的理论时，往往找不到源头，难以确定是郑玄自创还是有所传承。加之本人于《易》学终不甚通，故书中允有疏谬，俟诸俊乂以正之。

2020年7月15日

书于山东师范大学古代文学教研室